ENCYCLOPÉDIE-RORET.

MARCHANDS DE VINS

ET

DÉBITANTS DE BOISSONS.

CHEZ LE MÊME LIBRAIRE :

MANUEL DU VIGNERON FRANÇAIS, ou l'Art de cultiver la vigne, de faire les vins, eaux-de-vie et vinaigres, contenant les différentes variétés de la vigne, leurs maladies et les moyens de les prévenir; les meilleurs procédés pour faire, perfectionner, régir et conserver les vins, les eaux-de-vie et vinaigres, ainsi que la manière de préparer avec ces substances toutes sortes de liqueurs, de gouverner une cave, etc., etc.; enfin, de profiter avec avantage de tout ce qui nous vient de la vigne; suivi d'un coup d'œil sur les maladies particulières aux vignerons, par M. Thiébaud de Berneaud. 4e édition, avec les figures noires. 3 fr. 50 c.

MANUEL DU SOMMELIER, ou Instruction pratique sur la manière de soigner les vins; contenant la dégustation, la clarification, le collage et la fermentation secondaire des vins, les moyens de prévenir leur altération et de les rétablir lorsqu'ils sont dégénérés, de distinguer les vins purs des vins mélangés, frelatés ou artificiels, etc., etc.; dédié à M. le comte Chaptal, par M. JULIEN; cinquième édition. 1 vol. in-18, orné d'un grand nombre de figures. 3 fr.

— DU VINAIGRIER ET DU MOUTARDIER, suivi de nouvelles Recherches sur la fermentation vineuse, présenté à l'Académie royale des Sciences; par M. JULIA FONTENELLE. 1 vol. 3 fr.

— DU DISTILLATEUR LIQUORISTE, ou Traité de la distillation en général, suivi de l'Art de fabriquer des liqueurs à peu de frais et d'après les meilleurs procédés; par M. LEBAUD. Quatrième édition, 1 vol. 3 fr. 50 c.

— DU FABRICANT DE CIDRE ET DE POIRÉ, avec les moyens d'imiter avec le suc des pommes ou des poires, le vin de raisin, l'eau-de-vie et le vinaigre de vin; suivi de l'Art de faire les vins de fruits et les vins de liqueurs artificiels, de composer des aromes ou bouquets des vins, et de faire avec les raisins de tous les vignobles, soit les vins de Basse-Bourgogne, du Cher, de Touraine, de St-Gilles, de Roussillon, de Bordeaux et autres. Ouvrage indispensable aux marchands de vins, fabricants de cidre, cultivateurs et aux amis de l'économie domestique, avec figures, par M. L.-F. DUBIEF. 1 vol. 2 fr. 50 c.

— DU LIMONADIER ET DU CONFISEUR, contenant les meilleurs procédés pour préparer le café, le chocolat, le punch, les glaces, boissons rafraîchissantes, liqueurs, fruits à l'eau-de-vie, confitures, pâtes, esprits, essences, vins artificiels, pâtisserie légère, bière, cidre, eaux, pommades et poudres cosmétiques, vinaigres de ménage et de toilette, etc., etc.; par M. CARDELLI. 1 gros volume. Sixième édition. 3 fr.

— DU PARFUMEUR, contenant les moyens de perfectionner les pâtes odorantes, les poudres de diverses sortes, les pommades, les savons de toilette, les eaux de senteur, les vinaigres, élixirs, etc., etc., et où se trouve indiqué un grand nombre de compositions nouvelles; par madame CELNART. Deuxième édition. 1 vol. 2 fr. 50 c.

— VINS DE FRUITS, (Fabrication des), contenant l'art de faire le Cidre, le Poiré, les Boissons rafraîchissantes, Bières économiques, Vins de Grains, de Liqueurs, Hydromels, etc., par MM. ACCUM, GUIL..., et MALEPEYRE. 1 vol. 1 fr. 80

Il y a des exemplaires du MANUEL DU VIGNERON où différentes espèces de raisins sont coloriées. — Le prix en sus est de 1 fr. 50 c.

MANUELS-RORET.

NOUVEAU MANUEL COMPLET

DES

MARCHANDS DE VINS

DES DÉBITANTS DE BOISSONS

ET DU JAUGEAGE

CONTENANT

1º La théorie élémentaire de la science des commerçants en vins, les procédés et les méthodes simplifiées pour connaître, déguster, conserver et loger les diverses espèces de vins, ou pour les rétablir s'ils sont altérés;

2º L'art du jaugeage, partie essentiellement utile aux commerçants en vins, avec les tarifs simplifiés des anciennes et nouvelles mesures;

3º Les lois, ordonnances, règlements et instructions rendus sur les vins, eaux-de-vie et toutes autres espèces de boissons, avec les tarifs des droits auxquels ces liquides sont assujettis,

Y COMPRIS LE DÉCRET DU 17 MARS 1852.

ouvrage orné de Figures et de Tableaux.

Par M. **LAUDIER**,

MEMBRE DE LA LÉGION-D'HONNEUR.

NOUVELLE ÉDITION TRÈS-AUGMENTÉE

Par MM. **F. MALEPEYRE** et **VASSEROT**.

PARIS,

A LA LIBRAIRIE ENCYCLOPÉDIQUE DE RORET,

RUE HAUTEFEUILLE, 12.

1852.

AVIS.

Le mérite des ouvrages de l'*Encyclopédie-Roret* leur a valu les honneurs de la traduction, de l'imitation et de la contrefaçon. Pour distinguer ce volume, il porte la signature de l'Editeur.

INTRODUCTION.

L'art du marchand de vin n'est pas aussi facile qu'on le présume en général ; il faut une étude particulière et une expérience-pratique des choses, des méthodes, des procédés qui, en grand nombre, appartiennent à cet art ; autrement on s'expose à l'exercer sans avantage pour soi, et sans utilité pour le public. Cette étude, cette pratique acquièrent un nouveau degré d'importance par une législation étendue et compliquée qui existe sur les boissons, législation que le marchand doit connaître et méditer pour remplir les obligations qui lui sont imposées, et éviter de se trouver en contravention.

Tous les marchands de boissons ne sont pas également instruits des devoirs de leur profession, et ils ne doivent même pas l'être. Le simple débitant peut se dispenser d'acquérir toutes les connaissances que doit posséder le négociant en vins, qui fait de grandes opérations dans les divers pays vignobles ; d'ailleurs, celui qui ne fait que le commerce des eaux-de-vie ou des esprits, n'a pas besoin de connaître les qualités des vins, les moyens de les fabriquer, de les bonifier, de les acheter ou vendre à propos ; et celui qui ne spécule que sur les vins peut se dispenser d'étudier la partie du distillateur, ou celle du brasseur.

Mais il est des procédés, des méthodes et des règles qui appartiennent à tous les spiritueux, à toutes les liqueurs fermentées ; ce sont ceux de leur conservation, de leur jaugeage, de leur bon et solide logement : ce sont aussi ces dispositions multipliées qui frappent de tant de mesures et de droits les boissons indistinctement, depuis les vins les plus délicats jusqu'à l'obscure et plate piquette, que sa consommation par les pauvres n'a pu soustraire à la fiscalité.

Ces diverses considérations ont fait sentir la nécessité d'un Manuel des Marchands de Vins et de Boissons, et du Jaugeage, disposé de manière à être utile à tous, à ceux qui savent comme à ceux qui ne savent pas : aux premiers, en leur traçant avec méthode, dans un cadre souvent bien resserré, des théories, des procédés et des pratiques qu'ils peuvent connaître, sans doute, mais qu'ils n'ont pas toujours présents à la pensée. On évite donc à ceux-ci l'embarras des recherches et les peines des comparaisons, des calculs, des applications.

Aux autres, qui ne connaissent pas l'art du marchand de vin, mais qui se destinent à l'exercer, ce Manuel leur donne les premiers éléments théoriques dont ils doivent se pénétrer ;

il leur prépare les moyens d'arriver ensuite à la pratique et aux procédés de leur art d'une manière sûre; il leur donne enfin tous les détails des droits, des obligations et des charges attachés par la législation actuelle à leur profession future.

Ce Manuel, pour plus d'ordre et de clarté dans ses développements, est divisé en trois parties principales.

Dans la première, on donne tout d'abord une idée générale de l'art du marchand de vin ; on y établit ensuite les connaissances nécessaires pour déguster, choisir, apprécier les vins et reconnaître leurs diverses qualités, leurs vices, leurs maladies; on y traite des moyens de les conserver, de les bonifier, de les rétablir quand ils sont altérés ; ou qu'ils annoncent quelque dégénération; on y examine les meilleurs procédés pour les bien loger, les soutirer, les coller ; on donne enfin des méthodes sûres pour le bon état, l'entretien et la conservation des tonneaux, futailles ou pièces propres à contenir les liquides.

Dans la seconde partie, l'art intéressant du jaugeage est présenté avec tous les développements et les variations de la matière. Ces développements sont tels qu'ils mettent le jaugeage à la portée de tous, en donnant les moyens de le pratiquer soi-même d'une manière sûre et facile. Un simple ruban, que chacun peut préparer par une méthode donnée, suffit pour se mettre dans le cas de vérifier exactement la capacité de tous les vases employés pour y déposer les boissons. La jauge à ruban, qui était en usage il y a peu d'années, ayant été reconnue fautive, l'un des auteurs de ce Manuel s'est empressé de la remplacer par une autre plus exacte, dont on trouvera la description dans l'introduction qui précède cette seconde partie.

Enfin, dans la troisième partie de cet ouvrage, on donne tantôt une analyse exacte, et tantôt les textes mêmes des nombreuses lois, ordonnances, instructions et règlements en vigueur, relativement 1° aux boissons, vins et liqueurs, aux droits d'entrée, de circulation, d'octroi, de vente et autres dont ces liquides sont frappés ; 2° aux délits, contraventions et mesures de police établies à l'égard de tous ceux qui vendent, distillent, fabriquent des boissons. Toutes les lois sont accompagnées de commentaires qui non-seulement expliquent le texte, mais qui encore présentent la concordance des diverses dispositions législatives. Cette législation n'est pas sans porter plus d'une atteinte à la liberté du commerce, *dura lex sed lex*, il faut donc s'y soumettre et l'exécuter.

APPENDICE.

MODIFICATIONS

APPORTÉES AUX IMPÔTS SUR LES BOISSONS ET AUX DROITS D'OCTROI PAR LE DÉCRET DU 17 MARS 1852.

Le décret portant fixation du budget général des dépenses et recettes de l'exercice 1852, a apporté des modifications importantes à la quotité des droits qui grèvent les boissons.

Le rapport de M. le ministre des finances au Prince-Président explique d'une manière complète la nature de ces modifications et leur portée.

Nous nous bornons à faire remarquer deux points importants, spéciaux à l'ouvrage que nous publions.

Le décret que nous transcrivons est le corollaire de l'enquête sur les boissons à laquelle se sont livrées les deux dernières législatures. C'est l'application des principes reconnus pour faire disparaître les inconvénients signalés. Ainsi le rapport de M. le ministre des finances fait suite au rapport de l'assemblée, que nous donnons page 250, et réunis ils donnent l'ensemble de la législation d'une manière aussi lumineuse que complète. Ce décret, en outre, ne change rien aux principes; il ne modifie que les quotités de droit, et laisse entier le mode de perception. Tout ce que nous avons écrit, tout ce que nous avons résumé, reste donc entièrement debout, sauf les quelques chiffres que change le décret.

Est-ce donc à dire que le décret est peu important? nullement. En reportant l'impôt principalement sur le droit de détail, en dégrevant les droits d'entrée, le décret change l'assiette de l'impôt, mais il laisse debout son mode de perception.

Nous transcrivons le rapport de M. le ministre des finances, et nous renvoyons aux passages de notre ouvrage que le décret modifie.

Nous donnons ensuite le décret lui-même.

RAPPORT
AU PRINCE-PRÉSIDENT DE LA RÉPUBLIQUE FRANÇAISE.

Boissons.

En 1831 l'impôt des boissons a été diminué.

Le dégrevement a été à cette époque de 28 millions et demi, et aujourd'hui, eu égard à la consommation actuelle, il correspond pour le trésor à une perte de 43 millions.

Je ne crois pas cependant, Monseigneur, devoir vous proposer d'accroître notablement le produit de l'impôt des boissons. Les mesures que j'ai l'honneur de vous soumettre ont pour objet surtout d'améliorer l'assiette de cet impôt.

Souvent et très-vivement attaqué, cet impôt a été, pendant les années 1850 et 1851, l'objet d'une longue et sérieuse enquête devant la dernière assemblée législative.

La commission d'enquête est arrivée à reconnaître la nécessité de le maintenir et de conserver les moyens de perception qui en assurent le recouvrement; mais elle a conclu en même temps à l'utilité de diverses modifications destinées à en améliorer l'assiette et la perception.

Les propositions que j'ai l'honneur de vous soumettre comprennent celles que la commission avait formulées, elles en contiennent en outre quelques autres destinées à les compléter.

Telles que j'ai l'honneur de vous les proposer, ces modifications se composent de quatre dispositions principales :

Le droit d'entrée dans les villes est réduit de moitié.

(*Voir pages* 313 *et suivantes.*)

Le droit de détail est élevé de moitié; il est porté de 10 à 15 p. 0/0, comme il était avant 1831.

(*Voir pages* 331 *et suivantes.*)

La limite de la vente en gros est abaissée de 100 litres à 25.

(*Voir pages* 381 *et suivantes.*)

La zône de franchise dont jouissent les producteurs est restreinte de l'arrondissement au canton

(*Voir pages* 370 *et suivantes.*)

L'objet et le résultat de ces modifications peuvent se résumer par les deux conséquences suivantes :

D'une part, la consommation du cabaret sera grevée d'une augmentation de droit, la consommation de famille sera dégrevée ; résultat éminemment moral.

D'autre part, l'impôt sera plus proportionnel à la valeur des objets qu'il frappe ; résultat éminemment équitable.

La consommation de famille sera dégrevée.

En effet, la législation actuelle frappe du droit de détail toutes les ventes de moins de 100 litres, et comme cette quantité excède de beaucoup les ressources habituelles des classes peu aisées de la société, il en résulte qu'au lieu de pouvoir s'approvisionner en payant seulement le droit de vente en gros, qui est très-léger, elles sont obligées de payer le droit de détail, qui est beaucoup plus élevé, et ce qui est pire encore, elles sont obligées d'aller chercher leurs approvisionnements ou leur consommation journalière au cabaret.

La limite de la vente en gros étant abaissée à 25 litres, toutes les familles pourront s'approvisionner en gros.

Dans les villes, la consommation de famille éprouvera en outre un autre dégrèvement considérable par suite de la réduction à moitié du droit d'entrée.

Le droit de détail étant porté de 10 à 15 p. 0/0 de la valeur, comme il était avant la réduction de 1831, la consommation de cabaret sera grevée ; mais personne n'aura le droit de se plaindre de cette élévation, car la payera seulement celui qui le voudra ; avec la limite de 25 litres tout ouvrier rangé pourra s'approvisionner en gros.

Ainsi, ces trois mesures : réduction du droit d'entrée, élévation du droit de détail, abaissement de la limite de la vente en gros, auront, par leur ensemble, ce résultat éminemment moral de grever la consommation du cabaret et de dégrever la consommation de famille.

Ainsi établi, l'impôt sera en outre plus proportionnel ; en effet, le droit d'entrée est un droit fixe, indépendant de la valeur de la boisson qu'il frappe, de sorte qu'il pèse surtout sur les boissons communes destinées aux classes peu aisées, tandis que le droit de détail est établi d'après la valeur. Il y a donc, sous le rapport de l'équité, avantage évident à réduire les droits d'entrée en augmentant les droits de détail.

Ajoutons que, les taxes d'octroi ne pouvant excéder les droits d'entrée, la diminution de ces droits a l'avantage de préparer la réduction des octrois, réduction qui pourra s'opérer successivement, tout en respectant les exceptions que la loi a déjà consacrées, et en laissant aux villes, notamment à Paris, toutes les tolérances et tout le temps dont elles ont besoin pour acquitter les dettes auxquelles elles ont affecté leurs octrois.

Outre ces dispositions principales, j'ai l'honneur de vous proposer encore, en ce qui concerne les boissons, quelques dispositions secondaires. La plus importante a pour objet de prévenir les fraudes également nuisibles au trésor et à la santé publique, qui, dans les grandes villes et à Paris surtout, servent à fabriquer des vins artificiels avec des eaux-de-vie et des alcools.

L'ensemble de ces dispositions, dont la plupart ont été proposées par la commission d'enquête, me paraît apporter à l'assiette actuelle de l'impôt des boissons des améliorations réelles, et j'espère, monseigneur, que vous voudrez bien les sanctionner.

Compensation faite entre les augmentations et les diminutions de produit qui en résulteront, elles donneront, en définitive, une augmentation de produits de 9,600,000 francs par an.

Mais si vous admettez, monseigneur, la proposition que j'aurai l'honneur de vous soumettre plus loin, le trésor renoncera au dixième qu'il prélève actuellement sur ses octrois, ce qui les diminuera immédiatement d'un dixième, et, comme dans ce prélèvement les boissons sont comprises pour près de trois millions, la surcharge de l'impôt des boissons ne sera, en définitive, que d'environ six millions.

Cette augmentation sera insensible sur un impôt qui rapporte aujourd'hui plus de 100 millions; elle sera plus que compensée par les améliorations considérables qui seront apportées dans l'assiette de cet impôt, et surtout par l'accroissement de consommation qui résultera nécessairement de la réduction des droits d'entrée.

Octrois.

(*Voir pages* 408, 439 *et suivantes.*)

Les deux principaux éléments de produit des octrois sont : les taxes sur les boissons et les taxes sur les substances alimentaires, sur la viande surtout. En 1850, les octrois ont produit

95 millions, dont 42 provenant des boissons, 29 des comestibles, et 24 du surplus des objets soumis aux taxes d'octroi.

En ce qui concerne les substances alimentaires, les octrois, ou du moins l'élévation excessive à laquelle ils sont parvenus aujourd'hui, ont l'inconvénient de rendre dans les villes la viande trop chère aux ouvriers et aux classes pauvres.

En ce qui concerne les boissons, la taxe d'octroi a de même l'inconvénient de restreindre la consommation; elle a, en outre, l'inconvénient d'être une sorte de reproduction du droit d'entrée perçu au profit du trésor, et d'être, comme ce droit, établie d'après un tarif fixe, indépendant de la valeur, et qui, par suite, pèse surtout sur les boissons communes. A ce double titre, il y a nécessité de réduire les octrois.

Les détruire serait une faute, car c'est avec le produit des octrois que les villes font leurs travaux d'amélioration et d'embellissement; c'est avec le produit des octrois qu'elles subventionnent leurs hôpitaux et que certaines d'entre elles exonèrent de la taxe personnelle et mobilière leurs habitants les moins aisés; et, ce qui a peut-être plus d'importance encore, ce sont les taxes d'octrois et la cherté des denrées alimentaires qui, seules, peuvent arrêter le mouvement irréfléchi qui pousse les populations vers les villes; ce sont ces taxes qui, seules, peuvent maintenir nos populations rurales dans les campagnes, où il y a pour elles plus de calme, de bien-être et de moralité.

Les octrois doivent donc être réduits, mais non supprimés.

Vous réaliserez, monseigneur, cette double pensée, si vous voulez bien adopter la disposition que j'ai l'honneur de vous proposer.

Cette disposition consiste à supprimer le prélèvement du dixième que le trésor perçoit aujourd'hui sur le produit des octrois.

Cette suppression diminuera immédiatement d'un dixième la charge des octrois. Ils rapportent aujourd'hui 95 millions, dont 69 millions 1/2 sont sujets au prélèvement du dixième.

La suppression du dixième diminuera donc la charge des octrois de 6,900,000 fr. et ce sera pour les villes un soulagement considérable.

Retranchée des 15,600,000 fr. d'augmentation qui proviendront des boissons et du sel employé dans les fabriques, cette diminution laissera encore au trésor une augmentation de revenus qui sera de 8,700,000 fr. par an.

Marchands de vins.   *b.*

TITRE III.

DISPOSITIONS SPÉCIALES A QUELQUES NATURES D'IMPOTS ET REVENUS.

Boissons.

Art. 14. Les droits d'entrée actuellement établis sur les vins, cidres, poirés et hydromels, dans les communes ayant quatre mille âmes de population agglomérée et au-dessus, seront réduits de moitié, conformément au tarif annexé au présent décret.

Art. 15. Les taxes d'octroi qui sont actuellement, et celles qui, après l'exécution de la loi du 11 juin 1842, demeureront supérieures aux droits d'entrée dont le tarif est annexé au présent décret, seront, de plein droit, réduites au taux de ce dernier tarif, dans un délai de trois ans, à partir du 1er janvier 1853.

Une prolongation de délai pourra être accordée, en la forme déterminée par l'article 8 de la loi du 11 juin 1842, aux seules communes qui, suivant des stipulations formelles d'emprunts régulièrement contractés ou autorisés antérieurement au présent décret, auront affecté exclusivement le produit de leurs taxes actuelles d'octroi sur les boissons au service des intérêts et de l'amortissement de ces emprunts.

Art. 16. Les quantités de vins, cidres, poirés et hydromels, de vingt-cinq litres et au-dessus, tant en cercles qu'en bouteilles, expédiées à des consommateurs par les marchands en gros ou par les récoltants, seront soumises au droit de circulation.

Les quantités inférieures payeront le droit de détail.

Art. 17. La déduction accordée sur les quantités manquantes, au compte des propriétaires récoltants, jouissant, quant au droit d'entrée, de l'entrepôt pour les vins, cidres et poirés de leur récolte, sera calculée à raison de dix pour cent (10 p. 0/0), d'après la quantité totale formant les charges d'entrepôt, sans avoir égard à la durée du séjour des vins, cidres et poirés en magasin.

Art. 18. Le droit à la vente en détail des vins, cidres, poirés et hydromels, sera perçu à raison de quinze pour cent (15 p. 0/0) du prix de vente.

Art. 19. Dans les villes où, sur la demande des conseils municipaux, et par application des lois du 21 avril 1832 et du 25 juin 1841, les droits d'entrée et de détail sur les vins, cidres, poirés et hydromels sont convertis en une taxe unique aux entrées, le tarif de cette taxe unique sera révisé, conformément à la loi précitée du 21 avril 1832, et en raison combinée des dispositions du présent décret, portant réduction du droit d'entrée et augmentation du droit de détail.

La taxe aux entrées de Paris, en remplacement des droits sur les vins, cidres, poirés et hydromels, sera perçue conformément au tarif annexé au présent décret.

Art. 20. L'exemption accordée, quant au droit de circulation, par l'art. 15 de la loi du 25 juin 1841 est restreinte aux transports que, dans les cas déterminés par ledit article, les propriétaires, colons partiaires ou fermiers effectueront dans l'étendue du canton où la récolte aura été faite, et des communes limitrophes de ce canton, que celles-ci soient, ou non, du même département.

L'art. 16 de la loi du 25 juin 1841 sera applicable aux vins, cidres et poirés de leur récolte que les propriétaires feront transporter au-delà de ces limites.

Art. 21. Les eaux-de-vie versées sur les vins ne seront affranchies des droits (établis sur les eaux-de-vie) que dans les départements des *Pyrénées-Orientales, de l'Aude, du Tarn, de l'Hérault, du Gard, des Bouches-du-Rhône et du Var*. La quantité ainsi employée en franchise ne dépassera pas un maximum de cinq litres d'alcool par hectolitre de vin; et, après la mixtion, qui ne pourra être faite qu'en présence des préposés de la régie, les vins ne devront pas contenir plus de 18 centièmes d'alcool.

Lorsque des vins contiendront plus de 18 centièmes d'alcool, et pas au-delà de 21 centièmes, ils seront imposés comme vins, et payeront, en outre, les doubles droits de consommation, d'entrée et d'octroi, pour la quantité d'alcool comprise entre 18 et 21 centièmes.

Les vins contenant plus de 21 centièmes d'alcool ne seront pas imposés comme vins, et seront soumis, pour leur quantité totale, aux mêmes droits de consommation, d'entrée et d'octroi que l'alcool pur.

Les vins destinés aux pays étrangers ou aux colonies françaises pourront, dans tous les départements, et seulement au port d'embarquement ou au point de sortie, recevoir, en franchise des droits, une addition d'alcool supérieure au maximum déterminé par le paragraphe 1er du présent article, pourvu que le mélange soit opéré en présence des employés de la régie, et que l'embarquement ou l'exportation ait lieu sur-le-champ.

Art. 22. Les soumissionnaires d'acquits-à-caution s'obligeront à payer, à défaut de justification de la décharge de ces acquits, le double du droit de consommation pour les eaux-de-vie, esprits, liqueurs et fruits à l'eau-de-vie, et pour les vins, cidres, poirés et hydromels, le sextuple du droit de circulation.

Art. 23. Le produit des trempes données pour un brassin pourra excéder de vingt pour cent (20 p. 0/0) la contenance de la chaudière déclarée pour la fabrication du brassin. La régie des contributions indirectes est autorisée à régler, en raison des procédés de fabrication et de la durée ou de la violence de l'ébullition, le moment auquel le produit des trempes devra être rentré dans la chaudière.

Art. 24. Les dispositions des art. 14, 16, 17, 18, 19, 20, 21, 22 et 23 qui précèdent, seront mises à exécution à partir du 1er mai prochain.

Octrois.

Art. 25. A dater du 1er mai prochain, le prélèvement de 10 p. 0/0, attribué au trésor public sur le produit net des octrois, sera supprimé.

Les taxes quelconques d'octroi, autres que les taxes additionnelles et temporaires dont le produit est maintenant affranchi du prélèvement de 10 p. 0/0, seront simultanément et de plein droit réduites d'un dixième.

Relativement aux octrois affermés, les dispositions qui précèdent ne seront appliquées que lors de l'expiration ou de la résiliation des baux actuellement en vigueur.

Tarif du droit d'entrée sur les vins, cidres, poirés et hydromels (annexé au décret sur les finances, du 17 mars 1852.)

POPULATION DES COMMUNES SUJETTES AU DROIT D'ENTRÉE. (Paris excepté.)	TAXE EN HECTOLITRE. (En principal.)				
	Vins en cercles et en bouteilles dans les départements de				Cidres, poirés et hydromels.
	1re classe.	2e classe.	3e classe.	4e classe.	
	fr. c.	fr. c.	fr. c.	fr. c.	fr. c.
Communes de 4,000 à 6,000 âmes...	» 30	» 40	» 50	» 60	» 25
— de 6,000 à 10,000 âmes...	» 45	» 60	» 75	» 90	» 40
— de 10,000 à 15,000 âmes...	» 60	» 80	1 »	1 20	» 50
— de 15,000 à 20,000 âmes...	» 75	1 »	1 25	1 50	» 65
— de 20,000 à 30,000 âmes...	» 90	1 20	1 50	1 80	» 75
— de 30,000 à 50,000 âmes...	1 05	1 40	1 75	2 10	» 90
— de 50,000 âmes et au-dessus..	1 20	1 60	2 »	2 40	1 »
Remplacement aux entrées de Paris.....	8 00				.4 »

NOUVEAU MANUEL COMPLET

DES

MARCHANDS DE VINS

DES

DÉBITANTS DE BOISSONS

ET DU JAUGEAGE.

PREMIÈRE PARTIE.

CHAPITRE PREMIER.

IDÉE GÉNÉRALE DE L'ART DU MARCHAND DE VIN.

Cet art est fort ancien, il était connu des Romains et porté, dit-on, à une perfection inconnue parmi nous, puisqu'on avait trouvé le secret de conserver les vins pendant près d'un siècle. Horace se vantait de boire un certain vin de Falerne aussi âgé que lui, et Pline indiquait différents vins, qui, après cent ans, étaient encore très-potables. Cette grande vieillesse était un titre de la bonté des vins, mais est-il certain qu'elle était due plus particulièrement à l'art de les soigner et de les conserver, qu'à leur nature et à leur excellente qualité? L'obscurité règne sur ce point, et par conséquent le doute est permis.

Ce qu'il y a de certain, c'est que depuis très-longtemps on ne parvient pas en France à conserver pendant un siècle aucune espèce de vins. Ceux de Bordeaux, de Champagne, du

Quercy et quelques autres que la vieillesse bonifie, se conservent pendant 20 à 25 ans, mais après cet âge ils perdent leur saveur, leur force, leur couleur; il en est même qui se décomposent, ce sont alors des vins usés. Mais ceux de Bourgogne, d'Orléans, d'Anjou, etc., se conservent beaucoup moins longtemps; car, après cinq, sept, huit ou neuf feuilles (années), ils ne sont plus potables. Tout l'art, tous les soins d'un bon sommelier, d'un habile marchand de vins, ne pourraient en conserver aujourd'hui d'aucune espèce dans un état parfaitement naturel au-delà de 25 à 30 ans.

Les premières préparations des vins faites avec intelligence, sans artifice ni fraude, sont une garantie de leur bonté et de leur conservation. Par exemple, lorsque l'on foule les raisins dans le pressoir ou la cuve, le liquide qui en est exprimé et qui coule directement dans les premiers vases en pierres ou en bois destinés à le recevoir, est le meilleur produit du fruit de la vigne; il est dans son état naturel, rien encore n'a pu l'affaiblir, il renferme en lui toute la bonté du fruit dont il est l'expression; mais, dès qu'il subit quelque mélange, même le plus léger, sa nature en est plus ou moins altérée; elle l'est même dès que l'on confond la mère-goutte (1) avec le produit du pressurage (2). Aussi le vin de ce produit est loin d'être autant estimé que celui de la mère-goutte. Mais il faut savoir distinguer l'un de l'autre par un choix éclairé, c'est-à-dire par une habile dégustation, ce qui n'est pas toujours facile à ceux qui n'en ont pas la pratique.

Il est plus difficile encore de reconnaître les nombreuses mixtions que l'on peut pratiquer dans la fabrication des vins de cent pays vignobles, dont les préparations, les méthodes, les procédés diffèrent souvent d'une manière sensible. Ces différences influent sur la nature des vins lors même qu'il n'y a pas de fraude. Cela est vrai surtout lorsque l'on s'attache à obtenir la plus grande quantité de raisin, sans égard à leur qualité; ou lorsque la fermentation dans les cuves est insuffisante, ou lorsqu'il y a une évaporation extraordinaire.

Et, sans parler de ces préparations abusives, de ces mixtions insalubres ou dangereuses, si peu faciles à reconnaître, demandons s'il est beaucoup plus aisé d'apprécier les qualités et les défauts particuliers de chaque espèce de vins? Le plus

---

(1) On appelle mère-goutte le premier jus ou expression du raisin, sans mélange.
(2) On nomme pressurage, le liquide qui, par l'action ou l'effort du pressoir, est exprimé des raisins foulés ou écrasés, et que dans cet état on appelle rafle ou râpe.

grand nombre a un goût local, un bouquet et un caractère qui lui sont propres. A quels signes distinguer ceux qui d'abord sont très-potables, et qui cependant renferment déjà en eux-mêmes des éléments vicieux qui les conduiront dans la suite à la graisse, ou au pourri, ou à l'échauffé, ou à l'état de vinaigre? N'anticipons pas sur ce sujet important, nous serons obligés d'en faire un examen attentif et détaillé dans le chapitre de la dégustation.

Mais déjà les réflexions que nous venons de faire prouvent qu'il ne suffit pas au marchand de vins de savoir les acheter et vendre; il faut encore qu'il sache le faire avec discernement, prudence et loyauté; il doit savoir plus, conserver et bonifier; l'intérêt public et l'intérêt privé le veulent également ainsi.

Pour bien acheter, on doit d'abord connaître les pays où l'on opère, la situation et l'espèce des vignobles, leur climat, la température de l'année à laquelle appartient la récolte, les préparations des vins suivant les localités et les qualités qui les font plus ou moins rechercher; mais il est prudent de ne pas se décider uniquement par son propre goût, car je ne pense pas que nul homme, quelque expérience qu'il ait acquise, puisse être un gourmet universel; le vin est peut-être de toutes les productions de la nature la plus difficile à apprécier; il convient donc de soumettre son goût et son choix à un dégustateur local, digne de confiance.

Mais ce n'est pas tout : il est des époques et des circonstances qui souvent décident à acheter des vins, ou qui limitent ou étendent ces achats. Et sans parler de la hausse et de la baisse, ou d'une consommation plus ou moins forte, le spéculateur peut acheter suivant les apparences de la vigne, ou suivant la qualité présumée des vins futurs, suivant la faveur des prix, ou les moyens d'écoulements que l'on prévoit.

Ces achats faits, il faut savoir les conserver, en voici les principaux moyens :

1° Loger les vins dans des futailles, pièces ou tonneaux bien conditionnés, et surtout exempts de mauvais goûts, autrement ceux-ci s'identifient bientôt aux liquides. Les vases neufs, qui généralement sont inodores et propres, conviennent donc mieux que les vieux au logement des vins.

2° Faire voiturer ou transporter les vins pendant une température modérée, mais jamais dans les grandes chaleurs ou par de fortes gelées. Les chaleurs excessives font fermenter les vins, et cette fermentation les conduit à se détériorer. Les fortes gelées peuvent décomposer les vins, ou du moins les affaiblir et leur enlever la vertu qui les conserve.

3° Faire un choix d'une bonne cave ; mais comment la reconnaître ? Ecoutons là-dessus M. le comte Chaptal : « 1° L'exposition d'une cave doit être au nord, sa température est alors moins variable que lorsque les ouvertures sont tournées vers le midi ; 2° elle doit être assez peu profonde et assez peu ventilée pour que la température soit toujours la même ; 3° l'humidité doit y être constante, sans y être trop forte : l'excès détermine la moisissure des tonneaux ; la sécheresse dessèche les futailles et fait transsuder le vin ; 4° la lumière doit être très-modérée dans une cave : une lumière vive dessèche ; une obscurité presque absolue pourrit ; 5° la cave doit être à l'abri des secousses et des brusques agitations, même de ces légers mouvements occasionés par le passage rapide d'une voiture sur le pavé ; 6° il faut éloigner d'une cave les bois verts, les vinaigres et toutes les matières susceptibles de fermentation (ajoutons de mauvaise odeur) ; 7° il faut encore éviter la réverbération du soleil qui, variant nécessairement la température d'une cave, doit en altérer les propriétés. »

« D'après cela, une cave, continue M. Chaptal, doit être creusée à quelques toises sous terre, ses ouvertures doivent être dirigées vers le nord, elle sera éloignée des rues, chemins, ateliers, égoûts, courants, latrines, bûchers, etc. ; elle sera recouverte par une voûte. »

Mais c'est assez discourir des qualités d'une bonne cave, disons les autres moyens de conservation des vins.

4° Tous les vins, sans exception, doivent être tirés au clair pour les séparer des dépôts qui se forment au fond des tonneaux, dépôt qu'on appelle lie ou marc, et qui se compose de matières végétales et autres éléments qui ne sont pas identifiés au vin. Cette opération se nomme soutirage ; nous en parlerons convenablement dans un chapitre particulier.

5° Le remplissage des tonneaux ou futailles est une mesure si importante qu'il n'est pas permis de la négliger sans s'exposer à perdre les vins, soit par l'évaporation qui devient considérable, si le non remplissage a lieu pendant longtemps, soit par l'acidité qui se communique au liquide par le contact de l'air. Nous dirons bientôt comment il faut procéder au remplissage et quand il doit être fait.

Il est plusieurs autres moyens employés à la conservation

des vins, notamment le soufrage et le collage, dont nous parlerons aussi dans la suite ; mais ces moyens n'atteindraient pas leur but, si les vins eux-mêmes manquaient des qualités qui les rendent propres à être conservés, surtout s'ils avaient peu de force et de spirituosité. Ce sont ces qualités, ou leur surabondance, ou leur absence, que l'on doit habilement reconnaître dans le choix des vins.

Mais combien d'autres choses ne doit-on pas savoir dans le commerce des vins ? Il en est beaucoup : s'agit-il d'en acheter en différentes contrées, dont les habitudes et les procédés ne sont pas les mêmes ? il faut d'abord s'instruire de la diversité des vases ou futailles employés dans chaque localité, de leurs contenances différentes et de leurs rapports avec les tonneaux ou bariques en usage sur la place où l'on opère ; il faut connaître aussi la manière de les jauger, afin d'établir leur capacité en veltes ou en litres. Viennent ensuite les cours ou les valeurs des vins dans chaque contrée, les frais de transport, de logement, les droits d'entrée, de circulation et autres. Tout cela doit être réuni et calculé pour établir exactement le prix des vins rendus en cave.

S'agit-il de travailler chez lui ? le marchand de vin est, pour ainsi dire, entouré de ses nombreux instruments, ustensiles, outils et des ouvriers qu'il emploie ; il doit savoir diriger et surveiller ceux-ci dans tous les travaux qu'il leur confie, comme il doit savoir utilement faire usage des premiers ; il ne doit ignorer ni négliger aucune des parties de son art ; il doit surtout apporter la plus grande attention à la régularité et à la fidélité des livres ou registres que la loi l'oblige à tenir de toutes ses opérations, ventes, achats, changes, négociations, emprunts, paiements, recettes, dépenses, etc. Là bonne tenue des livres intéresse autant le marchand de vins que le public, envers lequel elle est une garantie de la probité du premier.

Mais c'en est assez pour ce chapitre, qui ne doit donner qu'une idée générale de l'art du marchand de vins.

CHAPITRE II.

DES QUALITÉS DES VINS ET DE LEURS DÉFAUTS NATURELS.

Il est facile de dire les bonnes qualités des vins, mais il ne l'est pas toujours de les reconnaître, et encore moins de les trouver constamment réunies dans une même contrée.

En général on reconnaît un vin pour être de bonne qualité, lorsqu'il est sec, clair, limpide, sans aucun goût de terroir ni autres accidentels; lorsqu'il est d'une couleur franche, nette, assurée sans être trop prononcée, et lorsqu'il a de la force ou du corps, une sève agréable, douce et naturelle.

Ces bonnes qualités ne dépendent pas toujours de la préparation des vins, encore qu'elle soit faite sans altération ni mélanges ; elles tiennent à la nature ou à l'espèce particulière de tels ou tels vignobles, à leur situation, à leur exposition, à la nature du terrain, à la température des pays et surtout à celle de l'année dans laquelle il est récolté. Une vigne plantée dans des terrains marécageux ne donne pas des vins semblables à ceux que produit le vignoble d'un côteau, ou d'un terrain sec et pierreux. Les premiers sont faibles, peu limpides, d'un goût désagréable qui sent son terroir. Les autres, au contraire, sont spiritueux, d'une bonne couleur, transparents et secs ; ils sont susceptibles de se conserver longtemps en leur donnant les soins convenables.

De même, les diverses espèces de plants de vigne produisent des vins aussi différents en goût comme en couleur, en qualité comme en quantité. Ces plants, connus sous le nom vulgaire de visants en quelques pays, changent de noms en d'autres et s'appellent cépages. Mais ce n'est pas tout : ces plants, ces visants ne s'accommodent pas de tous les terrains, et l'expérience a prouvé que ceux qui réussissent au midi, dégénèrent ou languissent au nord. Par exemple, les plants du Médoc, du Bordelais, du Languedoc, transplantés dans le Poitou ou la Bretagne, ne donnent plus des vins aussi spiritueux, ni d'aussi bons goûts, ni même en aussi forte quantité, que dans les lieux d'où ils sont natifs.

Mais il est bien d'autres différences dans les qualités des vins, qui sont produites par les terrains. Celles-ci sont connues sous le nom de goût de terroir.

On remarque d'abord les vignobles plantés dans une mauvaise exposition ou dans des terrains froids, qui produisen en général des vins verts, âcres, qui ont peu de force et sont par conséquent peu susceptibles d'une longue conservation. On remarque ensuite que les terrains sablonneux qui bordent les côtes de la mer, et ceux qui sont fumés par des engrais trop chauds, tels que le sart ou le varech, que l'on emploie dans les îles de Ré, d'Oléron et sur les côtes de l'Aunis, communiquent aux vignobles, c'est-à-dire aux vins qu'ils produisent, un goût désagréable et salé. La qualité de ces vins est toujours inférieure; ils supportent mal un transport par mer, si on ne leur fait subir des préparations en les soufrant, ou des mélanges de quelques litres d'esprit-de-vin. Le goût de terroir de ces vins se communique jusqu'à l'eau-de-vie que l'on en distille.

D'autres goûts de terroir sont communiqués les uns par des plantes qui croissent dans les vignobles, les autres par la mauvaise qualité du sol. Ceux-là sont moins prononcés et moins désagréables que ceux qui proviennent du varech et de la poudrette.

Voici des goûts de terroir bien différents. Plusieurs vignobles du Dauphiné et du département de la Gironde, tels que ceux du Médoc et autres, donnent à leurs vins une odeur et un goût fort agréables. Ici c'est la saveur de la framboise, et là c'est le parfum de la violette. De même, certains vignobles des Hautes-Pyrénées et de l'Yonne communiquent à leurs vins une odeur de pierre à fusil qui plaît à un grand nombre de consommateurs. Cependant si cette odeur ou ce goût est trop fort, il cesse d'être agréable et il peut faire impression sur les nerfs. Mais ce goût, ainsi que ceux de la violette et de la framboise, n'influent nullement sur la qualité des vins; leur bonté, leur vertu restent les mêmes.

Il existe un signe certain pour distinguer les bons vins, les vins de premiers crus, d'avec les vins ordinaires ou médiocres, ce signe est la vapeur ou sève odorante et parfumée que l'on reconnaît aux vins lorsqu'on en fait la dégustation et qui flatte agréablement l'odorat. Les uns nomme ce parfum arôme spiritueux, et les autres simplement bouquet. Quoique presque tous les vins aient leur odeur particulière, il est rare, très-rare que ceux d'une qualité inférieure possèdent ce délicieux bouquet, mais il est tout aussi rare que les vins supérieurs en soient privés. Le bouquet n'existe cependant pas dans les vins aussitôt qu'ils sont sortis de la cuve, il ne se développe qu'après un certain temps plus ou moins long, suivant les localités, ou la force, ou la couleur très-prononcée des vins. Mais malheureusement ce bouquet se dissipe et se perd totalement par trois causes, la grande vieillesse, la distillation et les mélanges.

Ceux qui font des mélanges veulent réparer la perte du bouquet par des préparations artificielles qui peuvent tromper le public et même les marchands peu exercés dans leur art; ils font infuser dans les vins des fruits, des végétaux parfumés, tels que l'iris ou la violette, ou ils font des mélanges très-modérés de certains sirops odorants qui communiquent leur odeur aux vins. Les gourmets et les personnes instruites savent bien distinguer ces préparations trompeuses d'avec le bouquet naturel.

Après les goûts de terroir, qui presque tous sont des qualités ou des défauts naturels des vins, indiquons d'autres défauts de même nature.

Les uns proviennent du peu de spirituosité, dont l'absence se reconnaît au manque de couleur, principalement dans les vins rouges, attendu que la matière colorante n'est pas dissoute ou ne l'est qu'imparfaitement, ou s'est absorbée dans la lie. On reconnaît aussi le défaut des spiritueux, soit par le goût du vin qui est froid, plat, sans sève prononcée, soit par un instrument que l'on nomme pèse-vin, dont on se sert principalement pour les vins blancs dans les pays où il ne s'en récolte que peu de rouges, et où l'on destine la majeure partie des autres à la distillation, parce qu'ils sont trop abondants pour la consommation, et qu'il ne s'en exporte que fort peu.

D'autres défauts naturels proviennent de la surabondance des qualités ordinaires exigées dans les vins. Par exemple, la couleur trop forte ou trop foncée des rouges; la couleur jaune qui obscurcit la clarté et la limpidité des blancs; l'extrême spirituosité des uns et des autres, qui les rend violents, dangereux et désagréables à boire. Ces différents défauts peuvent se corriger comme nous le dirons dans le chapitre de la bonification des vins.

L'âpreté et la verdeur sont d'autres défauts naturels que l'on attribue soit au défaut de maturité du raisin, soit à l'essence particulière de certaines vignes. Il est deux remèdes contre ces vices. Le premier est le temps qui peut les améliorer ; le second est un mélange des vins âpres ou verts avec des vins vieux de bon goût. Plusieurs marchands ajoutent au mélange quelques litres de bonne eau-de-vie, dans laquelle on fait infuser du sucre en suffisante quantité pour en faire une liqueur douce.

Enfin, la graisse, qui est un vice particulier aux vins blancs, est attribuée à différentes causes. M. François enseigne qu'elle est produite par la glaiadine dont il a reconnu la présence à l'aide de divers agents chimiques. M. Julien soutient au contraire que la graisse provient de l'absence des particules d'air qui s'étaient interposées entre les molécules de la liqueur, mais il ne dit point quelle cause produit l'absence de ces particules. Cependant peu importe, car la maladie de la graisse est facile à corriger, ainsi que nous l'établirons dans le chapitre de la bonification des vins.

Tous les vins sont caractérisés par une odeur particulière plus ou moins marquée, et qui est produite par une matière huileuse dite *huile essentielle des vins*. On obtient cette huile à la distillation de grandes quantités de vin ou de lie de vin, vers la fin de l'opération.

Cette huile a une saveur forte, le plus souvent elle est incolore, mais quelquefois légèrement colorée en vert par l'oxyde de cuivre des appareils. C'est une combinaison d'un acide particulier analogue aux acides gras, avec l'éther ordinaire. Le premier a reçu le nom d'*acide œnanthique*, et par conséquent l'huile essentielle des vins est de l'*éther œnanthique*.

L'éther œnanthique purifié est très-fluide, sans odeur et avec une odeur de vin extrêmement forte et même enivrante, quand on en aspire beaucoup les vapeurs à la fois. Sa densité est 0,862, et sa solubilité est très-faible, puisqu'il ne bout qu'à 225° ou 230° cent., sous la pression de 0^m,747. Les alcalis caustiques le décomposent instantanément, mais les carbonates alcalins ne lui font pas subir d'altération sensible. Il n'est pas non plus altéré par l'ammoniaque gazeuse ou liquide, même à l'aide d'une douce chaleur.

L'acide œnanthique hydraté qu'on sépare par l'acide sulfurique des combinaisons alcalines de l'éther œnanthique est un corps d'un blanc parfait, d'une consistance butyreuse à 13° c., mais fondant en une huile incolore, sans saveur ni odeur, à une température supérieure.

On ne sait pas encore si cet acide, qui est présent dans tous les vins, existe dans les pépins de raisins, ou en dissolution dans les moûts, mais il est cependant probable que l'éther œnanthique se forme dans les vins, soit pendant la fermentation, soit pendant le travail qui suit.

C'est à l'éther œnanthique qu'on a attribué le bouquet des vins et même des eaux-de-vie ; mais ce qui paraît certain, c'est qu'il exerce une action particulière sur l'organisme humain, qu'il augmente l'ivresse produite par l'alcool, ou du moins la rend plus profonde et plus spéciale.

CHAPITRE III.

DES DÉFAUTS ACCIDENTELS DES VINS.

Les défauts accidentels sont ceux que produisent la négligence, la maladresse, le défaut de soins, les mauvaises futailles, la fraude ou falsification, etc.

Le goût d'aigre dans les tonneaux provient de ce qu'ils n'ont été que peu ou point nettoyés, lavés ou rincés, après que le vin en a été sorti, ou de ce qu'ils n'ont pas été hermétiquement fermés par la bonde pendant plusieurs mois, ou de ce qu'ils ont été laissés dans des lieux très-humides. Presque tous les marchands de vins, et même beaucoup de propriétaires, sont dans l'habitude de soufrer leurs tonneaux lorsqu'ils veulent les laisser sans les remplir. Nous parlerons de cette méthode dans le chapitre VIII.

Les mauvais goûts de tonneaux se communiquent rapidement aux vins, parce que ceux-ci sont susceptibles de s'identifier avec tous les goûts et les odeurs.

Ainsi, on reconnaît le goût d'aigre soit à l'odorat, soit en faisant brûler dans la futaille, par la bonde, un morceau de papier. S'il s'éteint avant d'être consumé, le goût d'aigre est certain dans le tonneau, et il est prudent de s'abstenir alors d'y mettre du vin.

On voit que nous ne parlons ici que de l'aigre occasioné par les défauts de soins des tonneaux, mais les vins deviennent aussi aigres d'une autre manière, par l'altération qui se manifeste dans leur substance, après que la fermentation est terminée. Cette altération conduit souvent les vins à l'état de vinaigre, plus ou moins parfait, suivant leur qualité et leur force ; on peut prévenir quelquefois cette altération, mais lorsqu'elle est consommée, il est difficile de rétablir le vin dégénéré ou aigri. Nous en parlerons cependant au chapitre IX.

Le principe de la fermentation acétique se manifeste par une fleur ou écume blanche, qui se répand sur la surface du vin lorsque le vase n'est pas habituellement rempli. Cet indice annonce presque toujours la présence de l'acidité.

Du goût d'aigre, passons à celui du fût. Il est produit aussi par des tonneaux mal soignés, nettoyés, ou laissés ouverts par la bonde, ou mal fermés. Il est encore produit par des douves qui ne sont pas d'un bois sain. On reconnaît facilement le goût de fût par le simple odorat, en aspirant par la bonde du tonneau l'air intérieur. Il n'est pas facile de bonifier un tonneau fûté, sans le désassembler entièrement, et sans en gratter les douves et les fonds. Cette opération sera exposée dans le chapitre des tonneaux et du logement des vins. Quant au vin qui a contracté le goût de fût, on ne les désinfecte pas aisément, il est plus simple de le livrer à la distillation, encore reconnaît-on dans l'eau-de-vie qui en provient, un reste de ce mauvais goût. Voyez cependant ce qui sera dit sur ce sujet au chapitre IX.

Les vins contractent aussi par les tonneaux un autre goût désagréable, c'est celui de moisi qui est produit par les mêmes causes que ceux de fûté et d'aigre, et comme de ceux-ci, il est difficile d'en purger les vins. Le tonneau infecté de moisi n'est le plus souvent bon qu'à brûler, à moins qu'on ne puisse reconnaître toutes les douves viciées en tout ou en partie, et les remplacer par des douves neuves et saines.

Un quatrième goût fort désagréable se communique aux vins par une opération qui tend cependant à les bonifier. C'est en les collant avec des blancs d'œufs qui ont été mal choisis ; un seul œuf gâté ou corrompu suffit pour infecter une barrique de vin. Ainsi, ceux qui adoptent ce collage ne peuvent trop apporter d'attention à choisir les œufs. De même, le collage par le lait et la crême est capable de donner un goût d'aigre, si l'opération est mal faite et si les vins subissent dans la suite une nouvelle fermentation par la chaleur ou la gelée.

Cette seconde fermentation produit encore d'autres effets fâcheux, elle décolore les vins par l'évaporation qu'elle produit de la substance colorante : les rouges prennent une teinte presque noire, et les blancs jaunissent. Il n'est pas rare de voir les chaleurs ou les gelées produire ces altérations de couleurs, et même influer sur la qualité des vins, en leur donnant le goût d'échauffé. Il y un moyen simple d'arrêter la fermentation produite par la chaleur, c'est de tirer promptement un ou deux litres de vin, et d'ouvrir ensuite pendant quelques instants la bonde du tonneau, pour en laisser échapper le calorique. On replace ensuite le bondon, mais légèrement sans le frapper; et on remplit la futaille dès que la fermentation est calmée.

Si ce remplissage était longtemps différé, le vin pourrait contracter soit le goût d'aigre dont nous avons déjà parlé, soit celui d'évent qui est produit par le contact de l'air extérieur, et qui fait évaporer les parties spiritueuses en affaiblissant le vin. Au reste, le remplissage, dans tous les cas, est un moyen de conservation des vins, et nous lui consacrerons un chapitre spécial.

De même, dans un autre chapitre (le IXme), nous donnerons les moyens de corriger, autant qu'il est possible, les goûts d'aigre, de fût, de moisi, d'œufs gâtés, d'échauffé, d'évent et autres que l'on se borne à signaler ici en indiquant leurs causes. Il a paru plus méthodique de réunir les différents modes de bonification ou de rétablissement des vins, après avoir fait connaître séparément leurs vices. Mais il nous reste encore à indiquer les goûts de fumée, de grappe, de cuve, et à l'égard de ceux-ci on enseignera en même temps les moyens de les enlever, attendu que cela se fait par des procédés forts simples.

1° Le goût de fumée se communique aux vins lorsqu'ils sont placés dans des celliers ou caves qui sont proches d'établissements ou d'usines, dont il s'échappe habituellement de la fumée. Ce goût se communique encore si l'on fait du feu dans les caves mêmes, ou s'il s'y manifeste un incendie. Il est difficile d'enlever ce mauvais goût, surtout s'il est contracté depuis longtemps. M. Julien et quelques autres enseignent cependant qu'en mélangeant le vin infecté de fumée avec du moût, par quantités égales et en laissant fermenter le tout sur la râpe, on parvient à rendre ce vin potable.

2° Le goût de grappe se contracte par un trop long séjour du moût sur le raisin écrasé, autrement dit sur la rafle. Il faut donc savoir soutirer le vin à propos; mais on doit aussi ne pas le retirer trop tôt de la cuve, autrement il n'aurait ni assez de couleur, ni assez de fermentation.

3° Enfin, le goût de cuve provient aussi par un trop long

séjour sur le marc, ou du défaut de soins à bien écraser les raisins, c'est-à-dire à les fouler fortement dans la cuve, pendant plusieurs jours, avant de le soutirer. Ce mauvais goût, qui tient à la fois de l'âpreté et de l'acide, peut se corriger par le mélange avec d'autres vins purs et exempts de vices ; mais on ne doit pas croire que ni le collage, ni le soutirage puissent enlever le goût de cuve, comme on l'a cependant prétendu.

CHAPITRE IV.

DE LA DÉGUSTATION DES VINS.

Nous avons déjà dit, dans le premier chapitre, que nul ne pouvait être un gourmet universel, c'est-à-dire un dégustateur assez habile pour connaître, sans erreur, les qualités et les défauts des vins de tous les pays vignobles. Il est convenable de le répéter ici, et de dire qu'un dégustateur n'est, en général, capable que d'apprécier les vins de son pays, parce que l'expérience lui a appris à les connaître d'une manière particulière, et qu'il n'a pas les mêmes connaissances à l'égard des autres vignobles. En vain, serait-il capable d'en juger par théorie, il ne suppléerait pas à la pratique, par laquelle seule on apprécie sûrement les qualités du vin.

D'où il suit que le commerçant qui tire des vins des principales contrées de la France prendrait une peine inutile de parcourir lui-même ces différents pays, s'il ne se faisait assister d'un homme local, digne de sa confiance, et instruit par une pratique habituelle à choisir les vins. Cette assistance d'ailleurs le débarrasse des préjugés que certains pays vignobles élèvent contre les autres.

« Pour bien juger un vin que l'on ne connaît pas, dit judicieusement M. Julien, il faut s'être informé des qualités qui le font estimer, oublier toutes celles que l'on aime à rencontrer dans d'autres, et n'y chercher que le goût et le caractère qu'il doit avoir. Ainsi, je pense que les gourmets de chaque vignoble sont seuls capables de bien choisir les vins de leur canton. » Voilà ce qui est bien pensé ; mais le même auteur ajoute : « Qu'il n'appartient qu'à l'homme habitué à goûter sans prévention de toute espèce de vins, de juger du mérite de ceux de *tous les pays.* » Cela implique contradiction, car s'il est des dégustateurs capables de sainement apprécier les produits de tous les vignobles, on ne peut pas soutenir en même temps que dans chaque contrée les vins ne sont bien choisis que par un homme local. L'une de ces assertions détruit l'autre. Il faut donc s'en tenir à l'expérience du dégustateur local.

Mais ce n'est pas tout : Dans la dégustation des vins il est important de reconnaître les mélanges, ou les mixtions, s'il en existe, ce qui n'est pas toujours facile ; car la chimie ne peut être que d'un faible secours pour connaître ces mélanges lorsqu'ils ne sont faits qu'avec de l'eau. On est forcé, dans ce cas, de s'en rapporter à des dégustateurs plus ou moins instruits, et l'on ne procède pas autrement, même en justice, lorsque des boissons sont saisies, soit comme contenant des mixtions simples, soit comme en renfermant de dangereuses et nuisibles pour la santé. C'est toujours sur les rapports d'experts dégustateurs que les juges ordonnent de répandre les vins falsifiés ou mélangés.

Il n'est pas facile encore de bien choisir les vins nouveaux ; leur qualité n'est ni assez prononcée, ni assez développée au sortir de la cuve ; elle ne l'est pas même entièrement pendant les premiers mois qu'ils sont en tonneaux. Le vin n'est point alors ce qu'il peut et ce qu'il doit être après une année. Comment distinguer, dans le vin qui fermente encore ou qui à peine a cessé de fermenter, les maladies dont il sera atteint dans la suite, et dont il renferme déjà le germe en lui-même ? Les signes de ces maladies ne sont pas encore évidents, pas même pour le goût ; par exemple, les fleurs blanches, qui annoncent l'acidité, n'existent point, du moins rarement, dans les deux premiers mois de la récolte. Aussi il n'est pas rare de voir un vin qui d'abord était clair, limpide, d'un goût agréable, tourner ensuite, après quatre, cinq ou six mois, à la graisse ou au pourri ; tandis que d'autres vins nouveaux s'annoncent mal dans les premiers mois, sont louches, pesants, durs, et deviennent par la suite des vins suaves, délicats, spiritueux. Ici on reconnaît encore la nécessité de recourir à des dégustateurs locaux, qui, par leur expérience, leurs habitudes, leurs comparaisons, peuvent décider avec quelque certitude des qualités présentes et futures des vins nouveaux.

Mais il est plus facile de reconnaître certaines préparations dans les vins, surtout dans ceux qui n'en ont que le nom et qui n'existent que par l'art, la fraude ou l'artifice ; il est impossible, quoi que l'on fasse, de leur donner le goût du raisin. Il est facile encore de reconnaître les vins frelatés par des substances étrangères qu'on y a introduites ; ces substances sont malheureusement nombreuses et faciles à se procurer, il en est même de très-dangereuses, telles que la litharge qui est un poison, et la potasse qui est malfaisante. On les emploie pour corriger les goûts d'aigre et de verdeur, goûts qui peuvent s'enlever par des substances plus saines. On reconnaît la litharge et la potasse soit à la couleur terne ou louche, soit à un goût d'âcre ou salé qui affecte désagréablement le gosier. On reconnaît surtout la litharge en versant quelques gouttes d'hydro-sulfate dans un verre de vin présumé altéré, ces gouttes opèrent à l'instant un précipité noir, si la litharge existe dans le vin.

Lorsque les vins ne sont mélangés qu'avec une petite quantité d'eau déposée, soit dans la cuve pour fermenter avec le jus du raisin, soit dans les tonneaux avant le soutirage, ce mélange n'est pas dangereux, mais il porte atteinte à la spirituosité du vin, lui enlève une partie de sa saveur, et lui donne un goût faible. Il faut une attention particulière pour reconnaître ce mélange lorsqu'il est bien fait. Néanmoins, si la quantité d'eau était trop considérable, ou si l'opération était mal faite, il serait facile de la reconnaître en sortant du vin par la partie la plus basse du tonneau, qu'il faudrait percer en ce cas à 54 millim. (2 pouces) de la douve la plus inférieure. Dans cette partie basse, l'eau s'y serait précipitée, parce qu'elle est plus pesante que le vin. On peut encore reconnaître le mélange d'eau par l'emploi du pèse-vin, instrument dont on se sert dans les pays de distillation, et dont nous avons déjà parlé.

On mélange aussi les vins avec du poiré, ce qui n'est point facile à reconnaître, à moins que la quantité employée de celui-ci ne soit trop forte, et alors le goût naturel du poiré domine. Ce liquide est assez capiteux pour produire certaines impressions sur les nerfs.

Mais rien de plus facile à connaître que les vins qui sont tournés à la graisse, ou au pourri, ou à l'aigre ; le goût et l'odorat en sont à la fois frappés désagréablement. Cependant si ces vices ne sont pas bien développés, il faut une grande attention pour reconnaître les premiers éléments de la dégénération ou de la décomposition.

Les goûts de terroir, de vert, d'âcre et autres, sont également faciles à reconnaître, d'autant plus qu'ils se prononcent dans le vin presque au même instant de sa préparation, ou fort peu de jours après, car ils tiennent à sa nature, leur essence est déjà dans le raisin.

Quant aux moyens de corriger ces différents goûts, et de rétablir les vins tournés, gras, moisis, fûtés, etc., ils seront indiqués et réunis dans un chapitre spécial ci-après (le IXme). Terminons celui-ci par des observations générales.

Les vins qui ne sont ni frelatés, ni atteints de vices soit naturels, soit accidentels, conservent un goût qui leur est propre, c'est celui des raisins qui les ont produits. Le goût de ces fruits n'est pas absolument le même dans les pays vignobles, il varie suivant les plants et les terrains; il est des raisins doux ou sucrés, tels que la blanquette, le muscat et quelques autres; il en est qui sont à la fois doux et légèrement piquants. Mais un plus grand nombre de raisins donnent un jus un peu âcre, sans être désagréable, et ce goût, qui est le plus naturel, se fait sentir tant que le vin n'est pas usé ou dégénéré.

Tout ce que nous avons dit dans ce chapitre doit être présent à la pensée du dégustateur ou du marchand de vins, lorsqu'il fait ses choix et ses achats; disons mieux, il doit avoir fait une étude attentive, suivie d'une pratique judicieuse et habituelle, de tous les procédés de son art, de toutes les connaissances qui s'y rattachent; il doit même, quand il opère, être en état de bonne santé; l'homme valétudinaire ou infirme, ou d'un tempérament bilieux, est peu propre à goûter les vins, car les douleurs et les affections qu'il éprouve influent plus ou moins fortement sur les organes du goût et de l'odorat, qui doivent être sains pour apprécier les vins et juger leurs qualités. Il est même des aliments dont on doit s'abstenir avant de déguster les vins, parce qu'ils sont de nature soit à les faire trouver mauvais, soit à altérer le bon goût du dégustateur. Ce sont des faits qui résultent de la nature des choses, et que plusieurs auteurs attestent. Voici dans quels termes M. Julien s'exprime sur ce sujet:

« La qualité et l'agrément que l'on trouve dans un vin dépendent souvent des aliments qui ont précédé la dégustation. Quelle que soit la qualité de celui que l'on boit après avoir mangé des mets doux ou sucrés, des fruits et surtout des pommes, il semble toujours acerbe et peu agréable, à moins que ce ne soit un vin de liqueur; tandis qu'après les mets épicés, les fromages de haut goût et surtout celui de Roquefort, que Grimod de la Reynière a fort à propos surnommé le biscuit des ivrognes, tous les vins paraissent bons, ou du moins beaucoup meilleurs qu'ils ne le sont réellement. Les liqueurs spiritueuses, les vins forts et corsés, lorsqu'on les boit purs, nuisent à la sensibilité du palais; les personnes qui en usent habituellement finissent par ne trouver aucun goût aux vins fins, délicats et savoureux, qui font les délices des véritables amateurs. »

Aussi on a vu plusieurs gourmets ne manger que du pain sec avant la dégustation, et même en goûtant les vins.

CHAPITRE V.

DES TONNEAUX ET DU LOGEMENT DES VINS.

Dans la seconde partie de cet ouvrage, et à la suite du Manuel du jaugeage, on donnera un tableau nominatif de tous les vases, futailles, tonneaux et autres destinés à loger les vins. Ce tableau, qui comprendra près de cent espèces de vases employés dans les différents pays vignobles de la France, indiquera aussi leurs capacités diverses en veltes ou en litres. A Paris, les tonneaux dont on fait particulièrement usage, sont : les pièces ou barriques de différents pays, les feuillettes de Bourgogne, les pipes du Languedoc, de l'Aunis, de la Saintonge, d'Orléans, d'Anjou, etc.

Mais il s'agit ici de dire autre chose que les noms de ces vases, il faut examiner les qualités qu'ils doivent avoir.

La première qualité exigée pour l'intérieur d'un tonneau neuf ou ayant servi, c'est de n'avoir aucune espèce de goût désagréable, autrement il le communiquerait bientôt au vin qui y serait déposé. Cette communication ne serait que trop sûre, on peut dire qu'elle serait infaillible. Il ne faut donc pas se servir d'un tonneau de mauvais goût avant qu'il en soit purgé ou désinfecté.

La seconde qualité du tonneau est sa solidité. Il doit être fortement lié ou relié même à neuf, toutes les fois que les circonstances l'exigent, surtout lorsqu'il doit être transporté à de grandes distances, ou que les cercles ont déjà quelque service. Dans plusieurs pays, on place sur chaque bout du tonneau un ou deux cercles en fer, précaution fort sage.

Les douves et les fonds n'exigent pas moins de soins que le reliage; il faut, sans hésiter, remplacer ceux qui sont viciés assez fortement pour faire craindre le coulage du vin. De légères réparations sont en ce cas souvent insuffisantes, elles peuvent céder au plus petit accident, à l'agitation du transport, à la fermentation du vin. Par exemple, un éclat de douve, un nœud, une fente dans le bois, ne sont point solidement réparés en les bouchant avec du papier, ou du suif, ou du plâtre. Ces petites mesures manquent presque toujours leur effet, ou elles durent fort peu et font quelquefois regretter une réparation plus complète.

Après l'examen extérieur du tonneau, on doit s'assurer s'il est dans le cas de contenir le vin, c'est-à-dire si toutes les parties en sont bien jointes, ou si au contraire la sécheresse ou quelque accident n'ont pas fait travailler les fonds, ce qui est bien facile à vérifier. Pour cela, on dépose alternativement sur chaque fond du tonneau, en le tenant debout et la bonde fermée, une certaine quantité d'eau suffisante pour baigner tout le fond à une hauteur de 27 millim. (1 pouce). On y laisse cette eau jusqu'à ce qu'il ne s'en échappe pas une seule goutte, et on répète ensuite l'opération sur l'autre fond après l'avoir relevé; opération qui ne doit jamais être faite qu'après que les cercles ont été rabattus, les douves resserrées et toutes les parties du tonneau soignées convenablement.

Tout cela ne suffit cependant point, il est des préparations indispensables avant de déposer le vin dans le tonneau.

S'il est neuf, il est nécessaire de le laver d'abord intérieurement avec de l'eau froide, ensuite avec un litre ou deux d'eau bouillante, dans lequel on aura mis 250 grammes de sel. On ferme exactement le tonneau, on le roule dans tous les sens afin que l'eau bouillante puisse en atteindre toutes les parties, et on laisse reposer cette eau alternativement sur chaque fond pendant deux minutes. Après cela, il faut encore agiter le tonneau avant de le déboucher, et laisser couler l'eau. Enfin, lorsqu'il est bien égoutté, on prend un demi-seau de moût que l'on fait chauffer jusqu'à entrer en ébullition, on le verse dans le tonneau neuf que l'on ferme et que l'on roule de nouveau.

Cette méthode est assez généralement suivie, elle est enseignée par M. le comte Chaptal, dans son art de faire les vins, mais il prescrit de faire couler le moût chaud, tandis que plusieurs le laissent dans le tonneau qu'ils remplissent en cet état.

« On peut substituer, continue M. Chaptal, du vin chaud aux préparations ci-dessus. On peut encore employer une infusion de fleurs et de feuilles de pêcher.... En Bourgogne on met le vin nouveau dans des tonneaux neufs. Quelques particuliers les lavent avec de l'eau chaude et des feuilles de pêcher. Cette méthode a l'avantage d'imbiber le tonneau et d'épargner une pinte de vin. »

Il faut ajouter que les feuilles de pêcher doivent être mises dans l'eau avant de la faire chauffer, afin qu'elles puissent y déposer leur suc.

S'agit-il au contraire de remplir des futailles qui ne sont pas neuves? On doit s'empresser de reconnaître si elles sont bien conservées, de bon goût et en état, tant à l'extérieur qu'à l'intérieur, de loger le vin. Si elles sont telles, il suffit d'y verser deux seaux d'eau froide, de les laver une ou deux fois, de les agiter en tous sens, de laisser couler l'eau et égoutter les futailles. Cependant si elles n'avaient pas servi depuis plusieurs mois, si elles avaient une odeur de sec ou de poussière, il conviendrait de les rincer avec de l'eau en ébullition, dans laquelle on aurait fait infuser une poignée de chaux vive pour chaque futaille; et après l'avoir roulée en tous sens, on laisserait reposer l'eau intérieurement sur chaque fond pendant deux minutes, ensuite on la laisserait couler jusqu'à la dernière goutte.

Mais on ne s'en tient pas là lorsque l'odorat rapporte un goût de gravelle peu agréable, il faut alors visiter le tonneau intérieurement, ce qui se fait, sans l'ouvrir, en y introduisant une chandelle ou une partie de chandelle allumée, et en regardant par la bonde. Si la gravelle paraît saine, blanche et sèche, on présume que le tonneau est sans mauvais goût. Plusieurs se servent, pour cette opération, d'un instrument nommé *visiteur*, qui est disposé à son extrémité inférieure à recevoir une chandelle, et qui est terminé, à l'autre extrémité, par un anneau servant à descendre et retirer la chandelle. Ceux qui n'ont point de visiteur, ou ne peuvent s'en procurer à l'instant, attachent simplement la chandelle avec un fil de laiton, et la descendent ainsi dans le tonneau, d'où ils la retirent facilement lorsqu'ils l'ont visité.

Si la gravelle est noire et paraît gâtée, ou seulement recouverte d'une substance étrangère, on ouvre le tonneau par un bout, et on le nettoie avec une espèce de grattoir, ou même avec un fort balai de bouleau. Si la gravelle résiste à cette opération, si elle reste noire, ou donne une odeur putride quoique légère, c'est un indice certain que le tonneau est gâté, il faut donc se garder alors d'y déposer du vin. Mais si la substance qui couvrait la gravelle s'est enlevée facilement, et si l'on reconnaît que celle-ci n'est point corrompue, on peut se servir du tonneau, après l'avoir foncé et lavé avec une préparation d'eau bouillante, de chaux vive et de feuilles de pêcher.

Lorsque l'on veut garder de vieux tonneaux sans les remplir pendant plusieurs mois, ou jusqu'à la prochaine récolte, on ne doit pas se contenter de faire couler exactement tout le liquide qui y était contenu, ni même de les faire bien égoutter, il faut encore s'assurer qu'il n'y reste point de lie, ce qui se fait de trois manières. Les uns se bornent à rincer fortement deux ou trois fois le tonneau avec de l'eau, à le renverser chaque fois sur sa bonde, et à laisser couler l'eau jusqu'à la dernière goutte. D'autres jettent dans le tonneau une ou deux poignées de cailloux, de médiocre grosseur, pour qu'ils puissent facilement sortir par la bonde; ils agitent ensuite le tonneau après y avoir versé deux veltes d'eau, de sorte que le frottement des cailloux dans toutes les parties du tonneau en détache la lie qui sort avec les cailloux par la bonde ; mais il faut répéter l'opération jusqu'à ce que l'eau sorte parfaitement claire. La troisième méthode est de rincer les tonneaux imprégnés de lie par le moyen d'une petite chaîne de fer, que l'on introduit par la bonde et que l'on fait passer sur toutes les parties intérieures du tonneau, en le rinçant avec de l'eau claire en quantité suffisante.

Enfin, quand la futaille est, d'une manière ou d'une autre, bien nettoyée, on y introduit une petite mèche soufrée que l'on fait brûler par la bonde, après l'avoir bien fermée, afin que la vapeur sulfureuse reste entièrement dans le tonneau. Je ne conseille pas de faire brûler de fortes mèches, parce que le soufre peut être dangereux dans le vin, ainsi que nous le dirons bientôt. Cependant ce procédé est adopté dans tous les pays vignobles, tellement que l'on soufre toutes les futailles vides, lors même qu'elles ne sont ni imprégnées de lie, ni ne donnent de mauvais goût. On va même jusqu'à réitérer le soufrage lorsque l'on veut remplir le tonneau, ce qui me paraît nuisible aux vins et à ceux qui le consomment. Il suffit certainement de faire ce soufrage une seule fois.

Nous ne dirons rien de la préparation des mèches soufrées, elle est généralement connue, chacun peut les faire soi-même.

Toutes les opérations indiquées dans ce chapitre ne sont pas suffisantes pour les tonneaux qui ont de mauvais goûts, tels que ceux de fûté et d'aigre; il convient de ne pas s'en servir avant de les avoir purifiés.

Pour enlever le goût d'aigre aux tonneaux, deux procédés sont employés par les propriétaires, les tonneliers, les marchands de vins. Le premier est d'ouvrir la bonde, pendant vingt-quatre heures, en laissant le tonneau renversé; l'air se sera renouvelé, pendant cet intervalle, dans l'intérieur du tonneau, et le goût d'aigre pourra s'être évaporé assez fortement pour qu'on ne le trouve plus à l'odorat. Pour s'assurer de cette purification, on fait brûler dans le tonneau, après l'avoir retourné, une mèche soufrée introduite par la bonde que l'on ferme. Si la mèche brûle, le mauvais goût est dissipé; si elle s'éteint, il ne l'est pas ou ne l'est qu'imparfaitement, alors il faut recommencer l'opération. Nous pensons qu'une feuille de papier roulée est préférable à la mèche, pour éviter l'emploi du soufre.

Le second moyen d'enlever le goût d'aigre, c'est de faire sortir l'air contenu dans le tonneau, en le changeant par un air extérieur; cela se fait par le moyen d'un soufflet que l'on fait jouer par la bonde, en la laissant ouverte jusqu'à ce que l'air intérieur soit renouvelé. Ce qui se reconnaît par le moyen de la mèche ou de la feuille de papier dont nous venons de parler.

Quant au goût de fûté, les moyens de l'enlever au tonneau ne sont pas faciles. Les préparations de chaux, de feuilles de pêcher, infusées dans de l'eau bouillante, sont cependant employées, en les renouvelant pendant trois jours au moins.

A chaque opération, on agite le tonneau en tous sens, on l'ouvre ensuite pour laisser couler l'infusion de chaux, et on le rince avec de l'eau claire; mais ce procédé est souvent insuffisant, surtout si le goût de fûté est fortement prononcé.

On réussit mieux à l'enlever en démontant le tonneau, en détachant toute la gravelle, en grattant fortement les douves et les fonds, et en passant les joints sur la colombe. On remonte ensuite le tonneau, et on le rince deux fois avec de l'eau claire. Si le goût de fûté résiste à cette opération, le tonneau doit être mis au rebut.

CHAPITRE VI.

DU SOUTIRAGE DES VINS.

Ce que nous allons dire dans ce chapitre est aussi simple que généralement connu et pratiqué. Quelle que soit la qualité des vins, rouges ou blancs, tous exigent d'être tirés au clair. Le moût, lorsqu'il est déposé dans le tonneau, est toujours plus ou moins chargé de corps étrangers, soit de tartre, soit d'éléments divers. La fermentation plus ou moins forte, que le vin subit, le clarifie sans doute, mais elle occasionne un dépôt considérable au fond du tonneau, en y précipitant toutes les matières hétérogènes qui ne tiennent pas à la substance du vin. Ce dépôt est ce qu'on appelle la lie, dont le vin doit être séparé en temps convenable. Or, cette séparation ne peut être faite que par le soutirage.

Il doit se faire plusieurs fois pendant que l'on conserve les vins en tonneau. La première se fait au mois de février, ou mars, mais toujours avant l'équinoxe du printemps; car on ne doit point soutirer les vins lorsque la température est pluvieuse ou agitée par les tempêtes, ou lorsqu'elle est très-variable; il faut choisir des jours sereins et clairs, pendant que les vents sont fixés au nord ou à l'est. Il est reconnu par une longue expérience que le soutirage, pendant un temps sec, est plus parfait, et que la lie ne se mêle pas facilement.

Le second soutirage se fait au mois de septembre, avant l'époque équinoxiale. A cette seconde opération, comme à la première, il faut remplir entièrement les tonneaux, parce qu'il faut toujours empêcher l'action de l'air entre le vin et la futaille.

Si le vin est conservé en tonneaux pendant une seconde année, il est prudent de le soutirer une troisième fois, à la même époque du mois de mars. En un mot, le soutirage est nécessaire au moins une fois par année, après la première pendant qu'il reste en futaille.

Il est plusieurs méthodes de soutirer le vin. La plus simple et la plus générale, c'est d'employer un gros soufflet dont l'extrémité ou la douille, disposée en forme de cône, s'introduit dans la bonde du tonneau et la ferme hermétiquement. On assujettit le soufflet par deux petits crochets en fer qui y sont attachés et que l'on fait entrer dans les cercles. On perce ensuite le tonneau, ou plutôt on l'a percé d'abord à l'un de ses fonds, à la hauteur de 54 millimètres (2 pouces) de la dernière douve. On introduit, par cette ouverture, une forte cannelle en cuivre, qu'il faut solidement fixer au tonneau, et à laquelle on ajuste un tuyau de cuir terminé aux deux bouts par un tube en bois. L'un de ces bouts est disposé pour entrer dans la cannelle à une profondeur de 81 ou 108 millimètres (3 ou 4 pouces), et lorsqu'il y est bien fixé par quelques légers coups de marteau, on place l'autre bout dans un tonneau mis à côté de celui que l'on va soutirer; alors on ouvre le robinet de la cannelle et l'on fait jouer le soufflet. L'action de l'air fait bientôt élever le vin et le verse d'une futaille dans l'autre; mais il faut faire attention à ne pas trop prolonger le jeu du soufflet, parce que la force de l'air précipiterait une partie de la lie dans le vin soutiré. On est averti de cesser par certain sifflement ou murmure que l'air chassé par le soufflet occasionne, lorsqu'il entre dans la cannelle quand elle cesse d'être entièrement couverte par le vin. Alors on enlève le tuyau de cuir, la cannelle et le soufflet, et on laisse couler dans une poêlonne de cuivre la petite quantité qui peut rester de vin clair.

Ce procédé est généralement en usage dans l'Aunis, la Saintonge, le Médoc, le Bordelais et plusieurs autres pays.

Mais ailleurs on procède autrement: on introduit dans la futaille que l'on veut soutirer une pompe en fer-blanc ou en cuivre, dont le bras communique au tonneau préparé pour recevoir le vin, et l'on fait jouer la pompe jusqu'à ce que le vin soit aspiré, en prenant soin d'arrêter dès que l'on s'aperçoit que l'on est près d'atteindre la lie.

On se sert encore, pour le soutirage, d'un instrument appelé siphon, qui se compose de deux branches, l'une dite plongeante et que j'appellerai plutôt aspirante, parce qu'elle aspire le vin en effet; l'autre est branche descendante, par laquelle coule, dans de grands brocs, le vin pompé ou aspiré par le jeu de la première branche. On verse ensuite les brocs dans le nouveau tonneau disposé pour recevoir le vin. Mais le siphon a cet inconvénient, qu'il ne peut aspirer tout le vin, autrement la lie serait enlevée. Il faut donc, pour obtenir la partie restante du vin, poser une cannelle au fond du devant du tonneau soutiré, laisser couler le vin dans une poêlonne, et finir par lever l'autre bout du tonneau avec beaucoup de précaution pour ne pas déranger la lie.

À Paris le soutirage est plus simple. Deux grands brocs et un baquet dans lequel on les place alternativement sont les seuls instruments employés avec une forte cannelle. On laisse couler le vin par cette cannelle dans les brocs, et on verse ceux-ci dans la futaille nouvelle, ce qui se fait avec beaucoup de promptitude, car on remplace assez vivement un broc plein par un vide, sans fermer la cannelle ni répandre de vin, de sorte que l'un se remplit pendant que l'autre se verse. Mais lorsque le vin est descendu au-dessous de la cannelle, il ne coule plus, et on élève la futaille par le fond opposé à celui où la cannelle est placée, afin d'en faire sortir tout le vin clair sans le mêler avec la lie. Pour élever le tonneau avec précaution, il faut se servir d'un cric, ou appuyer un simple bâton dessous la douve supérieure en le fixant contre le mur. Tout cela est fort simple à exécuter, et c'est ce que bien peu de personnes ignorent.

Mais avant de soutirer le vin dans un nouveau tonneau, ne doit-on pas lui faire des vérifications et des préparations? On pourrait se borner à reconnaître s'il est solide, bien lié, en bon état, exempt de mauvais goût et s'il a été bien conservé par les moyens que nous avons expliqués dans le précédent chapitre. Mais on ne s'en tient pas là, on revient encore au soufrage et l'on fait de nouveau brûler une mèche soufrée, plus ou moins forte, suivant le caprice de celui qui opère, dans le tonneau que l'on va remplir, sans se rappeler que déjà ce tonneau contient du gaz sulfurique produit par la première mèche que l'on y a brûlée lorsqu'on l'a vidé, rincé et bouché pour le conserver. Ce serait cependant bien assez de cette première mèche, car il est démontré par les chimistes les plus instruits que le soufre est nuisible et dangereux; qu'il contient des particules d'arsenic dont on a reconnu la présence dans les vins soufrés.

Aussi plusieurs ont enseigné que le soufrage doit être proscrit et remplacé par une petite quantité d'alcool brûlé dans les tonneaux que l'on veut remplir ou conserver vides. D'ailleurs il est certain que la vapeur sulfureuse introduite dans les vins leur donne presque toujours un goût désagréable de soufre, plus ou moins prononcé, et l'on ne parvient à les en purger qu'en les mêlant avec d'autres vins corsés et de bon goût, c'est-à-dire que l'on gâte ceux-ci pour bonifier ou rétablir les autres.

Quant au second soutirage des vins, il se fait au mois de septembre, mais avant l'équinoxe. Quelques propriétaires font cette seconde opération au mois de juillet, à peu près dans le temps où le raisin entre en verjus ; ils prétendent qu'alors on prévient la fermentation que les chaleurs du mois d'août peuvent occasioner aux vins.

Si l'on garde les vins en tonneaux pendant longtemps, il est prudent de les soutirer chaque année autant de fois qu'ils l'ont été pendant la première, c'est-à-dire dans les mois de mars et de septembre, avant les équinoxes ; il faut les soutirer encore quand on est obligé de les faire transporter d'un lieu à un autre et à de grandes distances. Enfin il est convenable de répéter le soutirage lorsque l'on s'aperçoit que le vin est trouble ou disposé à tourner, et on le colle ensuite.

CHAPITRE VII.

DU REMPLISSAGE DES TONNEAUX.

Cette mesure est nécessaire, même indispensable, pour conserver le vin, et cependant rien n'est plus commun que la négligence à remplir les tonneaux, soit après la récolte, soit après le soutirage. On ne fait pas attention qu'en différant le remplissage, dans l'espoir d'économiser quelques litres de vin, on s'expose à perdre tout ce qui est contenu dans la futaille non remplie ; il est cependant fort simple de reconnaître que l'air qui remplit la partie vide du tonneau peut affecter le vin de plusieurs manières, en lui communiquant plus ou moins d'acidité, ou en le disposant à tourner. Ces accidents ont lieu surtout si la partie supérieure de la futaille, qui n'est point baignée par le vin, est mal jointe ou laisse un accès à la communication de l'air extérieur avec l'air intérieur.

Le remplissage des futailles ne doit point être fait avec de l'eau ou de la piquette, ou de mauvais vins, il faut, au contraire, employer du vin semblable à celui qui est contenu dans le vase que l'on remplit, toutes les fois qu'on le peut, sinon avec du vin d'une même qualité et de bon goût. Aussitôt que le remplissage est fait, il faut fermer la futaille en ayant soin d'abord de changer le papier ou le linge dont le bondon est garni. Mais ce n'est pas tout : avant de fermer le bondon, il faut faire sortir les fleurs blanches, s'il en est à la surface du vin ; elles ne manquent pas lorsque le remplissage a été négligé. Pour cet effet, on verse du vin jusqu'à ce qu'il passe au-dessus de la bonde deux ou trois fois, entraî-

Marchands de vin.

nant avec lui les fleurs blanches. Mais, comme il peut en rester dans les cavités du tonneau ou près des fonds, on laisse un moment reposer le vin, la bonde ouverte, et l'on frappe ensuite légèrement à droite, à gauche de la bonde et sur les deux fonds, avec un petit marteau ou le débondoir. Ces mouvements détachent les fleurs blanches et les poussent à l'ouverture du tonneau, par laquelle on les fait sortir en versant encore une fois du vin jusqu'à ce qu'il passe par-dessus.

Plusieurs marchands de vins ne s'en tiennent pas à ces procédés lorsqu'il s'agit de faire un remplissage longtemps différé ; ils ont encore recours à la mèche soufrée, sans s'inquiéter des mauvais effets que la répétition de ce moyen dans le même tonneau peut produire. Voici comment ils opèrent, suivant M. Julien : « On fait sortir de la pièce l'air qui remplit le vide, à l'aide d'un soufflet ordinaire dont on introduit la douille par la bonde sans qu'elle touche au liquide, et en soufflant de chaque côté jusqu'à ce qu'un petit morceau de papier allumé puisse y être introduit sans s'éteindre. S'il y a beaucoup de vide, continue le même auteur, il est bon d'y faire pénétrer une mèche soufrée et de l'y laisser brûler en bouchant la bonde. Si au contraire le vide est trop peu considérable, on peut y introduire la vapeur sulfureuse en soufflant avec un chalumeau sur une mèche enflammée que l'on tient dans l'orifice de la bonde. »

Nous rejetons bien loin tout emploi de soufre dans cette circonstance comme en bien d'autres. Le soufrage ne peut être sans danger que lorsqu'il est fait dans des tonneaux vides pour les conserver sans les remplir pendant quelque temps ; dans ce cas, la vapeur sulfureuse perd par le temps de son intensité dans le tonneau vide, et une partie s'en échappe lorsqu'on le remplit. Mais nous adoptons le renouvellement d'air par le soufflet, ce procédé peut être utile sans aucun inconvénient : néanmoins il sera insuffisant si, par le défaut de remplissage pendant longtemps, le vin est devenu trouble ou d'une couleur louche, il faut alors s'empresser de le soutirer dans un autre tonneau de bon goût et en bon état. Mais ce soutirage doit être exécuté avec précaution pour retenir les fleurs blanches mêlées avec le vin. Ce soutirage fait, il faut, pendant cinq à six heures, laisser reposer le liquide et le coller, sans le soufrer, afin qu'il ne contracte pas le goût de soufre. Enfin, quand il est bien épuré et limpide, on peut, pour le fortifier, y verser un litre d'eau-de-vie à 22 degrés, par barrique.

Mais en quel temps et combien de fois par année doit-on remplir les vins? Dans toutes les saisons et les températures ce remplissage est toujours convenable, il ne peut jamais nuire, même pendant le temps des équinoxes ou lorsque la vigne est en fleur, parce que si alors les vins sont agités par une fermentation sourde, le remplissage peut la modérer.

Quant au nombre des remplissages, il varie suivant les usages et le plus ou le moins d'évaporation des vins; il peut dépendre aussi de la qualité des caves et des celliers. Dans plusieurs vignobles on ne remplit les vins qu'à un intervalle de deux mois, mais en d'autres on les remplit régulièrement une fois par mois. Les marchands de vins varient aussi le nombre de leurs remplissages, mais il est reconnu par une expérience sûre que les vins qui ne sont remplis qu'à de longs intervalles, comme ceux de deux ou trois mois, exigent plus du double de liquide pour les remplir que ceux qui le sont tous les mois ou à des intervalles plus rapprochés. Par exemple, une pipe qui n'exigera qu'un litre de vin après un mois de remplissage, en consommera près de trois après un intervalle de deux mois. Ainsi point d'économie à différer le remplissage; mais les risques de la dégénération du vin sont plus grands en retardant cette opération, parce que plus il y a d'air entre le vin et le tonneau, plus il est exposé à s'aigrir ou à devenir gras.

CHAPITRE VIII.

DU COLLAGE DES VINS.

Le collage est nécessaire lorsque les vins ont été troublés ou agités, afin de les rendre à leur limpidité naturelle, qualité qui plaît à tous les consommateurs, et sans laquelle les vins les plus agréables et les plus savoureux répugnent à la fois à l'œil et au goût. Il est vrai que la limpidité peut se rétablir par le simple repos; mais il est des époques et des circonstances où le repos n'est point parfait dans un vin qui a déjà perdu une partie de sa transparence. Les époques sont celles des équinoxes qui font travailler le vin d'une manière plus ou moins sensible. Les circonstances sont: 1° quand on remarque que des parcelles de lie se mêlent au vin, au lieu de rester fixées au fond du vase ou tonneau; 2° quand on reconnaît que le tartre ou la matière colorante sont disposées à se décomposer ou à entrer en dissolution, ce que l'on voit à l'altération de la limpidité.

Il ne faut donc pas s'en rapporter au repos du vin pour rétablir sa transparence. Il est cependant beaucoup de pays vignobles où la mesure du collage n'est pas regardée comme indispensable à la conservation des vins qui sont en tonneaux; on se contente de les soutirer et de les remplir, même après les avoir transportés à diverses distances ; mais en d'autres localités on remplit une bouteille d'eau pure et on la plonge sans la boucher dans la futaille ; l'eau se trouvant ainsi suspendue dans le vin, ne peut se dégager que lentement de la bouteille, ce qu'elle fait en s'étendant à droite et à gauche dans le tonneau et en entraînant au fond avec elle toutes les particules de lie ou de tartre qu'elle rencontre. Cette opération est d'autant plus lente qu'à chaque goutte d'eau qui descend de la bouteille, il y entre un même volume de vin parce qu'il est plus léger que l'eau; ainsi lorsque celle-ci est entièrement sortie de la bouteille, elle se trouve remplie de vin.

Mais ce procédé paraît insuffisant; il doit échapper à l'action de l'eaucoup de corps étrangers suspendus ou agités dans le vin, tandis que le collage bien fait doit atteindre tous ces corps et les précipiter dans la lie. D'ailleurs le collage a une propriété particulière, c'est de prévenir la fermentation du vin soutiré et de la combattre quand elle existe.

Ainsi le collage est non-seulement nécessaire pour les vins que l'on veut mettre en bouteilles, mais encore dans plusieurs circonstances pour ceux que l'on conserve en tonneau. Le collage produit deux effets principaux sur les vins en bouteilles; il assure leur limpidité et les empêche de déposer, dépôt qui est souvent prompt et considérable lorsque le vin a été mal collé ou ne l'a pas été du tout. Ce dépôt peut nuire au goût, à la saveur, à la transparence du vin. C'est une seconde espèce de lie où se trouvent tous les éléments de fermentation qui sont renfermés dans la première; il faut la séparer du vin avant de le boire, ou de l'expédier en bouteilles. Voyez ce qui sera dit sur cela au chapitre X.

Pour les vins en futailles, il est nécessaire de les coller, 1º quand le soutirage a été mal fait, et qu'ils ont conservé après cette opération une couleur terne, sombre, peu limpide; 2º lorsqu'on s'aperçoit que les vins ont subi quelques altérations naturelles, comme lorsqu'ils sont couverts de fleurs blanches ou qu'ils sont devenus lourds ; 3° quand on les expédie par mer ou par voitures à de grandes distances, parce que les agitations du navire, ou les cahotements des voitures, disposent les vins à certaines fermentations : la colle prévient cet accident; 4° si les vins, après le soutirage, n'ont pas acquis leur couleur ou leur transparence naturelle, c'est une preuve que des substances tartreuses ou autres sont restées suspendues dans le vin, et pour les précipiter dans la lie, il n'est point de moyen plus sûr que le collage; 5° enfin on doit coller les vins qui sont restés exposés à la chaleur sur les quais, les navires, ou placés dans des celliers ou caves trop chaudes.

Mais disons comment se fait le collage : on se sert de plusieurs substances comme de plusieurs procédés. A l'égard des substances, on emploie 1° les blancs d'œufs que l'on bat avec de l'eau ou du vin jusqu'à ce qu'ils forment une espèce de colle. Cette préparation est adoptée dans un grand nombre de vignobles, néanmoins elle est sujette à des inconvénients, car les blancs d'œufs peuvent éprouver, malgré l'action du fouet ou du bâton dont nous allons parler, une sorte de condensation dans le vin ou du moins y rester suspendus, ce qui se reconnaît lorsque le vin n'acquiert pas une limpidité parfaite par le collage. Dans ce cas, j'ai vu des propriétaires renouveler l'opération toujours avec des blancs d'œufs; mais j'ai vu aussi d'habiles marchands de vins soutenir que ce second collage ne fait pas plus d'effet que le premier, et alors, au lieu de se servir de blancs d'œufs, ils collent soit avec certaines poudres dont je parlerai bientôt, soit avec de la colle de poisson.

Pour coller une pièce ou pipe de 450 litres, il faut huit blancs d'œufs très-frais; pour une barrique de 28 à 30 veltes, ou 260 bouteilles, quatre blancs d'œufs suffisent, et pour une feuillette de 18 veltes, trois œufs seulement. Quand ces blancs sont battus, comme nous l'avons expliqué ci-dessus, on les verse dans le vin qui va subir le collage, après en avoir retiré une certaine quantité pour laisser libre l'action du fouet. Cet instrument, généralement connu et usité, est formé d'une seule branche de fer terminée à un bout en forme d'anneau pour y passer la main, et à l'autre par six ou huit trous percés à jour, dans lesquels sont passés et fortement fixés en saillie autant de petits paquets de poil de sanglier. On introduit ce fouet dans le tonneau, avant d'y verser les blancs d'œufs, et on l'agite avec force d'une manière circulaire, ou en tous sens, pendant deux minutes. Alors on le retire du tonneau, et on y verse à l'instant même les blancs d'œufs; on replonge ensuite le fouet dans le tonneau, on l'agite encore circulairement et avec force jusqu'à ce qu'il se manifeste de l'écume sur la surface du vin. Enfin on remplit le tonneau après en avoir retiré le fouet, on garnit le bondon d'une nouvelle enveloppe de toile ou du papier, et on le ferme hermétiquement en le frappant doucement.

Dans cet état, le vin doit être laissé en repos pendant quatre ou cinq jours avant de le mettre en bouteilles; il peut même être laissé plus longtemps sans qu'il en résulte d'inconvénient; loin de cela, le vin fera moins de dépôt dans la bouteille, parce que sa clarification aura été d'autant plus parfaite.

On se sert aussi, pour opérer le collage, d'un bâton fendu en quatre par un bout, dont chaque côté est tenu écarté de l'autre, et on en fait le même usage que du fouet en l'introduisant dans le tonneau.

M. H. Jasserand, de Lyon, a pris, en 1844, un brevet pour une poudre albumineuse qu'il obtient du blanc d'œuf par sa dessiccation dans le vide. Cette substance, suivant l'inventeur, se présente sous l'aspect d'une poudre d'un blanc très-légèrement jaunâtre, faisant entendre, sous la compression, un craquement analogue à celui des fécules, et se prend, comme elle, en masse par son contact d'eau, dans laquelle elle se dissout au bout de quelques heures. Elle est destinée à remplacer, dans tous ces emplois, l'albumine ou blanc d'œuf, et particulièrement pour la clarification des sirops et des vins; seulement, dans ce dernier cas, il convient d'employer le mélange suivant, dont de nombreuses expériences ont prouvé les heureux résultats.

Mélange pour la clarification des vins.

Prenez : Poudre desséchée . . . . . . 6 parties.
Gélatine animale pulvérisée. . . 4

Formez un mélange homogène.

2° Après la substance du blanc d'œuf, que l'on nomme albumen, on emploie pour clarifier les vins la colle de poisson, que plusieurs fabriquent eux-mêmes, et que le plus grand nombre achètent toute confectionnée. On la fait dissoudre dans de l'eau bouillante, qu'il faut laisser refroidir avant de s'en servir. Il suffit de verser un litre de cette colle, mêlée et battue avec un litre de vin, dans une barrique de 28 à 30 veltes, dont on a d'abord retiré cinq à six bouteilles de liquide; il faut ensuite plonger le bâton fendu ou le fouet dans la futaille, l'agiter fortement et procéder comme nous l'avons expliqué pour le collage par les blancs d'œufs. La colle est employée depuis longtemps aussi bien pour les vins blancs que pour les rouges; il est cependant quelques pays vignobles où l'on n'emploie la colle que pour les vins blancs, et où l'on ne clarifie les rouges qu'avec de l'albumen ou des poudres dont on fait plus ou moins d'usage.

3° Ces poudres, composées par M. Julien, sont de cinq espèces : celle du n° 1er sert au collage du vin rouge; celle du n° 2 au collage des vins blancs; celle du n° 3 clarifie tous les vins indistinctement. Le n° 4 est employé pour remédier à une clarification qui n'a pas réussi par la colle ou les blancs d'œufs, et le n° 5 sert à clarifier les eaux-de-vie, le rhum, etc.

« Ces poudres, dit M. Julien, sont composées de substances qui sont dans un rapport parfait avec les matières qu'il convient d'extraire des vins et autres liquides que l'on veut clarifier. Leur combinaison avec ces substances, continue le même écrivain, est complète, elles les rendent insolubles et le deviennent elles-mêmes, de manière que la lie qu'elles forment, ne peut plus exercer aucune action sur le vin, qui, dégagé de toutes matières capables de le faire dégénérer, est bien plus susceptible de conservation. »

Il n'est pas de notre sujet d'examiner la composition de ces poudres, ni leurs effets divers. Nous renvoyons le lecteur au *Manuel du Sommelier*, de l'*Encyclopédie-Roret*, dans lequel M. Julien entre dans de grands détails sur ces poudres et leurs bons effets. Ce que nous devons en dire ici se borne à deux choses : la première, qu'il n'entre que des sels, des substances animales, végétales et salubres dans la composition de ces poudres, et qu'ainsi elles ne peuvent nuire aux vins ; la seconde, que plusieurs commerçants en font usage et en sont satisfaits.

La manière de les employer est fort simple. On délaie la dose destinée à telle ou telle futaille, pièce ou barrique, avec de l'eau froide ou légèrement chaude, en ayant soin de la battre pendant quelques instants, afin qu'elle soit bien fondue avant d'être versée dans la futaille, et aussitôt qu'elle y est versée, on agite le fouet ou le bâton fendu, de la même manière qu'on le fait pour la colle ou l'albumen.

4° On a employé dans certains vignobles, pour clarifier les vins, 1/2 ou 1 kilog. d'amidon dans trois ou quatre bouteilles de lait chaud, infusion qui ne s'emploie qu'après être refroidie et bien battue avec un peu de sel. Mais je ne donne pas ce procédé comme très-sûr, il arrive que les vins se clarifient lentement, et souvent l'amidon reste suspendu dans le liquide, soit parce qu'il s'y fond difficilement, soit parce qu'il est dans sa nature de surnager. Aussi cette méthode paraît abandonnée.

M. Vergnette-Lamotte, savant œnologue, dans le Bulletin de la Société d'encouragement de 1849, a présenté sur le collage des vins des considérations qui méritent d'être reproduites ici.

L'importante opération du collage des vins destinée à assurer leur conservation, qui leur donne cette transparence et cette limpidité si recherchées aujourd'hui du consommateur, pratique si précieuse pour certains vins, peut, quand on en abuse, affaiblir la saveur du vin, qui devient mat; la santé du vin se trouve alors affaiblie et sa conservation compromise : c'est ce qui arrive fréquemment aux vins de Bourgogne peu riches en tannin, tandis que les vins de Bordeaux, si riches en matières tannantes, peuvent supporter des collages réitérés. C'est qu'en effet, le collage consiste dans la combinaison du principe gélatineux qu'on ajoute au vin avec le tannin qui y existe en proportion variable; l'on voit, dès-lors, combien est grande l'erreur des personnes qui, n'ayant pas réussi à éclaircir un vin par un premier collage, en pratiquent un deuxième et souvent un troisième. Il est bien évident que, si le premier collage a manqué son effet par l'insuffisance du tannin, un second, et, à plus forte raison, un troisième collage non-seulement ne produiront aucun résultat utile, mais pourront aggraver le mal en introduisant dans le vin un corps étranger, un principe de décomposition.

Toutefois le collage ne se borne pas à la simple production d'un composé insoluble dans le vin. Ce composé, à l'instant où il se forme, entraîne avec lui, par une action mécanique et comme pourrait le faire un réseau dont les mailles se contracteraient sur elles-mêmes, les matières en suspension dans le vin et qui troublent sa transparence.

C'est là l'effet utile, l'effet qu'on cherche à produire dans le vin.

Frappé de la nécessité de satisfaire aux exigences du consommateur qui recherche, avant tout, un vin parfaitement clair et limpide, reconnaissant d'ailleurs que les vins rouges de Bourgogne renferment la quantité suffisante de tannin pour supporter, sans nuire à la qualité, l'opération du collage aussi souvent qu'il pourrait être nécessaire, M. de Vergnette-Lamotte propose d'opérer le collage, en ajoutant au vin, d'une part, la quantité de tannin, de l'autre la quantité de gélatine nécessaires pour obtenir le précipité, et, par suite, la clarification désirés.

Au reste, l'addition du tannin dans les vins est pratiquée depuis longtemps sur les vins blancs, d'après les indications de M. François, pharmacien. Cette addition, faite à des vins qui, en général, ne contiennent que des traces de tannin, a pour résultat de prévenir ou même de guérir la maladie connue sous le nom de *graisse*, à laquelle ils sont sujets. Cette maladie, qui les rend lourds et filants, provient d'une substance azotée qu'ils renferment naturellement et dont le tannin détermine la précipitation comme celle de la gélatine.

Quant à la source à laquelle on doit puiser le tannin nécessaire au collage du vin, M. de Vergnette en indique trois : il propose 1º d'employer le tannin pur extrait de la noix de galle par les procédés connus ; 2º le tannin du cachou qu'on pourrait extraire en traitant ce produit par l'alcool, évaporant la dissolution alcoolique et reprenant le résidu par l'eau ; 3º enfin, et c'est le procédé qu'il préfère, il conseille d'employer le tannin que renferme le pépin de raisin lui-même. Il s'exprime de la manière suivante :

« Nous avons dans le pépin de raisin des quantités de tannin très-considérables, et qu'il est facile d'utiliser pour le collage des vins. On distingue dans l'organisation du pépin une tunique membraneuse qui recouvre la boîte osseuse où est renfermée l'amande, cette boîte osseuse, enfin l'amande qu'elle contient et la peau fine qui enveloppe cette amande. J'ai trouvé, par des expériences dont je donnerai ailleurs l'exposé, que les tuniques du pépin mises en digestion dans l'eau bouillante donnaient une dissolution éminemment chargée de tannin. A la température de 15º cent., l'eau ne dissout qu'une faible quantité de ce tannin ; il est insoluble dans le suc du raisin qui n'a point fermenté. Il était important de savoir si le tannin appartenait seulement à la tunique du pépin; je me suis assuré qu'il en était ainsi, en dénudant une certaine quantité de pépins au moyen de l'acide sulfurique convenablement étendu d'eau; ces pépins, lavés ensuite et mis en digestion avec l'eau distillée, à la température de l'ébullition, ont donné une liqueur qui précipitait à peine par la gélatine. De ces essais j'ai conclu ces deux faits importants : 1° que le tannin du raisin réside spécialement dans la tunique du pépin; 2° qu'à la température de 15 degrés l'eau et le vin ne dissolvent qu'une très faible quantité de tannin.

» L'infusion de pépins dans l'eau distillée bouillante donne une liqueur jaune-brun qui présente tous les caractères de l'infusion de noix de galle, et se comporte de la même manière sous l'action des réactifs; son emploi dans le collage des vins ne leur communique aucune saveur étrangère.

» Pour préparer, au moyen de pépins, une dissolution de tannin, il suffira de verser de l'eau bouillante sur les pépins; vingt-quatre heures après on manipulera fortement avec la main les pépins au milieu de l'eau, afin de broyer, autant que faire se pourra, les tuniques qui les enveloppent. Ce résultat obtenu, on versera le tout dans un chaudron de cuivre, et on chauffera à 100° au bain-marie pendant une heure ou deux. A la suite de cette ébullition prolongée, la plus grande partie du tannin est en dissolution dans l'eau; il suffit de passer cette infusion à travers un linge et de la mélanger avec un égal volume d'alcool. Mise en bouteilles, cette liqueur se conservera indéfiniment, seulement on aura le soin de coucher les bouteilles dans la cave; il faudra aussi agiter la bouteille avant d'employer la dissolution de tannin, car il pourrait en rester une petite quantité dans le dépôt que l'alcool a déterminé dans l'infusion des pépins.

» On peut employer immédiatement cette dissolution de tannin; dans ce cas, il est souvent inutile de couper avec l'alcool l'infusion de pépins. Pour le collage des vins, on commencera, comme nous l'avons dit plus haut, par verser la dissolution de tannin dans le tonneau, et quand le mélange sera complet, on ajoutera de la colle comme à l'ordinaire. »

CHAPITRE IX.

DE LA BONIFICATION OU DU RÉTABLISSEMENT DES VINS ALTÉRÉS OU MALADES.

Tous les vins sont plus ou moins susceptibles d'altération, soit d'une manière naturelle, soit accidentellement. Déjà nous en avons indiqué les diverses causes dans les chapitres II et III de cette première partie. Mais il faut ici donner les meilleurs moyens de les rétablir, même de les prévenir quand la chose est possible. Parlons d'abord de la graisse.

Quelques chimistes, ainsi que nous l'avons déjà dit en terminant le chapitre II, attribuent l'existence de la graisse à certaine substance nommée glaïadine, qui est formée par la partie soluble du gluten existant dans le raisin. Cette glaïadine produit, dit-on, de la fermentation d'où la graisse s'ensuit. Mais il faut dire aussi que les vins sont plus ou moins exposés à la graisse, suivant qu'ils renferment plus ou moins de tannin, substance que les vins contiennent lorsqu'ils ne sont pas restés assez longtemps en contact avec la râpe. Aussi les vins blancs tournent bien plus souvent à la graisse que les vins rouges, qui restent ordinairement sur la râpe pendant tout le temps de la fermentation.

Voici deux méthodes pour détruire la graisse, ou même pour la prévenir.

La première consiste à verser dans le vin gras deux bouteilles de solution de tannin par barrique ou pièce de 230 litres. Cette solution consiste dans 40 grains de tannin sec, infusés et dissous dans deux bouteilles d'eau, mais il ne faut la verser qu'après avoir soutiré et collé le vin, et en la versant, il faut l'agiter dans le tonneau. Ce procédé ne donne aucune odeur désagréable, ni aucune saveur étrangère au vin, mais il provoque considérablement la mousse. Les vins soumis à l'influence de la solution de tannin, n'en sont nullement altérés. Les expériences faites jusqu'à ce jour, ont prouvé, dit M. François, que les vins dégraissés par le tannin ne sont plus affectés de cette maladie.

La seconde méthode est plus simple et plus généralement pratiquée : on colle simplement le vin gras ou qui est disposé à le devenir, soit avec la colle de poisson, soit avec les poudres dont nous avons parlé dans le précédent chapitre ; il faut battre le vin fortement avec le fouet, de la même manière, que pour un collage ordinaire; huit jours après on le soutire dans un tonneau de bon goût, où on le laisse reposer après y avoir introduit de l'alun concassé, à raison de 60 grammes (2 onces) par barrique de 30 veltes.

Si cette première opération est insuffisante, il est nécessaire de la renouveler, mais alors on ajoute à la colle un demi-litre d'esprit de vin. Il est plusieurs propriétaires qui font autrement cette seconde opération : ils introduisent dans le vin gras de la lie fraîche de vin blanc, environ un vingtième de la quantité contenue dans la futaille, et ils font agiter le tout de la même manière que pour un collage ordinaire. Quand le vin et la lie sont bien mêlés ensemble, on les laisse reposer pendant huit à dix jours, après lesquels on tire le vin au clair, et s'il est parfaitement dégraissé, on peut le mettre en bouteilles, mais il faut d'abord le coller.

On connaît que les vins sont gras lorsqu'ils ont perdu leur fluidité, et qu'en les versant ils ne pétillent plus ni ne font aucun bruit, ils tombent sourdement dans le verre et ils ne ressemblent pas mal à l'huile blanche non épurée.

Quand le vin qui est en bouteille tourne au gras, on peut le dégraisser d'une manière très-simple; il faut sortir un demi-verre de vin ou environ de la bouteille, la boucher, et agiter avec force, du haut en bas, le reste du vin pendant une minute; cette agitation lui rend sa fluidité, mais pas toujours son entière transparence, il lui reste souvent une couleur un peu louche ou terne, qui ne se dissipe qu'après quelques jours de repos, il en résulte même quelquefois un léger dépôt, dont on ne purge le vin qu'en le transvasant avec précaution dans une autre bouteille; inutile de dire que, pendant les quelques jours de repos, comme après le transvasement, la bouteille doit toujours être fermée et remplie à 27 millim. (1 pouce) près du bouchon.

On dégraisse aussi le vin en bouteilles, en le transvasant simplement plusieurs fois, sans le battre, mais il faut que le vin soit versé de fort haut, afin qu'il tombe avec plus de force et que les éléments de la graisse s'évaporent plus facilement.

Néanmoins ces méthodes si simples ont l'inconvénient majeur de faire perdre beaucoup de vin, et plusieurs propriétaires ou marchands qui n'ont pas besoin de disposer des vins gras en bouteille, les laissent en repos jusqu'à ce qu'ils soient bonifiés naturellement sans aucun secours, ce qui, à la vérité, ne s'opère pas promptement.

On se servait jusqu'à ces derniers temps, et beaucoup de propriétaires se servent encore, d'une solution alcoolique de tannin de noix de galle pour préserver les vins de la graisse. Cette préparation offrait l'inconvénient de se combiner à l'élément ferrique du vin, de former un précipité noir comme de l'encre, très-abondant, ce qui rendait le travail des vins et leur éclaircissement long et difficile. M. Bacou, d'Epernay, a eu l'idée de fabriquer du tannin à l'aide d'une solution aqueuse et légèrement alcoolique de cachou. Ce tannin a donné dans la pratique de meilleurs résultats que celui de noix de galle. Son précipité en effet a été moins coloré, moins abondant, plus sec, et les vins se sont clarifiés mieux et beaucoup plus promptement. La liqueur tannique au cachou offrait en outre l'avantage de ne coûter que deux francs le litre au lieu de huit à seize francs que coûtait l'autre.

Le tannin du cachou dont nous venons de parler a subi, en dernier lieu, un perfectionnement par les soins de son inventeur. Ce perfectionnement consiste dans son épuration à l'aide d'une *distillation forcée* qui le dégage de sa partie colorante et de quelques autres éléments hétérogènes. Le tannin passe ainsi, entraîné par la vapeur d'eau, à travers le serpentin, et s'obtient à l'état d'une liqueur blanche, légèrement rosée. Ce tannin de cachou *raffiné* est versé dans une eau faiblement alumineuse avant d'être employé à l'usage des vins.

Il paraîtrait que cette liqueur exerce sur les vieux vins de Champagne une action beaucoup plus énergique, plus pénétrante, plus salutaire et plus prompte que les liqueurs tanniques rouges et surtout que le tannin de noix de galle.

De la graisse, il faut passer au goût de terroir : il en est qui sont agréables, et d'autres seulement tolérables, par conséquent, les uns et les autres n'exigent aucune préparation pour les corriger. (Voyez ce qui a déjà été dit au chapitre II.) Mais ceux qui sont désagréables, qui affectent à la fois le palais et l'odorat, qui sont amers, terreux, salés, exigent nécessairement qu'on les bonifie ; ce qui se fait en coupant les vins affectés du goût de terroir avec d'autres qui n'en ont aucun et qui sont pourvus de spiritosité, de saveur agréable. Ce mélange affaiblit du moins le mauvais goût s'il ne l'enlève pas entièrement ; mais lorsque ce moyen ne réussit pas, il reste le désagrément d'avoir communiqué une partie du mauvais goût au bon vin que l'on a mélangé.

Mais dans quelles proportions faut-il faire ces mélanges? Cela dépend des essais et des expériences préparatoires que l'on doit d'abord pratiquer, ce qui se fait de la même manière que si l'on avait à corriger tout autre mauvais goût, ou à donner de la force ou de la couleur à des vins qui en manquent.

On essaie aussi, par le moyen du collage, de diminuer les goûts de terroir, mais ce procédé ne réussit pas toujours.

Il est plus facile de remédier au défaut ou à la faiblesse de la spirituosité des vins, et à cet égard le mélange est un moyen éprouvé chaque jour par l'expérience. Ainsi, lorsqu'un vin est faible et sans aucun mauvais goût, on peut lui communiquer quelque force en le mêlant avec des vins plus spiritueux, et en y versant un litre d'eau-de-vie par pièce de 230 litres.

De même, on corrige par des mélanges la surabondance des qualités des vins. Par exemple, les vins de Cahors et autres du midi de la France, qui sont d'une couleur rouge très-foncée, peuvent être coupés avec des vins blancs ou avec de petits vins rouges qui renferment peu de matières colorantes. Mais il faut bien se garder d'employer à ces mélanges des vins fades ou d'un goût désagréable, comme ceux de Brie, ou qui ont trop de piquant comme ceux de l'Alsace.

Quant aux goûts d'âpre ou de vert, on peut les corriger avec des vins qui sont fortement corsés ou spiritueux, mais ce procédé ne conduit souvent qu'à faire des vins médiocres; il me paraît préférable de donner de la force aux vins verts et âpres, qui en sont ordinairement dépourvus; cela se fait en les collant, en versant, au moment du collage, deux litres d'eau-de-vie par barrique, et en agitant fortement le mélange avec le bâton fendu ou le fouet. Si cela ne suffit pas pour enlever entièrement l'âpreté ou la verdeur, on peut, sans inconvénient, y mêler, par barrique, 1 kilog. de sucre fondu et clarifié. Au reste, nous avons déjà parlé de ces procédés dans le chapitre II.

A l'égard du vin qui s'est aigri, on est dans l'usage, en différentes campagnes, d'ouvrir la bonde du tonneau et de la fermer à l'instant même par de la mie de pain bien chaude et sortant du four. On prétend que cette mie de pain aspire les parties acides, et quand elle est devenue froide, on soutire le vin dans un tonneau de bon goût. Je dois dire que j'ai pratiqué cette opération et qu'elle m'a fort mal réussi; je ne la conseille donc point, ni même de la répéter jusqu'à ce que le vin soit purgé du goût d'aigre, car la répétition pourrait durer longtemps inutilement.

Mais il est plus facile de prévenir le goût d'aigre en tenant les futailles toujours remplies, afin d'empêcher qu'il ne s'introduise assez d'air entre le vin et la futaille, pour communiquer les premiers éléments de l'acidité.

De même lorsque les vins sont disposés à tourner au pourri, qualité la plus mauvaise qu'ils puissent avoir, on peut prévenir leur dégénération par l'opération du soufrage. Pour cela, on fait brûler une forte mèche dans un tonneau propre et de bon goût, que l'on ferme pendant 24 heures, et dans lequel, après ce temps, on soutire le vin malade. Cette opération est dans le cas d'empêcher la fermentation que produit la putridité, surtout si, après le soutirage, on verse dans le tonneau un litre ou deux d'eau-de-vie par barrique. Mais je n'oserais conseiller de mélanger le vin qui a des dispositions à tourner au pourri, avec de bons vins, parce qu'on pourrait tout gâter. Au reste, quand le goût de pourri est fortement prononcé, il n'y a plus de remède.

Si un vin est échauffé ou en fermentation par la chaleur, il est plusieurs remèdes à cet inconvénient. Les uns introduisent simplement de la glace dans le tonneau et en arrosent l'extérieur avec de l'eau froide. D'autres, suivant Olivier de Serre, rafraîchissent le vin qui s'échauffe en descendant dans la futaille une fiole de vif-argent bien bouchée. M. Julien conseille de laisser infuser, pendant dix jours, des oranges piquées de clous de girofle, et attachées par une ficelle afin de les retirer du vin. Tous ces procédés peuvent être fort bons, mais celui que je trouve le plus efficace et le plus prompt, est de retirer du tonneau en fermentation un ou deux litres de vin, de laisser après cela la bonde ouverte pendant une demi-heure, afin que la chaleur puisse s'évaporer, et enfin de soutirer le vin aussi promptement qu'on le peut.

Mais comment se corrige le goût d'évent, dont nous avons parlé dans le chapitre III? Il s'enlève en passant le vin sur la râpe lors de la récolte, ou sur de la lie fraîche lors du soutirage des vins. La lie qui se trouve dans une barrique de vin ne suffit pas pour en corriger une autre du goût d'évent; il faut introduire dans celle-ci les dépôts de lie de trois futailles, agiter fortement toute cette lie parmi le vin éventé, deux fois par 24 heures, pendant trois jours au moins, et laisser reposer le tout pendant quinze jours ; après cela on tire le vin au clair.

A défaut de lie ou de râpe, plusieurs marchands versent dans le vin éventé deux bouteilles d'eau-de-vie ou d'esprit de vin par barrique, avec une infusion de 1 kilog. de sucre, ensuite ils collent le vin.

Mais il est temps d'examiner les procédés qui sont employés pour corriger les défauts accidentels des vins.

1° Le goût de fût est difficile à enlever lorsque le vin a séjourné longtemps dans une futaille infectée de ce mauvais goût. Néanmoins il ne manque pas de moyens indiqués comme plus ou moins efficaces. Voici le plus simple, que plusieurs propriétaires et vignerons pratiquent : ils prennent une grosse carotte, qu'ils font cuire sous un feu médiocre en prenant bien garde de la faire brûler ; ils la suspendent dans le tonneau avec une poignée d'une herbe appelée vulgairement *glai*; ils ferment la bonde sur la carotte pendant huit à dix jours, et ensuite ils la retirent ainsi que la poignée de *glai*. Alors le vin est purifié s'il peut l'être. Mais avant ce procédé, il faut avoir soutiré le vin fûté dans un tonneau de bon goût, parce que la carotte ne produirait aucun effet si elle était introduite dans le vin fûté.

Dans un ouvrage intitulé : *Abrégé de l'art de faire les vins*, on trouve la recette suivante contre le goût de fût :

« Il faut, dit l'auteur, M. Roard, après avoir soutiré le vin dans un bon tonneau, y ajouter une once de chaux par livre de vin, ce qui ferait à peu près 18 livres pour une feuillette de Bourgogne de 150 bouteilles. On obtient cette eau en faisant infuser de la chaux vive dans de l'eau ; on la remue bien et longtemps, on la laisse reposer, et le liquide qui surnage est l'eau de chaux que l'on doit employer. Lorsqu'elle est mise dans le tonneau avec le vin fûté, il faut avoir soin de le rouler ou agiter chaque jour, pendant une huitaine au moins. Cette eau de chaux, ajoute M. Roard, en petite quantité, loin de nuire aux vins, en corrige la verdeur, l'âpreté, les rend potables beaucoup plus tôt, et ne détruit en eux aucun des principes spiritueux ou des éléments utiles à leur conservation. »

Ce procédé n'est peut-être pas aussi pratiqué que celui qui

est en usage dans les pays d'Aunis, de Saintonge et quelques autres, le voici : On soutire d'abord le vin fûté, et ensuite on prend, pour une barrique du pays (28 à 30 veltes), dix livres de sucre que l'on fait fondre dans 15 à 20 bouteilles de vin fûté, en le faisant chauffer jusqu'à ce qu'il soit en ébullition. On verse le mélange très-chaud dans la futaille sans la boucher, ce qui fait fermenter le vin, que l'on soutire pour la seconde fois aussitôt que la fermentation a cessé. Quelques propriétaires, après ce second soutirage, collent fortement le vin, mais d'autres se bornent à remplir le tonneau, à le bien boucher et à le laisser reposer.

Enfin j'ai vu employer contre le goût de fût une préparation de noix grillées, ce qui se fait de la manière suivante : On prend un demi-cent de noix pour une barrique de 30 veltes, on les casse et on en prend le fruit après l'avoir nettoyé et séparé en quatre morceaux. Ces noix étant grillées comme le café, ni plus ni moins, sont jetées brûlantes dans le vin fûté, qui doit d'abord avoir été soutiré ; on le colle immédiatement après le jet des noix, et on le laisse reposer une demi-journée ; enfin on le soutire une seconde fois pour le séparer des noix, qui ne doivent pas rester longtemps dans le vin.

2° Le goût de moisi, lorsqu'il est nouvellement contracté, peut s'enlever par le soutirage dans un tonneau de bon goût ou nouvellement vide de bon vin, et par le collage qui se pratique immédiatement après le soutirage. Mais cela ne suffira point si le goût de moisi est déjà ancien, il faudra en ce cas faire fermenter le vin malade sur de la râpe fraîche, légèrement imprégnée de moût. Si l'on n'a pas de râpe, il faut déposer dans le vin moisi de la lie nouvelle, environ le cinquième de la quantité du vin ; on le laisse ainsi pendant quatre jours sur la râpe, ou dix jours sur la lie ; on le soutire ensuite et on le colle en y mêlant un kilogramme ou un kilogramme et demi de sucre par barrique. Mais si ce procédé ne réussit pas, il faut bien se garder de mêler le vin, auquel il resterait encore un goût de moisi, avec quelque vin que ce soit, parce que l'un infecterait infailliblement l'autre.

3° On corrige le goût d'œufs gâtés de la même manière, par la fermentation sur la râpe ou par le dépôt de lie nouvelle ; enfin, par un soutirage suivi d'un collage mêlé d'une infusion de sucre. Néanmoins quelques praticiens indiquent une autre recette fort simple, ils conseillent de concasser des noyaux de pêches, d'en retirer les amandes jusqu'à la valeur de 60 grammes pour une pièce de trente veltes, de les piler, de les laisser infuser pendant quinze jours dans le vin, que l'on soutire ensuite. Le même remède est aussi indiqué pour enlever le goût de moisi, dont nous avons déjà parlé.

4° Si des vins, dans un transport par mer ou par terre, sont gelées, on peut les laisser dans le tonneau sans préparation aucune, jusqu'à ce qu'ils soient dégelés; mais alors leur couleur est plus ou moins altérée, et leur force même peut être légèrement affaiblie. Pour remédier à l'un et à l'autre accident, on soutire les vins dans d'autres tonneaux qui ont été soufrés, en y mêlant un litre d'eau-de-vie par barrique, et on les laisse reposer ensuite. Mais si on veut les mettre en bouteilles, il faut les coller d'abord.

5° Il est des vins qui contractent un goût d'amertume dans les tonneaux; pour les en corriger, on emploie différents moyens. Le premier est de faire brûler dans une futaille, nouvellement vide de bon vin, plusieurs morceaux de linge, imprégnés d'eau-de-vie, que l'on tient suspendus dans l'intérieur par un fil d'archal. On répète ce procédé jusqu'à ce que l'on ait absorbé les deux tiers d'une bouteille d'eau-de-vie, et on soutire immédiatement le vin amer dans cette futaille. Il est des marchands qui, avant le soutirage, font brûler une mèche soufrée dans la même futaille.

Le second moyen, si l'amertume n'est pas trop forte, est de couper le vin avec d'autres de bon goût, mais le mélange doit être fait en petite quantité. Il serait mieux, selon moi, d'employer le vin amer à remplir les futailles qui ont besoin de l'être.

Enfin le troisième moyen est le collage et le soutirage dans un tonneau vide de bon vin. On répète l'un et l'autre si l'amertume n'est pas entièrement enlevée à la première opération.

Guérison des vins malades. — Un habile cultivateur de la Côte-d'Or, M. Demermety, membre du comité central d'agriculture de ce département, a fait connaître récemment dans un journal que publie le comité, un mode nouveau pour guérir les vins malades, que nous nous empressons de reproduire, dans l'espoir qu'il trouvera de nombreuses applications en France. Nous laisserons parler le savon agronome lui-même.

Première expérience. — J'avais dans ma cave un assez grand nombre de bouteilles de vin de bonne qualité, mais très-vieux (1), et, par ce fait, devenu trop amer (2); je le consacrai à des expériences. Après de nombreux essais et beaucoup de bouteilles sacrifiées, je fus conduit à introduire dans l'une d'elles une pincée d'acide oxalique (3); j'agitai la bouteille, le vin se troubla, un gaz se dégagea, puis, quelques minutes après, le vin avait perdu son amertume, sa saveur sembla rajeunie, et l'arôme, obscurci par le dégagement du gaz, reparut avant qu'une heure se fût écoulée (4).

Je n'entrerai point dans des détails sur les suites de cette expérience; il faut des observations de plusieurs années pour les bien connaître. Il serait seulement à désirer que les études chimiques nous apprissent quel est le gaz qui s'est échappé du vin. Serait-ce de l'acide carbonique. L'acide oxalique s'est-il combiné avec les parties colorantes ou le tannin : s'est-il emparé de quelques parties de la potasse du tartre. L'acide tartrique s'est-il mis à nu (5); ou s'est-il combiné avec quelques particules de chaux. Il serait à désirer qu'après avoir enlevé au vin son amertume, la science pût la lui rendre, ce qui démontrerait complètement qu'on a découvert la cause de cette maladie.

Deuxième expérience. — J'ai fait fondre dans l'eau distillée, séparément, divers échantillons de sucre de pommes de terre, de sucres bruts de betteraves et de cannes. Après les avoir filtrés au papier sans colle, j'ai mis dans chaque dissolution une pincée d'acide oxalique. En quelques minutes, toutes ces eaux sucrées se sont troublées, puis il s'est précipité des dépôts plus ou moins volumineux : j'ai fait subir la même épreuve à des sucres blancs de premier choix; l'eau qui en avait été saturée n'a produit aucun dépôt, et n'a même point perdu sa limpidité.

Existe-t-il une connexion entre les résultats de ces deux expériences.

Si ce soupçon est fondé, il en résulterait que les impure-

(1) C'était du Chambertin de 22 ans, de ma récolte; je l'avais sucré, mais je ne sais plus à quelle dose ; c'est pourquoi j'ai négligé de déterminer la quantité d'alcool qu'il contenait.

(2) Je n'ai pas la prétention de ressusciter un vin décomposé, mais seulement de guérir un vin malade.

(3) Il est une quantité qu'il faut atteindre et ne pas dépasser.

(4) Cette expérience a été faite en présence du Comité central d'agriculture de la Côte-d'Or, dans sa séance du 3 septembre 1843.

(5) Cause possible du phénomène du rajeunissement du vin, que j'ai indiqué plus haut.

tés des sucres bruts que l'on emploie quelquefois dans l'intention d'améliorer les vins, peuvent contribuer en quelque chose aux maladies auxquelles ils sont si sujets.

CHAPITRE X.

DU TIRAGE DES VINS EN BOUTEILLES.

Quoique tous ceux qui s'occupent des vins connaissent parfaitement les procédés et les moyens de les tirer en bouteilles, nous croyons nécessaire, pour compléter ce Manuel, de tracer sommairement ces procédés.

Il faut d'abord choisir des bouteilles solides, d'un bon goût, et mettre au rebut celles qui sont étoilées ou d'un verre trop mince, ou imprégnées d'huile. On rince ensuite celles qui sont choisies avec de l'eau claire et une petite quantité de plomb en grain que l'on promène, en l'agitant avec un peu de force, dans toutes les parties de la bouteille, pour en enlever la lie, ou le tartre, ou la poussière, qui ont pu s'attacher aux parrois intérieures. On fait sortir le plomb avec cette première eau, et on rince les bouteilles une autre fois, même deux s'il est nécessaire, avec une seconde eau claire. Ces bouteilles doivent être placées et renversées, à mesure qu'on les rince, sur des planches percées à cet effet, afin qu'elles puissent bien s'égoutter pendant un jour, mais il ne faut pas les y laisser plus longtemps, parce qu'elles pourraient contracter un goût de moisi.

Il est plusieurs personnes qui ont l'attention, lorsqu'elles veulent remplir les bouteilles, de les rincer avec une petite quantité de vin ou deux cuillerées d'eau-de-vie qu'elles font égoutter aussitôt, et remplissent les bouteilles à l'instant même. On prétend que le vin s'y conserve plus longtemps par ce moyen. Cependant j'avoue que je n'ai vu rincer les bouteilles avec de l'eau-de-vie, que lorsqu'il s'agissait de transvaser des vins qui sont déjà en bouteilles depuis quelques mois.

Mais tous les vins ne sont pas propres à être mis en bouteilles. Les nouveaux, ceux qui ont trop d'âcreté ou trop de verdeur, ou des goûts de terroir, ne doivent pas y être mis; ce serait de la peine perdue, car la bouteille ne les bonifierait pas. Il faut donc choisir un bon vin, limpide, ayant acquis toute sa maturité par un séjour d'une année et demie ou deux dans le tonneau, où il aura été bien soutiré avant chaque équinoxe, dans les mois de mars et septembre, et ensuite collé avec soin, de la manière exprimée au chapitre VIII.

Tous les vins n'acquièrent pas leur maturité dans les tonneaux pendant un même espace de temps. Les vins blancs sont plus tôt mûrs que les rouges, il en est qui ne sont bons à être mis en bouteilles qu'après deux ou trois ans, tandis que d'autres sont dans le cas d'y être tirés après un an. On reconnaît la maturité, soit au bouquet, soit au goût, lorsqu'on ne trouve plus d'âpreté ou du moins fort peu.

Si, par l'effet du premier collage, le vin n'était pas d'une limpidité parfaite, il faudrait en faire un second avant de le mettre en bouteilles. Il est des vins qui ont une limpidité apparente et qui sont néanmoins chargés de particules de lie peu visibles. Pour les reconnaître, on remplit une petite carafe d'un verre clair et mince, du vin que l'on veut tirer en bouteilles, et on l'examine au grand jour attentivement, en se plaçant de chaque côté de la carafe, tour à tour. On peut faire aussi cet examen, quand on n'a pas un beau jour, en plaçant une lumière d'un côté de la carafe et en se mettant du côté opposé. Alors, si l'on découvre que le vin est chargé de quelques matières qui surnagent, il convient de le coller une seconde fois et de le laisser reposer six à sept jours avant de le mettre en bouteilles.

Pour faire cette opération, dans tous les cas et pour tous les vins, il faut choisir de beaux jours, sereins, frais, pendant les pleines lunes et que les vents sont au nord ou à l'est ; mais jamais il ne faut tirer le vin en bouteilles pendant le temps des équinoxes, de la pousse de la vigne, de sa floraison, ou pendant les grandes chaleurs, les orages, les grandes pluies, parce que dans tous ces différents temps le vin est toujours agité plus ou moins ; il n'a donc point une limpidité parfaite.

Quand le vin est tiré en bouteilles, il faut les boucher solidement avec des bouchons neufs, de bonne qualité, laquelle se reconnaît à la douceur du liége, qui doit être peu poreux. Si l'on se sert de vieux bouchons, surtout de ceux que l'on a rajeunis en les blanchissant, on s'expose à perdre du vin, ou à lui communiquer un goût de moisi, que de tels bouchons peuvent contracter. Ces bouchons rajeunis se reconnaissent à leur dureté et à la couleur presque noire de leurs pores.

Il est des tonneliers qui mettent tremper les bouchons dans du vin pendant 24 heures, avant de les employer ; mais d'autres prétendent avec raison, selon moi, que ce procédé est vicieux, parce que le bouchon peut prendre un goût d'aigre et le communiquer au vin. Il suffit donc de plonger les bouchons dans un peu de vin au moment même où l'on veut les introduire dans le col de la bouteille, avec lequel il faut d'abord les ajuster. Ces bouchons doivent entrer totalement dans le col de la bouteille, ou du moins il ne faut en laisser de saillant que 5 millim. (2 lignes) au plus. Dans l'un ou l'autre état, le goudron préparé, dont on scelle les bouteilles, s'appliquera facilement. Mais il faut toujours avoir l'attention de laisser un espace entre le vin et le bouchon, car si le premier touchait l'autre, il n'y aurait que peu ou point d'air intérieur, et la bouteille ne tarderait pas à éclater.

Inutile de parler de la fabrication du goudron, de la manière de tenir les bouteilles en les remplissant, de leur placement dans la cave et de leur ajustement sur des lattes ; ces petites choses sont connues de tous les marchands, de tous les propriétaires et du plus grand nombre des consommateurs.

Pour éviter l'altération des bouchons, afin qu'ils ne communiquent pas un mauvais goût aux vins, M. G. Bacou, à Epernay, a proposé de les passer d'abord dans un bain de suif épuré, pour leur donner de la souplesse, puis de les retirer du suif, pour les dégraisser dans une lessive de sous-carbonate de potasse ; de repasser enfin dans quatre eaux propres et chaudes, les bouchons qui se trouvent alors épurés et prêts à servir.

Mais il n'est point inutile de parler des dépôts des vins en bouteilles. Il est rare, quelques soins, choix et précautions que l'on ait pris, que des dépôts ne s'opèrent pas dans les bouteilles ; les vins rouges y sont les plus sujets ; mais dans ceux-ci comme dans les blancs, les dépôts dépendent de la qualité des vignobles ou de la température qui a précédé la récolte.

Les dépôts ne nuisent pas ordinairement aux vins en bouteilles, ni à leur goût ou qualité, ni à leur transparence, à moins qu'on ne les agite ou qu'on ne les déplace. Aussi presque tous les marchands ou consommateurs ne s'occupent point d'enlever les dépôts du vin, tant que les bouteilles ne sont pas déplacées ; mais, s'ils veulent les expédier après les avoir vendues, ou s'ils les destinent à une consommation immédiate, il est indispensable de les transvaser. Cela se fait d'une manière fort simple, en débouchant la bouteille doucement, en versant avec précaution et lenteur, dans une autre bouteille bien rincée, le vin qui a déposé, et en cessant de le verser à l'instant même que le dépôt ou même de petites parties de ce dépôt sont entraînées par le vin. Mais cette opération, comme chacun peut s'en assurer soi-même, occasionne une perte considérable, parce que, dès que la bouteille est vidée à peu près aux deux tiers, le dépôt est troublé par l'air et par le mouvement du vin, et il se mêle avec lui si l'on ne cesse pas de le transvaser.

Plusieurs moyens ont été imaginés pour remédier à cette perte. En Angleterre, en Espagne et dans certains pays vignobles de France, on s'est servi de petits entonnoirs garnis de crêpes ou de gaz, dans lesquels on versait la partie du vin où le dépôt est mêlé, mais on a reconnu que ces entonnoirs ne retenaient que la partie la plus épaisse et la plus bourbeuse du dépôt. Ailleurs, on a employé de petits instruments en verre ou en fer-blanc, mais ils n'ont pas répondu à ce qu'on s'en était promis. En d'autres endroits, on a essayé de filtrer les dépôts et les vins qu'ils ont troublés, mais on s'est aperçu que cette opération faisait évaporer une partie de leur spirituosité.

Enfin, un habile praticien a inventé une cannelle aérifère, au moyen de laquelle il paraît que l'on transvase le vin en bouteilles sans mêler les dépôts et sans éprouver une perte très-forte. Je conseille l'usage de cette cannelle aérifère, dont on peut voir la description et les moyens de s'en servir dans le *Manuel du Sommelier*, chapitre 23, de l'*Encyclopédie-Roret*. Cette cannelle est simple ou double; celle-ci est, dit-on, plus parfaite que l'autre.

Depuis longtemps, l'attention de la Société d'encouragement était fixée sur les pertes que les fabricants de vin mousseux éprouvent par la casse des bouteilles.

C'est pour remédier à ce défaut, qu'elle proposa, en 1828, un prix de 3,000 francs, pour le verrier qui, pendant trois années, aurait fourni aux négociants en vin mousseux, 5,000 bouteilles de forme régulière et symétrique et dont la casse ne dépasserait pas 5 p. 0/0.

Les résultats du concours de 1833 constatèrent des progrès remarquables faits dans cette direction, surtout par M. Darche, propriétaire de la verrerie d'Haumont, près Maubeuge, à qui fut décernée une médaille d'or. Depuis lors de nombreux concurrents se sont présentés, mais le prix n'a pu être décerné, les expériences pour constater la qualité des bouteilles n'étant point encore terminées.

Pour essayer la résistance des bouteilles, les commissaires

de la Société ont successivement employé : 1° un appareil de M. Collardeau, dont on trouve la description avec fig. p. 338 de la 28e année du *Bulletin* de cette Société (1829); 2° un appareil de M. Desbordes, également décrit page 483 de la 4e année du *Bulletin* (1841); 3° enfin, celui de M. Rousseau, décrit et figuré aussi dans le *Bulletin* (1844 pl. 1023).

La Société a reconnu, en 1843, que cet appareil permettait non-seulement d'essayer comparativement les bouteilles de différentes verreries, à des pressions graduellement croissantes, jusqu'à ce qu'elles cassent, et de noter l'effort, mais encore d'essayer les bouteilles à une seule pression pour casser seulement les plus mauvaises.

Ce dernier mode d'essai est surtout fort avantageux pour éliminer les bouteilles faibles, qui se fussent cassées certainement sur le tas et eussent non-seulement occasioné la déperdition du vin, mais souvent déterminé la casse d'un certain nombre de bouteilles pleines à proximité.

Nous n'en finirions pas si nous voulions décrire toutes les autres inventions qu'on a proposées pour rincer et laver les bouteilles, pour les remplir et régler la quantité de liquide à y introduire, pour doser les vins mousseux, pour les boucher, pour les ficeler, pour les garnir d'une capsule en étain, et beaucoup d'autres qui se rattachent toutes plus directement à l'industrie des fabricants de vins et des vignerons ou des sommeliers, mais qui n'intéressent que médiocrement le négociant en vins. Nous croyons donc devoir renvoyer aux Manuels qui concernent ces industries au service des personnes que ces divers appareils pourraient intéresser.

Nous ne terminerons cependant pas ce chapitre, sans citer ici quelques conseils sur l'opération en question, qu'on trouve dans un Mémoire sur la manière de soigner les vins et de les servir, que M. A. Joubert a fait insérer dans la collection des ouvrages sur la cuisine, du célèbre Carême. C'est, à notre avis, ce qu'on a publié de mieux sur ce sujet.

« La mise en bouteilles est certainement une des opérations les plus essentielles lorsque l'on tient à avoir de bons vins.

» Le premier soin est de s'assurer par une dégustation préalable que le vin est parfaitement clair et brillant ; sans cette double condition il ne faut point tirer le vin, il y aurait certitude d'avoir dans la bouteille un dépôt très-considérable, et, pour certains vins, l'assurance qu'ils se gâteraient.

» L'on doit toujours autant que possible consulter le temps

avant de mettre des vins en bouteilles : un temps calme, par le vent du nord, est le plus convenable pour cette opération, qui ne doit jamais être faite pendant les temps orageux et de tempêtes.

» Avant de procéder à la mise en bouteilles, l'on devra s'assurer que les bouteilles ont été bien nettoyées et rincées à plusieurs eaux ; toutes celles qui auraient quelque odeur ou qui auraient servi à contenir de l'huile devront être mises au rebut. Les bouteilles, après avoir été rincées, seront mises à égoutter et devront être employées vingt-quatre heures après le rinçage. Si l'on attendait trop longtemps, il serait à craindre qu'elles pussent contracter le goût de moisi, ou qu'il s'y formât des toiles d'araignée.

» Le choix des bouchons est une des parties les plus essentielles de la mise en bouteilles, rien ne peut contribuer davantage à altérer le vin que des bouchons de mauvaise qualité, et cependant il n'est pas rare de voir, surtout à Paris, des personnes pousser la parcimonie, ou pour mieux dire, l'incurie, jusqu'à faire servir des bouchons plusieurs fois et se plaindre ensuite amèrement que le marchand de vin les a trompées, ne réfléchissant pas que des bouchons, qui, après avoir servi, ont été jetés comme chose perdue dans un coin sec ou humide, ont dû prendre un goût acide ou une odeur de moisi capables d'altérer le vin d'une manière très-fâcheuse. Sans compter que ces bouchons qui ont dû être percés pour être retirés des bouteilles auxquelles ils ont déjà servi, doivent nécessairement transsuder, autre cause d'altération pour le vin, car il est évident que ce qui sortira par le bouchon fermentera et communiquera à l'intérieur un principe acide et vicieux.

» Il est difficile de comprendre une parcimonie aussi étrange, en pensant que l'on peut perdre une bouteille de vin d'un grand prix, pour une économie d'un ou deux centimes. Lorsqu'il ne s'agirait que des vins les plus ordinaires, l'on ne doit jamais employer de vieux bouchons ; les bouchons communs ne coûtent que 1 fr. 25 ou 1 fr. 50 le cent. C'est donc une dépense d'un centime et quart ou un centime et demi pour boucher une bouteille de vin qui coûte 50 ou 60 centimes. Il suffit de quelques bouteilles perdues, et toutes sont au moins altérées, pour faire une perte beaucoup plus considérable que l'économie qui a été faite sur l'achat des bouchons. En choisissant les bouchons, l'on doit observer de prendre un liége qui soit fin, élastique sans être mou; le liége dur ne vaut rien, il peut faire casser le col de la bouteille. L'on doit bien observer que le liége ne soit pas piqué par les vers, c'est le défaut le plus à craindre, c'est lui qui donne ce goût détestable connu sous le nom de goût de bouchon J'engagerai toujours à donner la préférence aux bouchons dits demi-longs. Les longs bouchons sont un luxe qui ne signifie rien et qui a le très-grave inconvénient de faire gâter beaucoup de vin, en raison de la difficulté qu'il y a de les avoir exempts de piqûres de vers.

» Pour procéder au tirage, il faut percer le fond de la pièce à 40 ou 45 millim. (18 ou 20 lignes) au-dessus du jable. Cette opération doit être faite avec précaution afin de cesser d'enfoncer le vilebrequin aussitôt que le vin paraît. L'on doit enfoncer le robinet ou la cannelle à la main; en frappant, l'on remuerait la lie. La pièce percée et le robinet posé, l'on nettoie bien le bas de la pièce afin qu'il n'y ait plus aucune parcelle de bois qui puisse tomber dans le vin ; l'on place sous le bord de la pièce un petit baquet assez large pour que l'on puisse mettre la bouteille sous le robinet et la retirer sans difficulté. Cela fait, on ébranle un peu la bonde de la pièce, afin de lui donner un peu d'air, ou, ce qui vaut mieux, l'on fait un trou à l'aide d'un foret auprès de la bonde. De cette manière l'on évite les secousses qui peuvent faire remonter la lie; enfin, avant de commencer le tirage, l'on doit laisser couler un peu de vin afin de faire sortir les morceaux de bois qui auraient pu être repoussés dans le tonneau en le perçant.

» Cela fait, on place la bouteille de manière qu'elle soit inclinée et retenue par le bec du robinet qui est introduit dans le col. Cette inclinaison a pour but de faire couler le vin contre les parois de la bouteille et d'éviter la mousse qui empêcherait de la remplir d'une manière convenable, ce qui aurait lieu si elle était droite.

» Le robinet doit être peu ouvert afin que, le vin coulant doucement, l'on ait le temps nécessaire de boucher une bouteille pendant que l'autre se remplit. Il serait très-bien d'avoir deux hommes pour le tirage en bouteilles, cela éviterait que celui qui est chargé de remplir ne fût obligé de fermer et ouvrir le robinet à chaque instant, ce qui est vicieux.

» Les bouteilles doivent être remplies de telle façon qu'il y ait toujours environ 27 millim. (1 pouce) de vide entre le bouchon et le liquide.

» Les bouteilles doivent être fortement bouchées : pour cela, il faut que le petit bout du bouchon ait peine à entrer à l'orifice de la bouteille ; pour en faciliter l'entrée, on le trempe dans le vin, ensuite on le frappe avec la batte jusqu'à ce qu'il ne fasse plus qu'une saillie de 5 ou 7 millim. (2 ou 3 lignes).

» Lorsque le vin ne coule plus que très-doucement, il faut incliner la pièce en avant, mais avec la plus grande précaution pour éviter de remuer la lie en inclinant la pièce; il faut bien se garder de fermer le robinet, il s'introduirait de l'air qui ne manquerait pas de troubler le vin en remontant à sa surface.

» Les vins mis en bouteilles, il est indispensable de les mastiquer si l'on veut les conserver longtemps. Cette précaution a pour but de préserver les bouchons d'une pourriture certaine si la cave est humide, et de les garantir des insectes.

» Pour faire la quantité de mastic nécessaire pour trois cents bouteilles, l'on fait fondre 1 kilog. et demi (3 liv.) de galipot dans un vase de terre, en y ajoutant environ 120 ou 150 grammes (4 ou 5 onces) de cire vierge ou de suif. L'on doit faire fondre à un feu très-modéré et faire attention de retirer du feu lorsqu'il monte ; sans cela, l'on courrait le risque de mettre le feu à la cheminée si le mastic se répandait sur le feu, et le vase dont les parois seraient enduites de mastic ne pourrait plus servir, par la facilité qu'il aurait de s'enflammer. La cire ou le suif sont d'absolue nécessité pour que le mastic ne soit pas trop sec et cassant; si le mastic était trop gras, il s'attacherait aux mains en touchant les bouteilles. Dans ce cas, on le rend plus sec en faisant une addition de galipot. Lorsque le mastic est fondu, on lui donne la couleur que l'on veut : rouge, en y mettant du vermillon ; noire, avec du noir d'ivoire ; jaune, avec de l'orpin; verte, avec de l'orpin et du bleu de Prusse, etc.

Pour mastiquer les bouteilles, on trempe le bouchon jusqu'au bourrelet, inclusivement, du col de la bouteille ; l'on retire la bouteille en lui faisant faire un mouvement de rotation et on la remet debout. Si le mastic est bien fait, il doit être presque transparent ; il faut mettre le moins possible de mastic : une épaisseur d'un demi-millimètre (un quart de ligne) suffit sur le bouchon.

» A mon avis, le mastic a de graves inconvénients : 1° si

l'on n'apporte pas la plus grande attention lorsque l'on débouche une bouteille, il est rare qu'il ne tombe pas quelques atomes de mastic dans le vin, soit dans la bouteille, soit dans les verres en servant, ce qui gâte le vin, en lui donnant une fort mauvaise odeur; pour éviter cet inconvénient, l'on doit toujours, avant de déboucher, couper le bouchon et le mastic avec un couteau, et bien nettoyer l'orifice de la bouteille avant d'introduire le tire-bouchon ; 2° il se détache toujours quelques parcelles de mastic qui risquent de tacher les parquets et souvent même les vêtements.

» Les capsules sont infiniment préférables au mastic, elles en ont tous les avantages sans en avoir les inconvénients; elles sont un peu plus chères, il est vrai : mais pour des vins de prix cela ne devrait pas être une cause pour ne pas leur donner la préférence qu'elles méritent à juste titre.

» Aussitôt que les bouteilles sont mastiquées, l'on doit les mettre dans le caveau, couchées horizontalement, soit dans du sable, soit en les séparant par des lattes. En laissant les bouteilles debout, quelques jours seulement, l'on peut faire gâter le vin ; le bouchon se dessèche, l'air pénètre dans la bouteille, et il se forme à la surface du vin une espèce de crême blanche qui détériore complètement le vin, c'est ce que l'on appelle vin fleuri. »

CHAPITRE XI.

DU MÉLANGE DES VINS EN TONNEAUX.

Ces mélanges sont, en général, peu pratiqués par les propriétaires, mais ils le sont habituellement par les marchands: néanmoins, tous les vins ne sont pas propres au mélange. Ceux qui ont un mauvais goût de terroir ou qui sont âcres, verts, acides, peu corsés ou faibles, tels que les vins d'entre deux mers, des îles de Ré, d'Oléron, de la Brie et autres pays, sont rarement bonifiés par leur mélange avec des vins meilleurs.

Il conviendrait peut-être mieux de laisser les vins dans leur état naturel ; le consommateur en serait mieux traité, et les vins se conserveraient sans doute davantage : ils conserveraient du moins leurs qualités particulières, leur bouquet, leur couleur naturelle, tandis que des vins coupés ne conservent entièrement ni les unes ni les autres de ces qualités; leur goût même peut être changé ou altéré. Mais il faut dans le commerce des vins qui ne soient pas purs : il faut en vendre de première, de seconde, de troisième classe, et même de quatrième. Cependant on ne devrait jamais les vendre pour purs lorsqu'ils sont coupés ; on doit, au contraire, les donner pour ce qu'ils sont : autrement on trompe l'acheteur qui ne connaît pas les mélanges.

Cependant ils sont aisément reconnus par les dégustateurs, les propriétaires et les consommateurs qui ont quelque expérience des vins.

Les motifs que l'on donne en général, en faveur de ces mélanges, sont de rendre potables et même agréables des vins qui sont verts, âpres, faibles, etc., et de pouvoir les vendre ainsi bonifiés à des prix inférieurs à ceux des vins purs. Les mélanges se font aussi pour corriger ou enlever de mauvais goûts à plusieurs espèces de vins. Déjà nous avons examiné ces procédés dans le chapitre IX.

Les mélanges les plus habituels sont ceux des vins blancs avec des vins rouges, lorsque ceux-ci sont trop riches en couleur, ou que les autres ont une teinte jaune. Il n'y a certainement point de falsification coupable dans ces procédés ; mais comme, dans la majeure partie des vignobles, les vins blancs sont moins chers que les rouges, on diminue les prix de ceux-ci en les coupant avec des vins blancs.

On mélange aussi des vins très-estimés et de bon goût lorsqu'ils manquent de spiritueux ou d'autres qualités pour se conserver longtemps ou se transporter par mer. On les coupe avec d'autres vins qui ont une surabondance de ces qualités.

En général, c'est par le goût et l'odorat que l'on reconnaît les vins qui ont besoin d'être bonifiés par les mélanges, et quels sont ceux qui doivent être employés à la bonification. Il existe cependant plusieurs usages qui ne sont point à dédaigner, parce que l'expérience atteste leur efficacité.

Par exemple, dans l'Aunis, les îles de Ré, d'Oléron et autres, où les vins rouges sont âcres et faibles, on les mélange avec de bons vins de Saintonge, qui ont plus d'abondance de couleur et un meilleur goût. Dans le Bordelais, on coupe les vins de certains crûs qui sont piquants, avec ceux de Cahors et autres du midi, qui sont plus doux et d'une couleur foncée. En d'autres pays, les vins rouges, fades et âcres, sont mélangés avec des vins blancs, secs et plus spiritueux ; ailleurs, des vins que l'on trouve épais, grossiers, peu délicats, se coupent avec des vins rouges légers, ou avec des vins blancs vieux qui ont jauni.

D'ailleurs, il faut consulter les goûts des différents pays. Tels vins mélangés, qui sont à Paris agréables aux consommateurs, ne le seraient nullement en d'autres villes ou dans les vignobles. De même, les vins que l'on boit avec plaisir à Bordeaux ne conviendraient nullement à Londres ; il faut leur faire subir des préparations et des mélanges avant de les expédier en Angleterre : il faut surtout y mettre de l'eau-de-vie. Au reste, dit fort bien un auteur que nous avons déjà cité plusieurs fois : « Les vins de tous les genres se distinguent entre eux par tant de nuances, et celles-ci sont sujettes à tant de variations, suivant les années et les accidents qui contribuent à l'altération ou à l'amélioration des vins, qu'il est impossible de soumettre le mélange de cette liqueur à des règles fixes. »

Néanmoins on peut dire que ces règles, pour la proportion des mélanges, dépendent de la dégustation, des essais, des expériences que chacun peut faire soi-même ; par exemple, si l'on veut couper des vins rouges par des vins blancs, il faut s'assurer de la quantité du mélange que les premiers peuvent supporter sans que leur couleur en soit trop affaiblie. Cela peut se faire dans une carafe d'un verre blanc où l'on verse d'abord le tiers, le quart ou un cinquième de vin blanc, en la remplissant ensuite de vin rouge. Cette expérience, quoique faite en petit, est un guide certain pour la répéter en grand dans les tonneaux, en se réglant d'après les mêmes proportions. On procède de la même manière lorsque l'on veut mélanger des vins blancs avec d'autres de la même couleur, parce que les uns auront jauni ou perdu de leur force, et que les autres seront bien limpides et spiritueux. Ainsi, on verse encore dans un vase transparent (carafe ou verre), dans telle ou telle proportion, les vins blancs qui doivent être mélangés, et l'on s'assure, par le coup-d'œil et par la dégustation, si le mélange est suffisant pour produire l'effet proposé.

On opère aussi par des essais et des comparaisons pour s'assurer des proportions d'un mélange qui est fait pour atténuer ou enlever les goûts de verdeur, d'acre, de terroir, etc.

Si le mélange n'est pas bien fait, il arrive de deux choses l'une, ou que l'effet qu'on s'était proposé n'est pas atteint, ou qu'il ne l'est qu'en apparence. Dans ce dernier cas, le vin que l'on a voulu corriger reprend son ancien goût. Il est même des vins qui résistent aux mélanges, encore que ceux-ci soient bien faits : leur goût primitif, piquant ou vert, se fait toujours sentir, du moins en grande partie.

Mais que le mélange soit bien ou mal fait, il est nécessaire de le laisser reposer pendant quelques jours.

Enfin, le résultat de ces mélanges est : 1° de faire boire plus facilement des vins qui ne sont point agréables quand ils sont purs; 2° de conserver et de bonifier des vins qui ont des maladies ; 3° de diminuer le prix des vins coupés, et de les mettre ainsi à la portée de tous les consommateurs.

CHAPITRE XII.
DE L'ACTION DE FRELATER LES VINS.

Frelater le vin, c'est l'altérer et le falsifier en y mêlant des substances étrangères à celles du jus du raisin. Quelques écrivains, au lieu de frelater, disent *sophistiquer*, terme qui paraît peu applicable ici ; il l'est plutôt en pharmacie en parlant de l'altération de certaines drogues, et au figuré, où il exprime des subtilités excessives.

Mais peu importe : l'action de frelater ou de sophistiquer est souvent coupable, et on ne peut la justifier par les mêmes motifs que l'on donne aux mélanges, car c'est presque toujours pour augmenter le volume des vins par des substances étrangères, ou pour les dénaturer, que l'on est conduit à les frelater.

C'est ainsi que l'eau pure, ou préparée avec certains mélanges, altère la spirituosité du vin, en augmente la quantité au profit du marchand et au préjudice du consommateur, qui, n'ayant pas assez de connaissance pour reconnaître la fraude, paie le vin frelaté aussi cher que s'il était pur. Il est vrai que, pour donner de la spirituosité à un tel vin, les marchands fraudeurs y mettent une certaine quantité d'eau-de-vie; et c'est ce qu'ils appellent *viner*.

De même, le mélange du poiré avec le vin est un autre moyen de frelater, moyen qui l'altère sensiblement; car, au lieu d'une liqueur saine, naturelle et agréable, le poiré rend le vin capiteux, fatigant et même capable d'attaquer les nerfs. Cependant le poiré n'est que trop souvent employé à frelater : on lui donne la préférence sur d'autres préparations, parce que, loin d'affaiblir la spirituosité du vin, il paraît la fortifier sans lui donner un mauvais goût.

Voici une autre préparation pour frelater les vins : on fait fermenter, sur des pruneaux mêlés avec des mûres et écrasés ensemble, une certaine quantité d'eau pendant plusieurs jours; après que la fermentation a donné au mélange une couleur assez prononcée et le goût des fruits, on l'introduit dans le vin en proportion suffisante et modérée; mais, pour se fixer sur cette proportion, on fait des essais : par exemple, on verse dans un vase un cinquième ou un sixième de la liqueur artificielle, et on remplit le surplus du vin que l'on veut frelater ; quand ce mélange n'offre point un goût trop désagréable, on procède dans les mêmes proportions pour le vin en tonneau, mais on a toujours l'attention d'ajouter quelques livres de sucre infusé dans de bonne eau-de-vie.

Mais, malgré tous les soins que l'on apporte dans ces procédés trompeurs et de mauvaise foi, on ne parvient que rarement à faire des boissons saines et agréables, peu capables de se conserver longtemps.

On ne réussit pas beaucoup mieux en faisant fermenter des raisins secs et du sirop de raisin avec de l'eau, car on n'obtient par ce procédé qu'une liqueur fort peu spiritueuse, sans odeur agréable, et n'ayant qu'un léger goût de vin. Ainsi, en mélangeant de bon vin avec cette liqueur, on ne peut que lui enlever les qualités naturelles de sa conservation. Un savant a cependant prétendu que, par la fermentation des raisins secs avec de l'eau, on pourrait faire des vins de liqueur comparables à ceux d'Espagne : mais c'est ce dont il est permis de douter tant qu'une expérience positive ne prouvera pas cette assertion un peu hasardée.

Il est plus certain que l'on réussit dans un autre procédé, c'est celui de teindre les vins blancs avec les fruits de l'hièble ou du sureau parfaitement mûrs : ces fruits, que l'on nomme ordinairement *baies*, contiennent un jus très-foncé. La quantité qui doit être employée dépend du degré de couleur que l'on veut donner aux vins blancs, et des essais que l'on fait avant de les teindre. Ce procédé n'est pas plus délicat que bien d'autres, puisqu'il tend à vendre aux consommateurs des vins blancs moins chers que les rouges, aux prix de ceux-ci ou à peu de chose près.

Il importe au marchand de vins d'être en mesure de découvrir les fraudes qu'on pratique souvent sur ces boissons. A cet égard nous croyons que le plus sûr moyen est de confier l'examen du liquide frelaté à un chimiste, mais nous pensons qu'il est utile d'indiquer ici en peu de mots les réactifs et les moyens dont on se sert pour constater communément les altérations, afin de pouvoir faire soi-même quelques essais qui mettent sur la voie, où du moins indiquent qu'il y a fraude, et qu'il faut se tenir sur ses gardes.

Dans le nombre des substances indiquées pour reconnaître les vins falsifiés, on cite : 1º l'ACÉTATE DE PLOMB LIQUIDE, qui précipite en gris-verdâtre le vin naturel ; en bleu d'indigo celui qui est fait avec les copeaux du Brésillet, les baies de Myrtille ou de Sureau, et en rouge celui qui a été coloré par le bois de Santal (*Pterocarpus*) et les betteraves rouges ; — 2º la POTASSE, qui donne au vin une couleur rouge-brun, coloré par le bois de Brésil, et une couleur verte quand il l'est à l'aide des baies de Myrtille ou de Sureau. Cependant, il faut le dire, cette teinte verte n'est pas toujours un indice certain de falsification, puisque la potasse produit le même effet sur du vin rouge de bonne qualité, ce qui prouve qu'il faut re-recourir le moins possible aux investigations à l'aide de la potasse ; — 3º l'EAU DE CHAUX, qui donne un précipité jaune brunâtre avec le vin pur, imprime au précipité le rouge-brun, s'il est coloré par le bois de Brésil ; le vert, s'il l'est par les baies que nous avons déjà nommées ; le précipité sera jaune, si la coloration est due aux betteraves rouges.

Une autre méthode a été découverte il y a peu de temps, elle fait connaître la pureté des vins d'une manière infaillible, et doit faire rejeter les autres comme pouvant induire à erreur, surtout quand les vins examinés sont jeunes. On le doit à un botaniste de Bonn, NEES DE ESENBECK. Préparez deux solutés, l'un composé d'une partie d'alun, dans onze parties d'eau bien pure, et le second d'une partie de carbonate de potasse, c'est-à-dire, de potasse ordinaire, purifiée dans huit parties d'eau. Mêlez le vin que vous voulez interroger, en volume égal du soluté d'alun, qui rend sa couleur plus claire. Versez donc dessus peu-à-peu du soluté de potasse, pour ne pas forcer toute l'alumine, provenant de l'alun, à tomber de suite au fond du vase. Vous verrez alors l'alumine se précipiter lentement avec le principe colorant du vin, sous forme d'une laque, dont la nuance varie avec la nature de la matière colorante ; sous l'influence d'un excès de potasse, la liqueur reçoit une autre teinte, qui varie aussi en raison du principe colorant, combiné avec l'alumine. On ne peut bien juger qu'après douze à vingt heures d'opération, et sur des essais comparatifs, faits avec du vin pur. Le précipité que vous obtenez du vin rouge non frelaté, est d'un gris sale, tirant visiblement sur le rouge, il se décolore à mesure que la précipitation d'alumine s'effectue. Si vous employez un excès d'alcali, le précipité devient gris cendré, et la couleur se dissout dans la liqueur, qui se colore en brun.

Le vin coloré artificiellement par les pétales du Coquelicot, *Papaver Rhœas*, donne un précipité gris-brun, qui devient noirâtre par un excès d'alcali, tandis que la liqueur conserve une partie de sa couleur.

Le vin coloré par le moyen de baies de Troëne, *Ligustrum vulgare*, ou des pétales de la Passe-rose, *Altea rosea*, précipite violet brunâtre ; la liqueur est violette, et donne à son tour un précipité gris de plomb, si on l'interroge avec un excès d'alcali.

Un vin coloré par les baies de Myrtille, précipite gris-bleuâtre ; s'il l'est par celles de l'Yèble, le précipité sera violet, et gris-bleuâtre avec un excès d'alcali.

Le vin coloré par des cerises, ou des merises, précipite une belle couleur violette, il est gris-violâtre quand on emploie les copeaux du bois de Brésil ; il est rose avec le bois de Fernambouc, *Cœsalpinia echinata*.

M. Bouchardat vient d'indiquer un moyen sûr pour reconnaître les vins additionnés d'eau :

« La principale falsification des vins consiste à les introduire, dans les villes à octroi, surchargés d'alcool, et à les étendre d'eau ; j'ai cherché à reconnaître cette fraude ; voilà les principales données que j'invoque : Je fixe exactement la proportion de résidu solide laissé par le vin examiné. Les vins en nature, assez dépouillés pour être potables, laissent en moyenne 24 grammes de résidu sec. Les vins étendus d'eau que j'ai examinés ne m'en ont laissé que 14 à 16 grammes.

» Je décolore, avec le chlore, un échantillon de vin normal et un échantillon de vin soupçonné, j'ajoute dans les deux liqueurs un excès d'oxalate d'ammoniaque, et j'estime la quantité d'oxalate de chaux précipité, j'attache beaucoup de prix à ce caractère : en effet, les vins naturels potables, qui, conservés sans addition aucune au moins pendant deux ans, sont dépouillés, par les dépôts et par les soutirages successifs, de la plus grande partie des sels calcaires qu'ils contenaient, qui se sont précipités à l'état de tartrate de chaux, et ils donnent un précipité très-faible ; tandis que les vins allongés le sont ordinairement avec de l'eau de puits, par le marchand qui aime à faire clandestinement ces additions, et qui craindrait d'éveiller les soupçons en faisant entrer chez lui des masses d'eau de Seine. Ces vins nouvellement faits ne sont pas dépouillés de leurs sels de chaux introduits avec l'eau, et ils précipitent abondamment par l'oxalate d'ammoniaque. La réunion de ces essais m'a permis de porter des jugements exacts. »

Comme nous n'écrivons ce chapitre que pour flétrir les fraudes nombreuses que l'on commet en frelatant les vins, nous n'entrerons pas dans de plus longs développements : ainsi, nous ne parlerons point de la fabrication des vins artificiels, tels que ceux qui sont prétendus de Malaga ou de Madère, et qui ne sont autre chose que des vins cuits ; tels encore que ceux fabriqués avec différents fruits, comme les coings, les groseilles de diverses espèces, les citrons, les fruits secs, etc. ; tels enfin, que ceux dont on fait des préparations nombreuses en Angleterre, dans lesquels il n'entre pas une seule goutte de vin, ni un seul raisin. Il faut convenir cependant que plusieurs de ces fabrications donnent une liqueur qui n'est pas très-désagréable, mais on n'y trouve ni les qualités ni même le goût d'un vin naturel ; seulement ces liqueurs ne sont pas toujours vendues pour ce qu'elles sont, mais bien pour les bons vins dont on leur prête le nom. C'est cet abus que nous blâmons.

CHAPITRE XIII.

DE LA PROPORTION D'ALCOOL RENFERMÉE DANS LES VINS.

Julia de Fontenelle, Brande, Neumann, ont analysé un grand nombre d'espèces de vins pour reconnaître leur richesse alcoolique. La connaissance de cette richesse ayant de l'importance pour le marchand de vin, nous allons présenter un extrait du travail de ces chimistes, surtout des deux premiers, dont les recherches ont été les plus étendues.

Julia de Fontenelle a d'abord présenté dans le tableau suivant, le résultat de ses analyses, en classant les vins par départements (1).

(1) Je dois faire observer, dit Julia de Fontenelle, 1° que c'est sur cent portions de chaque vin que j'ai opéré; 2° que l'alcool obtenu est à 19 degrés; 3° que chacune des

VINS DU ROUSSILLON.

(Département des Pyrénées-Orientales).

100 parties de vin de Rivesaltes, de 20 ans, ont donné	23,40
id. . . . . id.	22,80
id. . . . . 10 ans	21,60
id. . . . . id.	21,20
id. . . . . l'année. . . .	20
Moyenne.	21,80
100 parties de vin de Banyulls, de 18 ans	23,60
id. . . . . id.	23,10
id. . . . . 10 ans	21.50
id. . . . . id.	21,40
id. . . . . l'année. . . .	20,30
Moyenne.	21,96
100 parties de vin de Colliourre, de 15 ans. . . .	23
id. . . . . id.	22,40
id. . . . . 5 ans. . . .	21,10
id. . . . . l'année. . . .	20
Moyenne.	21,60
100 parties de vin de Salces, de 10 ans. . . .	21,80
id . . . . id.	21,10
id. . . . . l'année. . . .	19,40
Moyenne.	20,43

(Département de l'Aude.)

100 part. vin de Fitou et Leucate, de 10 ans. . . .	21,20
id. . . . . id.	21
id. . . . . l'année. . . .	20
id. . . . . id.	19,40
Moyenne.	20,40
100 parties de vin de Lapalme, de 10 ans	22
id. . . . . id.	21,20
id. . . . . l'année. . . .	19,60
Moyenne.	20,93

expériences a été répétée trois fois. Lorsque cela a été avec des vins différents, j'ai noté la différence des proportions d'alcool. J'aurais désiré, pour rendre mes expériences plus intéressantes, que tous les vins que j'ai examinés eussent été du même âge.

VINS DU ROUSSILLON.

100 parties de vin de Sigean, de 8 ans. . . . 21,50
   id. . . . . id. 21
   id. . . . . l'année. . . . 19,20
               Moyenne. . . . 20,56

100 parties de vin de Narbonne, de 8 ans. . . 21,50
   id. . . . . id. 21,80
   id. . . . . id. 21,50
   id. . . . . id. 20,30
   id. . . . . l'année. . . . 19,40
   id. . . . . id. 19,30
   id. . . . . id. 18,80
   id. de la plaine. . . . id. 17,70
               Moyenne. . . . 19,95

100 parties de vin de Lezignan, de 10 ans. . . 21
   id. . . . . id. 20,90
   id. . . . . l'année. . . . 19,40
   id. . . . . id. 18,60
   id. de la plaine. . . . id. 17
               Moyenne. . . . 19,46

100 parties de vin de Mirepeisset, de 10 ans. . 22,20
   id. . . . . id. 21,80
   id. . . . . 8 ans. . . . 21,60
   id. . . . . l'année. . . . 20,30
   id. . . . . id. 19
   id. de la plaine. . . . id. 17,80
               Moyenne. . . . 20,45

100 parties de vin de Carcassonne, de 8 ans . . 18,40
   id. . . . . id. 18,10
   id. . . . . l'année. . . . 17
   id. . . . . id. 15
               Moyenne. . . . 17,12

(*Département de l'Hérault.*)

100 parties de vin de Nissan, de 9 ans. . . . 20,10
   id. . . . . id. 19,80
   id. . . . . l'année. . . . 18,30
   id. . . . . id. 17
               Moyenne. . . . 18,80

100 parties de vin de Béziers, de 8 ans. . . . 20,09
   id. . . . . id. 19,60

Marchand de vins.   6

100 parties de vin de Béziers, de l'année. 18,60
    id. . . . . id. 16
                  Moyenne. 18,40
100 parties de vin de Montagnac, de 10 ans 20
    id. . . . . id. 19,80
    id. de la plaine. . . . . id. 18,10
                  Moyenne. 19,30
100 parties de vin de Mèze, de 10 ans. 20
    id. . . . . id. 19,60
    id. . . . . l'année. 18
    id. de la plaine. . . . . id. 16,80
                  Moyenne. 18,60
100 parties de vin de Montpellier, de 5 ans. . . . 19,10
    id. . . . . 4 ans. 18,80
    id. . . . . l'année. 17
    id. de la plaine. . . . . id. 15,70
                  Moyenne. 17,65
100 parties de vin de Lunel, de 8 ans. 20
    id. . . . . id 19
    id. . . . . id. 17,40
    id. de la plaine. . . . . l'année. 16
                  Moyenne (1). 18,01
100 parties de vin de Frontignan, de 5 ans. . . . 18,10
    id. . . . . id. 17,80
    id. . . . . l'année. 16
    id. . . . . id. 15,70
                  Moyenne. 16,90
100 part. de vin de l'Herm., rouge, de 4 ans. . . . 13,90
    id. blanc. . . . . . . id. 16,80
100 parties de vin de Bourgogne de (2). 16,70
    id. . . . . id. 16,10
    id. . . . . id. 15,70
    id. . . . . id. 14,90
    id. . . . . id. 12,30
    id. . . . . id. 12,12
                  Moyenne. 14,20

(1) M. Brande ne porte la quantité d'alcool de vin de Lunel qu'à 15,52; il y a tout lieu de croire qu'il a examiné du vin de l'année et de la plaine.

(2) Il m'a été impossible de savoir le véritable âge des vins de Bourgogne que j'ai examinés. M. Brande n'y a trouvé que 12,79 d'alcool. J'ai répété un grand nombre de fois mes essais, et je puis affirmer que je n'y en ai jamais trouvé d'aussi faibles proportions que celles qu'indique ce chimiste.   J. F.

VINS DE BORDEAUX.

100 parties de vin de Grave, de 3 ans.	14,20
id. . . . . 2 ans.	13,60
Moyenne.	13,90
100 parties de vin de Champagne non mousseux. .	14,10
id.	13,90
Moyenne.	14
100 parties de vin de Champagne mousseux, blanc. .	12,40
id.	12,10
Moyenne.	12,25
100 parties de vin de Champagne rouge, mousseux.	12,20
id.	11,80
id.	11,04
Moyenne.	14,10
Tokay.	11,60

VINS DE BORDEAUX (1).

1ʳᵉ qualité.	17
id.	16,80
2ᵉ qualité.	14,80
id.	14,60
ordinaire de l'année	12,90
id.	12,80
id.	12,40
Moyenne.	14,72
100 parties de vin de Toulouse, de l'année. . . .	12,40
id. . . . . id.	12,10
id. . . . . id.	11,80
id. . . . . id.	11,60
Moyenne.	11,97

Récapitulation du terme moyen des principaux vins de la France, rangés d'après leurs degrés de spirituosité.

Banyulls, pour 100 en mesure. . .	21,96
Rivesaltes	21,80
Colliourre	21,62
Lapalme.	20,93
Sigean	20,56
Mirepeisset.	20,45

(1) Il m'a été impossible de m'assurer de l'âge ni du crû, attendu qu'on est presque toujours trompé sur ces deux points.   J. F.

Salces.	20,43
Narbonne	19,90
Lezignan.	19,46
Leucate et Fitou.	19,70
Montagnac.	19,30
Nissan	18,80
Mèze.	18,60
Béziers	18,40
Lunel	18,18
Montpellier.	17,65
Carcassonne.	17,22
Frontignan.	16,90
Bourgogne.	14,75
Bordeaux	13,73
Champagne.	12,20
Toulouse.	11,97

Il est bon de faire observer que ces analyses, comme celles de M. Brande, que nous allons rapporter, ne peuvent déterminer les quantités d'alcool des vins d'une localité pour toutes les années, parce que les vins d'un même crû varient suivant la quantité du plant, l'âge de la vigne, l'exposition du sol, et suivant que les saisons ont plus ou moins favorisé la production et la maturité du raisin. Cependant ce travail, en admettant les mêmes circonstances pour les vins de toutes ces localités, peut être considéré comme un point de comparaison utile.

TABLEAU

Des résultats obtenus par M. Brande, dans ses recherches sur les quantités d'alcool que contiennent diverses liqueurs fermentées, la densité ou rectification de l'alcool obtenu étant de 825, à 15° 5.

100 parties de vin de Porto ont donné en volume. .	21,40
id.	22,30
id.	23,39
id.	23,79
id.	24,29
id. . . . . (1).	25,83
100 parties de vin de Madère ont donné en volume.	19,34

(1) Le vin de Porto contient de l'alcool qu'on y ajoute en proportions différentes; le terme moyen des analyses de M. Brande est 23,15.

QUANTITÉ D'ALCOOL DE DIVERSES LIQUEURS.

100 parties de vin de Madère ont donné en volume.		21,40
id.		23,93
id.	(1)	24,42
id.	Xerès.	18,15
id.		18,79
id.		19,81
id.	(2)	19,83
id.	Claret.	12,91
id.		14,08
id.	(3)	16,32
id.	Calcavella	18,10
100 parties de vin de Lisbonne ont donné en volume.		18,94
id.	Malaga.	17,26
id.	Bucellas.	18,49
id.	Madère rouge.	18,40
id.	Madère (de Malvoisie).	16,46
id.	Muscat.	25,87
id.	id.	17,28
100 parties de Champ. rouge ont donné en volume.		11,30
id.	id. blanc.	12,80
id.	Bourgogne.	14,53
id.	id.	11,95
id.	Hermitage blanc.	17,43
id.	id. rouge.	12,32
id.	du Rhin dit *Hock*.	14,38
id.	id.	8,88
id.	de Grave.	12,80
id.	Frontignan.	12,79
id.	Côte-rôtie.	12,32
id.	Roussillon	19,16
id.	Madère (du Cap).	18,11
id.	Muscat (du Cap).	18,15
id.	Constance.	19,75
id.	Tinto.	13,30
id.	Chiras.	15,52
id.	Syracuse	15,28
id.	Nice.	14,63
id.	Tokay.	9,88
100 part. de vin de groseille ont donné en volume.		20,55

(1) Terme moyen, 22,25.
(2) Terme moyen, 19,17.
(3) Terme moyen, 14,87.

100 part. de vin de groseille à maquereau 11,84
 id.   de baies de sureau 9,87
 id.   cidre. 9,87
 id.   poiré. 9,87
 id.   bière rouge. 6,80
 id.   aile 8,83
 id.   rhum. 53,68
 id.   Hollande. 51,60

» M. Brande a continué ses recherches, et les résultats suivants prouvent qu'elles varient autour de la moyenne que nous venons de rapporter, d'environ 10 p. 0/0 pour ceux du même pays et de la même année, et quelquefois de 1/5 quand ils sont d'années différentes.

NOMS DES VINS.	proportions d'alcool sur 100 de vin en volume.
Lissa.	25,41
de raisin sec (raisin wine).	25,12
Marsala.	25.09
Madère.	22,27
de groseille.	20,55
Xérès	19,17
Ténériffe	19,79
Colarès.	19,75
Larma-Christi	19,70
Constance blanc.	19,75
— rouge.	18,92
Lisbonne	18,34
Malaga de 1666.	18,34
Bucellas.	18,43
Madère rouge.	20,35
— du Cap	18,25
Muscat du Cap	20,51
Vin de raisin.	18,11
Carcavello.	18,65
Vidonia	19,25
Alba-Flora.	17,26
Malaga.	17,26
Hermitage blanc.	17,43
Roussillon.	18,13
Claret ou vin de Bordeaux.	15,10
Malvoisie de Madère.	16,40

QUANTITÉ D'ALCOOL DE DIVERSES LIQUEURS.

NOMS DES VINS.	proportions d'alcool sur 100 de vin en volume.
Nice.	14,63
Barsac.	13,86
Tinto.	13,30
Champagne.	13,80
Champagne mousseux.	12,61
Hermitage rouge.	12,32
Grave.	13,37
Frontignan.	12,79
Côte-rôtie.	12,32
De groseille à maquereau.	11,84
D'orange fait à Londres.	11,26
De Tokay.	9,88
De baies de sureau (elderwine).	9,87
Cidre le plus spiritueux.	9,87
— le moins spiritueux.	5,21
Poiré.	7,26
Hydromel.	7,32
Aile de Burton.	8,88
Aile d'Edimbourg.	6,20
— de Dorchester.	5,56
Bière forte brune (Browinston).	6,80
Porter de Londres.	4,20
Petite bière de Londres.	1,28
Lunel.	15,52
Chiras.	15,52
Syracuse.	15,28
Sauterne.	14,22
Bourgogne.	14,57
Vin du Rhin (Hock).	12,08
Rhum.	53,68
Genièvre (Gin).	51,60
Wiskey d'Ecosse (eau-de-vie de grains).	54,32
Wiskey d'Irlande.	53,90

CHAPITRE XIV.

DU DEGRÉ DE SPIRITUOSITÉ DES ALCOOLS ET DES VINS.

Autrefois par la distillation des vins, on ne préparait que deux espèces d'alcool faible : l'un marquant environ 20 degrés, et connu encore dans le commerce sous le nom de *preuve de Hollande*, et l'autre, de 22 à 23, sous celui de *preuve d'huile*. Maintenant, avec le secours de nouveaux appareils distillatoires, on en obtient qui marquent depuis 28 jusqu'à 38 degrés. Dans les laboratoires de chimie, pour l'obtenir au plus haut point de rectification, on l'agite avec du chlorure de calcium en poudre et bien sec ; au bout de un à deux jours, on distille à une douce chaleur, en observant de fractionner les produits ; la première moitié est un alcool très-concentré, ou *absolu*, qui marque 41 degrés, et dont le poids spécifique, à 20 cent., est, suivant Richter, de 0,792, et selon Gay-Lussac, de 0,792° 35 à 17°88.

L'alcool ainsi obtenu est incolore, transparent, d'une odeur particulière, d'une saveur brûlante, très-volatil, d'un pouvoir réfrigérant égal à 2,2223, et non congelable, même à — 68°; il est mauvais conducteur du fluide électrique, et s'enflamme lorsqu'on lance à sa surface des étincelles électriques, et qu'il a le contact de l'air; il en est de même par l'approche d'un corps enflammé; Sous la pression de 76, il bout à 78,41, et se réduit en une vapeur dont la densité est, selon M. Gay-Lussac, de 1,613 ; à une chaleur rouge, et dans un tube de porcelaine, il se décompose et produit du gaz hydrogène carboné, du gaz oxyde de carbone, de l'eau et des traces d'acide acétique. Exposé à l'action de l'air, une portion s'évapore, et l'autre absorbe l'humidité atmosphérique, au point qu'il finit par ne marquer que quelques degrés.

L'alcool n'éprouve aucune action de la part de l'azote, de l'hydrogène, du bore et du carbone ; il dissout à chaud le soufre et le phosphore, et les abandonne si on ajoute de l'eau à la solution ; il en est de même quand il tient en dissolution des résines, du camphre, des huiles, etc. L'iode est soluble à froid et à chaud dans cette liqueur ; il en est de même de la potasse et de la soude, ainsi que de plusieurs sels, la plupart déliquescents, tels que les nitrates de chaux et de magnésie, les hydrochlorates de ces bases, etc. L'ammoniaque, les bases salifiables végétales, le sucre, la cire, de même que plusieurs acides végétaux et quelques principes colorants, certains corps gras, etc., sont solubles dans l'alcool. Le chlore gazeux et l'alcool agissant l'un sur l'autre, produisent une substance oléagineuse, un peu de gaz acide hydrochlorique, et beaucoup de gaz acide carbonique ; en étendant d'eau ce produit, la matière oléagineuse se précipite. L'action du potassium et du sodium sur l'alcool est telle, qu'ils s'oxydent aux dépens de son oxygène, et qu'ils en dégagent de l'hydrogène. Plusieurs acides réagissent sur l'alcool, et donnent lieu à divers produits connus sous le nom d'*éthers*, dont nous aurons bientôt occasion de parler. L'eau et l'esprit-de-vin s'unissent en toutes proportions, et l'on observe que si l'eau contient des sels insolubles dans l'alcool, ils sont précipités. Il est un fait remarquable, c'est que le volume d'un mélange d'eau et d'alcool est toujours au-dessus du volume respectif des deux liqueurs ; s'il est affaibli par l'eau, le mélange devient au contraire plus rare.

L'alcool est composé de :

Hydrogène per-carboné . . . . 2 volumes.
Vapeur d'eau. . . . . 2 —

L'eau-de-vie, obtenue du vin par une distillation directe, a une saveur agréable particulière ; mais celle qui est le produit de la réduction de l'alcool par l'addition de l'eau, au degré qui constitue l'eau-de-vie, a un goût qu'on nomme techniquement *rude*. Mais comme il est beaucoup plus économique d'expédier de l'alcool rectifié que de l'eau-de-vie, à cause des frais de transport, des futailles, etc., à leur arrivée au magasin, on *coupe* l'alcool pour en former de l'eau-de-vie ; en conséquence, nous avons cru devoir joindre ici le tableau propre à cette réduction.

TABLEAU

Des quantités d'eau propres à réduire l'alcool de divers degrés à la preuve de Hollande.

N. B. La preuve de Hollande marque 18 degrés à l'aréomètre de Cartier.

La preuve d'huile. . . . . . . 22 degrés.

Le degré de la première est celui auquel se trouve l'eau-de-vie pour boisson ; il ne varie que d'environ 1 à 2 degrés au-dessus.

Le 5/6 marque 22 1/2 ajoutez 1/5 de son poids d'eau
Le 5/9. . . 30 1/3 . . . 4/5
Le 3/4. . . 25. . . . . 1/3
Le 3/5. . . 29. . . . . 2/3
Le 3/6. . . 34. . . poids égal.
Le 3/7. . . 36. . . . 4/3
Le 3/8. . . 38. . . . 5/3
Le 4/5. . . 23. . . . 1/4
Le 4/7. . . 30. . . . 4/5
Le 6/11 . . 32. . . . 5/6
Le 2/3. . . 23. . . . 1/4

Moyens propres à reconnaître la quantité d'alcool qui est dans le vin et dans les eaux-de-vie.

Les vins sont plus ou moins riches en alcool, suivant la contrée où ils sont récoltés, les terrains, leur exposition, les saisons plus ou moins réglées, la qualité des raisins et l'âge des vins. Il est donc bien évident qu'il importe infiniment au distillateur de reconnaître le degré de spirituosité des vins qu'il achète, parce que s'ils sont peu spiritueux, il ne peut qu'éprouver une grande perte en le payant au même prix des meilleurs. C'est à cause de cela que nous avons cru devoir publier l'analyse que nous avons faite d'un grand nombre de ces vins, ainsi que celles qu'on doit à M. Brande.

Le produit de la distillation est de l'acool plus ou moins aqueux; il importe beaucoup à l'acheteur et au consommateur de savoir quelle est la richesse alcoolique, ou, si l'on veut, la valeur intrinsèque de chaque alcool. L'échelle de proportion de cette valeur relative se calcule par degrés.

Pour déterminer la spirituosité des vins, la distillation est le meilleur moyen; tout instrument propre à la déterminer est défectueux, attendu que le vin doit non-seulement sa plus grande légèreté à l'alcool qu'il contient, mais encore à l'acide carbonique. Ainsi, dans un vin très-chargé de ce gaz, un œnomètre, ou pèse-vin, s'enfoncera davantage et marquera ainsi une richesse alcoolique, qui non-seulement n'existera point, mais le vin même pourra être très-pauvre en alcool. Voilà pourquoi nous nous dispenserons de faire mention de l'alcoolomètre de M. Allègre, et d'une foule de *pèse-vins* qui offrent les mêmes inconvénients. Nous donnerons la préférence au petit alambic d'essai de Descroizilles, qui est très-commode, et si connu que nous nous croyons dispensés d'en donner la description : nous y obvierons par celle des appareils qu'ont donnée MM. Dunal et Rouquairol, après avoir parlé des aréomètres.

Aréomètres, ou pèse-esprits.

Ces instruments sont basés sur ce principe, que plus l'alcool est concentré ou rectifié, plus il est léger, et moins il est propre à supporter cet instrument, qui doit s'y enfoncer d'autant plus que la liqueur est plus riche en alcool. Mais comme le calorique dilate tous les liquides, on doit tenir compte de la température de l'alcool, parce qu'il est bien démontré que ces liquides ainsi dilatés occupent un plus grand volume et diminuent ainsi de poids spécifique; il est donc évident que l'instrument doit alors s'enfoncer d'autant plus dans la liqueur, que sa température sera plus élevée, sans cependant que sa spirituosité soit plus forte. On a obvié à cet inconvénient, en tenant compte du degré alcoolométrique et du degré thermométrique, et l'on a même dressé des tables de correction très-utiles. Nous en donnerons un exemple.

L'aréomètre de Baumé a été longtemps le seul employé; il l'est même encore dans beaucoup d'endroits; c'est ce qui nous engage à le faire connaître.

Aréomètre de Baumé.

Tout le monde connaît la nature et la forme des pèse-liqueurs; nous n'aurons donc à parler que du principe sur lequel est fondé celui de Baumé.

On fait une solution de 10 parties de chlorure de sodium (sel marin) dans 90 parties d'eau distillée, et on y plonge l'aréomètre; on marque 0 le point jusqu'où il est enfoncé; on le porte ensuite dans l'eau distillée, et l'on marque également le point d'affleurement qu'on nomme 10; l'on divise alors les deux affleurements par 10 parties égales que l'on continue de porter avec un compas jusqu'au haut de la tige.

La table suivante donne la correspondance entre les degrés du pèse-esprit de Baumé, et le poids spécifique des liquides, la température étant entre 18,5 et 15,5. Ce calcul a été fait par MM. les docteurs Bruyman, Driessens, etc., formant le comité chargé de compiler la pharmacopée batave. Il serait à désirer qu'un semblable travail fût fait pour tous les autres pèse-esprits.

Degrés de l'aréomètre B.	Poids spéc. corresp.
50.	0,782
49.	0,787
48.	0,792
47.	0,796
46.	0,800
45.	0,805
44.	0,810
43.	0,814
42.	0,820
41.	0,823
40.	0,828
39.	0,832
38.	0,837
37.	0,842
36.	0,847
35.	0,852
34.	0,858
33.	0,863
32.	0,868
31.	0,873
30.	0,878
29.	0,884
28.	0,889
27.	0,895
26.	0,900
25.	0,906
24.	0,911
23.	0,917
22.	0,923
21.	0,929
20.	0,935
19.	0,941
18.	0,948
17.	0,954
16.	0,971
15.	0,967
14.	0,974
13.	0,980
12.	0,987
11.	0,993
10.	1,000

La formule suivante, que nous empruntons à M. Francœur, donnera la correspondance du poids spécifique d'un liquide, avec son degré au pèse-esprit de Baumé. Les résultats qu'on obtient diffèrent de ceux donnés par la table.

Soit p le poids spécifique, et d le degré du pèse-esprit, on a

$$p = \frac{146}{163 + d}$$

Supposons, par exemple, qu'on demande le poids spécifique d'un liquide marquant 30 au pèse-esprit: ici d égale 39, et la formule qui devient

$$p = \frac{146}{136 + 30} = \frac{146}{166}$$

donne pour résultat 0,8795 au lieu de 0,8780, donné par notre table. Comme on se trouve souvent obligé de convertir les degrés de l'aréomètre de Baumé et ceux de l'aréomètre de Cartier, et réciproquement, nous donnerons la relation suivante entre ces deux instruments.

Soit C le nombre de degrés de Cartier,
B, celui correspondant de Baumé, on a

$$16\,C = 15\,B + 22$$

Ceci nous conduit naturellement à parler de l'aréomètre de Cartier, qui est très-employé.

Aréomètre de Cartier.

Cet instrument se compose d'une boule de verre creuse, renfermant un peu de mercure qui sert de lest à l'instrument, et surmontée d'une tige aussi de verre, et creuse, dans laquelle est enfermée une échelle graduée. Le lest est calculé de manière à ce que l'instrument étant plongé dans l'eau pure, n'en déplace qu'un très-petit volume, et n'y enfonce que jusqu'à la naissance de la tige; ce point qui sert de base à l'échelle, est marqué par dix degrés : si on le plonge ensuite dans un liquide beaucoup plus léger que le premier, dans de l'alcool le plus pur que l'on soit parvenu à obtenir, l'instrument ayant beaucoup moins de peine à le déplacer, y enfoncera presque jusqu'au haut de la tige. Ce point, qui est le plus élevé de l'échelle, est marqué par quarante-deux, et l'espace intermédiaire entre celui-ci et celui d'en bas est partagé en 32 portions égales.

En sorte que toutes les fois que l'on plonge le pèse-liqueur dans un liquide spiritueux, c'est-à-dire dans un mélange d'eau et d'alcool pur, il s'y enfoncera d'autant plus que la pesanteur spécifique du mélange, comparée à celle de l'eau sera moins considérable. Or, comme la pesanteur spécifique de l'alcool à quarante-deux, par exemple, est à celle de l'eau comme sept cent quatre-vingt-douze est à mille, il s'ensuit que plus la liqueur contiendra d'alcool, plus elle marquera un degré élevé sur l'échelle de l'aréomètre, parce qu'elle sera en même temps spécifiquement plus légère.

On entend par pesanteur spécifique d'un liquide, ou de tout autre corps, le poids comparé au volume : ou autrement, le poids d'un volume donné de ce corps, comparé à celui d'un égal volume d'un corps de nature différente. Par conséquent, la pesanteur spécifique d'un corps est plus grande que celle d'un autre, lorsque sous un même volume il pèse plus que lui.

Ainsi, lorsque l'on dit que la pesanteur spécifique de l'alcool 3/6 est à celle de l'eau dans la proportion de huit cent quarante à mille, cela signifie qu'un litre ou un décimètre cube d'eau pesant mille grammes, un litre ou un décimètre de cet alcool n'en pèse que huit cent quarante grammes.

La connaissance de la pesanteur spécifique est le seul moyen de découvrir la quantité réelle d'alcool contenue dans un mélange d'alcool et d'eau ; il suffit pour cela de multiplier le nombre mille, valeur en centimètres cubes du litre d'eau, par la différence entre la pesanteur spécifique du litre d'eau ; et diviser le produit par la différence entre la pesanteur spécifique du litre d'alcool, comme point de comparaison et celle d'un pareil volume d'eau.

Supposant donc que l'on veuille savoir combien d'esprit contient un mélange marquant seize degrés au pèse-liqueur, sachant que la pesanteur spécifique de ce mélange est comme neuf cent cinquante-huit est à mille, on multipliera mille par mille moins neuf cent cinquante-huit, c'est-à-dire par quarante-deux; on divisera le produit quarante-deux mille par mille moins sept cent quatre-vingt-douze, ou deux cent huit; et le quotient 201 102/258 indiquera qu'un litre d'eau-de-vie à seize degrés contient un peu moins de deux cent deux centimètres cubes, ou millilitres d'esprit à quarante degrés, et un peu plus de sept cent quatre-vingt-dix-huit millilitres d'eau.

Si l'on veut maintenant évaluer au poids cette quantité d'alcool, sachant que le litre d'eau vaut mille centimètres cubes et pèse un kilogramme ou mille grammes, on comprendra aisément que les sept cent quatre-vingt-dix-huit centimètres d'eau trouvés pèsent sept cent quatre-vingt-dix-huit grammes ; or, soustrayant cette quantité de neuf cent cinquante-huit, poids total du litre de mélange, on aura cent soixante grammes pour le poids d'alcool à quarante-deux degrés qu'il contient.

Ces calculs sont extrêmement faciles pour les personnes munies du pèse-liqueur comparatif à la pesanteur spécifique, mais il n'en serait pas de même pour les personnes privées de cet instrument, si elles ne trouvaient ci-après un tableau destiné à en tenir lieu.

Les personnes les moins instruites en physique n'ignorent pas que chaque variation de température apporte des changements notables dans le volume de tous les corps, c'est-à-dire qu'ils se dilatent par la chaleur, et se resserrent par le froid.

Les liqueurs spiritueuses étant, comme tous les autres corps, soumises à cette loi immuable, il est clair que leur titre ne sera plus le même quand elles passeront d'une température à une autre. En effet, puisque neuf cent quatorze grammes d'eau-de-vie à vingt-deux degrés occupent, à la température de dix degrés, la capacité d'un décimètre cube, la même quantité augmentera de volume à mesure que la température s'élèvera : or, comme cette augmentation ne pourra avoir lieu qu'aux dépens de la pesanteur spécifique de l'eau-de-vie, c'est-à-dire que celle-ci diminuera dans la même proportion, et le pèse-liqueur plongeant d'autant plus que la liqueur est plus légère, l'eau-de-vie marquera un degré plus élevé que celui qu'elle doit réellement avoir, à mesure que la température augmentera.

L'expérience a appris que chaque variation de température de cinq degrés Réaumur donne à l'alcool un degré de plus ou de moins du pèse-liqueur de Cartier. Il faut à peu près 10° pour l'eau-de-vie de commerce. Pour obvier aux inconvénients graves qui résulteraient de ces phénomènes, on stipule, dans les transactions commerciales, que le titre de l'eau-de-vie sera pris au *tempéré*, c'est-à-dire sous la température de dix degrés Réaumur. C'est cette température moyenne qui a servi de base à la graduation de l'échelle du pèse-liqueur de Cartier.

En sorte qu'une eau-de-vie qui marquerait vingt-quatre degrés, ou neuf cents de pesanteur spécifique, le thermomètre étant à vingt Réaumur, n'aurait réellement que vingt-trois degrés, et peserait neuf cent sept grammes au litre. Le contraire aurait lieu à la température de la glace fondante, c'est-à-dire qu'alors cette même eau-de-vie ne donnerait que vingt-deux degrés au pèse-liqueur, quoiqu'il en eût réellement vingt-trois.

Mais ce n'est pas tout : puisque ces variations accidentelles dans le titre des eaux-de-vie, ne sont que le résultat des variations de volumes qu'elles éprouvent, il est évident que l'homme qui croira acheter, le thermomètre étant à vingt degrés, cent litres pleins d'eau-de-vie réduite à son taux réel de vingt-deux degrés, n'aura pas encore son compte, puisqu'elle diminuera de volume à mesure que le thermomètre baissera. Cette diminution peut être évaluée à neuf millièmes, ou près de un pour cent pour dix degrés de température. Mais dans le commerce on n'est pas dans l'usage de tenir compte de ces différences, et c'est tant pis pour l'acheteur s'il prend livraison dans un moment trop chaud.

Ces divers détails nous ont paru devoir trouver place ici ; les personnes qui voudraient en avoir de plus étendus, spécialement sur le commerce des eaux-de-vie, pourront consulter le traité de M. Lenormand sur la distillation. La manière de faire usage du pèse-liqueur consiste à le plonger dans l'éprouvette qui lui sert d'étui, après qu'on l'a remplie de la liqueur à essayer ; quand on opère en grand, on plonge le thermomètre dans le tonneau qui la contient. Le chiffre où l'instrument enfonce est le degré aréométrique de la liqueur, ou, si l'on veut, son degré de spirituosité. Mais comme on est convenu de prendre sa température à 10 R., on doit ajouter ou déduire un degré au pèse-liqueur, pour 5 ou 10 degrés en plus ou en moins du thermomètre.

Table des pesanteurs spécifiques des eaux-de-vie de divers degrés.

Degrés de l'aréomètre.	Poids spéc. en grammes.
10	1,000
11	1,000
12	0,990
13	0,981
14	0,973
15	0,965
16	0,958
17	0,950
18	0,943

Degrés de l'aréomètre.	Poids spéc. en grammes.
19	0,935
20	0,928
21	0,921
22	0,914
23	0,907
24	0,900
25	0,893
26	0,886
27	0,880
28	0,873
29	0,867
30	0,861
31	0,855
32	0,848
33	0,842
34	0,837
35	0,831
36	0,825
37	0,820
38	0,814
39	0,808
40	0,802
41	0,797
42	0,792

Cette table nous paraît plus facile à consulter que la précédente ; elle nous paraît d'ailleurs très-bien calculée. Ainsi le degré 42 indique l'alcool absolu exprimé pour le poids spécifique 0,792, qui est celui qui a été indiqué par Ritcher, à la température de 20°c., et par Gay-Lussac, à celle de 17° 88.

TABLEAU du mélange de l'alcool et de l'eau pour faire des alcools et des eaux-de-vie d'un degré et d'un poids spécifique déterminés;

ALCOOL à 37 degrés B. mêlé à de l'eau distillée dans la proportion de		DONNE à 10 degrés de température, un alcool marquant à l'aréomètre.	DONNE à 15 degrés de température, un alcool marquant.	POIDS spécifique.	POIDS DU MÈTRE CUBE.
Alcool. gram.	gram.				
62 sur eau	918	12°	12°	9,919	991 kilog. 90 gram.
125 —	856	13	13	9,852	985 — 20 —
185 —	795	14	14	9,791	979 — 10 —
250 —	735	15	15 1/4	9,735	973 — 30 —
310 —	673	16 1/2	16 1/2	9,674	967 — 40 —
370 —	612	17 1/4	18	9,598	959 — 80 —
430 —	560	19	19 1/2	9,519	951 — 90 —
500 —	500	20 1/2	21	9,427	942 — 70 —
560 —	450	22	23	9,317	931 — 70 —
612 —	370	24	25	9,199	919 — 90 —
673 —	310	26	27	9,075	907 — 50 —
735 —	250	28 1/2	29	8,947	894 — 70 —
795 —	185	31	32	8,815	881 — 50 —
856 —	125	33	34	8,674	867 — 40 —
918 —	62	36	37	8,527	852 — 70 —

Alcoomètre centésimal de M. Gay-Lussac.

Personne n'ignore que les liqueurs spiritueuses connues sous les noms d'eau-de-vie, d'alcool, de rhum, de tafia, etc., sont des composés, à proportions variables, d'eau et d'alcool très-pur, dit *alcool absolu*. Ainsi, leur valeur commerciale est en raison directe de la quantité d'alcool que chacune de ces liqueurs contient. Cette connaissance est de la plus haute importance pour le négociant, la régie et le débitant. Divers alcoomètres ont été proposés pour arriver à ce but, en les accompagnant de tables propres à corriger les variations de la température. M. Gay-Lussac s'est livré à son tour à cet examen, et son alcoomètre a non-seulement été approuvé par l'Académie royale des sciences, mais son emploi légal a été sanctionné par une loi.

Pour déterminer la quantité d'alcool d'une liqueur spiritueuse, il a pris pour terme de comparaison l'alcool pur, en volume, à la température de 15° c. ou 12 R.; et il représente la force par 100 *centièmes* ou par l'unité. En conséquence la force d'un liquide alcoolique est le nombre de centièmes, en volume d'alcool pur, que ce liquide renferme à la température de 15° c.

L'instrument que M. Gay-Lussac nomme alcoomètre centésimal est, quant à la forme, un aréomètre ordinaire; il est gradué à la température de 15° c. Son échelle est divisée en 100 parties ou degrés, dont chacune représente un centième d'alcool. Plongé dans un liquide spiritueux à 15° c., il en fait connaître aussitôt *la force*. Par exemple, si, dans une eau-de-vie à 15° c., il s'enfonce jusqu'à la division 60, il annonce qu'elle contient 60 centièmes de son volume d'alcool pur; s'il s'enfonçait jusqu'à 80, il en indiquerait 80 centièmes, etc., les degrés de cet alcoomètre indiquant des centièmes d'alcool en volume. M. Gay-Lussac les nomme *degrés centésimaux*, et il les écrit en plaçant, à droite et au-dessus du nombre des unités qui les exprime, la lettre c, initiale du mot centésimal.

La quantité d'alcool contenue dans un liquide spiritueux s'obtient de suite, d'après l'indication de l'instrument, en multipliant le nombre qui exprime le volume du liquide spiritueux par la force; et pour l'exemple, une pièce d'eau-de-vie de 650 litres de la force de 60 cent. à 15°.

$$\begin{array}{r}650\\0{,}60\\\hline 390{,}00\end{array}$$

390 lit. d'alcool pur.

Supposez une pièce d'esprit de 788 litres de la force de 86,5, ou de 865.

$$\begin{array}{r}788\\0{,}865\\\hline 3940\\4728\\6304\\\hline 681{,}620\end{array}$$

La valeur est donc de 681 litres 620 d'alcool pur.

Quand la liqueur spiritueuse n'est pas à la température de 15°, on y ramène l'échantillon sur lequel on veut opérer, soit avec la main, soit en le plongeant dans une eau chauffée ou refroidie; mais il est bien plus facile de se servir des tables que M. Gay-Lussac a établies, qui font partie de l'instruction qu'il a publiée, et qu'on trouve chez M. Collardeau.

Correction quand la température des spiritueux est au-dessus ou au-dessous de 15° c.

Quand la température du liquide spiritueux soumis à l'alcoomètre est au-dessus ou au-dessous de 15°, il faut chercher à trouver ce que cet instrument marquerait si elle était à ce degré de température de 15°. La table de la force du liquide spiritueux en donne le moyen. La première colonne de chaque page renferme les températures des liquides spiritueux depuis 0° jusqu'à 30°, et la première ligne horizontale, les indications de l'alcoomètre.

Supposons maintenant une eau-de-vie dont la force apparente, indiquée par l'instrument, est de 48 à la température de 0°, quelle en sera la force réelle à 15° c? On trouve, à l'endroit où se coupent la colonne verticale 48 et la ligne horizontale 0°, le nombre 53,5 qui est la force réelle de l'eau-de-vie, si, au lieu de 0°, elle était à 15° c. Admettons maintenant qu'une autre eau-de-vie, au lieu d'être à 0°, soit à 27, et qu'elle marque également 48 à l'alcoomètre. On trouvera de même, à l'endroit où se coupent la ligne horizontale 27 et la colonne verticale 48, le nombre 43,4 degrés centésimaux pour la véritable force de cette eau-de-vie.

Si, au lieu d'une eau-de-vie, l'on essaie un esprit dont la force apparente soit de 82, à la température de 4°, le nombre 85,1, placé en même temps dans la colonne verticale 82, et dans la ligne horizontale 4°, sera l'expression de sa véritable force.

Quand la force et la température observées sont exposées en nombre fractionnaire, voici les règles à suivre :

Pour la force : Négligez d'abord la fraction de la force apparente observée ; cherchez ensuite la force réelle correspondante au nombre entier, et au résultat ajoutez la fraction.

Pour la température : Prenez le nombre entier le plus près du nombre fractionnaire observé. Voici un exemple de la première règle :

L'alcoomètre indiquant 48°,4 pour la force apparente d'une eau-de-vie, à la température de 22°, quelle en est la force réelle ?

On cherche d'abord la force réelle correspondante à 48° en négligeant la fraction 0° 3 ; on trouve
qu'elle est : 45, 3
On ajoute ensuite la fraction 0, 4
On a donc pour la force réelle demandée : 45°c. 7

Voici maintenant la deuxième règle :

Si la température observée est de 18° 7, on prend 19, si elle est de 7° 3, on prend seulement 7°. On opère ensuite comme si elle était de 19 ou de 17.

Application des deux règles.

La force apparente d'un esprit, à la température de 23° 4, étant de 86°7, quelle est la force réelle ?

Au lieu de prendre 23° 4, on prend seulement 23°, et au lieu de 86°7, on prend 86. Dans cette supposition, la force réelle de l'esprit est de 83° 8 ; mais l'on ajoute ensuite 0°7, et elle devient 84° 5.

En procédant ainsi, l'on ne commettra pas une erreur qui s'élève en général, au-delà de 1/6 de degré de l'alcoomètre, et que, par conséquent, on ne puisse bien régulariser. Pour plus d'exactitude, il faut prendre les parties proportionnelles.

M. Marozeau a soumis l'alcoomètre de M. Gay-Lussac à quelques expériences qui lui ont permis d'indiquer les densités qui correspondent à ses divers degrés. Voici le tableau qu'il a dressé pour servir de terme de comparaison :

TABLEAU *des densités des liqueurs alcooliques pour chacun des degrés de l'alcoomètre centésimal.*

DEGRÉS de l'alcool.	DENSITÉS.	DEGRÉS de l'alcool.	DENSITÉS.	DEGRÉS de l'alcool.	DENSITÉS.
0	1,000	34	0,962	67	0,899
1	0,999	35	0,961	68	0,896
2	0,997	36	0,960	69	0,893
3	0,996	37	0,959	70	0,891
4	0,994	38	0,958	71	0,888
5	0,993	39	0,957	72	0,886
6	0,992	40	0,956	73	0,884
7	0,990	41	0,955	74	0,881
8	0,989	42	0,954	75	0,879
9	0,988	43	0,952	76	0,876
10	0,987	44	0,950	77	0,874
11	0,986	45	0,948	78	0,871
12	0,984	46	0,946	79	0,868
13	0,983	47	0,944	80	0,865
14	0,982	48	0,942	81	0,863
15	0,981	49	0,940	82	0,860
16	0,980	50	0,938	83	0,857
17	0,979	51	0,936	84	0,854
18	0,978	52	0,934	85	0,851
19	0,977	53	0,932	86	0,848
20	0,976	54	0,930	87	0,845
21	0,975	55	0,927	88	0,842
22	0,974	56	0,925	89	0,838
23	0,973	57	0,923	90	0,835
24	0,972	58	0,921	91	0,832
25	0,971	59	0,919	92	0,829
26	0,970	60	0,917	93	0,826
27	0,969	61	0,915	94	0,822
28	0,968	62	0,912	95	0,818
29	0,967	63	0,909	96	0,814
30	0,966	64	0,907	97	0,810
31	0,965	65	0,905	98	0,805
32	0,964	66	0,902	99	0,800
33	0,963			100	0,795

PROCÉDÉ OENOMÉTRIQUE POUR DÉTERMINER LA RICHESSE ALCOOLIQUE DES LIQUIDES, PAR M. L. E. TABARIÉ.

Voici un extrait du mémoire que cet œnologue a publié sur ce sujet :

« L'accroissement considérable qu'a reçu depuis quelques années en France la culture de la vigne, la grande variété de terrains qu'on y a consacrés, la variété plus grande encore de cépages introduits surtout dans les contrées méridionales, devaient nécessairement produire une extrême inégalité dans la valeur alcoolique des vins réservés à la distillation. Aussi les distillateurs ont-ils reconnu le risque de se livrer en aveugles à ce genre d'industrie ; les propriétaires, de leur côté, ont prétendu à des distinctions marquées entre leurs produits ; et les uns et les autres ont senti le besoin d'un appareil, d'un procédé, d'un moyen quelconque simple et précis qui pût leur servir de guide dans leurs mutuels rapports.

« Mais, peut-être, pour répondre à ce besoin, le problème à résoudre offrait-il plus de difficultés qu'il ne semble, puisque de très-bons esprits qui s'en sont occupés n'ont vu et indiqué d'autre moyen pour s'assurer d'avance des résultats de la distillation, que la distillation elle-même, réduite, il est vrai, à une si petite échelle, que l'opération devient facile et prompte. De là l'usage de ces appareils d'essai qu'on a vus, depuis peu d'années, s'introduire parmi les distillateurs, mais que leur manipulation encore assez compliquée, leur inexactitude trop fréquente et leur prix élevé ont empêchés de pénétrer jusque dans la classe des propriétaires.

» J'ai donc cru faire une chose utile aux uns et autres en reprenant le problème et tâchant de lui donner une solution qui fut à la portée de tous. Je dirai d'abord ce qu'il avait de difficile, non point par vaine suffisance ; mais pour cette raison seule que bien définir une difficulté, c'est faciliter l'intelligence des moyens trouvés de la vaincre, et qu'on ne saurait bien montrer ce que l'on a fait sans signaler ce que l'on avait à faire.

» Un vin étant donné, déterminer d'avance la quantité d'alcool qu'il contient et qu'il peut rendre à la distillation, telle est la question à résoudre ; et l'on conçoit qu'on aura d'autant mieux réussi, que le moyen proposé sera plus exact, plus simple et moins coûteux.

» Avant qu'on se fût avisé de construire ces petits alambics dont j'ai déjà parlé, on employait quelquefois un instrument qui aurait eu certes toutes les qualités désirables, s'il n'eût pas manqué de précision ; mais, sur ce dernier point; jamais indicateur plus faux! c'était simplement un aréomètre lesté de manière à indiquer par l'enfoncement de sa tige la densité du liquide spiritueux. Et voilà juste où étaient l'écueil et la difficulté ; car chacun sait que le vin n'est pas seulement composé d'alcool et d'eau dans des proportions que la pesanteur spécifique puisse faire connaître, mais qu'il contient aussi des matières secondaires dont la présence fausse étrangement l'indication. Ces matières, dont aucun vin, quelque vieux qu'il soit, n'est jamais entièrement dépouillé, s'y trouvent souvent en si grande abondance, que, par leur effet, la densité du vin le plus spiritueux peut atteindre celle de l'eau pure et quelquefois même la dépasser. D'ailleurs ces matières se rencontrent dans des proportions si variables, qu'il en résulte des combinaisons à l'infini de densités différentes. Mais je n'ai pas besoin d'appuyer davantage sur ces inconvénients, qui ressortiront encore du soin qu'on verra prendre pour les fixer.

» Si je voulais exprimer d'un seul mot en quoi consiste mon procédé, je dirais qu'il est le contre-pied de la distillation, puisque, au lieu d'en peser aréométriquement le produit, j'en pèse le résidu ; mais cette expression concise ne pourra être bien saisie qu'après des explications dans lesquelles je vais entrer immédiatement.

Un vin est donné :

» Je détermine d'abord sa densité actuelle et j'en tiens note ainsi que de sa température ; si l'on veut bien y réfléchir, on verra que l'erreur de cette première indication est égale à la différence entre la pesanteur spécifique moyenne des matières étrangères autres que l'alcool et l'eau, et la pesanteur spécifique de l'eau ; car si ces matières ne différaient point de densité avec l'eau, évidemment il n'y aurait pas d'erreur. Cette considération est d'autant plus importante que sur elle repose tout ce qui va suivre ; et l'on conçoit déjà que, si l'on parvient à déterminer la différence dont il a été question, le nœud de la difficulté est délié.

» Pour y réussir, je considère en second lieu que, si le liquide n'était composé que d'eau et de matières étrangères plus denses que l'eau, une simple pesée aréométrique me donnerait l'excès de cette densité. En conséquence, je prends un volume fixe de liquide, je le soumets dans une capsule à une ébullition soutenue jusqu'à réduction de moitié, afin d'en dégager toute la partie alcoolique; j'ajoute au résidu une quantité d'eau égale à la portion de liquide qui s'est dissipé en vapeurs spiritueuses et aqueuses ; je le ramène ainsi à son volume primitif, et, prenant alors sa nouvelle densité et sa température, je parviens, en rapprochant cette seconde indication de la première, à trouver la différence cherchée, d'où je déduis rigoureusement le véritable degré du liquide en essai.

» Sans doute cette explication sommaire serait encore insuffisante à donner une intelligence parfaite de mon procédé, si la description des instruments nécessaires pour le pratiquer n'allait achever de l'éclaircir ; je me borne à décrire ceux qui sont absolument indispensables et que je puis considérer comme les éléments constitutifs de mon invention.

» En première ligne, est un aréomètre que j'appellerai préférablement *œnomètre*, à cause de son emploi, et qui peut être construit en argent, en verre ou en toute autre matière plus économique ou moins fragile, comme cuivre, fer-blanc, liége vernissé au copal, etc. Cet instrument est à double échelle et à double lest. Sa tige supérieure, large et plate, porte une graduation particulière sur chaque face. L'échelle A, pratiquée sur le côté, est divisée en 60 degrés égaux ; le zéro de cette échelle correspond à une densité hypothétique de 1,0012 à la température de 15 degrés centigrades, et le 6e degré équivaut à une densité de 0,9772, même température (l'eau étant 09992). Rien n'est donc plus facile que cette graduation toute artificielle dont on verra plus tard la relation avec une graduation en veltes et en cinquièmes de velte, à laquelle j'ai tout rapporté dans mon travail ; remarquons seulement que la différence entre 1,0012 et 0,9772 étant 0,0240, cette différence, divisée par 60 (nombre des degrés égaux de l'échelle), donne à chaque degré une valeur de 0,0004.

» L'œnomètre, employé sans autre lest que celui dont il est chargé fixement, fournit donc la première donnée, celle de la densité du vin à éprouver, exprimée par un chiffre artificiel, lequel, n'étant que provisoire, doit être noté pour servir à trouver le degré définitif.

» La tige inférieure se termine en vis, afin de recevoir un dé ou poids (1) additionnel, qui donne à l'instrument l'avantage de faire équilibre à des densités plus grandes déter-

(1) Dans les instruments en verre ce poids supplémentaire s'ajoute par un anneau mobile sur la tige supérieure.

minables par une nouvelle échelle B, tracée au revers de la tige. Celle-ci est encore divisée en 60 degrés égaux, et les deux échelles adossées l'une à l'autre diffèrent surtout dans la progression de leurs chiffres respectifs.

» Ainsi chargé d'un double lest, le même instrument peut donc servir pour des indications nouvelles, d'une densité supérieure à celle de l'eau, comme seront en effet celles de notre liquide après l'ébullition. Le zéro de cette échelle = 0,9992 à 15 degrés centigrades, et l'on comprendra sans peine que, si je ne l'ai pas mis en tête, c'est à cause des effets probables de la température, dont on devra toujours prendre le degré avec un thermomètre très-sensible, qui devient dès-lors de première nécessité. Mais comme, dans ce cas-ci, la température pourra quelquefois être très-élevée, il faut soigneusement y remédier, de même que dans le premier cas, et j'y parviens au moyen de deux règles de correction, dont la description va m'aider à expliquer le jeu.

» Puisque deux fois nous avons à corriger la température, nous pouvons faire servir nos règles à deux fins en les graduant aussi sur les deux faces ; des lettres de rapport A'A" et B'B" suffiront pour n'en pas intervertir le sens et pour indiquer leur relation respective avec les divisions de l'œnomètre.

» Les échelles B'B", l'une thermométrique, l'autre graduée sur le modèle de la tige B, servent à corriger l'indication fournie par l'œnomètre, et cette correction s'obtient en joignant sur une même ligne le degré de la température et l'analogue du chiffre trouvé par l'œnomètre B, observant alors où répond, sur l'échelle B", le 15⁰ degré centigrade de l'échelle B', marqué d'un astérisque pour expliquer que tout doit être ramené à cette dernière température.

» Une fois cette indication juste obtenue, nous avons l'élément essentiel pour arriver à la différence qu'il y a entre la densité des matières fixes du vin et la densité de l'eau ; car comme cette différence vicie d'autant la première indication de la tige œnométrique A, il suffit, pour y obvier, d'ajouter (1) au chiffre que celle-ci d'abord avait fourni, le chiffre déjà corrigé de l'autre échelle.

(1) Je dis *ajouter*, parce qu'en effet l'artifice de ma graduation a eu pour but de réduire à une simple addition de chiffres la transition d'une échelle à l'autre. Si j'avais donné à leurs points fixes d'autres valeurs que celles assignées ci-dessus, l'opérateur aurait pu rencontrer des cas où il eût fallu ajouter, d'autres soustraire, ce qui l'eût infailliblement embarrassé. Du reste, ces divisions arbitraires ne touchent point au fond et pourraient fort bien être modifiées ou abandonnées sans que le principe en souffrît.

» Mais n'oublions pas qu'au nouveau chiffre résultant de cette addition se rapporte la température primitivement observée. Or, c'est le moment de la corriger à son tour, et qu'elle soit en-dessus ou en-dessous de 15 degrés centigrades, il faut l'y réduire en se servant de la règle A', comme nous avons fait tout-à-l'heure de la règle B'. Il serait superflu de dire que les graduations des figures qui accompagnent ce mémoire, étant faites à la main et dans des proportions un peu hasardées, sont trop imparfaites pour être prises à la rigueur. Mais on peut cependant observer que ce n'est point par inexactitude du dessin que les échelles thermométriques A' et B' diffèrent pour le nombre et l'étendue de leurs degrés; elle ne peuvent être identiques, puisqu'elles se rapportent à des liquides d'inégale température et d'inégale dilatabilité.

» Enfin, après être arrivé, de correction en correction, à un point quelconque de la direction tracée sur le bord supérieur de la règle A", il ne reste plus qu'à examiner à quelle division il correspond sur l'échelle inscrite immédiatement en dessous; et c'est alors seulement que le véritable degré alcoolique du vin est trouvé : ce degré, exprimé en veltes et fractions de velte, indique le nombre de parties d'esprit-de-vin 3/6 (à 86 degrés centésimaux et 15 degrés centigrades de température) qui sont contenues dans 90 parties de vin en volume.

» Je crois ne pouvoir mieux terminer ce mémoire que par un exemple dégagé de toute explication qui présentera nettement l'artifice de mon procédé; mais auparavant je dois mentionner au moins deux objets indispensables à l'opération.

» 1° un cornet ou éprouvette à entonnoir et à pied, dont la capacité cylindrique donnera un volume fixe de liquide et servira à l'immersion de l'œnomètre.

» 2° Une capsule propre à l'ébullition; mais, afin qu'on puisse reconnaître sans faute le moment où le liquide est réduit de moitié, cette capsule porte à son intérieur un mince rebord m, qui avertit d'arrêter l'opération à propos.

» Je pourrais encore signaler comme très-utile une lampe à esprit-de-vin avec son réchaud; mais, ces derniers objets n'étant qu'accessoires, on peut s'en pourvoir ou s'en passer, à volonté. Je me hâte d'arriver à l'exemple promis.

» Soit un vin à essayer, qui marque 17 degrés à l'œnomètre A, et 20 degrés de température centigrades : j'en prends un volume bien mesuré dans l'éprouvette, ayant soin de ne pas dépasser le bord supérieur du corps cylindrique ; je verse cette mesure dans la capsule, je la porte à l'ébullition et l'y maintiens jusqu'à ce que le rebord affleure la surface du liquide. Alors je verse celui-ci dans l'éprouvette, que j'achève de remplir jusqu'en y ajoutant de l'eau commune ; je détermine de nouveau ce liquide et la température et le degré à l'œnomètre B lesté. Soient ces indications 14 degrés œnométriques et 36 degrés centigrades de chaleur. Il ne me reste qu'à recourir aux règles de correction.

» Je place le trente-cinquième degré centigrade de la règle B' en face du quatorzième degré de la règle B'', et j'observe que le quinzième degré centigrade de B', surmonté d'un astérisque, répond au vingt-cinquième degré de B''. C'est donc le chiffre 25 que j'ajoute à 17 degrés de la première indication de l'œnomètre A ; leur somme = 42, sur lesquels il faut opérer la dernière correction nécessitée par les 20 degrés centigrades ci-dessus, en me servant des échelles A' et A'', comme j'ai fait de B' et B'', je vois que 42 degrés à 20 degrés centigrades = 40 degrés à 15 degrés centigrades.

» D'où il résulte que 40 est mon chiffre final, et sa relation avec l'échelle des veltes m'indique, en définitive, que le vin proposé vaut 11 veltes, c'est-à-dire que 90 parties de ce vin (environ un muid) contiennent 11 veltes d'esprit 3/6, au titre de 86 degrés 3 centésimaux, selon Gay-Lussac. »

ÆNO-ALCOOMÈTRE DE M. F. DUNAL POUR ESSAYER LA SPIRITUOSITÉ DES VINS.

Cet appareil consiste en un petit alambic et en une boîte renfermant un aréomètre, un thermomètre et une échelle de correction pour la température.

Description de l'alambic.

1º Une chaudière, ou cucurbite, posée sur un fourneau circulaire en cuivre, au centre duquel se trouve la lampe à esprit-de-vin et qui sert à la chauffer.

2º Une douille d'entrée placée à la partie supérieure de la chaudière.

3º Une douille d'évacuation située à la partie inférieure de la chaudière.

4º Un petit condensateur, dont l'extrémité inférieure est fixée sur la chaudière par des cercles en fer : on a soin de placer un carton mince entre les surfaces par lesquelles ces deux pièces se joignent. Ce condensateur, qui est entouré d'un bassin, consiste en un vase demi-ovale, portant à sa partie inférieure un diaphragme percé au centre pour recevoir un tuyau à recouvrement, et portant sur sa partie latérale un tube servant de trop-plein.

Le condensateur communique, par un tube, au réfrigérant de Géda, qui se trouve au-dessous du fourneau. Le tube se fixe au condensateur et au réfrigérant, au moyen de deux nœuds en cuivre, entre lesquels on interpose un carton percé d'un trou au centre.

Le réfrigérant est séparé du fourneau par une pièce de bois mou, qui empêche la chaleur de se communiquer de l'une de ces pièces à l'autre.

5° Un tube ascendant situé sur un côté du réfrigérant et se prolongeant intérieurement jusqu'au fond de cette partie de l'appareil.

6° Un entonnoir mobile ajusté sur l'extrémité supérieure du tube n.

7° Un tube recourbé, partant du réfrigérant, et situé à l'opposé du tube n.

8° Un tuyau adapté à la partie inférieure du réfrigérant, pour la sortie du liquide alcoolique.

9° Un cornet cylindrique en cuivre étamé, qui se place à l'extrémité du tuyau 8° de manière à ce qu'on puisse l'enlever aisément.

Le condensateur est construit de telle sorte que tout l'alcool du vin se trouve renfermé dans le tiers de son volume reçu par la distillation; cette distillation se fait en huit minutes.

Description de l'aréomètre représenté.

Cet instrument est construit de manière qu'étant plongé dans un produit obtenu par la distillation du tiers du volume de vin chargé, il indique le nombre des parties d'esprit trois-six de l'aréomètre de Bories, qui se trouve dans 90 parties de vin; la température du liquide étant à 15 degrés centigrades, l'esprit trois-six et de l'alcool à 33° 66 de l'aréomètre de Cartier, ou 86° 3 de l'aréomètre de M. Gay-Lussac. L'échelle de l'aréomètre se marque en plongeant successivement l'instrument dans des mélanges d'esprit-de-vin au titre de trois-six du nombre de parties marquées sur cette échelle, avec le nombre des parties d'eau distillée qui manquent, pour que le volume du mélange soit de 30 parties.

Description de la règle ou échelle de correction.

Lorsque la température du liquide n'est pas à quinze degrés, on corrige les effets de cette température par une opération purement mécanique, au moyen d'un instrument que l'on peut appeler *règle de correction*, et qui est entièrement analogue à celui que les Anglais appellent *slidingrule*.

Cet instrument est composé de trois règles parallèles : deux a, b, de ces règles, sont fixées ensemble par de petites bandes de métal, placées à leurs extrémités; ces règles portent sur leurs côtés internes des coulisses dans lesquelles glisse la troisième règle d, qui est placée entre les deux autres, et qui est mobile; au milieu de la règle supérieure et fixe b, se trouve une échelle de 30 divisions représentant les degrés du thermomètre centigrade de o à 3o. Les degrés de l'aréomètre sont marqués sur la règle inférieure fixe et sur la règle mobile : celle-ci porte, de plus, vers le milieu, un astérisque.

Toutes les divisions de correction sont inégales et en sens inverse, c'est-à-dire que les plus petites sont placées du onzième au treizième degré, et vont en grandissant inégalement vers les deux extrémités de l'échelle.

Manière de faire usage de l'appareil.

On introduit de l'eau dans le réfrigérant par le tube $6°$, et au moyen d'un entonnoir $7°$, jusqu'à ce qu'il s'en écoule par le tube recourbé; on met également de l'eau dans le bassin du condensateur, jusqu'à ce que sa convexité soit couverte; on ferme exactement la douille d'évacuation, on place ensuite l'entonnoir sur la douille d'entrée, et on verse par là dans la chaudière, au moyen du cornet, trois fois la quantité de vin nécessaire pour le remplir. Cela fait, on essuie le cornet qui est remis à sa place, pour servir de récipient; on ferme alors la douille d'entrée et on allume la lampe à esprit-de-vin, préalablement garnie et placée au centre du fourneau; le liquide ne tarde pas à entrer en ébullition : les vapeurs pénètrent dans le condensateur, où les parties les plus aqueuses reprennent l'état liquide. Après trois ou quatre minutes, il s'élève de nouvelles vapeurs de cette pièce, qui vont, par le tube, se condenser et se refroidir dans le réfrigérant, et coulent enfin dans le cornet récipient placé sous le tuyau. Quand ce cornet est plein, ou, ce qui est la même chose, quand on a reçu le tiers du volume chargé, on arrête la distillation brusquement, en retirant la lampe du fourneau et le cornet récipient du tuyau d'écoulement. On remue le liquide renfermé dans ce cornet, et on procède à son examen de la manière suivante:

On plonge dans le liquide le thermomètre centigrade, et lorsque la température de ce liquide est connue, on place l'astérisque de la pièce mobile de la règle de correction, dans le degré de l'échelle thermométrique, marquée sur la pièce supérieure; l'aréomètre est alors plongé dans la liqueur : on cherche le degré qu'il indique sur l'échelle inférieure fixe de la correction; on examine ensuite quel est le numéro correspondant de l'échelle mobile d; c'est l'indication de la force réelle de la liqueur, c'est-à-dire le nombre de parties d'esprit trois-six que renferment 90 parties de vin, ou, ce qui est la même chose dans ce pays, la quantité de veltes de trois-six que renferme un muid.

Observations sur les aréomètres de Bories.

Les aréomètres de Bories, dont on fait usage dans le Bas-Languedoc, sont loin d'être identiques : il existe entre ceux dont on se sert dans la même ville, jusqu'à un quart de degré de différence, ce qui est peu de chose, vu que ces degrés sont de peu de valeur; mais les aréomètres de deux villes voisines diffèrent d'un degré et demi à deux degrés; cette différence existe, par exemple, entre ceux du port de Cette et de Lunel.

L'aréomètre dont on s'est servi pour déterminer la force de l'alcool est tel, que l'esprit trois-six correspond à 86° 3 de l'aréomètre centésimal de M. Gay-Lussac, le cinq-six à 59° 6 du même instrument, et la preuve de Hollande à 52° 4.

Premier brevet de perfectionnement et d'addition de Pierre BERARD, *cessionnaire de* M. DUNAL.

Description du perfectionnement.

La tige supérieure de l'aréomètre décrit plus haut, est graduée d'un seul côté, de sorte que sa grandeur est telle qu'il faut, pour recevoir l'aréomètre, un cornet qui contienne un peu plus d'un décilitre de vin. Dans le perfectionnement dont il est ici question, la tige se trouve graduée des deux côtés, en faisant commencer la graduation d'un des côtés par le degré immédiatement au-dessus de celui qui termine l'autre côté qui a commencé par le premier degré de l'aréomètre, et en lestant l'instrument d'un petit poids qu'on place au-dessus du poids ordinaire, toutes les fois qu'on veut se servir du côté de la tige sur lequel sont marqués les degrés inférieurs. De cette manière, la tige est moitié moins haute, quoique les mêmes degrés y soient marqués, le cornet de l'alambic de moitié plus court, la charge par conséquent de moitié moins grande, ce qui donne la faculté de faire l'opération dans moitié moins de temps.

Deuxième brevet de perfectionnement et d'addition délivré à M. BÉRARD.

Pour étendre à toutes les distilleries de France l'usage de l'appareil à essayer les vins, de M. Dunal, on a substitué à son aréomètre gradué en veltes (cette mesure variant suivant les localités) l'alcoomètre centésimal, seul appareil qui fasse connaître aux distillateurs la quantité absolue d'alcool contenue dans les liquides livrés journellement au commerce, sous les dénominations idéales de trois-six, trois-sept, etc. : mais en cherchant à généraliser l'emploi de cet appareil, en y appliquant l'alcoomètre, on a dû conserver, pour le département de l'Hérault, la graduation qui avait si puissamment contribué au succès de l'*œno-alcoomètre* : on la retrouvera dans cette graduation tout entière, au-dessus des degrés centésimaux de la nouvelle règle mécanique, qui servira à corriger l'influence de la température, de telle sorte que le degré centésimal qui annoncera la richesse alcoolique de la liqueur, donnera immédiatement au-dessus le nombre de veltes trois-six, soit 86° 3 alcoomètres, que le vin essayé produira par muid (de six cent quatre-vingt-treize litres), sans avoir recours à aucune table ni calcul.

Pour mettre cet appareil à la portée de toutes les intelligences, dans les villes où l'on ne fait usage ni de la velte ni du muid, on a fait de nouveaux aréomètres dont la graduation indique le nombre de litres trois-six ou autre degré que produiront trois cents litres de vin essayé, chaque degré aura la valeur d'un litre trois-six ou autre. Ces aréomètres sont gradués à la température de quinze degrés centigrades ; ce n'est donc qu'à cette température qu'ils donneront la force réelle de la liqueur. Lorsqu'elle sera au-dessus ou au-dessous, on l'y ramènera au moyen de la règle mécanique dont il sera parlé plus loin.

Le distillateur, connaissant le produit de trois cents litres, saura facilement quel sera celui d'une quantité de vin plus ou moins grande.

La règle mécanique de M. Duval, pour corriger l'influence de la température sur les liqueurs spiritueuses, étant une des plus précieuses parties de son travail, nous avons cherché à l'employer avec avantage pour remplacer les tables de M. Gay-Lussac, attendu qu'avec cette règle on peut tenir compte des moindres fractions de degré du thermomètre, une nouvelle graduation va donc encore utiliser cette règle.

Pour les aréomètres divisés en litres, c'est elle qui donnera le moyen de connaître, après l'immersion du thermomètre et de l'aréomètre, le nombre de parties d'alcool absolu renfermées dans trois cents parties de vin essayé, et le nombre de veltes, et par suite celui de litres que ce même vin peut donner à tous les degrés de l'échelle de l'alcoomètre.

Manière de faire usage de la nouvelle règle de correction, pour connaître la force réelle des liqueurs spiritueuses.

La température de la liqueur obtenue à l'alambic ayant été reconnue à l'aide du thermomètre centigrade, que l'on aura plongé dans le cornet récipient, on place sous le degré désigné la flèche, dirigée vers l'échelle thermométrique tracée au milieu de la règle supérieure; on plonge ensuite l'aréomètre dans la liqueur; on cherche le même degré où il s'est fixé sur la règle inférieure c, et le point où ce degré correspond à la règle du centre exprime la force réelle de la liqueur, soit le nombre des parties d'alcool absolu contenues dans trois cents parties de vin essayé, ou bien le nombre de parties d'alcool absolu enfermées dans cent parties de la liqueur obtenue par la distillation.

Ce même degré donnera immédiatement au-dessus le nombre de veltes et cinquième de velte trois-six que produiront quatre-vingt-dix veltes du même vin ; prenant la moitié du nombre exprimé par le degré continuel, on aura, dans la plus rigoureuse exactitude, le nombre de veltes et vingtième de velte cinq-six (60 cent. alcoomètre) que produira la même quantité de vin, c'est-à-dire, que si l'alcoomètre se fixe à 40, le calcul le plus rigoureux indiquera que quatre-vingt-dix veltes (soient six cent quatre-vingt-treize litres) du vin qui, à l'alambic, aurait fourni ce degré, produiront vingt veltes d'eau-de-vie cinq-six (60).

Au moyen des nouveaux aréomètres et de leurs règles de correction divisées en litres, l'opération est absolument la même, sauf la double graduation en veltes qu'il était inutile de reproduire : ils seront, quant à leur forme et leur volume, pareils aux précédents : la valeur seule des degrés varie selon le choix de l'acquéreur.

ÉBULLIOSCOPE A CADRAN DE M. BROSSARD-VIDAL, ET ÉBULLIOSCOPE DE M. CONATY.

L'alcoomètre centésimal de M. Gay-Lussac, établi sur des expériences nombreuses et précises, consacré par une loi, et si utile pour la détermination de la richesse des alcools à différents degrés, cesse de pouvoir être employé dans ces circonstances.

L'invention d'un instrument propre à donner, avec sûreté et promptitude, la richesse alcoolique des vins et des liquides spiritueux qui tiennent en dissolution une matière étrangère, comme du sucre, une résine, un sel, serait un véritable service à rendre au commerce, à l'industrie et à l'administration.

Possède-t-on un instrument qui remplisse ces conditions avec l'exactitude des observations thermométriques ? Nous ne le pensons pas ; mais nous croyons que l'on peut aujourd'hui, quand on s'est exercé à ce genre d'expériences, trouver le titre d'un liquide spiritueux, d'une manière assez approchée, par le moyen des deux instruments dont nous allons donner une description sommaire.

M. Tabarié, M. l'abbé Brossard-Vidal, M. Conaty se sont successivement occupés de cette question.

M. Tabarié se proposait, dès 1829, de trouver la richesse des vins par son œnomètre centésimal, et plus tard, par son œnoscope, la richesse des divers liquides spiritueux. Ce dernier instrument, soumis à l'examen de M. Castera, chef de la dégustation des boissons de la ville de Paris, n'a pas été adopté par l'administration. Néanmoins ce chimiste a le mérite d'avoir fixé l'attention des savants et des industriels sur deux procédés pratiques, différents des procédés connus pour rechercher la richesse alcoolique des liquides spiritueux.

L'ébullioscope à cadran de M. Vidal est fondé sur ce fait, que la température de l'ébullition d'un liquide spiritueux n'est que peu changée par une quantité de matière soluble, qui altère assez la densité de ce liquide pour que les aréomètres ne puissent plus servir à en connaître la richesse. Il se compose d'un large réservoir de verre, terminé par une partie plus étroite. Ce tube est plein de mercure jusqu'à une petite distance de l'extrémité. Les longueurs et les diamètres de ces deux parties sont choisis de manière que dans les changements de volume éprouvés par le mercure, ce métal ne quitte pas la partie la plus étroite. Sur le mercure repose un petit flotteur attaché à un fil tendu par un contre-poids. Ce fil, enroulé sur une poulie, fait marcher une aiguille quand la température s'élève à un certain degré. Cette disposition, imitée du baromètre à cadran, donne des degrés d'une grande étendue. M. l'abbé Vidal, pour graduer son ébullioscope, tient le tube à mercure successivement dans l'eau distillée et dans des mélanges connus d'eau et d'alcool portés à la température de l'ébullition.

Cet instrument a été soumis par des membres de l'Académie des sciences et par d'autres personnes, à des essais multipliés ; l'usage s'en serait probablement répandu si l'on n'était pas en général disposé à accueillir peu favorablement les appareils compliqués. Il faut dire, en effet, que la forme de cet instrument, que le cadran, la poulie, le réservoir à mercure, exigent nécessairement des soins particuliers dans le transport et dans les manipulations.

L'ébullioscope à tige droite de M. Conaty est fondé sur le même principe que celui de M. Vidal, seulement il est plus simple dans sa forme et dans sa construction. Cet ébullioscope n'est autre chose qu'un thermomètre à mercure, dont les divisions diminuent de longueur depuis la température de 100 degrés jusqu'à celle de 85.

Pour tracer l'échelle, on prépare des mélanges d'eau et d'alcool dans le rapport de 95 à 5, de 90 à 10, et ainsi de suite jusqu'au rapport de 40 à 60. On marque 0 sur l'échelle pour le point correspondant à l'ébullition de l'eau pure, 5 pour le point correspondant au mélange contenant cinq parties d'alcool, et ainsi successivement. C'est aussi de cette manière que M. Vidal trace la division de son ébullioscope.

L'échelle de l'appareil de M. Conaty est mobile, et est toujours disposée, par le moyen d'une vis de rappel, de manière que le zéro corresponde à l'extrémité de la colonne de mercure pour l'ébullition de l'eau sous la pression atmosphérique, au moment de l'expérience. On se dispense ainsi de tables de correction, lesquelles sont souvent un obstacle à l'adoption d'un instrument par le commerce, par l'industrie et même par l'administration.

Un instrument quelconque doit être contrôlé ; la vérification de l'échelle par des mélanges directs serait un peu longue : heureusement on peut éviter ce travail minutieux, en se bornant à comparer les indications de l'ébullioscope avec celles de l'alcoomètre centésimal de M. Gay-Lussac, pour trois ou quatre alcools à différents degrés, et qui embrassent toute l'étendue de l'échelle. Cette vérification nous paraît indispensable pour les deux appareils.

La durée d'une expérience est de huit minutes environ ; chaque expérience exige 100 grammes de liquide. Le procédé de M. Vidal demande un peu plus de liquide et un peu plus de temps.

Le titre fourni par l'un ou par l'autre instrument est de $1/2$ degré ou de 1 degré au-dessus du titre donné par la distillation pour les liquides ne renfermant pas plus de 20 centièmes d'alcool ; au delà, la différence est un peu plus forte, mais toujours dans le même sens.

Dans les premiers instruments de M. Conaty, les degrés correspondants étaient très-rapprochés les uns des autres, en sorte qu'on pouvait commettre des erreurs assez notables. L'échelle des instruments construits récemment par MM. Lerebours et Secrétan, ne présente que 30 degrés, dont les plus serrés ont une étendue d'au moins 3 millimètres. Cette nouvelle disposition donne à l'appareil une plus grande sensibilité.

Si le liquide est très-riche en alcool, on l'étend d'une fois ou deux fois son volume d'eau, on double ou l'on triple le titre obtenu : par ce moyen, l'échelle de trente divisions suffit à tous les cas.

La température de l'ébullition d'un vin ou d'un liquide spiritueux, mêlé à une matière étrangère, n'est pas constante comme celle de l'eau pure, de l'alcool absolu ou de tout autre liquide homogène, mais elle reste constante pendant un certain nombre de secondes. Quand l'ébullition est commencée, c'est cette température qu'il faut saisir ; ce qui n'offre pas de difficulté quand on a l'habitude de ces manipulations ; néanmoins, il est prudent de répéter l'opération, afin de prendre la moyenne; sans cette précaution on n'aurait pas une certitude complète.

L'ébullioscope de M. Vidal et celui de M. Conaty, quand ils sont bien réglés et confiés à des mains exercées, paraissent propres à donner, avec une approximation d'un à deux centièmes, la richesse alcoolique des vins et des liquides spiritueux altérés par une matière étrangère.

L'ébullioscope à tige droite a l'avantage d'une plus grande simplicité et d'un transport plus facile.

Pour les liquides spiritueux composés seulement d'eau et d'alcool, l'alcoomètre centésimal de M. Gay-Lussac doit toujours être préféré.

DEUXIÈME PARTIE.

INTRODUCTION.

On a fait différents traités sur le jaugeage, dans l'intention de le simplifier et de donner aux contribuables des moyens faciles dont ils pourraient faire usage eux-mêmes pour vérifier la quotité des droits qu'ils auraient à payer ; mais tous ces moyens ont été subordonnés à des opérations que l'homme instruit comprend facilement, mais qui, quelque simples qu'elles soient pour lui, sont trop compliquées pour celui qui n'a que de très-faibles notions en arithmétique.

En 1741, pour éviter les contestations qui s'élevaient souvent entre les contribuables et les employés des aides, à l'occasion des erreurs qui s'étaient glissées dans la pratique, et des inconvénients qui se trouvaient dans les instruments dont on se servait, il fut présenté à l'Académie des Sciences, et approuvé par elle, un tarif sur le jaugeage, calculé en muids, setiers et pintes, qui avait l'avantage d'être compris de tout le monde au premier examen ; mais l'introduction des nouvelles mesures dans les administrations en a fait cesser l'usage. Persuadé que le rétablissement de ce tarif en nouvelles mesures serait un ouvrage dont l'utilité devrait être, non-seulement reconnue par tous les vendeurs et fabricants de boissons, mais encore par les employés mêmes des contributions indirectes, afin que tous ceux qui sont en rapport avec elles et qui voudraient eux-mêmes faire provisoirement le jaugeage de leurs vaisseaux, j'ai entrepris de refaire ce tarif en jaugeage métrique, présentant le même avantage et la même utilité que l'ancien. J'ai surtout évité de charger mon travail des calculs géométriques qui donnent les capacités des vaisseaux, parce que je les ai jugés parfaitement inutiles pour ceux qui n'ont point l'habitude du calcul, mais qui connaissent cependant assez les premières règles de l'arithmétique pour faire de petites additions, en prendre la moitié, le tiers du total ; multiplier au besoin un nombre de litres par un autre petit nombre, enfin trouver dans les tables des calculs tous faits qui donnent l'exacte contenance de leurs vaisseaux.

Dans l'ancien tarif, on prend, pour avoir le diamètre moyen, la moitié des diamètres des deux fonds à laquelle on ajoute le diamètre du bouge, et l'on prend encore la moitié de cette dernière somme; mais ce nombre ne donne rien pour la courbure des futailles. On a donc admis dans ce nouveau tarif la formule de deux fois le diamètre du bouge, plus la moitié des diamètres des fonds, le tout divisé par trois, et l'on obtient un diamètre moyen qui tient compte de la courbure des tonneaux, que la difformité des futailles dans leur construction ne permet pas toujours de jauger avec la même exactitude.

Les fonds, ainsi que la longueur des pièces, se mesurent avec une nouvelle jauge à ruban divisée en décimètres, centimètres et demi-centimètres, dont la construction et l'usage seront enseignés dans l'instruction.

Les diamètres moyens que la formule, après la mesure des fonds et du bouge, aura donnés, ainsi que les longueurs des pièces, se chercheront dans les tables. On trouvera en tête de plusieurs tables de suite la même série de dix diamètres moyens, et l'on ne s'arrêtera qu'à la page qui contiendra dans sa première colonne la longueur de la pièce que l'on aura mesurée. Dans cette même page se trouvera la capacité du tonneau aussi facilement que le produit de deux nombres dans une table de multiplication.

Les tables contiennent les capacités d'une suite de tonneaux qui augmentent progressivement d'un centimètre en diamètre moyen, ou d'un centimètre en longueur, ou augmentent en même temps de cette quantité dans les deux dimensions. Cette suite est comprise entre un barillet d'un décimètre six centimètres de diamètre moyen, et d'un décimètre et six centimètres de longueur, dont la contenance est de 3^l et 2^{ld}, et un autre tonneau de onze décimètres et cinq centimètres moyen, sur vingt-cinq décimètres cinq centimètres de longueur, dont la contenance est 26^{hl} 49^l 7^{ld}. L'instruction donne des règles d'après lesquelles on peut jauger des pièces beaucoup plus fortes, ainsi que des cuves de différentes formes.

Ayant trouvé que la jauge à ruban qui est actuellement en usage était fautive, et que cette jauge, même étant exacte, ne pouvait servir au présent tarif, elle est remplacée par une nouvelle dont la construction est la même, à l'exception du ruban qui est remplacé par un autre dont les échelles, divisées en parties égales, sont bien plus faciles à tracer avec exactitude que des parties en progression décroissante.

Le nouveau ruban est divisé en deux parties égales par une ligne droite parallèle à toute sa longueur; l'une de ces parties est divisée en décimètres par un gros trait qui porte le nombre du décimètre: ces décimètres sont divisés en centimètres, qui, eux-mêmes, sont divisés en deux parties par un petit trait. La longueur du ruban, depuis le trait marqué 0 à la sortie du baril, s'étend jusqu'à 25 décimètres, qui donnent pour la même longueur 250^{cm}.

L'autre partie du ruban contient 22^{dm} divisés en sept parties égales qu'on peut appeler *grands décimètres*, parce que chacune de ces parties est de 3^{dm} 1/7. Chacun de ces décimètres est partagé en dix parties égales, pour représenter les centimètres qu'on appellera aussi *grands centimètres*.

L'administration des contributions indirectes adresse à chaque recette des jauges à ruban vernis pour le préserver de l'influence de l'air, mais le vernis se casse facilement et se gerce par l'usage fréquent que l'on fait du ruban, et l'humidité, s'introduisant par les gerçures, détruit l'effet que l'on se promettait: la préparation du ruban que je propose préserve, par sa solidité, de tout inconvénient, et ne permet pas qu'il change de longueur dans quelque température qu'il se trouve.

Préparation du ruban.

On prendra un ruban de satin blanc d'un tissu un peu fort. Ce ruban sera de trois centimètres de largeur sur 255^{cm} de longueur, on le fera passer à la gomme dont on prépare les taffetas. Cette gomme préparée avec le caoutchouc ou gomme élastique, n'est pas, comme le vernis, sujette à s'écailler. Il est facile, après cette préparation, de procéder à la division du ruban; on commence par tirer deux lignes à l'encre de la Chine, par son milieu, parallèles à toute sa longueur, qui le partagent en deux bandes comme AB, *fig.* 6. On divise l'une de ces bandes en décimètres, centimètres et demi-centimètres, comme *ab*; l'autre branche se divise en grands décimètres et grands centimètres: pour les tracer, on portera sur cette bande sept fois la longueur de 3^{dm} 1/7 ou 31^{cm} ou 4^{mm} 2/7 de millimètre, fraction qui ne peut guère s'évaluer qu'en nombre : chacune de ces longueurs se subdivise en dix parties qui sont les grands centimètres. *Voyez* la bande *cd*.

La *fig.* 6 représente la première partie du ruban qui porte le tracé de deux échelles ; mais les dimensions de cette figure ne sont que la moitié de celles que le tracé doit avoir sur le ruban, et ne sont données que pour bien faire comprendre la manière de les construire soi-même.

A défaut de ce ruban, on pourra se servir d'une ficelle avec laquelle on prendra toutes les mesures indiquées dans l'instruction, et on les portera sur un mètre subdivisé en décimètres et centimètres, pour en connaître l'évaluation en cette dernière subdivision. Quant aux grands décimètres et centimètres, il faudra avoir une mesure bien exacte de 3 décimètres et 1/7 pour mesurer la ficelle qui aurait pris la circonférence du bouge, ou toute autre circonférence extérieure : on fera ensuite la réduction de l'épaisseur des douves, et les grands décimètres et centimètres qui resteront, seront autant de décimètres et centimètres ordinaires que contiendra le diamètre intérieur de la circonférence de la pièce qu'on vient de mesurer.

CHAPITRE PREMIER.

INSTRUCTION POUR UN NOUVEAU TARIF EN SYSTÈME MÉTRIQUE APPLIQUÉ AU JAUGEAGE DES TONNEAUX ET SUR L'USAGE D'UNE NOUVELLE JAUGE A RUBAN.

Les vaisseaux les plus ordinaires dont on se sert pour conserver les boissons sont les tonneaux connus de tout le monde; mais pour les jauger, il faut aussi connaître les noms de leurs différentes parties. La figure 1 est un tonneau dont la figure 2 représente la coupe dans sa longueur; A D B C, A B, D C, sont les deux fonds; A E D, B F C, sont les douves courbées dans leur milieu; A B, D C, sont les diamètres des fonds; E F est le diamètre de la partie renflée du tonneau, occasionée par la courbure des douves prise au bondon E. Le diamètre E F est le diamètre du bouge.

Les fonds du tonneau sont arrêtés dans des rainures appelées jables : ces rainures sont creusées dans les circonférences intérieures que forment les douves du tonneau à peu de distance de leurs extrémités.

C'est la réduction de ces différents diamètres en un seul, qui s'appelle diamètre moyen. Ce diamètre, calculé avec la longueur intérieure de la pièce, change la forme du tonneau en celle d'un cylindre qui aurait la même longueur et la même capacité : celle-ci se trouve dans ce tarif.

Quand on voudra soi-même prendre connaissance de ce que contient un tonneau, on y parviendra par un calcul très-aisé, en trouvant les deux nombres qui donnent sa capacité dans les tables, c'est-à-dire le nombre des centimètres du diamètre moyen et celui de la longueur du tonneau. En conséquence, on mesure avec la partie du ruban divisée en décim., centim. et demi-centim., les diamètres des deux fonds; ce qui se fait en plaçant l'extrémité du ruban marqué o dans l'angle 1, fig. 2, formé par le diamètre du fond et la saillie de la douve qui y correspond, et en déroulant le ruban qu'on applique le long du diamètre jusqu'à son extrémité opposée correspondant à l'angle 2, formé par ce même diamètre et la saillie de la douve inférieure : cette mesure donne en décimètres et centimètres le diamètre exact de l'un des fonds. La même opération se fait sur l'autre fond, 3 et 4.

Après avoir pris la mesure du diamètre des fonds, on procédera à celle du bouge, sans que l'on soit obligé d'ouvrir le bondon pour y passer une baguette, ou y plonger un plomb au bout d'une ficelle, inconvénient de moins, qui, en ménageant les liqueurs, épargne aussi beaucoup de temps à ceux qui mesurent.

Ainsi, pour avoir le diamètre du bouge, on se sert de la partie du ruban qui porte les grands décimètres et centimètres; on mesure la circonférence du tonneau prise au bondon, qui est toujours la partie la plus renflée. Si cette échelle, après avoir été bien appliquée à cette circonférence du tonneau, marque 6 grands décimètres, le diamètre exact du bouge sera de 6 décimètres ordinaires; si la mesure de la circonférence surpassait les grands décimètres de 1, 2, 3, etc., grands centimètres, ce serait 1, 2, 3, etc., centimètres ordinaires qu'il faudrait ajouter aux décimètres ordinaires, et le diamètre du bouge serait alors de 6 décimètres 1, 2, 3, etc., centimètres ordinaires.

Le diamètre trouvé de 6 décimètres ordinaires est le diamètre extérieur du bouge; pour jauger il faut avoir le diamètre intérieur de ce bouge : on mesurera donc l'épaisseur des douves, ce qui se fait facilement; cette épaisseur est ordinairement de deux centimètres, quelquefois plus, suivant la grandeur des pièces. Si le diamètre extérieur du bouge est de 6 décimètres, l'épaisseur des douves de deux centimètres, il faudra en retrancher quatre pour l'épaisseur des deux douves, qui fait partie du diamètre extérieur; il restera, pour le diamètre intérieur du bouge, $5^{dm}\ 6^{cm}$.

Il pourra arriver qu'en mesurant le bouge des grosses pièces, le ruban, ne contenant que huit grands décimètres, ne puisse faire le tour entier de la pièce; alors il faut se servir d'une ficelle bien fine pour prendre la circonférence du bouge : on mesurera ensuite combien cette ficelle contient de grands décimètres et centimètres de ruban. Ce nombre donnera des décimètres et centimètres ordinaires.

En mesurant les parties d'un tonneau avec la jauge à ruban, il est assez difficile de tenir compte des millimètres; mais on approchera de cette exactitude en opérant de la manière suivante : cette jauge est divisée en demi-centimètres. Si la mesure que l'on prend se termine sur un demi-centimètre ou plus près de celui-ci que des centimètres qui précèdent, on tiendra compte du demi-centimètre : si elle tombe plus près des centimètres qui suivent que du demi-centimètre, cet excédant comptera pour un centimètre qu'on ajoute aux précédents.

On opérera de la même manière en prenant la mesure de la circonférence du bouge avec l'échelle des grands décimètres.

Pour plus de facilité, tous les petits calculs qui devront avoir lieu dans les opérations se feront en unités semblables, c'est-à-dire qu'au lieu de les faire en décimètres on les fera en centimètres, ce qui revient au même; car supposons $6^{dm}\ 4^{cm}$, c'est la même chose que si l'on disait 64 centimètres.

La forme des pièces donne plusieurs cas pour le calcul du diamètre moyen; il en y a trois :

Le premier cas, lorsque les fonds sont ronds et du même diamètre.

Le deuxième, lorsque les fonds sont ronds, mais de différents diamètres.

Le troisième, lorsque les fonds ne sont pas ronds et conséquemment ont deux diamètres.

Éclaircissons ce qui vient d'être dit par des exemples.

Premier cas. Fonds ronds de même diamètre.

Qu'une pièce qui, par exemple, a été mesurée, comme on l'a enseigné, ait $6^{dm}\ 0^{cm}$ ou 60^{cm} de diamètre à chaque fond, et que le diamètre du bouge se soit trouvé de $6^{dm}\ 6^{cm}$ ou de 66^{cm}, on ajoutera à 60^{cm}, diamètre de l'un des fonds, deux fois 66^{cm}, diamètre du bouge : on prendra le tiers de cette somme, qui sera le diamètre moyen de la pièce.

Première opération.

Diamètre d'un des fonds. . . . . 60^{cm}
Double du diamètre du bouge. 132
                                              ―――
               Somme. . . . . . 192^{cm}
                                              ―――
Dont le tiers est : 64

Ce tiers est le diamètre moyen.

Deuxième cas, où les deux fonds sont ronds, mais les diamètres inégaux. On prend le terme moyen entre les deux nombres qu'on a trouvés pour les diamètres des fonds; on les ajoute ensemble et l'on tire la moitié de cette somme, qui est alors le diamètre de chacun de ces fonds. On ajoute à ce diamètre deux fois celui du bouge; on prend le tiers de cette somme, qui sera le diamètre moyen cherché de la pièce.

Deuxième opération.

Qu'on ait mesuré les deux fonds, l'un a donné 58cm de diamètre, l'autre 56cm, et pour le diamètre du bouge, la pièce a donné 63cm.

Diamètre de l'un des fonds.	58cm
Diamètre du second fond	56
Somme.	114cm
Moitié de la somme pour le diamètre réduit des fonds.	57cm
Double de 63 du diamètre du bouge.	126
Somme.	183cm
Le tiers.	61cm

Ce tiers est le diamètre moyen de la pièce.

Troisième cas. Lorsque les fonds ne sont pas ronds, ils ont deux diamètres, un grand et un petit, entre lesquels il faut prendre le diamètre moyen ; ce qui se fait en ajoutant ensemble le grand et le petit diamètre de l'un des fonds, et en prenant la moitié de cette somme ; la même chose se fait sur l'autre fond : les diamètres de chaque fond, ainsi réduits, s'ajoutent ensemble ; on en prend la moitié, et cette moitié s'ajoute avec deux fois 60, diamètre du bouge ; le tiers de cette somme est le vrai diamètre moyen de la pièce que l'on cherche.

Troisième opération.

Un des fonds a pour mesure du grand diamètre.	53cm	0mm
Pour le petit diamètre.	52	0
Somme.	105cm	0mm
Diamètre moyen, la moitié	52cm	5mm

Suite de l'opération.

L'un des diamètres de l'autre fond a	56cm	0mm
Le second diamètre a.	54	0
Somme.	111cm	0mm
Pour diamètre moyen.	55cm	5mm

TARIF POUR LE JAUGEAGE DES TONNEAUX. 107

$$
\begin{array}{lr}
\textit{Ci-contre.} \ldots & 55^{cm}\ 5^{mm} \\
\text{Diamètre moyen du premier fond.} \ldots & 52\ \ \ 5 \\ \hline
\text{Somme.} \ldots & 108^{cm}\ 0^{mm} \\
\\
\text{Diamètre moyen des fonds} \ldots & 54^{cm}\ 0^{mm} \\
\text{Deux diamètres du bouge.} \ldots & 120\ \ \ 0 \\ \hline
\text{Somme.} \ldots & 174^{cm}\ 0^{mm} \\
\\
\text{Le tiers.} \ldots & 58^{cm}
\end{array}
$$

Ce tiers est le diamètre moyen de la pièce.

Dans le troisième cas, l'opération précédente peut se simplifier, en ajoutant ensemble les quatre diamètres des fonds. On prend le quart de la somme, on l'ajoute avec deux diamètres du bouge : on tire le tiers de cette dernière somme, et l'on a pour résultat le même diamètre moyen que dans l'opération précédente.

Troisième opération, simplifiée.

$$
\begin{array}{lr}
\text{Grand diamètre du premier fond} \ldots & 53^{cm}\ 0^{mm} \\
\text{Petit diamètre de ce fond.} \ldots & 52\ \ \ 0 \\
\text{Grand diamètre du deuxième fond.} \ldots & 56\ \ \ 0 \\
\text{Petit diamètre de ce fond.} \ldots & 55\ \ \ 0 \\ \hline
\text{Somme.} \ldots & 216^{cm}\ 0^{mm} \\
\\
\text{Le quart} \ldots & 54^{cm}\ 0^{mm} \\
\text{Deux diamètres du bouge.} \ldots & 120\ \ \ 0 \\ \hline
\text{Somme.} \ldots & 174^{cm}\ 0^{mm} \\
\\
\text{Le tiers.} \ldots & 58^{cm}\ 0^{mm}
\end{array}
$$

Ce diamètre moyen est le même que ci-dessus dans la troisième opération.

Les résultats des opérations qu'on vient de faire se sont présentés en nombres ronds de centimètres ; mais il arrivera souvent que les diamètres moyens, ainsi que les longueurs donneront un demi-centimètre dont on fait tenir compte, comme on a vu, dans la manière de mesurer les pièces avec la jauge à ruban. Le calcul du diamètre moyen n'en devient guère plus difficile. Il ne restera jamais, après l'opération, plus de cinq millimètres dont les diamètres moyens, ou les longueurs des tables, seront quelquefois augmentés, et comme on ne trouve pas dans ces tables les capacités de pièces dont les diamètres moyens, ou les longueurs, sont ainsi augmentés d'un demi-centimètre, ou lorsqu'ils le sont tous deux en même temps de la même quantité, lorsqu'il sera parlé des capacités, on donnera aussi les moyens de donner celles-là.

Voici quelques exemples de réductions qui donnent les diamètres moyens, dans le calcul desquels on a tenu compte des demi-centimètres, qu'on a ajoutés dans la mesure des fonds ou des bouges.

On a pris les mêmes mesures en centimètres, que celles des trois opérations précédentes; on y a ajouté des demi-centimètres, qui feront connaître, dans les résultats, les différences en plus que peut donner cette augmentation dans la mesure des fonds et des bouges.

Réduction au diamètre moyen.

Le diamètre de chaque fond est de 60^{cm} 5^{mm}; celui du bouge est de 66^{cm} 5^{mm}.

Opération.

Diamètre d'un des fonds . . . . 60^{cm} 5^{mm}
Deux fois le diamètre du bouge 163 0
Somme . . . . 193^{cm} 5^{mm}
Pour diamètre moyen, le tiers . . . . . . 64^{cm} 5^{mm}

Le diamètre moyen se trouve ici, après l'opération, de 64^{cm} 5^{mm}, ou un demi-centimètre de plus, qui ne se trouve pas dans les tables : on verra comment on l'évalue au moyen des tables mêmes.

Réduction au diamètre moyen.

L'un des fonds a 58^{mm} 5^{cm} de diamètre.

Le deuxième fond a 56^{cm} 0^{mm}. Le diamètre du bouge a 63^{cm} 0.

Opération.

Diamètre de l'un des fonds. . . . . 58^{cm} 5^{mm}
Diamètre du deuxième fond. 56 0
Somme . . . . 114^{cm} 5^{mm}
Diamètre moyen des fonds, moitié. . . . 57^{cm} 2^{mm} $1/2$
Deux diamètres du bouge. 126 0
Somme . . . 183^{cm} 2^{mm} $1/2$
Diamètre moyen de la pièce, le tiers . . . 61^{cm} 0^{mm}

On ne tient pas compte des deux millimètres et demi dans le tiers de la somme.

Troisième réduction où les fonds ne sont pas ronds, et ont chacun deux diamètres, le bouge 60^{cm} 5^{mm}.

Opération.

Grand diamètre du premier fond.	53^{cm}	5^{mm}
Petit diamètre de ce fond.	52	0
Grand diamètre du deuxième fond. . . .	56	5
Petit diamètre de ce fond.	55	5
Somme. . . .	217^{cm}	5^{mm}
Le quart. . . .	54^{cm} 3^{mm}	3/4
Deux fois le diamètre du bouge.	121	0
Somme. . . .	175^{cm} 3^{mm}	3/4
Diamètre moyen, le tiers.	58^{cm} 4^{mm}	7/12

Le diamètre moyen de la pièce est de 58^{cm}, 4^{mm} et peu de chose de plus; on peut prendre un demi-centimètre pour ces millimètres, ce qui fera 58^{cm}, 5^{mm} à prendre dans les tables, comme il sera enseigné, sans causer une erreur qui puisse marquer.

Il pourra arriver qu'en terminant une opération, et qu'en prenant le tiers du nombre des centimètres, ce nombre ne se divise pas par trois, et qu'il y ait un reste d'un tiers ou de deux tiers; alors il n'y aura que les deux tiers qui compteront pour un demi-centimètre.

Sachant mesurer les bouges et les fonds des pièces dans toutes les dimensions qu'elles peuvent avoir, et les réduire à leurs diamètres moyens, il faut, pour en connaître la capacité, savoir aussi mesurer leurs longueurs, ce qui se fait en tendant le ruban de la jauge annexée à ce tarif, le long de la douve supérieure, de manière à ce qu'il rase le bondon percé au milieu de cette douve, et qu'il ne touche à rien qui puisse le faire courber, ce qui allongerait la mesure. Celui qui tient le bout du ruban qui sort du tonnelet, placera son œil bien perpendiculairement au-dessus de l'extrémité de la douve, et s'assurera si le premier trait de l'échelle qui traverse le zéro répond bien à cette extrémité: celui qui tient le bout opposé opère de même, et s'assure de son côté de la partie du ruban

Marchand de vins.

qui répond à cette extrémité de la douve. Cette mesure prise avec beaucoup d'exactitude, on compte les décimètres et centimètres qu'elle comprend, en observant toujours d'ajouter le demi-centimètre que la division du ruban aura joint ou dépassé. Supposé qu'on ait trouvé pour la longueur $(a\,b)$, *fig.* 2, prise au-dessus de la douve (1, 3) $11^{dm}\,5^{cm}$ ou 115^{cm}, pour avoir la longueur intérieure du tonneau, il faut en retrancher les saillies de la douve et l'épaisseur des deux fonds, qui est communément pour chacun de deux centimètres.

On mesurera la saillie (1) depuis le bord du jable jusqu'à l'extrémité de la douve : elle se trouve de 5^{cm}. La saillie (3) est de 4^{cm}, l'on estime l'épaisseur des deux fonds à 4^{cm}; ces différentes mesures ajoutées ensemble donnent 13^{cm} qu'il faut retrancher de 115^{cm}, longueur de la ligne $(a\,b)$; il restera pour la longueur intérieure AD du tonneau 102^{cm}.

La ligne $(a\,b)$, *fig.* 1 et 2, indique la situation que l'on donne au ruban; pour prendre la longueur de cette ligne, l'œil se place dans le prolongement de la ligne pointillée.

Sachant la manière de trouver le diamètre moyen d'une pièce et sa longueur intérieure, on peut faire usage des tables.

Chaque table comprend deux pages en regard; chaque page six colonnes : les premières colonnes des pages sont remplies par les longueurs des pièces, qui augmentent progressivement d'un centimètre chacune; les autres colonnes contiennent les capacités de plus de 8700 pièces, depuis la contenance de $3^l\,2^{ld}$ jusqu'à celle de $26^{hl}\,49^l\,7^{ld}$.

En tête de chaque table il y a une série de dix diamètres moyens; celle de la première table commence par le diamètre moyen de 16 centimètres, et augmente progressivement comme les longueurs, d'un centimètre, jusqu'à la fin des tables.

Si ces différentes séries de dix nombres sont les mêmes à la tête de deux, trois et plus de tables, c'est que cette répétition était nécessaire pour donner à ces mêmes diamètres un plus grand nombre de longueurs.

Les capacités des pièces sont tellement disposées par rapport à leur diamètre moyen et à leur longueur, qu'en cherchant ce diamètre à la tête des tables, on trouve dans la colonne qui est au-dessous, sa capacité dans la case qui est vis-à-vis de celle de la longueur de la pièce.

Qu'on ait mesuré un tonneau, et que la réduction des fonds

et du bouge ait donné pour diamètre moyen 68^{cm}, et pour sa longueur intérieure 112^{cm}, on cherchera dans les diamètres moyens la colonne qui a en tête 6^{dm} 8^{cm}, et dans la première colonne de la même page 11^{dm} 2^{cm} pour longueur; on descendra alors dans la colonne du diamètre moyen jusqu'à la case qui est vis-à-vis la longueur 112^{cm}; elle renfermera le nombre 4, 6, 9, qui indique que la pièce contient 4^{hl} 6^l 9^{ld}.

Les signes *hl. l. ld.* signifient *hectolitres, litres* et *décilitres.*

Les diamètres moyens et les longueurs des pièces ne sont calculés qu'en centimètres dans les tables, et l'on suit toujours la marche précédente pour en trouver les capacités; mais lorsqu'on a tenu compte des demi-centimètres dans les mesures et les réductions, les diamètres des pièces et leurs longueurs peuvent être suivis d'un demi-centimètre. Ces nombres ne se trouvant pas dans les tables, il y a un petit calcul à faire pour déterminer leurs capacités au moyen de ces mêmes tables.

Ces nombres peuvent se présenter de trois manières: premièrement, lorsque le diamètre moyen est seul accompagné d'un demi-centimètre ou 5^{mm}; secondement, quand c'est la longueur qui l'est seule; et troisièmement, lorsqu'ils le sont tous deux.

Chacun de ces trois cas exige une opération particulière.

PREMIER EXEMPLE.

Dans lequel le diamètre moyen contient seul un demi-centimètre qu'il faut comprendre dans la capacité de la pièce et qui n'est pas dans les tables.

Un des fonds a 61^{cm} de diamètre; l'autre fond en a 60: le bouge a 66^{cm} 5^{mm} de diamètre.

La longueur de la pièce est de 112^{cm}.

Réduction au diamètre moyen de la pièce.

Diamètre d'un des fonds	61^{cm}	0^{mm}
Diamètre de l'autre fond.	60	0
Somme.	121^{cm}	0^{mm}
Diamètre moyen des fonds, la moitié. . . .	60^{cm}	5^{mm}
Double du diamètre du bouge	133	0
Somme.	193^{cm}	5^{mm}
Diamètre moyen de la pièce, le tiers. . . .	74^{cm}	5^{mm}

Lorsqu'une pièce, comme dans la réduction précédente, a pour résultat 64^{cm} 3^{mm} de diamètre moyen, 112^{cm} de longueur, on ne trouve dans les tables ni sa capacité ni ce diamètre, mais l'on voit que sa place serait entre les diamètres moyens 6^{dm} 4^{cm} et 6^{dm} 5^{cm}, donc sa capacité doit être aussi entre celles qui appartiennent à ces deux nombres et à des pièces de même longueur. Ainsi il ne s'agit que de chercher les deux nombres 6^{dm} 4^{cm} et 6^{dm} 5^{cm}, en tête d'une page qui contient aussi la longueur 112^{cm}, dans sa première colonne ; on trouve dans la ligne vis-à-vis de cette longueur, dans les colonnes des diamètres moyens 6^{dm} 4^{cm} et 6^{dm} 5^{cm}, les capacités 3^{bl} 60^{l} 4^{ld} et 3^{bl} 71^{l} 8^{ld}, on en prend la différence, et puisque la réduction au diamètre moyen, après les mesures prises, a donné 64^{cm} 5^{mm} ou 64^{cm} 1/2, on prend la moitié de la différence que l'on ajoute à 3^{bl} 60^{l} 4^{ld}, capacité d'une pièce de 64^{cm} de diamètre moyen et de 112^{cm} de longueur, et l'on aura la capacité précise d'une pièce de 64^{cm} 5^{mm} de diamètre moyen et de 112^{cm} de longueur. L'avantage de cette règle est que tel nombre rompu qui soit joint au diamètre moyen ou à la longueur, quand même ce serait un millimètre, qui est un dixième de centimètre, en tirant ce dixième de la différence, et l'ajoutant à la plus petite des capacités dont on a pris la différence, on aura celle que l'on demande, avec la plus exacte précision ; mais elle est de peu d'importance, et l'on peut s'arrêter au demi-centimètre.

Opération.

Capacité d'une pièce de 65^{cm} de diamètre moyen, et de 112^{cm} de longueur.	3^{bl} 71^{l} 8^{ld}
Capacité d'une pièce de 64^{cm} de diamètre et de 112^{cm} de longueur.	3 60 4
Différence. . . .	11^{l} 4^{ld}
Moitié de la différence. . . .	5^{l} 7^{ld}
Capacité de la pièce de 64^{cm} de diamètre à laquelle il faut ajouter la demi-différence . .	3^{bl} 60^{l} 4^{ld}
Capacité demandée	3^{bl} 66^{l} 1^{ld}

Cette capacité est celle d'une pièce qui a pour diamètre moyen 64^{cm} 5^{mm} et 112^{cm} de longueur.

DEUXIÈME EXEMPLE.

Où la longueur seule contient 5 millimètres ou un demi-centimètre.

L'un des fonds a 58^{cm} 5^{mm}, l'autre 56^{cm}, le bouge 63^{cm}, la longueur de la pièce est de 116^{cm} 5^{mm}.

Réduction au diamètre moyen de la pièce.

Diamètre d'un des fonds	58^{cm} 5^{mm}
Diamètre de l'autre fond	56 0
Somme.	114^{cm} 5^{mm}
Diamètre moyen des fonds, moitié	57^{cm} 2^{mm} 1/2
Double du diamètre du bouge.	126 0
Somme. . . .	183^{cm} 2^{mm} 1/2
Diamètre moyen de la pièce, le tiers . . .	61^{cm} 0^{mm}

On néglige le tiers de 2 1/2.

Pour tenir compte dans la capacité du demi-centimètre de longueur, on fait le même raisonnement que dans le premier exemple, mais sur les deux capacités qui résultent de la différence des longueurs 11,6^{cm} et 11,7^{cm} entre lesquelles est celle de 11,6^{cm} 5^{mm}, on cherchera une page des tables qui ait en tête le diamètre moyen 6^{dm} 1^{cm}, et dans la première colonne les deux longueurs 11,6^{cm} et 11,7^{cm}. Vis-à-vis de la première de ces longueurs est la capacité 3^{hl} 39^l 1^{ld}, et vis-à-vis de la seconde la capacité 3^{hl} 42^l 1^{ld}, on en prend la différence, et l'on ajoute la moitié à la capacité 3^{hl} 39^l 1^{ld}, ce qui donnera celle de 11,6^{cm} 5^{mm} de longueur.

Opération.

Capacité d'une pièce de 6^{dm} 1^{cm} de diamètre moyen, et de 11^{dm} 7^{cm} de longueur. . . .	3^{hl}	42^l 1^{ld}
Capacité d'une pièce de 6^{dm} 1^{mm} de diamètre moyen, et de 11^{dm} 6^{cm} de longueur. . . .	3	39 1
Différence. . . .	»	3^l 0^{ld}
Moitié de la différence. . . .	»^{hl}	1^l 5^{ld}
Cette moitié s'ajoute à la capacité. . . .	3	39 1
Somme. . . .	3^{hl}	40^l 6^{ld}

Cette somme est la capacité d'une pièce qui a 6^{dm} 1^{cm} de diamètre moyen et 11^{dm} 6^{cm} 5^{mm} de longueur.

TROISIÈME EXEMPLE.

Dans lequel le diamètre moyen des fonds réduits contient 5^{mm} ou 1/2 centimètre, ainsi que la mesure de la longueur de la pièce.

Voici les mesures prises des fonds et du bouge de la pièce pour en trouver le diamètre moyen.

Diamètre d'un des fonds.	74^{cm} 0^{mm}
Diamètre.	75 0
Somme.	149^{cm} 0^{mm}
Diamètre moyen des fonds, moitié.	74^{cm} 5^{mm}
Double diamètre du bouge	161 0
	235^{cm} 5^{mm}
Diamètre moyen de la pièce.	78^{cm} 5^{mm}

On a déjà remarqué que les diamètres moyens ni les longueurs ou profondeurs suivis de 5 millimètres 0 ou 1/2 centimètre ne se trouvaient pas dans les tables ; mais voici comme on opère pour les faire aussi entrer dans la capacité de la pièce.

Dans l'exemple ci-dessus le diamètre moyen a 7^{dm} 8^{cm} 5^{mm}, la longueur 15^{dm} 8^{cm} 5^{mm} ; on cherche une table à la tête de laquelle se trouvent les diamètres moyens 7,8 et 7,9 et dans la colonne des longueurs celle de 15,8^{cm}, on descend dans la colonne 7,8 jusqu'à ce qu'on soit arrivé à la case sur la ligne qui correspond à la longueur 15,8 et contient la capacité 7^{bl} 55^l 3^{ld}, on fait de même au diamètre moyen 7^{dm}, 9^{cm} sous lequel on trouve sa capacité 7^{bl} 74^l 5^{ld} ; celle de 7^{bl} 8^l 5^{ld} est donc nécessairement entre les deux premières, et pour l'en tirer, on ajoute ces deux premières capacités et l'on en prend la moitié, qui est la vraie capacité d'un tonneau qui a 7^{dm} 8^{cm} 5^{mm} de diamètre moyen et 15^{dm} 8^{cm} de longueur. La même opération se fait sur ces diamètres moyens pour avoir la capacité d'un tonneau qui a ce même diamètre moyen avec un centimètre de plus dans sa longueur. On voit dans les mêmes colonnes les capacités 7^{bl} 60^l 1^{ld} et 7^{bl} 79^l 7^{ld} sur la ligne qui correspond à 15^{dm} 9^{cm} de longueur ; on les ajoute ensemble, la moitié de la somme est la vraie capacité d'un tonneau, qui a 7^{dm} 8^{cm} 5^{mm} de diamètre moyen et 15^{dm} 9^{cm} de longueur : finalement on ajoute ensemble les deux capacités du diamètre moyen en 15^{dm} 8^{cm} et 15^{dm} 9^{cm} ; ou en prend la

TARIF POUR LE JAUGEAGE DES TONNEAUX. 115

moitié, qui est la capacité d'une pièce de 7^{dm} 8^{cm} 1/2 de diamètre moyen et de 15^{dm} 8^{cm} 1/2 de longueur.

Opération.

Capacités des deux diamètres moyens 7^{dm} 8^{cm}, et 7^{dm} 9^{cm} vis-à-vis la longueur 158^{cm}. . . . .   7^{hl} 55^l 3^{ld}
7   74   8

        Somme. . . .   15^{hl} 30^l 1^{ld}

Moitié de cette somme, qui est la capacité d'une pièce de 78^{cm} 1/2 de diamètre moyen, et de 158^{cm} de longueur. . .   7^{hl} 65^l 0^{ld} 1/2

Capacité des deux diamètres, 78^{cm} et 79^{cm} vis-à-vis la longueur 159^{cm}.   7   60   1
7   79   7

        Somme. . . .   15^{hl} 39^l 8^{ld}

Moitié de cette somme, qui est la capacité d'une pièce de 78^{cm} 1/2 de diamètre moyen, et de 159^{cm} de longueur. . .   7^{hl} 69^l 9^{ld}

Les deux capacités de 68^{cm} 1/2, avec les longueurs 158^{cm} et 159^{cm}.   7   65   0   1/2
7   69   9

        Somme. . . .   15^{hl} 34^l 9^{ld} 1/2

La moitié de cette dernière somme est la capacité de 78^{cm} 1/2 de diamètre et 158^{cm} 1/2 de longueur. . . . . .   7^{hl} 67^l 4^{ld} 3/4

Il peut arriver qu'en divisant par trois à la fin d'une réduction au diamètre moyen, on ait un reste d'un ou de deux tiers, comme dans l'exemple suivant.

QUATRIÈME EXEMPLE.

Un des fonds a 8^{dm} 2^{cm} de diamètre; le second fond a 8$_{dm}$ 8^{cm}; la longueur 11^{dm} 4^{cm}.

Réduction au diamètre moyen.

Diamètre d'un des fonds. . . . .   8^{dm} 2^{cm} 0^{mm}
Diamètre du second fond.   8   4   0

        Somme. . . . .   16^{dm} 6^{cm} 0^{mm}

Diamètre moyen, la moitié . . . . 8^{dm} 3^{cm} 0^{mm}
Double du diamètre du bouge 17   6   0

Somme. . . . . . 25^{dm} 9^{cm} 0^{mm}

Diamètre moyen de la pièce, le tiers de cette
somme. . . . . 8^{dm} 6^{cm} $1/3^{mm}$

On cherchera 8^{dm} 6^{cm} au haut de la page qui contient dans la première colonne la longueur 11^{mm} 4^{cm}. Sur cette même ligne, on trouve dans les colonnes de 8^{dm} 6^{cm} et 8^{dm} 7^{cm}, les capacités 6^{hl}. 62^{l} 9^{ld} et 6^{lh} 78^{l} 0^{ld}, dont on prendra la différence en ôtant 6^{hl} 62^{l} 5^{ld} de 6^{hl} 78^{l} 0^{ld} ; le tiers de cette différence sera ajouté à 6^{hl}, 62^{l} 5^{ld}, ce qui donnera la vraie capacité de la pièce.

Opération.

Capacité d'une pièce qui a 8^{dm} 6^{cm} de
diamètre moyen, et de 11^{dm} 4^{cm} de lon- 6^{hl} 78^{l} 0^{ld}
gueur. . . . .

Capacité d'une pièce qui a 8^{dm} 7^{cm} de
diamètre moyen, et 11^{dm} 4^{cm} de lon-   6 62 5
gueur. . . . .

Différence. . .   0 15^{l} 1^{ld}

Tiers de la différence. . . 0^{hl} 15^{l} 1^{ld} $2/3$

Capacité de la pièce de 8^{dm} 6^{cm} de diamètre moyen à laquelle il faut ajouter   6 62 5
le tiers de la différence . . . . .

Capacité exacte d'une pièce de 86^{cm} $1/3$
de diamètre moyen, et de 114^{cm} de 6^{hl} 67^{l} 6^{ld} $2/3$
longueur. . . . .

Si la réduction eût donné $2/3$ au lieu de $1/3$ de la différence, on en aurait ajouté deux.

Observation.

Lorsqu'on a mesuré une pièce, et que la réduction au diamètre moyen a donné 9^{dm} 5^{cm} $1/2$, et la longueur 19^{dm} 2^{cm}, ce diamètre moyen pourrait aussi être devenu 95^{dm} $1/3$. Il faut observer que tout diamètre moyen terminé par un 5 comme celui ci-dessus, se trouve, par la construction des tables, toujours en tête de la dernière colonne de chacune d'elles, et le diamètre suivant, terminé par un 6, est nécessairement à la tête de la seconde colonne de la page suivante. Ainsi, les capacités entre lesquelles il faut trouver celle qui tient compte de la demie, ne sont plus dans la même table.

On cherchera donc le diamètre moyen $9^{dm}\ 5^{cm}$ à la tête de la dernière colonne de l'une des tables qui contient dans ses longueurs celle de 192 ; on descendra sous $9^{dm}\ 5^{cm}$ jusqu'à ce qu'on soit vis-à-vis de cette longueur, où l'on trouvera la capacité $13^{hl}\ 6\,1^l\ 5^{ld}$, qu'on écrira, puis on cherchera la page en tête de laquelle est $9^{dm}\ 6^{cm}$, et l'on descendra également dans cette colonne, jusqu'à ce qu'on soit vis-à-vis de la longueur 192, où l'on trouvera la capacité $13^{hl}\ 90^l\ 3^{ld}$, dont on tirera la différence avec $13^{hl}\ 61^l\ 5^{ld}$; l'on aura la capacité de $95^{cm}\ 1/2$, comme il a été enseigné dans le premier exemple. Si la réduction avait donné 1/3 ou 2/3, l'opération serait celle du quatrième exemple.

Si l'on avait encore $9^{dm}\ 5^{cm}$ pour diamètre moyen, et que la longueur fût suivie d'une demie, comme par exemple $185^{cm}\ 1/2$, il faudrait chercher dans les tables $18^{dm}\ 5^{cm}$, qui ne se trouvera qu'au bas d'une page, et $18^{dm}\ 6^{cm}$ au haut de la page suivante. On prendra dans la colonne du diamètre $9^{dm}\ 5^{cm}$, vis-à-vis la longueur $18^{dm}\ 5^{cm}$, la capacité $13^{hl}\ 11^l\ 8^{ld}$, et à la page suivante, dans la colonne du même diamètre vis-à-vis la longueur $18^{dm}\ 6^{cm}$, la capacité $13^{hl}\ 18_l\ 9^{ld}$, seront les deux capacités dont on prendra la différence, et sur lesquelles on continuera d'opérer comme dans le second exemple.

Quelques longueurs terminées par un zéro, et qui occupent aussi le bas de la colonne, se rapportent à la présente observation.

Si au diamètre moyen était joint un tiers ou deux tiers, ou une demie, et à la longueur une demie simultanément, on suivrait, pour les deux cas, la manière de l'observation présente, et l'on finirait l'opération comme dans le troisième exemple.

Après les tonneaux, les vaisseaux le plus en usage sont les cuves, dont la forme représente un cône tronqué, plus ouvert par le haut que par le bas, et quelquefois dans le sens opposé. Le jaugeage de ces deux sortes de forme est le même pour les deux.

La figure 3 représente un plan qui coupe perpendiculairement la cuve par son milieu.

La figure 4 représente la cuve en perspective. La ligne A B dans les deux figures est le grand diamètre intérieur de la cuve, C D le petit diamètre, E F sa profondeur ou sa hauteur intérieure.

Pour en avoir le diamètre moyen, on mesure les deux diamètres intérieurs, celui de l'ouverture et celui du fond, avec la partie du ruban divisée en décimètres, centimètres et demi-centimètres, dont on tiendra compte, comme dans la mesure des tonneaux. Les deux mesures s'ajoutent ensemble : l'on en prend la moitié, qui est le diamètre moyen cherché. On mesure ensuite, avec le même côté du ruban, la profondeur de la cuve ou sa hauteur intérieure, ce qui est la même chose. Cette hauteur, étant égale partout, se prend où l'on voudra. A cet effet, on tendra une ficelle sur l'ouverture de la cuve à la hauteur du niveau qu'a ordinairement le liquide lorsqu'elle est pleine. On déroulera le ruban jusqu'à ce que son extrémité, qui sera garnie, pour faire poids, d'une petite pièce de métal qui comptera dans la longueur pour un centimètre, touche le fond. On remarquera alors la mesure exacte qu'il y aura sur le ruban depuis le fond qu'il touche légèrement jusqu'à la ficelle : ce sera celle de la hauteur de la cuve. Si la cuve était pleine, on prendrait cette mesure avec une baguette bien droite, ou avec une ficelle chargée d'un plomb. Il resterait encore la difficulté de mesurer le fond d'une cuve pleine. Alors on se servirait de la partie du ruban divisée en grands décimètres, et l'on mesurerait le bas de la cuve de la même manière qu'on a mesuré les bouges à l'extérieur de la pièce avec l'échelle des grands décimètres, qui donnera de même des centimètres ordinaires pour le petit diamètre, dont on ôtera l'épaisseur des douves.

CINQUIÈME EXEMPLE.

La hauteur ou profondeur d'une cuve a 9^{dm} 8^{cm}, son grand diamètre à l'ouverture 11^{dm} 0^{cm}, le diamètre du fond 10^{dm} 0^{cm}, quelle est sa capacité ?

Opération.

Grand diamètre, à l'ouverture.	11^{dm} 0^{cm}
Diamètre du fond.	10 0
Somme.	21^{dm} 0^{cm}
Diamètre moyen, moitié.	10^{dm} 5^{cm}

On cherchera le diamètre moyen en tête d'une table où se trouve aussi la hauteur 9^{dm} 8^{cm} de la cuve. La capacité de 8^{hl} 48^{l} 9^{ld} qui, dans la colonne du diamètre moyen, sera vis-à-vis la hauteur 9, 8, sera celle de la cuve.

Si cette cuve, au lieu d'avoir 9^{dm} 8^{cm} de hauteur, n'en avait que 9^{dm} 0^{mm}, cette hauteur ne se trouverait pas dans les tables qui ont en tête le diamètre moyen 10^{dm} 5^{cm}, cela ne doit cependant point arrêter l'opération. On prendra la moitié du diamètre moyen 105^{cm}, qui donne 52^{cm} 1/2, en gardant la profondeur ou hauteur de la cuve de 90^{cm}. On cherchera la capacité de ces deux nombres, comme il a été enseigné; elle se trouvera de 1^{bl} 91^l 2^{ld}. Mais, comme le diamètre moyen contient 1/2, il faut prendre la capacité moyenne entre celles de 52 et 53, comme le premier exemple de ce tarif, qu'il faudra multiplier par 4, et l'on aura l'exacte capacité d'une cuve de 105^{cm} de diamètre moyen et de 90^{cm} de profondeur.

EXEMPLE.

On demande la capacité d'une cuve de 52^{cm} 1/2 de diamètre moyen, et de 90 de profondeur.

Opération.

Pour 52 par 90, la capacité est de	1^{bl} 91^{dl} 2^{ld}
Pour 1/2 de plus.	1^{bl} 94^{dl} 9^{ld}
Multipliés par 4.	4
	7^{bl} 79^{dl} 6^{ld}

Ce dernier produit est la contenance de la cuve de 105^{cm} de diamètre moyen.

Si les dimensions d'un vaisseau avaient donné un diamètre moyen qui surpassât 10^{dm} 5^{cm}, qui est le plus grand des pièces contenues dans ce tarif, on prendrait la moitié de celui qu'on a trouvé par la réduction des dimensions, ainsi que la moitié de la hauteur de la cuve ou de la longueur de la pièce, et l'on chercherait alors dans les tables, comme à l'ordinaire, la capacité que donnent ces deux nouveaux nombres. Cette capacité, quelle qu'elle soit, sera toujours multipliée par 8, et donnera celle de la pièce qui s'était d'abord trouvée trop grande pour le tarif.

SIXIÈME EXEMPLE.

La hauteur intérieure d'une cuve est de 19^{dm} 4^{cm}, la longueur du diamètre intérieur de l'ouverture de 21^{dm} 5^{cm}; le diamètre intérieur du fond, de 19^{dm} 3^{cm}.

Opération.

Diamètre intérieur de l'ouverture.	21^{dm} 5^{cm}
Diamètre intérieur du fond.	19 3
	40^{dm} 8^{cm}
Pour diamètre moyen, moitié.	20^{dm} 4^{cm}

Ce diamètre moyen étant plus grand que le dernier 105^{cm} des tables, il faut en tirer moitié.

Diamètre moyen.	20^{dm} 4^{cm}
Moitié.	10^{dm} 2^{cm}
Hauteur de la cuve.	19^{dm} 4^{cm}
Moitié.	9^{dm} 7^{cm}

Ces deux dernières moitiés sont les nouveaux nombres dont il faut chercher la capacité dans les tables. On y trouvera le diamètre 10^{dm} 2^{cm}, et la case qui sera sous ce nombre et vis-à-vis de la nouvelle hauteur 9^{dm} 7^{cm} contiendra une capacité qu'il faudra multiplier par 8.

Cette capacité est	7^{hl} 92^{l} 9^{ld}
Multipliée par.	8
Produit.	63^{hl} 43^{l} 2^{ld}

Ce produit est la capacité demandée dans le sixième exemple.

Il y a des vaisseaux plus longs que larges qu'il peut être utile de jauger par les mêmes principes avec le même tarif : ce sont ceux en forme de baignoire, comme la figure 5, qui ont pour bases des ovales égaux ou inégaux.

SEPTIEME EXEMPLE.

Un vaisseau a le fond égal à son ouverture; les grands diamètres ont 13^{dm} 8^{cm}, les petits ont 8^{dm} 8^{cm}, et sa hauteur intérieure est de 8^{dm} 8^{cm} : quelle est la contenance de ce vaisseau ? On ajoute ensemble les deux diamètres, on en prend la moitié, qui est le diamètre moyen.

Opération.

Grand diamètre.	13^{dm} 2^{c}
Petit diamètre	8 8
	22^{dm} 0^{cm}
	11^{dm} 0^{cm}

Le diamètre moyen 110^{cm} de cet exemple étant plus grand que le dernier de ces tables, on en prend la moitié, qui est 55^{cm}; on cherche dans les tables la capacité d'une cuve de 55^{cm} de diamètre moyen, avec une profondeur de 82^{cm}, on la trouve de 1^{bl} 94^{l} 9^{ld}, et on la multiplie par 4.

Ce produit sera la contenance de la baignoire.

TARIF POUR LE JAUGEAGE DES TONNEAUX.

Suite de l'opération.

Capacité d'une cuve de 55^{cm} de diamètre moyen
et de 82^{cm} de profondeur . . . . 1^{hl} 94^l 9^{ld}
Multipliée par. 4
─────────────
7^{hl} 79^l 6^{ld}

Cette nouvelle capacité est celle d'une cuve ou baignoire de 110^{cm} de diamètre moyen, et de 82^{cm} de profondeur.

HUITIÈME EXEMPLE.

Trouver dans les tables la capacité d'une baignoire dont les bases sont inégales, et dont on a mesuré les dimensions, *fig.* 5, qui ont pour le grand diamètre de l'ouverture (A B) 13^{dm} 1^{cm}, pour le petit diamètre (C D) 8^{dm} 8^{cm}, pour le grand diamètre du fond (E F) 11^{dm} 1^{cm}, pour le petit (G H) 6^{dm} 6^{cm}, et pour la hauteur (I K) 8^{dm} 0 : on ajoute ensemble les quatre diamètres ; on en prend le quart, qui est le diamètre moyen de la baignoire.

Réduction.

Grand diamètre de l'ouverture. . . . . 13^{dm} 1^{cm}
Petit diamètre de l'ouverture 8 6
Grand diamètre du fond. 11 1
Petit diamètre du fond 6 6
─────────────
39^{dm} 4^{cm}

Diamètre moyen, le quart. . . . . . . 9^{dm} 8^{cm} 1/2

Le diamètre moyen et la hauteur ne se trouvent point pour cet exemple, dans la même table ; il faut alors suivre la marche de l'opération précédente, en prenant la moitié du diamètre, qui est 49 1/4. On cherche dans les tables le diamètre moyen 49^{cm}, sans avoir encore égard à la fraction 1/4, et la hauteur 80^{cm}, dans la première colonne de la table, où s'est trouvé le diamètre moyen 49^{cm}. La capacité de ces deux nombres est 1^{hl} 50^l 9^{ld}. Pour le 1/4 qu'on pourrait négliger, on y ajoute 3,85 ; et le tout multiplié par 4 donne la capacité de la baignoire de 9^{dm} 8^{cm} 1/2 de diamètre moyen.

On multiplie par 4, parce qu'on n'a pris moitié que d'une dimension.

Marchand de vins.

Opération.

Capacité de $4^{dm}\,9^{cm}$ par $8^{dm}\,0^{cm}$........	$1^{hl}\;50^l$	9^{ld}
Pour le quart............	$0\quad\;\;38$	5
	$1^{hl}\;89^l$	4^{ld}
Multiplié par............	4	
	$8^{bl}\;57^l$	6^{ld}

Ce dernier nombre est la contenance demandée de la baignoire.

Les dimensions qui forment ces tables ont été calculées en augmentant toujours l'une et l'autre d'un centimètre.

Les moyens simples et faciles que l'on donne de placer des moyennes proportionnelles entre les diamètres moyens et entre les longueurs, rendent ces tables propres à être poussées jusqu'à l'infini, et permettent de tenir compte d'une fraction, quelque petite qu'elle soit.

TABLES.

Longueurs des pièces, en décimètres et centimètres.	DIAMÈTRES MOYENS en DÉCIMÈTRES ET CENTIMÈTRES.				
	dm. cm. **1.6**	dm. cm. **1.7**	dm. cm. **1.8**	dm. cm. **1.9**	dm. cm. **2.0**
d. c.	hl. l. ld.	hl. l. ld.	hl. l. ld.	hl. l. ld.	hl. l. ld.
1.6	» 3.2	» 3.6	» 4.1	» 4.5	» 5.0
1.7	» 3.4	» 3.9	» 4.3	» 4.8	» 5.3
1.8	» 3.6	» 4.1	» 4.6	» 5.1	» 5.7
1.9	» 3.8	» 4.3	» 4.8	» 5.4	» 6.0
2.0	» 4.0	» 4.5	» 5.1	» 5.7	» 6.3
2.1	» 4.2	» 4.8	» 5.3	» 6.0	» 6.6
2.2	» 4.4	» 5.0	» 5.6	» 6.2	» 6.9
2.3	» 4.6	» 5.2	» 5.8	» 6.5	» 7.2
2.4	» 4.8	» 5.4	» 6.1	» 6.8	» 7.5
2.5	» 5.0	» 5.7	» 6.4	» 7.1	» 7.9
2.6	» 5.2	» 5.9	» 6.6	» 7.4	» 8.2
2.7	» 5.4	» 6.1	» 6.8	» 7.7	» 8.5
2.8	» 5.6	» 6.3	» 7.1	» 7.9	» 8.8
2.9	» 5.8	» 6.6	» 7.4	» 8.2	» 9.1
3.0	» 6.0	» 6.8	» 7.6	» 8.5	» 9.4
3.1	» 6.2	» 7.0	» 7.9	» 8.8	» 9.7
3.2	» 6.4	» 7.3	» 8.1	» 9.1	» 10.1
3.3	» 6.6	» 7.5	» 8.4	» 9.4	» 10.4
3.4	» 6.8	» 7.7	» 8.6	» 9.6	» 10.7
3.5	» 7.0	» 7.9	» 8.9	» 9.9	» 11.0
3.6	» 7.2	» 8.2	» 9.2	» 10.2	» 11.3
3.7	» 7.4	» 8.4	» 9.4	» 10.5	» 11.6
3.8	» 7.6	» 8.6	» 9.7	» 10.8	» 11.9
3.9	» 7.8	» 8.9	» 9.9	» 11.1	» 12.3
4.0	» 8.0	» 9.1	» 10.2	» 11.3	» 12.6

DIAMÈTRES MOYENS

en

DÉCIMÈTRES ET CENTIMÈTRES.

Longueurs des pièces, en décimètres et centimètres.	dm. cm. **2.1**	dm. cm. **2.2**	dm. cm. **2.3**	dm. cm. **2.4**	dm. cm. **2.5**
d. c.	hl. l. ld.	hl. l. ld.	hl. l. ld.	hl. l. ld.	hl. l. ld.
1.6	» 5.5	» 6.1	» 6.7	» 7.2	» 7.9
1.7	» 5.9	» 6.5	» 7.1	» 7.7	» 8.4
1.8	» 6.2	» 6.8	» 7.5	» 8.1	» 8.8
1.9	» 6.6	» 7.2	» 7.9	» 8.6	» 9.3
2.0	» 6.9	» 7.6	» 8.3	» 9.1	» 9.8
2.1	» 7.3	» 8.0	» 8.7	» 9.5	» 10.3
2.2	» 7.6	» 8.4	» 9.1	» 10.0	» 10.8
2.3	» 8.0	» 8.7	» 9.6	» 10.4	» 11.3
2.4	» 8.3	» 9.1	» 10.0	» 10.9	» 11.8
2.5	» 8.7	» 9.5	» 10.4	» 11.3	» 12.3
2.6	» 9.0	» 9.9	» 10.8	» 11.8	» 12.8
2.7	» 9.4	» 10.3	» 11.2	» 12.2	» 13.3
2.8	» 9.7	» 10.6	» 11.6	» 12.7	» 13.7
2.9	» 10.0	» 11.0	» 12.1	» 13.1	» 14.2
3.0	» 10.4	» 11.4	» 12.5	» 13.6	» 14.7
3.1	» 10.7	» 11.8	» 12.9	» 14.0	» 15.2
3.2	» 11.1	» 12.2	» 13.3	» 14.5	» 15.7
3.3	» 11.4	» 12.5	» 13.7	» 14.9	» 16.2
3.4	» 11.8	» 12.9	» 14.1	» 15.4	» 16.7
3.5	» 12.1	» 13.3	» 14.5	» 15.8	» 17.2
3.6	» 12.5	» 13.7	» 15.0	» 16.3	» 17.7
3.7	» 12.8	» 14.1	» 15.4	» 16.7	» 18.2
3.8	» 13.2	» 14.4	» 15.8	» 17.2	» 18.7
3.9	» 13.5	» 14.8	» 16.2	» 17.7	» 19.2
4.0	» 13.9	» 15.2	» 16.6	» 18.1	» 19.6

Longueurs des pièces, en décimètres et centimètres.	DIAMÈTRES MOYENS en DÉCIMÈTRES ET CENTIMÈTRES.				
	dm. cm. **1.6**	dm. cm. **1.7**	dm. cm. **1.8**	dm. cm. **1.9**	dm. cm. **2.0**
d. c.	hl. l. ld.	hl. l. ld.	hl. l. ld.	hl. l. ld.	hl. l. ld.
4.1	» 8.2	» 9.3	» 10.4	» 11.6	» 12.9
4.2	» 8.4	» 9.5	» 10.7	» 11.9	» 13.2
4.3	» 8.6	» 9.8	» 10.9	» 12.2	» 13.5
4.4	» 8.9	» 10.0	» 11.2	» 12.5	» 13.8
4.5	» 9.1	» 10.2	» 11.5	» 12.8	» 14.1
4.6	» 9.3	» 10.4	» 11.7	» 13.1	» 14.5
4.7	» 9.5	» 10.7	» 12.0	» 13.3	» 14.8
4.8	» 9.7	» 10.9	» 12.2	» 13.6	» 15.1
4.9	» 9.9	» 11.1	» 12.5	» 13.9	» 15.4
5.0	» 10.1	» 11.4	» 12.7	» 14.2	» 15.7
5.1	» 10.3	» 11.6	» 13.0	» 14.5	» 16.0
5.2	» 10.5	» 11.8	» 13.2	» 14.7	» 16.3
5.3	» 10.7	» 12.0	» 13.5	» 15.0	» 16.7
5.4	» 10.9	» 12.3	» 13.7	» 15.3	» 17.0
5.5	» 11.1	» 12.5	» 14.0	» 15.6	» 17.3
5.6	» 11.3	» 12.7	» 14.3	» 15.9	» 17.6
5.7	» 11.5	» 12.9	» 14.5	» 16.2	» 17.9
5.8	» 11.7	» 13.2	» 14.8	» 16.5	» 18.2
5.9	» 11.9	» 13.4	» 15.0	» 16.7	» 18.6
6.0	» 12.1	» 13.6	» 15.3	» 17.0	» 18.9
6.1	» 12.3	» 13.9	» 15.5	» 17.3	» 19.2
6.2	» 12.5	» 14.1	» 15.8	» 17.6	» 19.5
6.3	» 12.7	» 14.3	» 16.0	» 17.9	» 19.8
6.4	» 12.9	» 14.5	» 16.3	» 18.2	» 20.1
6.5	» 13.1	» 14.8	» 16.5	» 18.4	» 20.4

DIAMÈTRES MOYENS en DÉCIMÈTRES ET CENTIMÈTRES.

Longueurs des pièces, en décimètres et centimètres.	dm. cm. 2.1	dm. cm. 2.2	dm. cm. 2.3	dm. cm. 2.4	dm. cm. 2.5
d. c.	hl. l. ld.	hl. l. ld.	hl. l. ld.	hl. l. ld.	hl. l. ld.
4.1	» 14.2	» 15.6	» 17 0	» 18.6	» 20.1
4.2	» 14.6	» 16.0	» 17.5	» 19.1	» 20.6
4.3	» 14.9	» 16.3	» 17.9	» 19.5	» 21.1
4.4	» 15.2	» 16.7	» 18.3	» 19.9	» 21.6
4.5	» 15.6	» 17.1	» 18.7	» 20.4	» 22.1
4.6	» 15.9	» 17.5	» 19.1	» 20.8	» 22.6
4.7	» 16.3	» 17.9	» 19.5	» 21.3	» 23.1
4.8	» 16.6	» 18.2	» 20.0	» 21.7	» 23.6
4.9	» 17.0	» 18.6	» 20.4	» 22.2	» 24.1
5.0	» 17.3	» 19.0	» 20 8	» 22.6	» 24.6
5.1	» 17.7	» 19.4	» 21.2	» 23.1	» 25.0
5.2	» 18.0	» 19.8	» 21.6	» 23.5	» 25.5
5.3	» 18.3	» 20.2	» 22.0	» 24 0	» 26.0
5.4	» 18.7	» 20 5	» 22.5	» 24.4	» 26.5
5.5	» 19.1	» 20.9	» 22.9	» 24.9	» 27.0
5.6	» 19.4	» 21.3	» 23.3	» 25.3	» 27.5
5.7	» 19.8	» 21.7	» 23.7	» 25.8	» 28.0
5.8	» 20.1	» 22.0	» 24.1	» 26.2	» 28.5
5.9	» 20.4	» 22.4	» 24.5	» 26.7	» 29.0
6.0	» 20.8	» 22.8	» 24.9	» 27.1	» 29.5
6.1	» 21.1	» 23.2	» 25.4	» 27.6	» 30 0
6.2	» 21.5	» 23.6	» 25.8	» 28.0	» 30.5
6.3	» 21.8	» 24.0	» 26.2	» 28.5	» 30.9
6.4	» 22.2	» 24.3	» 26.6	» 28 9	» 31.4
6.5	» 22 5	» 24.7	» 27.0	» 29.4	» 31.9

Longueurs des pièces en décimètres et centimètres	DIAMÈTRES MOYENS en DÉCIMÈTRES ET CENTIMÈTRES.				
	dm. cm. **2.6**	dm. cm. **2.7**	dm. cm. **2.8**	dm. cm. **2.9**	dm. cm. **3.0**
d. c.	hl. l. ld.	hl. l. ld.	hl. l. ld.	hl. l. ld.	hl. l. ld.
2.6	» 13.8	» 14.9	» 16.0	» 17.2	» 18.4
2.7	» 14.3	» 15.5	» 16.6	» 17.8	» 19.1
2.8	» 14.9	» 16.0	» 17.2	» 18.5	» 19.8
2.9	» 15.4	» 16.6	» 17.9	» 19.2	» 20.5
3.0	» 15.9	» 17.2	» 18.5	» 19.8	» 21.2
3.1	» 16.5	» 17.8	» 19.1	» 20.5	» 21.9
3.2	» 17.0	» 18.3	» 19.7	» 21.1	» 22.6
3.3	» 17.5	» 18.9	» 20.3	» 21.8	» 23.3
3.4	» 18.1	» 19.5	» 20.9	» 22.5	» 24.0
3.5	» 18.6	» 20.0	» 21.6	» 23.1	» 24.8
3.6	» 19.1	» 20.6	» 22.2	» 23.8	» 25.5
3.7	» 19.7	» 21.2	» 22.8	» 24.4	» 26.2
3.8	» 20.2	» 21.8	» 23.4	» 25.1	» 26.9
3.9	» 20.7	» 22.5	» 24.0	» 25.8	» 27.6
4.0	» 21.2	» 22.9	» 24.6	» 26.4	» 28.3
4.1	» 21.8	» 23.5	» 25.3	» 27.1	» 29.0
4.2	» 22.3	» 24.1	» 25.9	» 27.8	» 29.7
4.3	» 22.9	» 24.6	» 26.5	» 28.4	» 30.4
4.4	» 23.4	» 25.2	» 27.1	» 29.1	» 31.1
4.5	» 23.9	» 25.8	» 27.7	» 29.7	» 31.8
4.6	» 24.5	» 26.3	» 28.3	» 30.4	» 32.5
4.7	» 25.0	» 26.9	» 29.0	» 31.1	» 33.2
4.8	» 25.5	» 27.5	» 29.6	» 31.7	» 33.9
4.9	» 26.0	» 28.1	» 30.2	» 32.4	» 34.7
5.0	» 26.6	» 28.6	» 30.8	» 33.0	» 35.4

DIAMÈTRES MOYENS en DÉCIMÈTRES ET CENTIMÈTRES.

Longueurs des pièces, en décimètres et centimètres	dm. cm. 3.1	dm. cm. 3.2	dm. cm. 3.3	dm. cm. 3.4	dm. cm. 3.5
d. c.	hl. l. ld.	hl. l. ld.	hl. l. ld.	hl. l. ld.	hl. l. ld.
2.6	» 19.6	» 20.9	» 22.2	» 23.6	» 25.0
2.7	» 20.4	» 21.7	» 23.1	» 24.5	» 26.0
2.8	» 21.1	» 22.5	» 24.0	» 25.4	» 27.0
2.9	» 21.9	» 23.3	» 24.8	» 26.3	» 27.9
3.0	» 22.7	» 24.1	» 25.7	» 27.2	» 28.9
3.1	» 23.4	» 24.9	» 26.5	» 28.2	» 29.8
3.2	» 24.2	» 25.7	» 27.4	» 29.1	» 30.8
3.3	» 24.9	» 26.5	» 28.2	» 30.0	» 31.8
3.4	» 25.7	» 27.3	» 29.1	» 30.9	» 32.7
3.5	» 26.4	» 28.1	» 29.9	» 31.8	» 33.7
3.6	» 27.2	» 29.0	» 30.8	» 32.7	» 34.7
3.7	» 27.9	» 29.8	» 31.7	» 33.6	» 35.6
3.8	» 28.7	» 30.6	» 32.5	» 34.5	» 36.6
3.9	» 29.4	» 31.4	» 33.4	» 35.4	» 37.5
4.0	» 30.2	» 32.2	» 34.2	» 36.3	» 38.5
4.1	» 31.0	» 33.0	» 35.1	» 37.2	» 39.5
4.2	» 31.7	» 33.8	» 35.9	» 38.1	» 40.4
4.3	» 32.5	» 34.6	» 36.8	» 39.1	» 41.4
4.4	» 33.2	» 35.4	» 37.6	» 40.0	» 42.3
4.5	» 34.0	» 36.2	» 38.5	» 40.9	» 43.3
4.6	» 34.7	» 37.0	» 39.4	» 41.8	» 44.3
4.7	» 35.5	» 37.8	» 40.2	» 42.7	» 45.2
4.8	» 36.2	» 38.6	» 41.1	» 43.6	» 46.2
4.9	» 37.0	» 39.4	» 41.9	» 44.5	» 47.2
5.0	» 37.8	» 40.2	» 42.8	» 45.4	» 48.1

Longueurs des pièces, en décimètres et centimètres.	DIAMÈTRES MOYENS en DÉCIMÈTRES ET CENTIMÈTRES.				
	dm. cm. **2.6**	dm. cm. **2.7**	dm. cm. **2.8**	dm. cm. **2.9**	dm. cm. **3.0**
d. c.	hl. l. ld.	hl. l. ld.	hl. l. ld.	hl. l. ld.	hl. l. ld.
5.1	» 27.1	» 29.2	» 31.4	» 33.7	» 36.1
5.2	» 27.6	» 29.8	» 32.0	» 34.4	» 36.8
5.3	» 28.2	» 30.4	» 32.6	» 35.0	» 37.5
5.4	» 28.7	» 30.9	» 33.3	» 35.7	» 38.2
5.5	» 29.2	» 31.5	» 33.9	» 36.3	» 38.9
5.6	» 29.8	» 32.1	» 34.5	» 37.0	» 39.6
5.7	» 30.3	» 32.6	» 35.1	» 37.7	» 40.3
5.8	» 30.8	» 33.2	» 35.7	» 38.3	» 41.0
5.9	» 31.4	» 33.8	» 36.3	» 39.0	» 41.7
6.0	» 31.9	» 34.4	» 37.0	» 39.6	» 42.4
6.1	» 32.4	» 34.9	» 37.6	» 40.3	» 43.1
6.2	» 33.0	» 35.5	» 38.2	» 41.0	» 43.8
6.3	» 33.5	» 36.1	» 38.8	» 41.6	» 44.6
6.4	» 34.0	» 36.7	» 39.4	» 42.3	» 45.3
6.5	» 34.5	» 37.2	» 40.0	» 43.0	» 46.0
6.6	» 35.1	» 37.8	» 40.7	» 43.6	» 46.7
6.7	» 35.6	» 38.4	» 41.3	» 44.3	» 47.4
6.8	» 36.1	» 38.9	» 41.9	» 44.9	» 48.1
6.9	» 36.7	» 39.5	» 42.5	» 45.6	» 48.8
7.0	» 37.2	» 40.1	» 43.1	» 46.3	» 49.5
7.1	» 37.7	» 40.7	» 43.7	» 46.9	» 50.2
7.2	» 38.2	» 41.2	» 44.4	» 47.6	» 50.9
7.3	» 38.8	» 41.8	» 45.0	» 48.2	» 51.6
7.4	» 39.3	» 42.4	» 45.6	» 48.9	» 52.3
7.5	» 39.8	» 43.0	» 46.2	» 49.6	» 53.0

DIAMÈTRES MOYENS

en

DÉCIMÈTRES ET CENTIMÈTRES.

Longueurs des pièces, en décimètres et centimètres.	dm. cm. 3.1	dm. cm. 3.2	dm. cm. 3.3	dm. cm. 3.4	dm. cm. 3.5
d. c.	hl. l. ld.	hl. l. ld.	hl. l. ld.	hl. l. ld.	hl. l. ld.
5.1	» 38.5	» 41.0	» 43.6	» 46.3	» 49.1
5.2	» 39.3	» 41.8	» 44.5	» 47.2	» 50.0
5.3	» 40.0	» 42.6	» 45.3	» 48.1	» 51.0
5.4	» 40.8	» 43.4	» 46.2	» 49.0	» 52.0
5.5	» 41.5	» 44.3	» 47.1	» 50.0	» 52.9
5.6	» 42.3	» 45.1	» 47.9	» 50.9	» 53.9
5.7	» 43.0	» 45.9	» 48.8	» 51.8	» 54.9
5.8	» 43.8	» 46.7	» 49.6	» 52.7	» 55.8
5.9	» 44.5	» 47.5	» 50.5	» 53.6	» 56.8
6.0	» 45.3	» 48.3	» 51.3	» 54.5	» 57.8
6.1	» 46.1	» 49.1	» 52.2	» 55.4	» 58.7
6.2	» 46.8	» 49.9	» 53.0	» 56.3	» 59.7
6.3	» 47.6	» 50.7	» 53.9	» 57.2	» 60.6
6.4	» 48.3	» 51.5	» 54.8	» 58.1	» 61.6
6.5	» 49.1	» 52.3	» 55.6	» 59.0	» 62.6
6.6	» 49.8	» 53.1	» 56.5	» 59.9	» 63.5
6.7	» 50.6	» 53.9	» 57.3	» 60.9	» 64.5
6.8	» 51.3	» 54.7	» 58.2	» 61.9	» 65.5
6.9	» 52.1	» 55.5	» 59.0	» 62.7	» 66.4
7.0	» 52.9	» 56.3	» 59.9	» 63.6	» 67.4
7.1	» 53.6	» 57.1	» 60.8	» 64.5	» 68.3
7.2	» 54.4	» 57.9	» 61.6	» 65.4	» 69.3
7.3	» 55.1	» 58.7	» 62.5	» 66.3	» 70.3
7.4	» 55.9	» 59.5	» 63.3	» 67.2	» 71.2
7.5	» 56.6	» 60.3	» 64.2	» 68.1	» 72.2

Longueurs des pièces, en décimètres et centimètres.	DIAMÈTRES MOYENS en DÉCIMÈTRES ET CENTIMÈTRES.				
	dm. cm. **3.6**	dm. cm. **3.7**	dm. cm. **3.8**	dm. cm. **3.9**	dm. cm. **4.0**
d. c.	hl. l. ld.	hl. l. ld.	hl. l. ld.	hl. l. ld.	hl. l. ld.
3.6	» 36.7	» 38.7	» 40.8	» 43.0	» 45.3
3.7	» 37.7	» 39.8	» 42.0	» 44.2	» 46.5
3.8	» 38.7	» 40.9	» 43.1	» 45.4	» 47.8
3.9	» 39.7	» 42.0	» 44.2	» 46.6	» 49.0
4.0	» 40.7	» 43.0	» 45.4	» 47.8	» 50.3
4.1	» 41.7	» 44.1	» 46.5	» 49.0	» 51.5
4.2	» 42.8	» 45.2	» 47.7	» 50.2	» 52.8
4.3	» 43.8	» 46.3	» 48.8	» 51.4	» 54.1
4.4	» 44.8	» 47.3	» 49.9	» 52.6	» 55.3
4.5	» 45.8	» 48.4	» 51.1	» 53.8	» 56.6
4.6	» 46.8	» 49.5	» 52.2	» 55.0	» 57.8
4.7	» 47.8	» 50.6	» 53.3	» 56.2	» 59.1
4.8	» 48.9	» 51.6	» 54.5	» 57.4	» 60.3
4.9	» 49.9	» 52.7	» 55.6	» 58.6	» 61.6
5.0	» 50.9	» 53.8	» 56.7	» 59.8	» 62.9
5.1	» 51.9	» 54.9	» 57.9	» 60.9	» 64.1
5.2	» 53.0	» 55.9	» 59.0	» 62.1	» 65.4
5.3	» 54.0	» 57.0	» 60.1	» 63.5	» 66.6
5.4	» 55.0	» 58.1	» 61.3	» 64.5	» 67.9
5.5	» 56.0	» 59.2	» 62.4	» 65.7	» 69.1
5.6	» 57.0	» 60.2	» 63.5	» 66.9	» 70.4
5.7	» 58.0	» 61.3	» 64.7	» 68.1	» 71.7
5.8	» 59.1	» 62.4	» 65.8	» 69.3	» 72.9
5.9	» 60.4	» 63.5	» 66.9	» 70.5	» 74.2
6.0	» 61.1	» 64.5	» 68.1	» 71.7	» 75.4

DIAMÈTRES MOYENS

en

DÉCIMÈTRES ET CENTIMÈTRES.

Longueurs des pièces, en décimètres et centimètres.	dm. cm. 4.1	dm. cm. 4.2	dm. cm. 4.3	dm. cm. 4.4	dm. cm. 4.5
d. c.	hl. l. ld.	hl. l. ld.	hl. l. ld.	hl. l. ld.	hl. l. ld.
3.6	» 47.5	» 49.9	» 52.3	» 54.8	» 57.3
3.7	» 48.9	» 51.3	» 53.8	» 56.3	» 58.9
3.8	» 50.2	» 52.7	» 55.2	» 57.8	» 60.5
3.9	» 51.5	» 54.1	» 56.7	» 59.3	» 62.1
4.0	» 52.8	» 55.4	» 58.0	» 60.8	» 63.6
4.1	» 54.2	» 56.8	» 59.6	» 62.4	» 65.2
4.2	» 55.5	» 58.2	» 61.0	» 63.9	» 66.8
4.3	» 56.8	» 59.6	» 62.5	» 65.4	» 68.4
4.4	» 58.1	» 61.0	» 63.9	» 66.9	» 70.0
4.5	» 59.4	» 62.4	» 65.4	» 68.5	» 71.6
4.6	» 60.8	» 63.8	» 66.8	» 70.0	» 73.2
4.7	» 62.1	» 65.1	» 68.3	» 71.5	» 74.8
4.8	» 63.4	» 66.5	» 69.7	» 73.0	» 76.4
4.9	» 64.7	» 67.9	» 71.2	» 74.5	» 78.0
5.0	» 66.0	» 69.3	» 72.6	» 76.1	» 79.6
5.1	» 67.4	» 70.7	» 74.1	» 77.6	» 81.1
5.2	» 68.7	» 72.1	» 75.5	» 79.1	» 82.7
5.3	» 70.0	» 73.5	» 77.0	» 80.6	» 84.3
5.4	» 71.3	» 74.8	» 78.4	» 82.1	» 85.9
5.5	» 72.6	» 76.2	» 79.9	» 83.7	» 87.5
5.6	» 74.0	» 77.6	» 81.3	» 85.2	» 89.1
5.7	» 75.3	» 79.0	» 82.8	» 86.7	» 90.7
5.8	» 76.6	» 80.4	» 84.2	» 88.2	» 92.3
5.9	» 77.9	» 81.8	» 85.7	» 89.7	» 93.9
6.0	» 79.2	» 83.2	» 87.1	» 91.3	» 95.5

Marchand de vins.

DIAMÈTRES MOYENS
en
DÉCIMÈTRES ET CENTIMÈTRES.

Longueurs des pièces, en décimètres et centimètres.	dm. cm. 3.6	dm. cm. 3.7	dm. cm. 3.8	dm. cm. 3.9	dm. cm. 4.0
d. c.	hl. l. ld.	hl. l. ld.	hl. l. ld.	hl. l. ld.	hl. l. ld.
6.1	» 62.1	» 65.6	» 69.2	» 72.9	» 76.7
6.2	» 63.1	» 66.7	» 70.4	» 74.1	» 77.9
6.3	» 64.1	» 67.8	» 71.5	» 75.3	» 79.2
6.4	» 65.2	» 68.8	» 72.6	» 76.5	» 80.5
6.5	» 66.2	» 69.9	» 73.8	» 77.7	» 81.7
6.6	» 67.2	» 71.0	» 74.9	» 78.9	» 83.0
6.7	» 68.2	» 72.1	» 76.0	» 80.1	» 84.2
6.8	» 69.2	» 73.1	» 77.2	» 81.3	» 85.5
6.9	» 70.3	» 74.2	» 78.3	» 82.5	» 86.7
7.0	» 71.3	» 75.3	» 79.4	» 83.7	» 88.0
7.1	» 72.3	» 76.4	» 80.6	» 84.8	» 89.3
7.2	» 73.3	» 77.4	» 81.7	» 86.0	» 90.5
7.3	» 74.3	» 78.5	» 82.8	» 87.2	» 91.8
7.4	» 75.4	» 79.6	» 84.0	» 88.4	» 93.0
7.5	» 76.4	» 80.7	» 85.1	» 89.6	» 94.3
7.6	» 77.4	» 81.7	» 86.2	» 90.8	» 95.5
7.7	» 78.4	» 82.8	» 87.4	» 92.0	» 96.8
7.8	» 79.4	» 83.9	» 88.5	» 93.2	» 98.1
7.9	» 80.4	» 95.0	» 89.6	» 94.4	» 99.3
8.0	» 81.5	» 86.1	» 90.8	» 95.6	1 0.6
8.1	» 82.5	» 87.1	» 91.9	» 96.8	1 1.8
8.2	» 83.5	» 88.2	» 93.0	» 98.0	1 3.1
8.3	» 84.5	» 89.3	» 94.2	» 99.2	1 4.3
8.4	» 85.5	» 90.4	» 95.3	1 0.4	1 5.6
8.5	» 86.6	» 91.4	» 96.4	1 1.6	1 6.9

DIAMÈTRES MOYENS en DÉCIMÈTRES ET CENTIMÈTRES.

Longueurs des pièces, en décimètres et centimètres.	dm. cm. 4.1	dm. cm. 4.2	dm. cm. 4.3	dm. cm. 4.4	dm. cm. 4.5
d. c.	hl. l. ld.	hl. l. ld.	hl. l. ld.	hl. l. ld.	hl. l. ld.
6.1	» 80.6	» 84.5	» 88.6	» 92.8	» 97.1
6.2	» 81.9	» 85.9	» 90.0	» 94.3	» 98.6
6.3	» 83.2	» 87.3	» 91.5	» 95.8	1 0.2
6.4	» 84.5	» 88.7	» 92.9	» 97.4	1 1.8
6.5	» 85.9	» 90.1	» 94.4	» 98.9	1 3.4
6.6	» 87.2	» 91.5	» 95.8	1 0.4	1 5.0
6.7	» 88.5	» 92.9	» 97.3	1 1.9	1 6.6
6.8	» 89.8	» 94.2	» 98.7	1 3.4	1 8.2
6.9	» 91.1	» 95.6	1 0.2	1 5.0	1 9.8
7.0	» 92.5	» 97.0	1 1.6	1 6.5	1 11.4
7.1	» 93.8	» 98.4	1 3.1	1 8.0	1 13.0
7.2	» 95.1	» 99.8	1 4.5	1 9.5	1 14.6
7.3	» 96.4	1 1.2	1 6.0	1 11.0	1 16.1
7.4	» 97.7	1 2.6	1 7.4	1 12.6	1 17.7
7.5	» 99.1	1 4.0	1 8.9	1 14.1	1 19.3
7.6	1 0.4	1 5.3	1 10.3	1 15.6	1 20.9
7.7	1 1.7	1 6.7	1 11.8	1 17.1	1 22.5
7.8	1 3.0	1 8.1	1 13.2	1 18.6	1 24.1
7.9	1 4.3	1 9.5	1 14.7	1 20.2	1 25.7
8.0	1 5.7	1 10.9	1 16.1	1 21.2	1 27.3
8.1	1 7.0	1 12.3	1 17.6	1 23.2	1 28.9
8.2	1 8.3	1 13.7	1 19.0	1 24.7	1 30.5
8.3	1 9.6	1 15.0	1 20.5	1 26.2	1 32.1
8.4	1 10.9	1 16.4	1 21.9	1 27.8	1 33.6
8.5	1 12.3	1 17.8	1 23.4	1 29.3	1 35.2

Longueurs des pièces, en décimètres et centimètres.	DIAMÈTRES MOYENS en DÉCIMÈTRES ET CENTIMÈTRES.				
	dm. cm. **4.6**	dm. cm. **4.7**	dm. cm. **4.8**	dm. cm. **4.9**	dm. cm. **5.0**
d. c.	hl. l. ld.	hl. l. ld.	hl. l. ld.	hl. l. ld.	hl. l. ld.
4.6	» 76.5	» 79.8	» 83.3	» 86.8	» 90.4
4.7	» 78.1	» 81.6	» 85.1	» 88.7	» 92.3
4.8	» 79.8	» 83.3	» 86.9	» 90.6	» 94.3
4.9	» 81.5	» 85.0	» 88.7	» 92.4	» 96.3
5.0	» 83.1	» 86.8	» 90.5	» 94.3	» 98.2
5.1	» 84.8	» 88.5	» 92.3	» 96.2	1 0 2
5.2	» 86.5	» 90.3	» 94.1	» 98.1	1 2.1
5.3	» 88.1	» 94.0	» 95.9	1 0.0	1 4.1
5.4	» 89.8	» 93.7	» 97.8	1 1.9	1 6.1
5.5	» 91.4	» 95.5	» 99.6	1 3.8	1 8.0
5.6	» 93.1	» 97.2	1 1.4	1 5.6	1 10.0
5.7	» 94.8	» 98.9	1 3.2	1 7.5	1 12 0
5.8	» 96.4	1 0.7	1 5.0	1 9.4	1 13.9
5.9	» 98.1	1 2.4	1 6.8	1 11.3	1 15.9
6.0	» 99.8	1 4.1	1 8.6	1 13.2	1 17.9
6.1	1 1.4	1 5.9	1 10.4	1 15.1	1 19.8
6.2	1 3.1	1 7.6	1 12.2	1 17.0	1 21.8
6.3	1 4.7	1 9.3	1 14.0	1 18.8	1 23.8
6.4	1 6 4	1 11.1	1 15.9	1 20.7	1 25.7
6.5	1 8.1	1 12.8	1 17.7	1 22.6	1 27.5
6.6	1 9.7	1 14.6	1 19.5	1 24.5	1 29.6
6 7	1 11.4	1 16.3	1 21.3	1 26.4	1 31.6
6.8	1 13.1	1 18.0	1 23.1	1 28.3	1 33.6
6.9	1 14.7	1 19.8	1 24.9	1 30.2	1 35.5
7.0	1 16.4	1 21.5	1 26.7	1 32.1	1 37.5

DIAMÈTRES MOYENS

en

DÉCIMÈTRES ET CENTIMÈTRES.

Longueurs des pièces, en décimètres et centimètres.	dm. cm. 5.1	dm. cm. 5.2	dm. cm. 5.3	dm. cm. 5.4	dm. cm. 5.5
d. c.	hl. l. ld.	hl. l. ld.	hl. l. ld.	hl. l. ld.	hl. l. ld.
4.6	» 94.0	» 97.7	1 1.5	1 5.6	1 9.3
4.7	» 96.1	» 99.9	1 3.7	1 7.9	1 11.7
4.8	» 98.1	1 2.0	1 5.9	1 10.2	1 14.1
4.9	1 0.1	1 4.1	1 8.1	1 12.4	1 16.5
5.0	1 2.2	1 6.2	1 10.4	1 14.7	1 18.8
5.1	1 4.2	1 8.4	1 12.6	1 16.8	1 21.2
5.2	1 6.3	1 10.5	1 14.8	1 19.1	1 23.6
5.3	1 8.3	1 12.6	1 17.0	1 21.4	1 26.0
5.4	1 10.4	1 14.7	1 19.2	1 23.7	1 28.3
5.5	1 12.4	1 16.9	1 21.4	1 26.0	1 30.7
5.6	1 14.4	1 19.0	1 23.6	1 28.3	1 33.1
5.7	1 16.5	1 21.1	1 25.8	1 30.6	1 35.5
5.8	1 18.5	1 23.2	1 28.0	1 32.9	1 37.9
5.9	1 20.6	1 25.3	1 30.2	1 35.2	1 40.2
6.0	1 22.6	1 27.5	1 32.4	1 37.5	1 42.6
6.1	1 24.7	1 29.6	1 34.6	1 39.8	1 45.0
6.2	1 26.7	1 31.7	1 36.8	1 42.1	1 47.4
6.3	1 28.7	1 33.8	1 39.0	1 44.3	1 49.7
6.4	1 30.8	1 36.0	1 41.3	1 46.6	1 52.1
6.5	1 32.8	1 38.1	1 43.5	1 48.9	1 54.5
6.6	1 34.9	1 40.2	1 45.7	1 51.2	1 56.9
6.7	1 36.9	1 42.3	1 47.9	1 53.5	1 59.2
6.8	1 39.0	1 44.5	1 50.1	1 55.8	1 61.6
6.9	1 41.0	1 46.6	1 51.3	1 58.1	1 64.0
7.0	1 43.1	1 48.7	1 54.5	1 60.4	1 66.4

Longueurs des pièces, en décimètres et centimètres.	DIAMÈTRES MOYENS en DÉCIMÈTRES ET CENTIMÈTRES.				
	dm. cm. **4.6**	dm. cm. **4.7**	dm. cm. **4.8**	dm. cm. **4.9**	dm. cm. **5.0**
d. c.	hl. l. ld.	hl. l. ld.	hl. l. ld.	hl. l. ld.	hl. l. ld.
7.1	1 18.0	1 23.2	1 28.4	1 33.9	1 39.5
7.2	1 19.7	1 25.0	1 30.2	1 35.8	1 41.4
7.3	1 21.4	1 26.7	1 32.1	1 37.7	1 43.4
7.4	1 23.0	1 28.4	1 33.9	1 39.6	1 45.4
7.5	1 24.7	1 30.2	1 35.7	1 41.5	1 47.3
7.6	1 26.4	1 31.9	1 37.5	1 43.4	1 49.3
7.7	1 28.0	1 33.6	1 39.3	1 45.3	1 51.3
7.8	1 29.7	1 35.4	1 41.1	1 47.1	1 53.2
7.9	1 31.3	1 37.1	1 42.9	1 49.0	1 55.2
8.0	1 33.0	1 38.9	1 44.7	1 50.9	1 57.1
8.1	1 34.7	1 40.6	1 46.5	1 52.8	1 59.1
8.2	1 36.3	1 42.3	1 48.3	1 54.7	1 61.1
8.3	1 38.0	1 44.1	1 50.1	1 56.6	1 63.0
8.4	1 39.7	1 45.8	1 52.0	1 58.5	1 65.0
8.5	1 41.3	1 47.5	1 53.8	1 60.4	1 67.0
8.6	1 43.0	1 49.3	1 55.6	1 62.2	1 68.9
8.7	1 44.6	1 51.0	1 57.4	1 64.1	1 70.9
8.8	1 46.3	1 52.7	1 59.2	1 66.0	1 72.9
8.9	1 48.0	1 54.5	1 61.0	1 67.9	1 74.8
9.0	1 49.6	1 56.2	1 62.8	1 69.8	1 76.8
9.1	1 51.3	1 57.9	1 64.6	1 71.7	1 78.8
9.2	1 53.0	1 59.7	1 66.4	1 73.6	1 80.7
9.3	1 54.6	1 61.4	1 68.2	1 75.4	1 82.7
9.4	1 56.3	1 63.2	1 70.0	1 77.5	1 84.7
9.5	1 57.9	1 64.9	1 71.9	1 79.2	1 86.6

DIAMÈTRES MOYENS en DÉCIMÈTRES ET CENTIMÈTRES.

Longueurs des pièces, en décimètres et centimètres.	dm. cm. 5.1	dm. cm. 5.2	dm. cm. 5.3	dm. cm. 5.4	dm. cm. 5.5
d. c.	hl. l. ld.	hl. l. ld.	hl. l. ld.	hl. l. ld.	hl. l. ld.
7.1	1 45.1	1 50.8	1 56.7	1 62.7	1 68.8
7.2	1 47.1	1 53.0	1 58.9	1 65.0	1 71.1
7.3	1 49.2	1 55.1	1 61.1	1 67.3	1 73.5
7.4	1 51.2	1 57.2	1 63.3	1 69.5	1 75.9
7.5	1 53.3	1 59.3	1 65.5	1 71.8	1 78.3
7.6	1 55.3	1 61.5	1 67.7	1 74.1	1 80.6
7.7	1 57.4	1 63.6	1 69.9	1 76.4	1 83.0
7.8	1 59.4	1 65.7	1 72.2	1 78.7	1 85.4
7.9	1 61.4	1 67.8	1 74.4	1 81.0	1 87.8
8.0	1 63.5	1 70.0	1 76.6	1 83.3	1 90.1
8.1	1 65.5	1 72.1	1 78.8	1 85.6	1 92.5
8.2	1 67.6	1 74.2	1 81.0	1 87.9	1 94.9
8.3	1 69.6	1 76.3	1 83.2	1 90.2	1 97.3
8.4	1 71.7	1 78.5	1 85.4	1 92.5	1 99.7
8.5	1 73.7	1 80.6	1 87.6	1 94.7	2 2.0
8.6	1 75.8	1 82.7	1 89.8	1 97.0	2 4.4
8.7	1 77.8	1 84.8	1 92.0	1 99.3	2 6.8
8.8	1 79.8	1 87.0	1 94.2	2 1.6	2 9.2
8.9	1 81.9	1 89.1	1 96.4	2 3.9	2 11.5
9.0	1 83.9	1 91.2	1 98.6	2 6.2	2 13.9
9.1	1 86.0	1 93.3	2 0.8	2 8.5	2 16.3
9.2	1 88.0	1 95.5	2 3.1	2 10.8	2 18.7
9.3	1 90.1	1 97.6	2 5.3	2 13.1	2 21.0
9.4	1 92.1	1 99.7	2 7.5	2 15.4	2 23.4
9.5	1 94.1	2 1.8	2 9.7	2 17.7	2 25.8

Longueurs des pièces, en décimètres et centimètres.	DIAMÈTRES MOYENS en DÉCIMÈTRES ET CENTIMÈTRES.				
	dm. cm. **4.6**	dm. cm. **4.7**	dm. cm. **4.8**	dm. cm. **4.9**	dm. cm. **5.0**
d. c.	hl. l. ld.	hl. l. ld.	hl. l. ld.	hl. l. ld.	hl. l. ld.
9.6	1 59.6	1 66.6	1 73.7	1 81.1	1 88.6
9.7	1 61.3	1 68.4	1 75.5	1 83.0	1 90.5
9.8	1 62.9	1 70.1	1 77.3	1 84.9	1 92.5
9.9	1 64.6	1 71.8	1 79.1	1 86.8	1 94.5
10.0	1 66.3	1 73.6	1 80.9	1 88.7	1 96.4
10.1	1 67.9	1 75.3	1 82.7	1 90.5	1 98.4
10.2	1 69.6	1 77.0	1 84.5	1 92.4	2 0.4
10.3	1 71.2	1 78.8	1 86.3	1 94.3	2 2.3
10.4	1 72.9	1 80.5	1 88.1	1 96.2	2 4.3
10.5	1 74.6	1 82.2	1 89.9	1 98.1	2 6.3
10.6	1 76.2	1 84.0	1 91.8	2 0.0	2 8.2
10.7	1 77.9	1 85.7	1 93.6	2 1.9	2 10.2
10.8	1 79.6	1 87.4	1 95.4	2 3.7	2 12.1
10.9	1 81.2	1 89.2	1 97.2	2 5.6	2 14.1
11.0	1 82.9	1 90.9	1 99.0	2 7.5	2 16.1
11.1	1 84.5	1 92.7	2 0.8	2 9.4	2 18.0
11.2	1 86.2	1 94.4	2 2.6	2 11.3	2 20.0
11.3	1 87.9	1 96.1	2 4.4	2 13.2	2 22.0
11.4	1 89.5	1 97.9	2 6.2	2 15.1	2 23.9
11.5	1 91.2	1 99.6	2 8.0	2 16.9	2 25.9
11.6	1 92.9	2 1.3	2 9.8	2 18.8	2 27.9
11.7	1 94.5	2 3.1	2 11.7	2 20.7	2 29.8
11.8	1 96.2	2 4.8	2 13.5	2 22.6	2 31.8
11.9	1 97.8	2 6.5	2 15.3	2 24.5	2 33.8
12.0	1 99.5	2 8.3	2 17.1	2 26.4	2 35.7

DIAMÈTRES MOYENS en DÉCIMÈTRES ET CENTIMÈTRES.

Longueurs des pièces, en décimètres et centimètres.	dm. cm. 5.1	dm. cm. 5.2	dm. cm. 5.3	dm. cm. 5.4	dm. cm. 5.5
d. c.	hl. l. ld.	hl. l. ld.	hl. l. ld.	hl. l. ld.	hl. l. ld.
9.6	1 96.2	2 4.0	2 11.9	2 19.9	2 28.2
9.7	1 98.2	2 6.1	2 14.1	2 22.2	2 30.5
9.8	2 0.3	2 8.2	2 16.3	2 24.5	2 32.9
9.9	2 2.3	2 10.3	2 18.5	2 26.8	3 35.3
10.0	2 4.4	2 12.5	2 20.7	2 29.1	2 37.7
10.1	2 6.4	2 14.6	2 22.9	2 31.4	2 40.1
10.2	2 8.5	2 16.7	2 25.1	2 33.7	2 42.4
10.3	2 10.5	2 18.8	2 27.3	2 36.0	2 44.8
10.4	2 12.5	2 21.0	2 29.5	2 38.3	2 47.2
10.5	2 14.6	2 23.1	2 31.7	2 40.6	2 49.6
10.6	2 16.6	2 25.2	2 33.9	2 42.9	2 51.9
10.7	2 18.7	2 27.3	2 36.2	2 45.2	2 54.3
10.8	2 20.7	2 29.5	2 38.4	2 47.4	2 56.7
10.9	2 22.8	2 31.6	2 40.6	2 49.7	2 59.1
11.0	2 24.8	2 33.7	2 42.8	2 52.0	2 61.4
11.1	2 26.8	2 35.8	2 45.0	2 54.3	2 63.8
11.2	2 28.9	2 38.0	2 47.2	2 56.6	2 66.2
11.3	2 30.9	2 40.1	2 49.4	2 58.9	2 68.6
11.4	2 33.0	2 42.2	2 51.6	2 61.2	2 71.0
11.5	2 35.0	2 44.3	2 53.8	2 63.5	2 73.3
11.6	2 37.1	2 46.5	2 56.0	2 65.8	2 75.7
11.7	2 39.1	2 48.6	2 58.2	2 68.1	2 78.1
11.8	2 41.1	2 50.7	2 60.4	2 70.4	2 80.5
11.9	2 43.2	2 52.8	2 62.6	2 72.8	2 82.8
12.0	2 45.2	2 54.9	2 64.8	2 74.9	2 85.2

Longueurs des pièces, en décimètres et centimètres.	DIAMÈTRES MOYENS en DÉCIMÈTRES ET CENTIMÈTRES.				
	dm. cm. **5.6**	dm. cm. **5.7**	dm. cm. **5.8**	dm. cm. **5.9**	dm. cm. **6.0**
d. c.	hl. l. ld.	hl. l. ld.	hl. l. ld.	hl. l. ld.	hl. l. ld.
5.6	1 38.0	1 43.0	1 47.9	1 54.0	1 58.4
5.7	1 40.4	1 45.5	1 50.5	1 56.8	1 61.2
5.8	1 42.9	1 48.1	1 53.2	1 59.5	1 64.1
5.9	1 45.4	1 50.6	1 55.8	1 62.3	1 66.9
6.0	1 47.8	1 53.2	1 58.5	1 65.0	1 69.7
6.1	1 50.3	1 55.7	1 61.1	1 67.8	1 72.5
6.2	1 52.8	1 58.3	1 63.7	1 70.5	1 75.4
6.3	1 55.2	1 60.8	1 66.4	1 73.3	1 78.2
6.4	1 57.7	1 63.4	1 69.0	1 76.0	1 81.0
6.5	1 60.2	1 65.9	1 71.7	1 78.8	1 83.9
6.6	1 62.6	1 68.6	1 74.3	1 81.5	1 86.7
6.7	1 65.1	1 71.0	1 77.0	1 84.3	1 89.5
6.8	1 67.7	1 73.6	1 79.6	1 87.0	1 92.3
6.9	1 70.0	1 76.1	1 82.2	1 89.8	1 95.2
7.0	1 72.5	1 78.7	1 84.9	1 92.5	1 98.0
7.1	1 74.9	1 81.2	1 87.5	1 95.3	2 0.8
7.2	1 77.4	1 83.8	1 90.2	1 98.0	2 3.7
7.3	1 79.9	1 86.4	1 92.8	2 0.8	2 6.5
7.4	1 82.3	1 88.9	1 95.4	2 3.5	2 9.3
7.5	1 84.8	1 91.5	1 98.1	2 6.3	2 12.1
7.6	1 87.3	1 94.0	2 0.7	2 9.0	2 15.0
7.7	1 89.7	1 96.6	2 3.4	2 11.8	2 17.8
7.8	1 92.2	1 99.1	2 6.0	2 14.5	2 20.6
7.9	1 94.7	2 1.7	2 8.6	2 17.3	2 23.5
8.0	1 97.1	2 4.2	2 11.3	2 20.0	2 26.3

DIAMÈTRES MOYENS

en

DÉCIMÈTRES ET CENTIMÈTRES.

Longueurs des pièces, en décimètres et centimètres.	dm. cm. **6.1**	dm. cm. **6.2**	dm. cm. **6.3**	dm. cm. **6.4**	dm. cm. **6.5**
d. c.	hl. l. ld.	hl. l. ld.	hl. l. ld.	hl. l. ld.	hl. l. ld.
5.6	1 63.7	1 69.1	1 74.6	1 80.2	1 85.9
5.7	1 66.6	1 72.2	1 77.8	1 83.4	1 89.2
5.8	1 69.6	1 75.2	1 80.9	1 86.7	1 92.5
5.9	1 72.5	1 78.2	1 84.0	1 89.9	1 95.7
6.0	1 75.4	1 81.2	1 87.1	1 93.1	1 99.0
6.1	1 78.3	1 84.2	1 90.2	1 96.3	2 2.5
6.2	1 81.3	1 87.3	1 93.3	1 99.5	2 5.8
6.3	1 84.2	1 90.3	1 96.5	2 2.8	2 9.1
6.4	1 87.1	1 93.3	1 99.6	2 6.0	2 12.5
6.5	1 90.0	1 96.3	2 2.7	2 9.2	2 15.8
6.6	1 93.0	1 99.3	2 5.8	2 12.4	2 19.1
6.7	1 95.9	2 2.4	2 8.9	2 15.6	2 22.4
6.8	1 98.8	2 5.4	2 12.1	2 18.8	2 25.7
6.9	2 1.7	2 8.4	2 15.2	2 22.1	2 29.1
7.0	2 4.7	2 11.4	2 18.3	2 25.3	2 32.4
7.1	2 7.6	2 14.4	2 21.4	2 28.5	2 35.7
7.2	2 10.5	2 17.5	2 24.5	2 31.7	2 39.1
7.3	2 13.4	2 20.5	2 27.7	2 34.9	2 42.3
7.4	2 16.3	2 23.5	2 30.8	2 38.2	2 45.7
7.5	2 19.3	2 26.5	2 33.9	2 41.4	2 49.1
7.6	2 22.2	2 29.5	2 37.0	2 44.6	2 52.3
7.7	2 25.1	2 32.6	2 40.1	2 47.8	2 55.6
7.8	2 28.0	2 35.6	2 43.2	2 51.0	2 58.9
7.9	2 31.0	2 38.6	2 46.4	2 54.2	2 62.3
8.0	2 33.9	2 41.6	2 49.5	2 57.5	2 65.6

Longueurs des pièces, en décimètres et centimètres.	DIAMÈTRES MOYENS en DÉCIMÈTRES ET CENTIMÈTRES.				
	dm.cm. **5.6**	dm.cm. **5.7**	dm.cm. **5.8**	dm.cm. **5.9**	dm.cm. **6.0**
d.c.	hl. l. ld.	hl. l. ld.	hl. l. ld.	hl. l. ld.	hl. l. ld.
8.1	1 99.6	2 6.8	2 13.9	2 22.8	2 29.1
8.2	2 2.0	2 9.3	2 16.6	2 25.5	2 31.9
8.3	2 4.5	2 11.9	2 19.2	2 28.3	2 34.8
8.4	2 7.0	2 14.4	2 21.9	2 31.0	2 37.6
8.5	2 9.4	2 17.0	2 24.5	2 33.8	2 40.4
8.6	2 11.9	2 19.5	2 27.1	2 36.5	2 43.3
8.7	2 14.4	2 22.1	2 29.8	2 39.3	2 46.1
8.8	2 16.8	2 24.6	2 32.4	2 42.0	2 48.9
8.9	2 19.3	2 27.2	2 35.1	2 44.8	2 51.7
9.0	2 21.8	2 29.8	2 37.7	2 47.5	2 54.6
9.1	2 24.2	2 32.3	2 40.3	2 50.3	2 57.4
9.2	2 26.7	2 34.9	2 43.0	2 53.0	2 60.2
9.3	2 29.2	2 37.4	2 45.6	2 55.8	2 63.1
9.4	2 31.6	2 40.0	2 48.3	2 58.5	2 65.9
9.5	2 34.1	2 42.5	2 50.9	2 61.3	2 68.7
9.6	2 36.5	2 45.1	2 53.5	2 64.0	2 71.5
9.7	2 39.0	2 47.6	2 56.2	2 66.8	2 74.4
9.8	2 41.5	2 50.2	2 58.8	2 69.5	2 77.2
9.9	2 43.9	2 52.7	2 61.5	2 72.3	2 80.0
10.0	2 46.4	2 55.3	2 64.1	2 75.0	2 82.9
10.1	2 48.9	2 57.8	2 66.7	2 77.8	2 85.7
10.2	2 51.3	2 60.4	2 69.4	2 80.5	2 88.5
10.3	2 53.8	2 62.9	2 72.0	2 83.3	2 91.3
10.4	2 56.3	2 65.5	2 74.7	2 86.0	2 94.2
10.5	2 58.7	2 68.0	2 77.3	2 88.8	2 97.0

DIAMÈTRES MOYENS en DÉCIMÈTRES ET CENTIMÈTRES.

Longueurs des pièces, en décimètres et centimètres.	dm.cm. 6.1	dm.cm. 6.2	dm.cm. 6.3	dm.cm. 6.4	dm.cm. 6.5
d.c.	hl. l. ld.	hl. l. ld.	hl. l. ld.	hl. l. ld.	hl. l. ld.
8.1	2 36.8	2 44.6	2 52.6	2 60.7	2 68.9
8.2	2 39.7	2 47.7	2 55.7	2 63.9	2 72.2
8.3	2 42.7	2 50.7	2 58.8	2 67.1	2 75.5
8.4	2 45.6	2 53.7	2 62.0	2 70.1	2 78.9
8.5	2 48.5	2 56.7	2 65.1	2 73.6	2 82.2
8.6	2 51.4	2 59.7	2 68.2	2 76.8	2 85.5
8.7	2 54.4	2 62.8	2 71.3	2 80.0	2 88.8
8.8	2 57.3	2 65.8	2 74.4	2 83.2	2 92.1
8.9	2 60.2	2 68.8	2 77.5	2 86.4	2 95.4
9.0	2 63.1	2 71.8	2 80.7	2 89.6	2 98.8
9.1	2 66.1	2 74.8	2 83.8	2 92.9	3 2.1
9.2	2 69.0	2 77.9	2 86.9	2 96.1	3 5.4
9.3	2 71.9	2 80.9	2 90.0	2 99.3	3 8.7
9.4	2 74.8	2 83.9	2 93.1	3 2.5	3 12.0
9.5	2 77.7	2 86.9	2 96.3	3 5.7	3 15.4
9.6	2 80.7	2 89.9	2 99.4	3 9.0	3 18.7
9.7	2 83.6	2 93.0	3 2.5	3 12.2	3 22.0
9.8	2 86.5	2 96.0	3 5.6	3 15.4	3 25.3
9.9	2 89.4	2 99.0	3 8.7	3 18.6	3 28.6
10.0	2 92.4	3 2.0	3 11.9	3 21.8	3 32.0
10.1	2 95.3	3 5.1	3 15.0	3 25.0	3 35.3
10.2	2 98.2	3 8.1	3 18.1	3 28.3	3 38.6
10.3	3 1.1	3 11.1	3 21.2	3 31.5	3 41.9
10.4	3 4.1	3 14.1	3 24.3	3 34.7	3 45.2
10.5	3 7.0	3 17.1	3 27.4	3 37.9	3 48.6

Marchand de vins.

Longueurs des pièces, en décimètres et centimètres.	DIAMÈTRES MOYENS en DÉCIMÈTRES ET CENTIMÈTRES.				
	dm. cm. **5.6**	dm. cm. **5.7**	dm. cm. **5.8**	dm. cm. **5.9**	dm. cm. **6.0**
d. c.	hl. l. ld.	hl. l. ld.	hl. l. ld.	hl. l. ld.	hl. l. ld.
10.6	2 61.2	2 70.6	2 80.0	2 91.5	2 99.8
10.7	2 63.6	2 73.1	2 82.6	2 94.3	3 2.7
10.8	2 66.1	2 75.7	2 85.2	2 97.0	3 5.5
10.9	2 68.6	2 78.3	2 87.9	2 99.8	3 8.3
11.0	2 71.0	2 80.8	2 90.5	3 2.5	3 11.1
11.1	2 73.5	2 83.4	2 93.2	3 5.3	3 14.0
11.2	2 76.0	2 85.9	2 95.8	3 8.0	3 16.8
11.3	2 78.4	2 88.5	2 98.4	3 10.8	3 19.6
11.4	2 80.9	2 91.0	3 1.1	3 13.5	3 22.5
11.5	2 83.4	2 93.6	3 3.7	3 16.3	3 25.3
11.6	2 85.8	2 96.1	3 6.4	3 19.0	3 28.1
11.7	2 88.3	2 98.7	3 9.0	3 21.8	3 30.9
11.8	2 90.8	3 1.2	3 11.6	3 24.5	3 33.8
11.9	2 93.2	3 3.8	3 14.3	3 27.3	3 36.6
12.0	2 95.7	3 6.3	3 16.9	3 30.0	3 39.4
12.1	2 98.1	3 8.9	3 19.6	3 32.8	3 42.3
12.2	3 0.6	3 11.4	3 22.2	3 35.5	3 45.1
12.3	3 3.1	3 14.0	3 24.9	3 38.3	3 47.9
12.4	3 5.5	3 16.5	3 27.5	3 41.0	3 50.7
12.5	3 8.0	3 19.1	3 30.1	3 43.8	3 53.6
12.6	3 10.5	3 21.7	3 32.8	3 46.5	3 56.4
12.7	3 12.9	3 24.2	3 35.4	3 49.3	3 59.2
12.8	3 15.4	3 26.8	3 38.1	3 52.0	3 62.0
12.9	3 17.9	3 29.3	3 40.7	3 54.8	3 64.9
13.0	3 20.3	3 31.9	3 43.3	3 57.5	3 67.7

DIAMÈTRES MOYENS en DÉCIMÈTRES ET CENTIMÈTRES.

Longueurs des pièces, en décimètres et centimètres.	dm. cm. **6.1**	dm. cm. **6.2**	dm. cm. **6.3**	dm. cm. **6.4**	dm. cm. **6.5**
d. c.	hl. l. ld.	hl. l. ld.	hl. l. ld.	hl. l. ld.	hl. l. ld.
10.6	3 9.9	3 20.2	3 30.6	3 41.1	3 54.9
10.7	3 12.8	3 23.2	3 33.7	3 44.4	3 55.2
10.8	3 15.8	3 26.2	3 36.8	3 47.6	3 58.5
10.9	3 18.7	3 29.2	3 39.9	3 50.8	3 61.8
11.0	3 21.6	3 32.2	3 43.0	3 54.0	3 65.2
11.1	3 24.5	3 35.3	3 46.2	3 57.2	3 68.5
11.2	3 27.4	3 38.3	3 49.3	3 60.4	3 71.8
11.3	3 30.4	3 41.3	3 52.4	3 63.7	3 75.1
11.4	3 33.3	3 44.3	3 55.5	3 66.9	3 78.4
11.5	3 36.2	3 47.3	3 58.6	3 71.1	3 81.8
11.6	3 39.1	3 50.4	3 61.7	3 73.3	3 85.1
11.7	3 42.1	3 53.4	3 64.9	3 76.5	3 88.4
11.8	3 45.0	3 56.4	3 68.0	3 79.8	3 91.7
11.9	3 47.9	3 59.4	3 71.1	3 83.0	3 95.0
12.0	3 50.8	3 62.4	3 74.2	3 86.2	3 98.4
12.1	3 53.8	3 65.5	3 77.3	3 89.4	4 1.7
12.2	3 56.7	3 68.5	3 80.5	3 92.6	4 5.0
12.3	3 59.6	3 71.5	3 83.6	3 95.8	4 8.3
12.4	3 62.5	3 74.5	3 86.7	3 99.1	4 11.6
12.5	3 65.5	3 77.5	3 89.8	4 2.3	4 15.0
12.6	3 68.4	3 80.6	3 92.9	4 5.5	4 18.3
12.7	3 71.3	3 83.6	3 96.0	4 8.7	4 21.6
12.8	3 74.2	3 86.6	3 99.2	4 11.9	4 24.9
12.9	3 77.1	3 89.6	4 2.3	4 15.2	4 28.2
13.0	3 80.1	3 92.6	4 5.4	4 18.4	4 31.6

Longueurs des pièces, en décimètres et centimètres.	DIAMÈTRES MOYENS en DÉCIMÈTRES ET CENTIMÈTRES.				
	dm. cm. **6.6**	dm. cm. **6.7**	dm. cm. **6.8**	dm. cm. **6.9**	dm. cm. **7.0**
d. c.	hl. l. ld.	hl. l. ld.	hl. l. ld.	hl. l. ld.	hl. l. ld.
6.6	2 25.9	2 32.8	2 39.8	2 46.9	2 54.1
6.7	2 29.4	2 36.3	2 43.4	2 50.6	2 58.0
6.8	2 32.7	2 39.8	2 47.1	2 54.4	2 61.8
6.9	2 36.2	2 43.4	2 50.7	2 58.1	2 65.7
7.0	2 39.6	2 46.9	2 54.3	2 61.9	2 69.5
7.1	2 43.0	2 50.4	2 58.0	2 65.6	2 73.4
7.2	2 46.4	2 53.9	2 61.6	2 69.3	2 77.0
7.3	2 49.8	2 57.5	2 65.2	2 73.1	2 81.1
7.4	2 53.5	2 61.0	2 68.9	2 76.8	2 84.9
7.5	2 56.7	2 64.5	2 72.5	2 80.6	2 88.8
7.6	2 60.1	2 68.1	2 76.1	2 84.3	2 92.6
7.7	2 63.5	2 71.6	2 79.8	2 88.0	2 96.5
7.8	2 67.0	2 75.1	2 83.4	2 91.8	3 0.3
7.9	2 70.4	2 78.6	2 87.0	2 95.5	3 4.2
8.0	2 73.8	2 82.2	2 90.7	2 99.3	3 8.0
8.1	2 77.2	2 85.7	2 94.3	3 5.0	3 11.9
8.2	2 80.7	2 89.2	2 97.9	3 6.7	3 15.7
8.3	2 84.1	2 92.7	3 1.6	3 10.5	3 19.6
8.4	2 87.5	2 96.3	3 5.2	3 14.2	3 23.4
8.5	2 90.9	2 99.8	3 8.8	3 18.0	3 27.3
8.6	2 94.3	3 3.3	3 12.5	3 21.7	3 31.1
8.7	2 97.8	3 6.9	3 16.1	3 25.4	3 35.0
8.8	3 1.2	3 10.4	3 19.7	3 29.2	3 38.8
8.9	3 4.6	3 13.9	3 23.3	3 32.9	3 42.7
9.0	3 8.0	3 17.4	3 27.0	3 36.7	3 46.5

DIAMÈTRES MOYENS en DÉCIMÈTRES ET CENTIMÈTRES.

Longueurs des pièces, en décimètres et centimètres.	dm. cm. 7.1	dm. cm. 7.2	dm. cm. 7.3	dm. cm. 7.4	dm. cm. 7.5
d. c.	hl. l. ld.	hl. l. ld.	hl. l. ld.	hl. l. ld.	hl. l. ld.
6.6	2 61.9	2 68.8	2 76.3	2 84.0	2 91.7
6.7	2 65.9	2 72.9	2 80.5	2 88.3	2 96.1
6.8	2 69.8	2 77.0	2 84.7	2 92.6	3 0.5
6.9	2 73.8	2 81.0	2 88.9	2 96.9	3 5.0
7.0	2 77.8	2 85.1	2 93.1	3 1.2	3 9.4
7.1	2 81.7	2 89.2	2 97.3	3 5.5	3 13.8
7.2	2 85.7	2 93.3	3 1.5	3 9.8	3 18.2
7.3	2 89.7	2 97.3	3 5.7	3 14.1	3 22.6
7.4	2 93.7	3 1.4	3 9.8	3 18.4	3 27.1
7.5	2 97.6	3 5.5	3 14.0	3 22.7	3 31.5
7.6	3 1.6	3 9.6	3 18.2	3 27.0	3 35.9
7.7	3 5.6	3 13.6	3 22.4	3 31.3	3 40.3
7.8	3 9.5	3 17.7	3 26.6	3 35.6	3 44.7
7.9	3 13.5	3 21.8	3 30.8	3 39.9	3 49.2
8.0	3 17.5	3 25.9	3 35.0	3 44.2	3 53.6
8.1	3 21.4	3 29.9	3 39.2	3 48.5	3 58.0
8.2	3 25.4	3 34.0	3 43.3	3 52.8	3 62.4
8.3	3 29.4	3 38.1	3 47.5	3 57.1	3 66.8
8.4	3 33.3	3 42.1	3 51.7	3 61.4	3 71.3
8.5	3 37.3	3 46.2	3 55.9	3 65.7	3 75.7
8.6	3 41.3	3 50.3	3 60.1	3 70.0	3 80.1
8.7	3 45.2	3 54.4	3 64.3	3 74.3	3 84.5
8.8	3 49.2	3 58.4	3 68.5	3 78.6	3 88.9
8.9	3 53.2	3 62.5	3 72.6	3 82.9	3 93.3
9.0	3 57.1	3 66.6	3 76.8	3 87.2	3 97.8

DIAMÈTRES MOYENS

en

DÉCIMÈTRES ET CENTIMÈTRES.

Longueurs des pièces, en décimètres et centimètres.	dm.cm. **6.6**	dm.cm. **6.7**	dm.cm. **6.8**	dm.cm. **6.9**	dm.cm. **7.0**
d.c.	hl. l. ld.	hl. l. ld.	hl. l. ld.	hl. l. ld.	hl. l. ld.
9.1	3 11.5	3 21.0	3 30.6	3 40.4	3 50.4
9.2	3 14.9	3 24.5	3 34.2	3 44.2	3 54.2
9.3	3 18.3	3 28.0	3 37.9	3 47.9	3 58.1
9.4	3 21.7	3 31.5	3 41.5	3 51.6	3 61.9
9.5	3 25.1	3 35.1	3 45.1	3 55.4	3 65.8
9.6	3 28.6	3 38.6	3 48.8	3 59.1	3 69.6
9.7	3 32.0	3 42.1	3 52.4	3 62.9	3 73.5
9.8	3 35.4	3 45.7	3 56.0	3 66.6	3 77.3
9.9	3 38.8	3 49.2	3 59.7	3 70.3	3 81.2
10.0	3 42.3	3 52.7	3 63.3	3 74.1	3 85.0
10.1	3 45.7	3 56.2	3 66.9	3 77.8	3 88.9
10.2	3 49.1	3 59.8	3 70.6	3 81.6	3 92.7
10.3	3 52.5	3 63.3	3 74.2	3 85.3	3 96.6
10.4	3 55.9	3 66.8	3 77.8	3 89.0	4 0.4
10.5	3 59.4	3 70.3	3 81.5	3 92.8	4 4.3
10.6	3 62.8	3 73.9	3 85.1	3 96.5	4 8.1
10.7	3 66.0	3 77.4	3 88.7	4 0.3	4 12.0
10.8	3 69.6	3 80.9	3 92.4	4 4.0	4 15.8
10.9	3 73.1	3 84.5	3 96.0	4 7.7	4 19.7
11.0	3 76.5	3 88.0	3 99.6	4 11.5	4 23.5
11.1	3 79.9	3 91.5	4 3.3	4 15.2	4 27.4
11.2	3 83.3	3 95.0	4 6.9	4 19.0	4 31.2
11.3	3 86.8	3 98.6	4 10.5	4 22.7	4 35.1
11.4	3 90.2	4 2.1	4 14.2	4 26.4	4 38.9
11.5	3 93.6	4 5.6	4 17.8	4 30.2	4 42.8

DIAMÈTRES MOYENS

en

DÉCIMÈTRES ET CENTIMÈTRES.

Longueurs des pièces, en décimètres et centimètres.	dm. cm. 7.1	dm. cm. 7.2	dm. cm. 7.3	dm. cm. 7.4	dm. cm. 7.5
d.c.	hl. l. ld.	hl. l. ld.	hl. l. ld.	hl. l. ld.	hl. l. ld.
9.1	3 61.1	3 70.7	3 81.0	3 91.5	4 2.2
9.2	3 65.1	3 74.7	3 85.2	3 95.8	4 6.6
9.3	3 69.1	3 78.8	3 89.4	4 1.0	4 11.0
9.4	3 73.0	3 82.9	3 93.6	4 4.4	4 15.4
9.5	3 77.0	3 86.9	3 97.8	4 8.7	4 19.9
9.6	3 81.0	3 91.0	4 2.0	4 13.0	4 24.3
9.7	3 84.9	3 95.1	4 6.1	4 17.3	4 28.7
9.8	3 88.9	3 99.2	4 10.3	4 21.7	4 33.2
9.9	3 92.9	4 3.2	4 14.5	4 26.0	4 37.5
10.0	3 96.8	4 7.3	4 18.7	4 30.3	4 42.0
10.1	4 0.8	4 11.4	4 22.9	4 34.6	4 46.4
10.2	4 4.8	4 15.5	4 27.1	4 38.9	4 50.8
10.3	4 8.7	4 19.5	4 31.3	4 43.2	4 55.2
10.4	4 12.7	4 23.6	4 35.5	4 47.5	4 59.6
10.5	4 16.7	4 27.7	4 39.6	4 51.8	4 64.1
10.6	4 20.7	4 31.8	4 43.8	4 56.1	4 68.5
10.7	4 24.6	4 35.8	4 48.0	4 60.4	4 72.9
10.8	4 28.6	4 39.9	4 52.2	4 64.7	4 77.3
10.9	4 32.5	4 44.0	4 56.4	4 69.0	4 81.7
11.0	4 36.5	4 48.0	4 60.6	4 73.3	4 86.2
11.1	4 40.5	4 52.1	4 64.8	4 77.6	4 90.6
11.2	4 44.4	4 56.2	4 69.0	4 81.9	4 95.0
11.3	4 48.4	4 60.3	4 73.1	4 86.2	4 99.4
11.4	4 52.4	4 64.3	4 77.3	4 90.5	5 3.8
11.5	4 56.4	4 68.4	4 81.5	4 94.8	5 8.3

Longueurs des pièces, en décimètres et centimètres.	DIAMÈTRES MOYENS en DÉCIMÈTRES ET CENTIMÈTRES.				
	dm. cm. **6.6**	dm. cm. **6.7**	dm. cm. **6.8**	dm. cm. **6.9**	dm. cm. **7.0**
d. c.	hl. l. ld.	hl. l. ld.	hl. l. ld.	hl. l. ld.	hl. l. ld.
11.6	3 97.0	4 9.1	4 21.4	4 33.9	4 46.6
11.7	4 0.4	4 12.7	4 25.1	4 37.7	4 50.5
11.8	4 3.9	4 16.2	4 28.7	4 41.4	4 54.3
11.9	4 7.3	4 19.7	4 32.3	4 45.2	4 58.2
12.0	4 10.7	4 23.2	4 36.0	4 48.9	4 62.0
12.1	4 14.1	4 26.8	4 39.6	4 52.6	4 65.9
12.2	4 17.6	4 30.3	4 43.2	4 56.4	4 69.7
12.3	4 21.0	4 33.8	4 46.9	4 60.1	4 73.6
12.4	4 24.4	4 37.3	4 50.5	4 63.9	4 77.4
12.5	4 27.8	4 40.9	4 54.1	4 67.6	4 81.3
12.6	4 31.2	4 44.4	4 57.8	4 71.3	4 85.1
12.7	4 34.7	4 47.9	4 61.4	4 75.1	4 89.0
12.8	4 38.1	4 51.5	4 65.0	4 78.8	4 92.8
12.9	4 41.5	4 55.0	4 68.7	4 82.6	4 96.7
13.0	4 44.9	4 58.5	4 72.3	4 86.3	5 0.5
13.1	4 48.4	4 62.0	4 75.9	4 90.0	5 4.4
13.2	4 51.8	4 65.6	4 79.6	4 93.8	5 8.2
13.3	4 55.2	4 69.1	4 83.2	4 97.5	5 12.1
13.4	4 58.6	4 72.6	4 86.8	5 1.3	5 15.9
13.5	4 62.0	4 76.1	4 90.5	5 5.0	5 19.8
13.6	4 65.5	4 79.7	4 94.1	5 8.7	5 23.6
13.7	4 68.9	4 83.2	4 97.7	5 12.5	5 27.5
13.8	4 72.3	4 86.7	5 1.4	5 16.2	5 31.3
13.9	4 75.7	4 90.3	5 5.0	5 20.0	5 35.2
14.0	4 79.2	4 93.8	5 8.6	5 23.7	5 39.0

DIAMÈTRES MOYENS en DÉCIMÈTRES ET CENTIMÈTRES.

Longueurs des pièces, en décimètres et centimètres	dm. cm. 7.1	dm. cm. 7.2	dm. cm. 7.3	dm. cm. 7.4	dm. cm. 7.5
d. c.	hl. l. ld.	hl. l. ld.	hl. l. ld.	hl. l. ld.	hl. l. ld.
11.6	4 60.3	4 72.5	4 85.7	4 99.1	5 12.7
11.7	4 64.3	4 76.6	4 89.9	5 3.4	5 17.1
11.8	4 68.5	4 80.6	4 94.1	5 7.7	5 21.5
11.9	4 72.2	4 84.7	4 98.3	5 12.0	5 25.9
12.0	4 76.2	4 88.8	5 2.4	5 16.3	5 30.4
12.1	4 80.2	4 92.9	5 6.6	5 20.6	5 34.8
12.2	4 84.1	4 96.9	5 10.8	5 24.9	5 39.2
12.3	4 88.1	5 1.0	5 15.0	5 29.2	5 43.6
12.4	4 92.1	5 5.1	5 19.2	5 33.5	5 48.0
12.5	4 96.0	5 9.1	5 23.4	5 37.8	5 52.5
12.6	5 0.0	5 13.2	5 27.6	5 42.1	5 56.9
12.7	5 4.0	5 17.3	5 31.8	5 46.4	5 61.3
12.8	5 7.9	5 21.4	5 35.9	5 50.7	5 65.7
12.9	5 11.9	5 25.4	5 40.1	5 55.0	5 70.2
13.0	5 15.9	5 29.5	5 44.3	5 59.3	5 74.6
13.1	5 19.8	5 33.6	5 48.5	5 63.6	5 79.0
13.2	5 23.8	5 37.7	5 52.7	5 67.9	5 83.4
13.3	5 27.8	5 41.7	5 56.9	5 72.2	5 87.8
13.4	5 31.8	5 45.8	5 61.1	5 76.5	5 92.2
13.5	5 35.7	5 49.9	5 65.3	5 80.8	5 96.7
13.6	5 39.7	5 53.9	5 69.4	5 85.1	6 1.1
13.7	5 43.7	5 58.0	5 73.6	5 89.5	6 5.5
13.8	5 47.6	5 62.1	5 77.8	5 93.8	6 9.9
13.9	5 51.6	5 66.2	5 82.0	5 98.1	6 14.3
14.0	5 55.6	5 70.2	5 86.2	6 2.4	6 18.8

Longueurs des pièces, en décimètres et centimètres	DIAMÈTRES MOYENS en DÉCIMÈTRES ET CENTIMÈTRES.				
	dm. cm. **7.6**	dm. cm. **7.7**	dm. cm. **7.8**	dm. cm. **7.9**	dm. cm. **8.0**
d. c.	hl. l. ld.	hl. l. ld.	hl. l. ld.	hl. l. ld.	hl. l. ld.
7.6	3 44.9	3 54.0	3 63.3	3 72.7	3 82.2
7.7	3 49.4	3 58.7	3 68.1	3 77.6	3 87.2
7.8	3 54.0	3 63.4	3 72.9	3 82.5	3 92.2
7.9	3 58.5	3 68.0	3 77.6	3 87.4	3 97.3
8.0	3 63.1	3 72.7	3 82.4	3 92.3	4 2.5
8.1	3 67.6	3 77.3	3 87.2	3 97.2	4 7.3
8.2	3 72.1	3 82.0	3 92.0	4 2.1	4 12.3
8.3	3 76.7	3 86.7	3 96.8	4 7.0	4 17.4
8.4	3 81.2	3 91.3	4 1.5	4 11.9	4 22.4
8.5	3 85.8	3 96.0	4 6.3	4 16.8	4 27.4
8.6	3 90.3	4 0.6	4 11.1	4 21.7	4 32.5
8.7	3 94.8	4 5.3	4 15.9	4 26.6	4 37.5
8.8	3 99.4	4 9.9	4 20.7	4 31.5	4 42.5
8.9	4 3.9	4 14.6	4 25.4	4 36.4	4 47.5
9.0	4 8.4	4 19.3	4 30.2	4 41.3	4 52.6
9.1	4 13.0	4 23.9	4 35.0	4 46.2	4 57.6
9.2	4 17.5	4 28.6	4 39.8	4 51.1	4 62.6
9.3	4 22.6	4 33.2	4 44.6	4 56.0	4 67.7
9.4	4 26.6	4 37.9	4 49.3	4 60.9	4 72.7
9.5	4 31.1	4 42.6	4 54.1	4 65.8	4 77.7
9.6	4 35.7	4 47.2	4 58.9	4 70.7	4 82.7
9.7	4 40.2	4 51.9	4 63.7	4 75.7	4 87.8
9.8	4 44.8	4 56.5	4 68.5	4 80.6	4 92.8
9.9	4 49.3	4 61.2	4 73.2	4 85.5	4 97.8
10.0	4 53.8	4 65.9	4 78.0	4 90.4	5 2.9

Longueurs des pièces, en décimètres et centimètres.	DIAMÈTRES MOYENS en DÉCIMÈTRES ET CENTIMÈTRES.				
	dm. cm. **8.1**	dm. cm. **8.2**	dm. cm. **8.3**	dm. cm. **8.4**	dm. cm. **8.5**
d. c.	hl. l. ld.	hl. l. ld.	hl. l. ld.	hl. l. ld.	hl. l. ld.
7.6	3 91.8	4 1.5	4 11.4	4 21.3	4 31.4
7.7	3 96.9	4 6.8	4 16.8	4 26.9	4 37.1
7.8	4 2.1	4 12.1	4 22.2	4 32.4	4 42.8
7.9	4 7.3	4 17.4	4 27.6	4 38.0	4 48.5
8.0	4 12.4	4 22.7	4 32.0	4 43.5	4 54.1
8.1	4 17.6	4 27.9	4 37.4	4 49.1	4 59.8
8.2	4 22.7	4 33.2	4 42.8	4 54.6	4 65.5
8.3	4 27.9	4 38.5	4 48.3	4 60.2	4 71.2
8.4	4 33.0	4 43.8	4 53.7	4 65.7	4 76.8
8.5	4 38.2	4 49.1	4 59.1	4 71.2	4 82.5
8.6	4 43.3	4 54.4	4 65.5	4 76.8	4 88.2
8.7	4 48.5	4 59.6	4 70.9	4 82.3	4 93.9
8.8	4 53.6	4 64.9	4 76.3	4 87.9	4 99.6
8.9	4 58.8	4 70.2	4 81.7	4 93.4	5 5.2
9.0	4 64.0	4 75.5	4 87.2	4 99.0	5 10.9
9.1	4 69.1	4 80.8	4 92.6	5 4.5	5 16.6
9.2	4 74.3	4 86.0	4 98.0	5 10.0	5 22.3
9.3	4 79.4	4 91.3	5 3.4	5 15.6	5 27.9
9.4	4 84.6	4 96.6	5 8.8	5 21.1	5 33.6
9.5	4 89.7	5 1.9	5 14.2	5 26.7	5 39.3
9.6	4 94.9	5 7.2	5 19.6	5 32.2	5 46.0
9.7	5 0.0	5 12.5	5 25.0	5 37.8	5 50.6
9.8	5 5.2	5 17.7	5 30.5	5 43.3	5 56.3
9.9	5 10.4	5 23.0	5 35.9	5 48.9	5 62.0
10.0	5 15.5	5 28.3	5 41.3	5 54.4	5 67.7

DIAMÈTRES MOYENS

en

DÉCIMÈTRES ET CENTIMÈTRES.

Longueurs des pièces, en décimètres et centimètres.	dm.cm. 7.6	dm.cm. 7.7	dm.cm. 7.8	dm.cm. 7.9	dm.cm. 8.0
d. c.	hl. l. ld.	hl. l. ld.	hl. l. ld.	hl. l. ld.	hl. l. ld.
10.1	4 58.4	4 70.5	4 82.8	4 95.3	5 7.9
10.2	4 62.9	4 75.2	4 87.6	5 0.2	5 12.9
10.3	4 67.4	4 79.8	4 92.4	5 5.1	5 17.9
10.4	4 72.0	4 84.5	4 97.1	5 10.0	5 23.0
10.5	4 76.5	4 89.1	5 1.9	5 14.9	5 28.0
10.6	4 81.1	4 93.8	5 6.7	5 19.8	5 33.0
10.7	4 85.6	4 98.5	5 11.5	5 24.7	5 38.1
10.8	4 90.1	5 3.1	5 16.3	5 29.6	5 43.1
10.9	4 94.7	5 7.8	5 21.0	5 34.5	5 48.1
11.0	4 99.2	5 12.4	5 25.8	5 39.4	5 53.1
11.1	5 3.7	5 17.1	5 30.6	5 44.3	5 58.1
11.2	5 8.3	5 21.8	5 35.4	5 49.2	5 63.2
11.3	5 12.8	5 26.4	5 40.2	5 54.1	5 68.2
11.4	5 17.4	5 31.1	5 44.9	5 59.0	5 73.3
11.5	5 21.9	5 35.7	5 49.7	5 63.9	5 78.3
11.6	5 26.4	5 40.4	5 54.5	5 68.8	5 83.3
11.7	5 31.0	5 45.0	5 59.3	5 73.7	5 88.3
11.8	5 35.5	5 49.7	5 64.1	5 78.6	5 93.4
11.9	5 40.1	5 54.4	5 68.8	5 83.5	5 98.4
12.0	5 44.6	5 59.0	5 73.6	5 88.4	6 3.4
12.1	5 49.1	5 63.7	5 78.4	5 93.3	6 8.5
12.2	5 53.7	5 68.3	5 83.2	5 98.2	6 13.5
12.3	5 58.2	5 73.0	5 88.0	6 3.1	6 18.5
12.4	5 62.7	5 77.7	5 92.7	6 8.1	6 23.5
12.5	5 67.3	5 82.3	5 97.5	6 13.0	6 28.6

DIAMÈTRES MOYENS

en

DÉCIMÈTRES ET CENTIMÈTRES.

Longueurs des pièces, en décimètres et centimètres.	dm. cm. 8.1	dm. cm. 8.2	dm. cm. 8.3	dm. cm. 8.4	dm. cm. 8.5
d. c.	hl. l. ld.	hl. l. ld.	hl. l. ld.	hl. l. ld.	hl. l. ld.
10.1	5 20.7	5 33.6	5 46.7	5 59.9	5 73.4
10.2	5 25.8	5 38.9	5 52.4	5 65.5	5 79.0
10.3	5 31.0	5 44.2	5 57.5	5 71.0	5 84.7
10.4	5 36.1	5 49.4	5 62.9	5 76.6	5 90.4
10.5	5 41.3	5 54.7	5 68.3	5 82.1	5 96.1
10.6	5 46.4	5 60.0	5 73.8	5 87.7	6 1.7
10.7	5 51.6	5 65.3	5 79.2	5 93.2	6 7.4
10.8	5 56.8	5 70.6	5 84.6	5 98.8	6 13.1
10.9	5 61.9	5 75.9	5 90.0	6 4.3	6 18.8
11.0	5 67.1	5 81.1	5 95.4	6 9.8	6 24.4
11.1	5 72.2	5 86.4	6 0.8	6 15.4	6 30.1
11.2	5 77.4	5 91.7	6 6.2	6 20.9	6 35.8
11.3	5 82.5	5 97.0	6 11.6	6 26.5	6 41.5
11.4	5 87.7	6 2.3	6 17.1	6 32.0	6 47.2
11.5	5 92.8	6 7.6	6 22.5	6 37.6	6 52.8
11.6	5 98.0	6 12.8	6 27.9	6 43.1	6 58.5
11.7	6 3.1	6 18.1	6 33.3	6 48.6	6 64.2
11.8	6 8.3	6 23.4	6 38.7	6 54.2	6 69.9
11.9	6 13.5	6 28.7	6 44.1	6 59.7	6 75.5
12.0	6 18.6	6 34.0	6 49.5	6 65.3	6 81.2
12.1	6 23.8	6 39.3	6 54.9	6 70.8	6 86.9
12.2	6 28.9	6 44.5	6 60.4	6 76.4	6 92.6
12.3	6 34.1	6 49.8	6 65.8	6 81.9	6 98.2
12.4	6 39.2	6 55.1	6 71.2	6 87.5	7 3.9
12.5	6 44.4	6 60.4	6 76.6	6 93.0	7 9.6

Marchand de vins.

DIAMÈTRES MOYENS

en

DÉCIMÈTRES ET CENTIMÈTRES.

Longueurs des pièces en décimètres et centimètres.	dm. cm. **7.6**	dm. cm. **7.7**	dm. cm. **7.8**	dm. cm. **7.9**	dm. cm. **8.0**
d. c.	hl. l. ld.	hl. l. ld.	hl. l. ld.	hl. l. ld.	hl. l. ld.
12.6	5 71.8	5 87 0	6 2.3	6 17.9	6 33.6
12.7	5 76.4	5 91.6	6 7.1	6 22.8	6 38.6
12.8	5 80.9	5 96.3	6 11.9	6 27.7	6 43.7
12.9	5 85.4	6 0.9	6 16.6	6 32.6	6 48.7
13.0	5 90.0	6 5.6	6 21.4	6 37.5	6 53.7
13.1	5 94.5	6 10.3	6 26.2	6 42.4	6 58.7
13.2	5 99.1	6 14.9	6 31.0	6 47.3	6 63.8
13.3	6 3 6	6 19.6	6 35.8	6 52.2	6 68.8
13.4	6 8.1	6 24.2	6 40.5	6 57.1	6 73.8
13.5	6 12.7	6 28.9	6 45.3	6 62.0	6 78.9
13.6	6 17.2	6 33.6	6 51.8	6 66.9	6 83.9
13.7	6 21.7	6 38.2	6 54.9	6 71.8	6 88.9
13.8	6 26.3	6 42.9	6 59.7	6 76.7	6 93.9
13.9	6 30.8	6 47.5	6 64.4	6 81.6	6 99.0
14.0	6 35.4	6 52.2	6 69.2	6 86.5	7 4.0
14.1	6 39.9	6 56.8	6 74.0	6 91.4	7 9.0
14.2	6 44.4	6 61.5	6 78.8	6 96.3	7 14.1
14.3	6 49.0	6 66.2	6 83.6	7 1.2	7 19.1
14.4	6 53.5	6 70.8	6 88.4	7 6.1	7 24.1
14.5	6 58.1	6 75.5	6 93.1	7 11.0	7 29.1
14.6	6 62.6	6 80.1	6 97.9	7 15.9	7 34.2
14.7	6 67.1	6 84.8	7 2.7	7 20.8	7 39.2
14.8	6 71.7	6 89.5	7 7.5	7 25.7	7 44.2
14.9	6 76.2	6 94.1	7 12.3	7 30.6	7 49.3
15.0	6 80.7	6 98.8	7 17.0	7 35.5	7 54.3

Longueurs des pièces, en décimètres et centimètres.	DIAMÈTRES MOYENS en DÉCIMÈTRES ET CENTIMÈTRES.				
	dm. cm. 8.1	dm. cm. 8.2	dm. cm. 8.3	dm. cm. 8.4	dm. cm. 8.5
d. c.	hl. l. ld.	hl. l. ld.	hl. l. ld.	hl. l. ld.	hl. l. ld.
12.6	6 49.5	6 65.7	6 82.0	6 98.5	7 15.3
12.7	6 54.8	6 71.0	6 87.4	7 4.1	7 21.0
12.8	6 59.8	6 76.2	6 92.8	7 9.6	7 26.6
12.9	6 65.0	6 81.5	6 98.2	7 15.2	7 32.3
13.0	6 70.2	6 86.8	7 3.7	7 20.7	7 38.0
13.1	6 75.3	6 92.1	7 9.1	7 26.3	7 43.7
13.2	6 80.5	6 97.4	7 14.5	7 31.8	7 49.3
13.3	6 85.6	7 2.7	7 19.9	7 37.4	7 55.0
13.4	6 90.8	7 7.9	7 25.3	7 42.9	7 60.7
13.5	6 95.9	7 13.2	7 30.7	7 48.4	7 66.4
13.6	7 1.1	7 18.5	7 36.1	7 54.0	7 72.0
13.7	7 6.2	7 23.8	7 41.6	7 59.5	7 77.7
13.8	7 11.4	7 29.1	7 47.0	7 65.1	7 83.4
13.9	7 16.6	7 34.4	7 52.4	7 70.6	7 89.1
14.0	7 21.7	7 39.6	7 57.8	7 76.2	7 94.7
14.1	7 26.9	7 44.9	7 63.2	7 81.7	8 0.4
14.2	7 32.0	7 50.2	7 68.6	7 87.2	8 6.1
14.3	7 37.2	7 55.5	7 74.0	7 92.8	8 11.8
14.4	7 42.3	7 60.8	7 79.4	7 98.3	8 17.5
14.5	7 47.5	7 66.1	7 84.9	8 3.9	8 23.1
14.6	7 52.6	7 71.3	7 90.3	8 9.4	8 28.8
14.7	7 57.8	7 76.6	7 95.7	8 15.0	8 34.5
14.8	7 63.0	7 81.9	8 1.1	8 20.5	8 40.2
14.9	7 68.1	7 87.2	8 6.5	8 26.1	8 45.8
15.0	7 73.3	7 92.5	8 11.9	8 31.6	8 51.5

Longueurs des pièces, en décimètres et centimètres.	DIAMÈTRES MOYENS en DÉCIMÈTRES ET CENTIMÈTRES.				
	dm. cm. **7.6**	dm. cm. **7.7**	dm. cm. **7 8**	dm. cm. **7.9**	dm. cm. **8.0**
d. c.	hl. l. ld.	hl. l. ld.	hl. l. ld.	hl. l. ld.	hl. l. ld.
15.1	6 85.3	7 3.4	7 21.8	7 40.3	7 59.3
15.2	6 89.8	7 8.1	7 26.6	7 45.4	7 64.3
15.3	6 94.4	7 12.8	7 31.4	7 50.3	7 69.4
15.4	6 98.9	7 17.4	7 36.2	7 55.2	7 74.4
15.5	7 3.4	7 22.1	7 40.9	7 60.1	7 79.4
15.6	7 8.0	7 26.7	7 45.7	7 65.0	7 84.5
15.7	7 12.5	7 31.4	7 50.5	7 69.9	7 89.5
15.8	7 17.0	7 36.0	7 55.3	7 74.8	7 94.5
15.9	7 21.6	7 40.7	7 60.1	7 79.7	7 99.5
16.0	7 26.1	7 45.4	7 64.8	7 84.6	8 4.6
16.1	7 30.7	7 50.0	7 69.6	7 89.5	8 9.6
16.2	7 35.2	7 54.7	7 74.4	7 94.4	8 14.6
16.3	7 39.7	7 59.3	7 79.2	7 99.3	8 19.7
16.4	7 44.3	7 64.0	7 84.0	8 4.2	8 24.7
16.5	7 48.8	7 68.7	7 88.7	8 9.1	8 29.7
16.6	7 53.4	7 73.3	7 93.5	8 14.0	8 34.7
16.7	7 57.9	7 78.0	7 98.3	8 18.9	8 39.8
16.8	7 62.4	7 82.6	8 3.1	8 23.8	8 44.8
16.9	7 67.0	7 87.3	8 7.9	8 28.7	8 49.8
17.0	7 71.5	7 91.9	8 12.6	8 33.6	8 54.9
17.1	7 76.0	7 96.6	8 17.4	8 38.5	8 59.9
17.2	7 80.6	8 1.3	8 22.2	8 43.4	8 64.9
17.3	7 85.1	8 5.9	8 27.0	8 48.3	8 69.9
17.4	7 89.7	8 10.6	8 31.8	8 53.2	8 75.0
17.5	7 94.2	8 15.2	8 36.5	8 58.1	8 80.0

DIAMÈTRES MOYENS en DÉCIMÈTRES ET CENTIMÈTRES.

Longueurs des pièces, en décimètres et centimètres.	dm. cm. 8.1	dm. cm. 8.2	dm. cm. 8.3	dm. cm. 8.4	dm. cm. 8.5
d. c.	hl. l. ld.	hl. l. ld.	hl. l. ld.	hl. l. ld.	hl. l. ld.
15.1	7 78.4	7 97.8	8 17.3	8 37.1	8 57.2
15.2	7 83.6	8 3.0	8 22.7	8 42.7	8 62.9
15.3	7 88.7	8 8.3	8 28.2	8 48.2	8 68.5
15.4	7 93.9	8 13.6	8 33.2	8 53.8	8 74.2
15.5	7 99.0	8 18.9	8 39.0	8 59.3	8 79.9
15.6	8 4.2	8 24.2	8 44.4	8 64.9	8 85.6
15.7	8 9.3	8 29.5	8 49.8	8 70.4	8 91.3
15.8	8 14.5	8 34.7	8 55.2	8 76.0	8 96.9
15.9	8 19.7	8 40.0	8 60.6	8 81.3	9 2.6
16.0	8 24.8	8 45.3	8 66.0	8 87.0	9 8.3
16.1	8 30.0	8 50.6	8 71.5	8 92.6	9 14.0
16.2	8 35.1	8 55.9	8 76.9	8 98.1	9 19.6
16.3	8 40.3	8 61.2	8 82.3	9 3.7	9 25.3
16.4	8 45.4	8 66.4	8 87.7	9 9.2	9 31.0
16.5	8 50.6	8 71.7	8 93.1	9 14.8	9 36.7
16.6	8 55.7	8 77.0	8 98.5	9 20.3	9 42.3
16.7	8 60.9	8 82.3	9 3.9	9 25.8	9 48.0
16.8	8 66.1	8 87.6	9 9.3	9 31.4	9 53.7
16.9	8 71.2	8 92.9	9 14.8	9 36.9	9 59.4
17.0	8 76.4	8 98.1	9 20.2	9 42.5	9 65.1
17.1	8 81.5	9 5.4	9 25.6	9 48.0	9 70.7
17.2	8 86.7	9 8.7	9 31.0	9 53.6	9 76.4
17.3	8 91.8	9 14.0	9 36.4	9 59.1	9 82.1
17.4	8 97.0	9 19.3	9 41.8	9 64.7	9 87.8
17.5	9 2.1	9 24.6	9 47.2	9 70.2	9 93.4

DIAMÈTRES MOYENS

en

DÉCIMÈTRES ET CENTIMÈTRES.

Longueurs des pièces, en décimètres et centimètres.	dm. cm. 8.6	dm. cm. 8.7	dm. cm. 8.8	dm. cm. 8.9	dm. cm. 9.0
d. c.	hl. l. ld.	hl. l. ld.	hl. l. ld.	hl. l. ld.	hl. l. ld.
8.6	4 99.8	5 11.4	5 23 3	5 35.2	5 47.3
8.7	5 5.6	5 17.4	5 29.4	5 41.5	5 53.7
8.8	5 11.4	5 23.3	5 35.4	5 47.7	5 60.1
8.9	5 17.2	5 29.3	5 41.5	5 53.9	5 66.4
9.0	5 23.0	5 35.2	5 47.6	5 60.1	5 72.8
9.1	5 28.8	5 41.2	5 53.7	5 66.4	5 79.2
9.2	5 34.6	5 47.1	5 59 8	5 72.6	5 85.5
9.3	5 40.4	5 53 1	5 65.9	5 78.8	5 91 9
9.4	5 46.2	5 59.0	5 71.9	5 85.0	5 98.2
9.5	5 52.0	5 65.0	5 78.0	5 91.2	6 4.6
9.6	5 57.9	5 70.9	5 84.1	5 97.5	6 11.0
9.7	5 63.7	5 76.9	5 90.2	6 3.7	6 17.3
9.8	5 69 5	5 82.8	5 96.3	6 9.9	6 23.7
9.9	5 75.3	5 88 8	6 2.4	6 16.1	6 30.1
10.0	5 81.1	5 94.7	6 8.5	6 22.4	6 36.4
10.1	5 86.9	6 0.7	6 14.5	6 28.6	6 42.8
10.2	5 92.7	6 6.6	6 20.6	6 34.8	6 49.2
10.3	5 98.5	6 12.5	6 26.7	6 41.0	6 55.5
10.4	6 4.3	6 18.5	6 32.8	6 47.3	6 61.9
10.5	6 10.2	6 24.4	6 38 9	6 53.5	6 68.2
10.6	6 16.0	6 30.4	6 45.0	6 59.7	6 74.6
10.7	6 21.8	6 36.3	6 51.0	6 65.9	6 81.0
10.8	6 27.6	6 42.3	6 57.1	6 72.2	6 87.3
10.9	6 33.4	6 48.2	6 63.2	6 78.4	6 93.7
11.0	6 39.2	6 54.2	6 69.3	6 84 6	7 0.1

DIAMÈTRES MOYENS

en

DÉCIMÈTRES ET CENTIMÈTRES.

Longueurs des pièces, en décimètres et centimètres.	dm. cm. **9.1**	dm. cm. **9.2**	dm. cm. **9.3**	dm. cm. **9.4**	dm. cm. **9.5**
d. c.	hl. l. ld.	hl. l. ld.	hl. l. ld.	hl. l. ld.	hl. l. ld.
8.6	5 59.6	5 71.9	5 84.4	5 97.1	6 9.8
8.7	5 66.1	5 78.6	5 91.2	6 4.0	6 16.9
8.8	5 72.6	5 85.2	5 98.0	6 10.9	6 24.0
8.9	5 79.1	5 91.9	6 4.8	6 17.9	6 31.1
9.0	5 85.6	5 98.5	6 11.6	6 24.8	6 38.2
9.1	5 92.1	6 5.2	6 18.4	6 31.8	6 45.3
9.2	5 98.6	6 11.8	6 25.2	6 38.8	6 52.4
9.3	6 5.1	6 18.5	6 32.0	6 45.7	6 59.5
9.4	6 11.6	6 25.1	6 38.8	6 52.6	6 66.6
9.5	6 18.1	6 31.8	6 45.6	6 59.5	6 73.7
9.6	6 24.6	6 38.4	6 52.4	6 66.5	6 80.7
9.7	6 31.1	6 45.1	6 59.9	6 73.4	6 87.8
9.8	6 37.6	6 51.7	6 66.0	6 80.4	6 94.9
9.9	6 44.1	6 58.4	6 72.8	6 87.3	7 2.0
10.0	6 50.7	6 65.0	6 79.6	6 94.3	7 9.1
10.1	6 57.2	6 71.7	6 86.4	7 1.2	7 16.1
10.2	6 63.7	6 78.3	6 93.2	7 8.1	7 23.3
10.3	6 70.2	6 85.0	7 0.0	7 15.1	7 30.4
10.4	6 76.7	6 91.6	7 6.7	7 22.0	7 37.5
10.5	6 83.2	6 98.3	7 13.5	7 29.0	7 44.6
10.6	6 89.7	7 4.9	7 20.4	7 35.9	7 51.7
10.7	6 96.2	7 11.6	7 27.1	7 42.9	7 58.7
10.8	7 2.7	7 18.2	7 33.9	7 49.8	7 65.8
10.9	7 9.2	7 24.9	7 40.7	7 56.7	7 72.9
11.0	7 15.7	7 31.5	7 47.5	7 63.7	7 80.0

DIAMÈTRES MOYENS en DÉCIMÈTRES ET CENTIMÈTRES.

Longueurs des pièces, en décimètres et centimètres.	dm.cm. **8.6**	dm.cm. **8.7**	dm.cm. **8.8**	dm.cm. **8.9**	dm.cm. **9.0**
d.c.	hl. l. ld.	hl. l. ld.	hl. l. ld.	hl. l. ld.	hl. l. ld.
11.1	6 45.0	6 60.1	6 75.4	6 90.8	7 6.4
11.2	6 50.8	6 66.1	6 81.5	6 97.0	7 12.8
11.3	6 56.6	6 72.0	6 87.6	7 3.3	7 19.2
11.4	6 62.5	6 78.0	6 93.6	7 9.5	7 25.5
11.5	6 68.3	6 83.9	6 99.7	7 15.7	7 31.9
11.6	6 74.1	6 89.9	7 5.8	7 21.9	7 38.3
11.7	6 79.9	6 95.8	7 11.9	7 28.2	7 44.6
11.8	6 85.7	7 1.8	7 18.0	7 34.4	7 51.0
11.9	6 91.5	7 7.7	7 24.1	7 40.6	7 57.4
12.0	6 97.3	7 13.6	7 30.1	7 46.8	7 63.7
12.1	7 3.1	7 19.6	7 36.2	7 53.1	7 70.1
12.2	7 8.9	7 25.5	7 42.3	7 59.3	7 76.4
12.3	7 14.8	7 31.5	7 48.4	7 65.5	7 82.8
12.4	7 20.6	7 37.4	7 54.5	7 71.7	7 89.2
12.5	7 26.4	7 43.4	7 60.6	7 78.0	7 95.5
12.6	7 32.2	7 49.3	7 66.7	7 84.2	8 1.9
12.7	7 38.0	7 55.3	7 72.7	7 90.4	8 8.3
12.8	7 43.8	7 61.2	7 78.8	7 96.0	8 14.6
12.9	7 49.6	7 67.2	7 84.9	8 2.8	8 21.0
13.0	7 55.4	7 73.1	7 91.0	8 9.1	8 27.4
13.1	7 61.2	7 79.1	7 97.1	8 15.3	8 33.7
13.2	7 65.1	7 85.0	8 5.2	8 21.5	8 40.1
13.3	7 72.9	7 91.0	8 9.2	8 27.7	8 46.5
13.4	7 78.7	7 96.9	8 15.3	8 34.0	8 52.8
13.5	7 84.5	8 2.9	8 21.4	8 40.2	8 59.2

Longueurs des pièces, en décimètres et centimètres.	DIAMÈTRES MOYENS en DÉCIMÈTRES ET CENTIMÈTRES.				
	dm. cm. **9.1**	dm. cm. **9.2**	dm. cm. **9.3**	dm. cm. **9.4**	dm. cm. **9.5**
d. c.	hl. l. ld.	hl. l. ld.	hl. l. ld.	hl. l. ld.	hl. l. ld.
11.1	7 22.2	7 38.2	7 54.3	7 70.6	7 87.1
11.2	7 28.7	7 44.8	7 61.1	7 77.6	7 94.2
11.3	7 35.2	7 51.5	7 67.9	7 84.5	8 1.3
11.4	7 41.7	7 58.1	7 74.7	7 91.5	8 8.4
11.5	7 48.2	7 64.8	7 81.5	7 98.4	8 15.5
11.6	7 54.8	7 71.4	7 88.3	8 5.3	8 22.6
11.7	7 61.3	7 78.1	7 95.1	8 12.3	8 29.7
11.8	7 67.8	7 84.7	8 1.9	8 19.2	8 36.7
11.9	7 74.3	7 91.4	8 8.7	8 26.2	8 43.8
12.0	7 80.8	7 98.0	8 15.5	8 33.1	8 50.9
12.1	7 87.3	8 4.7	8 22.3	8 40.1	8 58.0
12.2	7 93.8	8 11.3	8 29.1	8 47 0	8 65.1
12.3	8 0.3	8 18.0	8 35.9	8 53.9	8 72.2
12.4	8 6.8	8 24.6	8 42.7	8 60.9	8 79.3
12.5	8 13.3	8 31.3	8 49.5	8 67.8	8 86.4
12.6	8 19.8	8 37.9	8 56.3	8 74.8	8 93.5
12.7	8 26.3	8 44.6	8 63.0	8 81.7	9 0.6
12.8	8 32.8	8 51.2	8 69.8	8 88.6	9 7.7
12.9	8 39.3	8 57.9	8 76.6	8 95.6	9 14.7
13.0	8 45.8	8 64.5	8 83.4	9 2.5	9 21.8
13.1	8 52.3	8 71.2	8 90.2	9 9.5	9 28.9
13.2	8 58.9	8 77.8	8 97.0	9 16.4	9 36.0
13.3	8 65.4	8 84.7	9 3.8	9 23.4	9 43.1
13.4	8 71.9	8 91.1	9 10.6	9 30.3	9 50.2
13.5	8 78.4	8 97.8	9 17.4	9 37.2	9 57.3

DIAMÈTRES MOYENS en DÉCIMÈTRES ET CENTIMÈTRES.

Longueurs des pièces, en décimètres et centimètres.	dm. cm. 8.6	dm. cm. 8.7	dm. cm. 8.8	dm. cm. 8.9	dm. cm. 9.0
d. c.	hl. l. ld.	hl. l. ld.	hl. l. ld.	hl. l. ld.	hl. l. ld.
13.6	7 90.3	8 8.8	8 27.5	8 46.4	8 65.5
13.7	7 96.1	8 14.7	8 33.6	8 52.6	8 71.9
13.8	8 1.9	8 20.7	8 39.7	8 58.9	8 78.3
13.9	8 7.7	8 26.6	8 45.8	8 65.1	8 84.6
14.0	8 13.5	8 32.6	8 51.8	8 71.3	8 91.0
14.1	8 19.4	8 38.5	8 57.9	8 77.5	8 97.4
14.2	8 25.2	8 44.5	8 64.0	8 83.8	9 3.7
14.3	8 31.0	8 50.4	8 70.1	8 90.0	9 10.1
14.4	8 36.8	8 56.4	8 76.2	8 96.2	9 16.5
14.5	8 42.6	8 62.3	8 82.3	9 2.4	9 22.8
14.6	8 48.4	8 68.3	8 88.3	9 8.7	9 29.2
14.7	8 54.2	8 74.2	8 94.4	9 14.9	9 35.6
14.8	8 60.0	8 80.2	9 0.5	9 21.1	9 41.9
14.9	8 65.8	8 86.1	9 6.6	9 27.3	9 48.3
15.0	8 71.7	8 92.1	9 12.7	9 33.5	9 54.6
15.1	8 77.5	8 98.0	9 18.8	9 39.8	9 61.0
15.2	8 83.3	9 4.0	9 24.9	9 46.0	9 67.4
15.3	8 89.1	9 9.9	9 30.9	9 52.2	6 73.7
15.4	8 94.9	9 15.8	9 37.0	9 58.4	9 80.1
15.5	9 0.7	9 21.8	9 43.1	9 64.7	9 86.5
15.6	9 6.5	9 27.7	9 49.2	9 70.9	9 92.8
15.7	9 12.3	9 33.7	9 55.3	9 77.1	9 99.2
15.8	9 18.1	9 39.6	9 61.4	9 83.3	10 5.6
15.9	9 23.9	9 45.6	9 67.4	9 89.6	10 11.9
16.0	9 29.8	9 51.5	9 73.5	9 95.8	10 18.3

DIAMÈTRES MOYENS

en

DÉCIMÈTRES ET CENTIMÈTRES.

Longueurs des pièces, en décimètres et centimètres.	dm. cm. 9.1	dm. cm. 9.2	dm. cm. 9.3	dm. cm. 9.4	dm. cm. 9.5
d. c.	hl. l. ld.	hl. l. ld.	hl. l. ld.	hl. l. ld.	hl. l. ld.
13.6	8 84.9	9 4.4	9 24.2	9 44.2	9 64.4
13.7	8 91.4	9 11.1	9 31.0	9 51.1	9 71.5
13.8	8 97.9	9 17.7	9 37.8	9 58.1	9 78.6
13.9	9 4.4	9 24.4	9 44.6	9 65.0	9 85.7
14.0	9 10.9	9 31.0	9 51.4	9 72.0	9 92.8
14.1	9 17.4	9 37.7	9 58.2	9 78.9	9 99.8
14.2	9 23.9	9 44.3	9 65.0	9 85.8	10 6.9
14.3	9 30.4	9 51.0	9 71.8	9 92.8	10 14.0
14.4	9 36.9	9 57.6	9 78.6	9 99.7	10 21.1
14.5	9 43.4	9 64.3	9 85.4	10 6.7	10 28.2
14.6	9 49.9	9 70.9	9 92.2	10 13.6	10 35.3
14.7	9 56.5	9 77.6	9 99.0	10 20.6	10 42.4
14.8	9 63.1	9 84.2	10 5.8	10 27.5	10 49.5
14.9	9 69.5	9 90.9	10 12.6	10 34.4	10 56.6
15.0	9 76.0	9 97.5	10 19.3	10 41.4	10 63.7
15.1	9 82.5	10 4.2	10 26.1	10 48.3	10 70.8
15.2	9 89.0	10 10.8	10 32.9	10 55.3	10 77.8
15.3	9 95.5	10 17.5	10 39.7	10 62.2	10 84.9
15.4	10 2.0	10 24.1	10 46.5	10 69.2	10 92.0
15.5	10 8.5	10 30.8	10 53.3	10 76.1	10 99.1
15.6	10 15.0	10 37.4	10 60.1	10 83.0	11 6.2
15.7	10 21.5	10 44.1	10 66.9	10 90.0	11 13.3
15.8	10 28.0	10 50.7	10 73.7	10 96.9	11 20.4
15.9	10 34.5	10 57.4	10 80.5	11 3.9	11 27.5
16.0	10 41.0	10 64.0	10 87.3	11 10.8	11 34.6

Longueurs des pièces, en décimètres et centimètres.	DIAMÈTRES MOYENS en DÉCIMÈTRES ET CENTIMÈTRES.				
	dm.cm. **8.6**	dm.cm. **8.7**	dm.cm. **8.8**	dm.cm. **8.9**	dm.cm. **9.0**
d. c.	hl. l. ld.	hl. l. ld.	hl. l. ld.	hl. l. ld.	hl. l. ld.
16.1	9 35.6	9 57.5	9 79.6	10 2.0	10 24.7
16.2	9 41.4	9 63.4	9 85.7	10 8.2	10 31.0
16.3	9 47.2	9 69.4	9 91.8	10 14.5	10 37.4
16.4	9 53.0	9 75.3	9 97.9	10 20.7	10 43.7
16.5	9 58.8	9 81.3	10 4.0	10 26.9	10 50.1
16.6	9 64.6	9 87.2	10 10.0	10 33.1	10 56.5
16.7	9 70.4	9 93.2	10 16.1	10 39.3	10 62.8
16.8	9 76.2	9 99.1	10 22.2	10 45.6	10 69.2
16.9	9 82.1	10 5.1	10 28.3	10 51.8	10 75.6
17.0	9 87.9	10 11.0	10 34.4	10 58.0	10 81.9
17.1	9 93.7	10 16.9	10 40.5	10 64.2	10 88.3
17.2	9 99.5	10 22.9	10 46.5	10 70.5	10 94.7
17.3	10 5.3	10 28.8	10 52.6	10 76.6	11 1.0
17.4	10 11.1	10 34.8	10 58.7	10 82.9	11 7.4
17.5	10 16.9	10 40.7	10 64.8	10 89.1	11 13.8
17.6	10 22.7	10 46.7	10 70.9	10 95.4	11 20.1
17.7	10 28.5	10 52.6	10 77.0	11 1.6	11 26.5
17.8	10 34.4	10 58.6	10 83.1	11 7.8	11 32.8
17.9	10 40.2	10 64.5	10 89.1	11 14.0	11 39.2
18.0	10 46.0	10 70.5	10 95.2	11 20.3	11 45.6
18.1	10 51.8	10 76.0	11 1.3	11 26.5	11 51.9
18.2	10 57.6	10 82.4	11 7.4	11 32.7	11 58.3
18.3	10 63.4	10 88.3	11 13.5	11 38.9	11 64.7
18.4	10 69.2	10 94.3	11 19.6	11 45.2	11 71.0
18.5	10 75.0	11 0.2	11 25.6	11 51.4	11 77.4

Longueurs des pièces, en décimètres et centimètres.	DIAMÈTRES MOYENS en DÉCIMÈTRES ET CENTIMÈTRES.				
	dm. cm. **9.1**	dm. cm. **9.2**	dm. cm. **9.3**	dm. cm. **9.4**	dm. cm. **9.5**
d. c.	hl. l. ld.	hl. l. ld.	hl. l. ld.	hl. l. ld.	hl. l. ld.
16.1	10 47.5	10 70.7	10 94.1	11 17.8	11 41.7
16.2	10 54.1	10 77.3	11 0.9	11 24.7	11 48.8
16.3	10 60.6	10 84.0	11 7.7	11 31.6	11 55.8
16.4	10 67.1	10 90.6	11 14.5	11 38.6	11 62.9
16.5	10 73.6	10 97.3	11 21.3	11 45.5	11 70.0
16.6	10 80.1	11 3.9	11 28.1	11 52.5	11 77.1
16.7	10 86.6	11 10.6	11 34.9	11 59.4	11 84.2
16.8	10 93.1	11 17.2	11 41.7	11 66.4	11 91.3
16.9	10 99.6	11 23.9	11 48.5	11 73.3	11 98.4
17.0	11 6.1	11 30.5	11 55.3	11 80.2	12 5.5
17.1	11 12.6	11 37.2	11 62.1	11 87.2	12 12.6
17.2	11 19.1	11 43.8	11 68.9	11 94.1	12 19.7
17.3	11 25.6	11 50.5	11 75.6	12 1.1	12 26.8
17.4	11 32.1	11 57.1	11 82.4	12 8.0	12 33.8
17.5	11 38.6	11 63.8	11 89.2	12 15.0	12 40.9
17.6	11 45.1	11 70.5	11 96.0	12 21.9	12 48.0
17.7	11 51.7	11 77.1	12 2.8	12 28.8	12 55.1
17.8	11 58.2	11 83.8	12 9.6	12 35.8	12 62.2
17.9	11 64.7	11 90.4	12 16.4	12 42.7	12 69.3
18.0	11 71.2	11 97.1	12 23.2	12 49.7	12 76.4
18.1	11 77.7	12 3.7	12 30.0	12 56.6	12 83.5
18.2	11 84.2	12 10.4	12 36.8	12 63.5	12 90.6
18.3	11 90.7	12 17.0	12 43.6	12 70.5	12 97.7
18.4	11 97.2	12 23.7	12 50.4	12 77.4	13 4.8
18.5	12 3.7	12 30.3	12 57.2	12 84.4	13 11.8

Marchand de vins.

Longueurs des pièces, en décimètres et centimètres.	DIAMÈTRES MOYENS en DÉCIMÈTRES ET CENTIMÈTRES.				
	dm. cm. **8.6**	dm. cm. **8.7**	dm. cm. **8.8**	dm. cm. **8.9**	dm. cm. **9.0**
d. c.	hl. l. ld.	hl. l. ld.	hl. l. ld.	hl. l. ld.	hl. l. ld.
18.6	10 80.8	11 6.2	11 31.7	11 57.6	11 83.8
18.7	10 86.7	11 12.1	11 37.8	11 63.8	11 90.1
18.8	10 92.5	11 18.0	11 43.9	11 70.0	11 96.5
18.9	10 98.3	11 24.0	11 50.0	11 76.3	12 2.9
19.0	11 4.1	11 29.9	11 56.1	11 82.5	12 9.2
19.1	11 9.9	11 35.9	11 62.2	11 88.7	12 15.6
19.2	11 15.7	11 41.8	11 68.2	11 94.9	12 21.9
19.3	11 21.5	11 47.8	11 74.3	12 1.2	12 28.3
19.4	11 27.3	11 53.7	11 80.4	12 7.4	12 34.7
19.5	11 33.1	11 59.7	11 86.5	12 13.6	12 41.0
19.6	11 39.0	11 65.6	11 92.6	12 19.8	12 47.4
19.7	11 44.8	11 71.6	11 98.7	12 26.1	12 53.8
19.8	11 50.6	11 77.5	12 4.7	12 32.3	12 60.1
19.9	11 56.4	11 83.5	12 10.8	12 38.5	12 66.5
20.0	11 62.2	11 89.4	12 16.9	12 44.7	12 72.9
20.1	11 68.0	11 95.4	12 23.0	12 51.0	12 79.2
20.2	11 73.8	12 1.3	12 29.1	12 57.2	12 85.6
20.3	11 79.6	12 7.3	12 35.2	12 63.4	12 92.0
20.4	11 85.4	12 13.2	12 41.3	12 69.6	12 98.3
20.5	11 91.3	12 19.1	12 47.3	12 75.8	13 4.7
20.6	11 97.1	12 25.1	12 53.4	12 82.1	13 11.0
20.7	12 2.9	12 31.0	12 59.5	12 88.3	13 17.4
20.8	12 8.7	12 37.0	12 65.6	12 94.5	13 23.8
20.9	12 14.5	12 42.9	12 71.7	13 1.0	13 30.1
21.0	12 20.3	12 48.9	12 77.8	13 7.0	13 36.5

DIAMÈTRES MOYENS en DÉCIMÈTRES ET CENTIMÈTRES.

Longueurs des pièces, en décimètres et centimètres.	dm. cm. **9.1**	dm. cm. **9.2**	dm. cm. **9.3**	dm. cm. **9.4**	dm. cm. **9.5**
d. c.	hl. l. ld.	hl. l. ld.	hl. l. ld.	hl. l. ld.	hl. l. ld.
18.6	12 10.2	12 37.0	12 64.0	12 91.3	13 18.9
18.7	12 16.7	12 43.6	12 70.8	12 98.3	13 26.0
18.8	12 23.2	12 50.3	12 77.6	13 5.2	13 33.1
18.9	12 29.7	12 56.9	12 84.4	13 12.1	13 40.2
19.0	12 36.2	12 63.6	12 91.2	13 19.1	13 47.3
19.1	12 42.7	12 70.2	12 98.0	13 26.0	13 54.4
19.2	12 49.2	12 76.9	13 4.8	13 33.0	13 61.5
19.3	12 55.8	12 83.5	13 11.6	13 39.9	13 68.6
19.4	12 62.3	12 90.2	13 18.4	13 46.9	13 75.7
19.5	12 68.8	12 96.8	13 25.2	13 53.8	13 82.8
19.6	12 75.3	13 3.5	13 31.9	13 60.7	13 89.9
19.7	12 81.8	13 10.1	13 38.7	13 67.7	13 96.9
19.8	12 88.3	13 16.8	13 45.5	13 74.6	14 4.0
19.9	12 94.8	13 23.4	13 52.3	13 81.6	14 11.1
20.0	13 1.3	13 31.0	13 59.1	13 88.5	14 18.2
20.1	13 7.8	13 36.7	13 65.9	13 95.5	14 25.3
20.2	13 14.3	13 43.4	13 72.7	14 2.4	14 32.4
20.3	13 20.8	13 50.0	13 79.5	14 9.3	14 39.5
20.4	13 27.3	13 56.7	13 86.3	14 16.3	14 46.6
20.5	13 33.8	13 63.3	13 93.1	14 23.2	14 53.7
20.6	13 40.3	13 70.0	13 99.9	14 30.2	14 60.8
20.7	13 46.8	13 76.6	14 6.7	14 37.1	14 67.9
20.8	13 53.4	13 83.5	14 13.5	14 44.1	14 74.9
20.9	13 59.9	13 89.9	14 20.3	14 51.0	14 82.0
21.0	13 66.4	13 96.6	14 27.1	14 58.0	14 89.1

DIAMÈTRES MOYENS

en

DÉCIMÈTRES ET CENTIMÈTRES.

Longueurs des pièces, en décimètres et centimètres.	dm. cm. **9.6**	dm. cm. **9.7**	dm. cm. **9.8**	dm. cm. **9.9**	dm. cm. **10.0**
d. c.	hl. l. ld.	hl. l. ld.	hl. l. ld.	hl. l. ld.	hl. l. ld.
9.6	6 95.1	7 9.7	7 24.5	7 39.3	7 54.3
9.7	7 2.4	7 17.1	7 32.0	7 47.0	7 62.1
9.8	7 9.6	7 24.5	7 39.6	7 54.7	7 70.0
9.9	7 16.9	7 31.9	7 47.6	7 62.4	7 77.9
10.0	7 24.1	7 39.3	7 54.7	7 70.1	7 85.7
10.1	7 31.4	7 46.7	7 62.2	7 77.8	7 93.6
10.2	7 38.6	7 54.1	7 69.7	7 85.5	8 1.4
10.3	7 45.8	7 61.5	7 77.3	7 93.2	8 9.3
10.4	7 53.1	7 68.8	7 84.8	8 0.1	8 17.1
10.5	7 60.3	7 76.2	7 92.4	8 8.6	8 25.0
10.6	7 67.6	7 83.6	7 99.9	8 16.3	8 32.9
10.7	7 74.8	7 91.0	8 7.5	8 24.0	8 40.7
10.8	7 82.0	7 98.4	8 15.0	8 31.7	8 48.6
10.9	7 89.3	8 5.8	8 22.6	8 39.4	8 56.4
10.0	7 96.5	8 13.2	8 30.0	8 47.1	8 64.3
11.1	8 3.8	8 20.6	8 37.7	8 54.8	8 72.1
11.2	8 11.0	8 28.0	8 45.2	8 62.5	8 80.0
11.3	8 18.2	8 35.4	8 52.8	8 70.2	8 87.9
11.4	8 25.5	8 42.8	8 60.3	8 77.9	8 95.7
11.5	8 32.7	8 50.2	8 67.0	8 85.6	9 3.6
11.6	8 40.0	8 57.6	8 75.4	8 93.3	9 11.4
11.7	8 47.2	8 65.0	8 82.9	9 1.0	9 19.3
11.8	8 54.5	8 72.3	8 90.5	9 8.7	9 27.1
11.9	8 61.7	8 79.7	8 98.0	9 16.4	9 35.0
12.0	8 68.9	8 87.1	9 5.6	9 24.1	9 42.9

DIAMÈTRES MOYENS en DÉCIMÈTRES ET CENTIMÈTRES.

Longueurs des pièces, en décimètres et centimètres.	dm. cm. **10.1**	dm. cm. **10.2**	dm. cm. **10.3**	dm. cm. **10.4**	dm. cm. **10.5**
d. c.	hl. l. ld.	hl. l. ld.	hl. l. ld.	hl. l. ld.	hl. l. ld.
9.6	7 69.4	7 84.8	8 0.3	8 15.8	8 31.6
9.7	7 77.5	7 92.9	8 8.7	8 24.3	8 40.3
9.8	7 85.5	8 1.1	8 17.0	8 32.8	8 48.9
9.9	7 93.5	8 9.3	8 25.3	8 41.3	8 57.6
10.0	8 1.5	8 17.5	8 33.6	8 49.8	8 69.3
10.1	8 9.5	8 25.6	8 41.9	8 58.3	8 74.9
10.2	8 17.5	8 33.8	8 50.2	8 66.8	8 83.6
10.3	8 25.6	8 42.0	8 58.6	8 75.3	8 92.2
10.4	8 33.6	8 50.2	8 66.9	8 83.8	9 0.9
10.5	8 41.6	8 58.3	8 75.2	8 92.3	9 9.6
10.6	8 49.6	8 66.5	8 83.6	9 0.8	9 18.2
10.7	8 57.6	8 74.7	8 91.9	9 9.3	9 26.9
10.8	8 65.6	8 82.9	9 0.2	9 17.8	9 35.6
10.9	8 73.6	8 91.0	9 8.6	9 26.3	9 44.2
11.0	8 81.7	8 99.2	9 16.9	9 34.8	9 52.9
11.1	8 89.7	9 7.4	9 25.3	9 43.3	9 61.5
11.2	8 97.7	9 15.6	9 33.6	9 51.8	9 70.2
11.3	9 5.7	9 23.7	9 41.9	9 63.3	9 78.9
11.4	9 13.7	9 31.9	9 50.3	9 68.8	9 87.5
11.5	9 21.7	9 40.1	9 58.6	9 77.3	9 96.2
11.6	9 29.7	9 48.3	9 66.9	9 85.8	10 4.9
11.7	9 37.8	9 56.4	9 75.3	9 94.3	10 13.5
11.8	9 45.8	9 64.6	9 83.6	10 2.8	10 22.2
11.9	9 53.8	9 72.8	9 91.9	10 11.3	10 30.8
12.0	9 61.8	9 80.9	10 0.3	10 19.8	10 39.5

CHAPITRE II.

PREMIÈRE TABLE DE COMPARAISON

OU CONVERSION DES ANCIENNES MESURES DES LIQUIDES EN MESURES MÉTRIQUES, ET CELLES-CI EN ANCIENNES, RÉCIPROQUEMENT, AVEC LA MÊME TABLE.

PINTES.	LITRES.	PINTES.	PARTIES de la pinte.	Décilitres.
Unités de pintes.	Unités de litres.			
1 . . . 0,9512	1 . . . 1,0513	1/2 ou chopine. . .	4,76
2 . . . 1,9024	2 . . . 2,1026		
3 . . . 2,8536	3 . . . 3,1539	1/4 ou demi-setier.	2,38
4 . . . 3,8048	4 . . . 4,2052		
5 . . . 4,7560	5 . . . 5,2565	1/8 ou poisson. . .	1,19
6 . . . 5,7072	6 . . . 6,3078		
7 . . . 6,6584	7 . . . 7,3591	1/16 ou demi-poisson	0,59
8 . . . 7,6096	8 . . . 8,4104		
9 . . . 8,5609	9 . . . 9,4617	1/32 ou roquille. . .	0,30

On a pensé que ceux qui feraient usage de ce tarif pourraient désirer aussi connaître la contenance en pintes de Paris des vaisseaux qu'ils auraient jaugés. Cet objet a été rempli au moyen d'une table de comparaison, donnée par l'agence des poids et mesures, avec laquelle on peut changer en pintes de Paris toutes les contenances en litres prises au hasard dans le tarif, et cela par de simples additions, comme on le verra en opérant sur la question suivante.

On prend à volonté, dans le tarif, une des contenances calculées en hectolitres et litres; on peut, pour abréger l'opération, négliger les décilitres, qui donnent une différence très-insignifiante dans le résultat. La contenance que l'on a prise pour exemple, présente cette question :

Combien 3 hectolitres 27 litres font-ils de pintes de Paris?

Pour employer la table de comparaison à réduire en pintes de Paris un nombre quelconque d'hectolitres et de litres, il faut observer que les mesures décimales ont cette facilité, que ce qui est exprimé par une sorte d'unité peut l'être par toute autre unité, en déplaçant convenablement la virgule. Ainsi

$3^{hl},27^{l}$, en retranchant la virgule, deviennent 327^{l} à changer en pintes de Paris.

Il faut décomposer ce nombre en 300^l, 20^l et 7^l, et chercher combien chacun de ces nombres fait de pintes; ce qui se fait de la manière suivante :

On cherche dans la colonne des unités de litres le nombre 3^l, qui donne $3^P,1539$. Alors on recule la virgule de deux chiffres, et l'on a, pour la valeur de 300^l $315^P,39$. Pour 20^l on cherche dans la même colonne le nombre 2^l; on trouve que 2^l font $2^P,1026$; on recule la virgule d'un chiffre, ce qui donne $21^P,026$ pour la valeur de 20 litres en pintes. Pour les 7 litres, la virgule ne change pas, et $7^P,359$ est la valeur de 7 litres. On additionne ces trois sommes trouvées.

Opération.

```
300 litres font. . . . . . . . . . . . 315,39   pintes.
 20. . . . . . . . . . . . . . . . .   21,026
  7. . . . . . . . . . . . . . . . .    7,3591
 ───                                   ────────
 327                                   343,7751
```

Le résultat est que 327 litres font 343 pintes 7751/10000. On tient compte d'une pinte pour la fraction.

Lorsqu'on veut réduire des pintes en litres, ce sont les unités de pintes dont il faut se servir pour commencer à opérer sur les nombres décomposés de la somme totale.

Exemple.

Combien 1548 pintes font-elles de litres?

On décompose le nombre de pintes en 1000, 500, 40 et 8 : on cherche la valeur d'une pinte en litres, on la trouve de 0,9512; et pour avoir celle de 1000 pintes, on avance la virgule de trois chiffres, et cette valeur est 951,2. Pour 500, on prend la valeur de 5, qui est 4,7560; comme c'est pour des cents qu'on opère, on avance la virgule de deux chiffres, ce qui donne 475,60. Pour les quatre dixaines, on prend la valeur de quatre, qui donne 3,8048, et la virgule ne s'avance plus que d'un chiffre, ce qui donne 38,048. Pour les 8 pintes, la valeur reste la même que dans la table, sans déplacer la virgule; elle est 7,6096. Ces différentes valeurs en pintes et litres s'ajoutent ensemble, et donnent les pintes réduites en litres.

Opération.

```
1000 pintes font. . . . . . . . . 951,2   litres.
 500. . . . . . . . . . . . . . . 475,60
  40. . . . . . . . . . . . . . .  38,048
   8. . . . . . . . . . . . . . .   7,6096
 ────                             ─────────
 1548                             1471,4576
```

Le résultat de cette opération est que 1548 pintes équivalent à 1471 litres.

SECONDE TABLE DE COMPARAISON.

Les opérations faites au moyen de la table précédente pouvant embarrasser les personnes qui n'auraient pas quelques notions du calcul décimal, on a voulu les faire participer à son utilité, en ajoutant ici une seconde table de comparaison, qui n'a que quelques pages qui contiennent une suite de pintes déjà converties en litres, et de litres convertis en pintes, et cette table peut être poussée à l'infini par de simples additions. Elle est partagée en deux parties : la première, n° 1, contient les pintes changées en litres et parties de litre ; et la seconde n° 2, les litres changés en pintes et parties de pinte, depuis le nombre 1 jusqu'à celui de 1050.

Qu'on veuille connaître maintenant combien 825 pintes, par exemple, font de litres : on cherche ce nombre dans la colonne des pintes n° 1 ; on trouve sur la même ligne qu'elles font $784^l\ 76^{cm}$, ou 785^l, en prenant 1^l pour 76^{cm}.

Au lieu de 825, si on eût eu à réduire ce nombre augmenté de 1, 2, 3 ou 4 qui ne se trouverait pas dans la table, on prendrait la valeur de ce nombre de pintes en litres : qui soit 2, par exemple,, on cherche la valeur de 2^p en litres ; elle est de 1,90, qu'on ajoute, comme si cela faisait 2, aux 785^l.

TROISIÈME TABLE

DE COMPARAISON

OU CONVERSION DES ANCIENNES MESURES DES LIQUIDES EN MESURES MÉTRIQUES, ET CELLES-CI EN ANCIENNES, RÉCIPROQUEMENT, AVEC LES MÊMES TABLES.

PINTES.	N° 1.	LITRES.	N° 2.	PINTES.
1.	. . . .	0,95	1.	1,05
2.	. . . .	1,90	2.	2,10
3.	. . . .	2,85	3.	3,15
4.	. . . .	3,80	4.	4,21
5.	. . . .	4,76	5.	5,26
6.	. . . .	5,71	6.	6,31
7.	. . . .	6,66	7.	7,36
8.	. . . .	7,61	8.	8,41
9.	. . . .	8,56	9.	9,46
10.	. . . .	9,51	10.	10,51
15.	. . . .	14,27	15.	15,77
20.	. . . .	19,02	20.	21,02
25.	. . . .	23,78	25.	26,28
30.	. . . .	28,54	30.	31,53
35.	. . . .	33,29	35.	36,79
40.	. . . .	38,05	40.	42,05
45.	. . . .	42,80	45.	47,31
50.	. . . .	47,56	50.	52,56
100.	. . . .	95,12	100.	105,13
105.	. . . .	99,88	105.	110,39
110.	. . . .	104,63	110.	115,64
115.	. . . .	109,39	115.	120,90
120.	. . . .	114,14	120.	126,16
125.	. . . .	118,91	125.	131,41
130.	. . . .	123,66	130.	136,67
135.	. . . .	128,42	135.	141,93

TROISIÈME TABLE DE COMPARAISON.

PINTES.	LITRES. No 1.	LITRES.		PINTES. No 2.
140	133,17	140		147,18
145	137,93	145		152,44
150	142,69	150		157,69
200	190,24	200		210,26
205	195,00	205		215,52
210	199,76	210		220,78
215	204,52	215		226,04
220	209,28	220		231,30
225	214,04	225		236,56
230	218,80	230		241,82
235	223,56	235		247,08
240	228,32	240		252,34
245	233,08	245		257,60
250	237,84	250		262,86
300	285,36	300		315,39
305	290,62	305		320,65
310	295,38	310		325,91
315	300,14	315		331,17
320	304,90	320		336,43
325	309,66	325		341,69
330	314,42	330		346,95
335	319,18	335		352,21
340	323,94	340		357,47
345	328,70	345		362,73
350	333,46	350		367,99
400	380,48	400		420,52
405	385,24	405		425,78
410	390,00	410		431,04
415	394,76	415		436,30
420	399,52	420		441,56
425	404,28	425		446,82
430	409,04	430		452,08
435	413,80	435		457,34
440	418,56	440		462,60
445	423,32	445		467,86
450	428,08	450		473,12
500	475,60	500		525,65
505	480,36	505		530,91
510	485,12	510		536,17
515	489,88	515		541,43

PINTES.	No 1.	LITRES.		No 2.	PINTES.
520.		494,64	520.		546,69
525.		499,40	525.		551,95
530.		504,16	530.		557,21
535.		508,92	535.		562,47
540.		513,68	540.		567,73
545.		518,44	545.		572,99
550.		523,20	550.		578,25
600.		570,72	600.		630,78
605.		575,48	605.		636,04
610.		580,24	610.		641,30
615.		585,00	615.		646,56
620.		589,76	620.		651,82
625.		594,52	625.		657,08
630.		599,28	630.		662,34
635.		604,04	635.		667,60
640.		608,80	640.		672,86
645.		613,56	645.		678,12
650.		618,32	650.		683,38
700.		665,84	700.		735,91
705.		670,60	705.		741,17
710.		675,36	710.		746,43
715.		680,12	715.		751,69
720.		684,88	720.		756,95
725.		689,64	725.		762,21
730.		694,40	730.		767,47
735.		699,16	735.		772,73
740.		703,92	740.		777,99
745.		708,68	745.		783,25
750.		713,44	750.		788,51
800.		760,96	800.		841,04
805.		765,72	805.		846,30
810.		770,48	810.		851,56
815.		775,24	815.		856,82
820.		780,00	820.		862,08
825.		784,76	825.		867,34
830.		789,52	830.		872,60
835.		794,28	835.		877,86
840.		799,04	840.		883,12
845.		803,80	845.		888,38
850.		808,56	850.		893,64

TROISIÈME TABLE DE COMPARAISON.

PINTES.	N° 1.	LITRES.		N° 2.	PINTES.
900.	. . . .	856,09	900.	. . . .	946,17
905.	. . . .	860,85	905.	. . . .	951,43
910.	. . . .	865,61	910.	. . . .	956,69
915.	. . . .	870,37	915.	. . . .	961,95
920.	. . . .	875,13	920.	. . . .	967,21
925.	. . . .	879,89	925.	. . . .	972,47
930.	. . . .	884,65	930.	. . . .	977,73
935.	. . . .	889,41	935.	. . . .	982,99
940.	. . . .	894,17	940.	. . . .	988,25
945.	. . . .	898,93	945.	. . . .	993,51
950.	. . . .	903,69	950.	. . . .	998,77
1000.	. . . .	951,22	1000.	. . . .	1051,30
1005.	. . . .	955,98	1005.	. . . .	1056,56
1010.	. . . .	960,74	1010.	. . . .	1061,82
1015.	. . . .	965,50	1015.	. . . .	1067,08
1020.	. . . .	970,26	1020.	. . . .	1072,34
1025.	. . . .	975,02	1025.	. . . .	1077,60
1030.	. . . .	979,78	1030.	. . . .	1082,86
1035.	. . . .	984,54	1035.	. . . .	1088,12
1040.	. . . .	989,30	1040.	. . . .	1093,38
1045.	. . . .	994,06	1045.	. . . .	1098,64
1050.	. . . .	998,82	1050.	. . . .	1103,90

Marchand de vins.

CHAPITRE III.

JAUGEAGE DES VAISSEAUX VINAIRES EN VIDANGE.

Lorsqu'on veut connaître la quantité de liquide qui reste dans un tonneau en vidange, il faut trouver le diamètre du bouge ; mais il ne pourra pas se prendre à l'extérieur du tonneau, au moyen de la jauge à ruban dont la construction est donnée au commencement de cet ouvrage : il faudra nécessairement enlever le bondon du tonneau pour y plonger bien perpendiculairement une baguette ou une tringle bien droite, afin de mesurer, en même temps que la longueur du diamètre du bouge, la hauteur du liquide. On divisera ce diamètre en dix parties, on mesurera combien la hauteur du liquide contient de ces parties, le reste sera le nombre de celle du vide. On trouvera ci-après un tableau qui donnera le nombre de millièmes de litre répondant aux dixièmes de diamètre que présentera la hauteur du liquide. La contenance du tonneau étant connue et multipliée par ce nombre, donnera la quantité de litres qui restent dans le tonneau.

Exemple.

Qu'on ait un tonneau de la contenance de 660 litres dont le diamètre du bouge est de 90^{cm}, rempli à la hauteur de 36^{cm} ou 4/10 de la longueur de son diamètre : on voit au tableau que 370 millièmes correspondent à 4/10 de diamètre.

Opération.

Produit de 660 par 370.   244200
En retranchant deux chiffres.   2442
Le liquide contenu dans le tonneau. .   2 hl 44 l 2 ld

La partie vide du tonneau a 54^{cm} ou 6/10 du diamètre du bouge, on opère pour le vide comme pour le plein pour en connaître la capacité, on trouve au tableau que 630 millièmes correspondent à 6/10 de diamètre.

Opération.

Produit de 660 par 630.   415800
En retranchant deux chiffres.   4158
Capacité du vide du tonneau est de. .   4 hl 15 l 8 ld

Liquide contenu dans le tonneau... 2 hl 44 l 2 ld
Partie vide............... 4   15 8
                                    ———————
Capacité du tonneau.......... 6   60 0

NUMÉROS des 10mes DE DIAMÈTRE.	CONTENANCES.
10me	1 l 000 m
9me	0 950
8me	0 860
7me	0 750
6me	0 630
5me	0 500
4me	0 370
3me	0 250
2me	0 140
1er	0 050

AUTRE MODE DE JAUGEAGE.

Jauger un tonneau en vidange.

On place le tonneau bien horizontalement, et l'on introduit par le bondon, et dans une direction perpendiculaire à l'axe, une sonde; la partie mouillée indiquera la hauteur du liquide, et la partie non mouillée fera connaître la hauteur du vide. Si le plein excède la moitié du tonneau, *la capacité du vide est égale au produit de la surface d'un cercle qui aurait pour diamètre une fois et demie la perpendiculaire menée du centre du bondon au plein, multiplié par la longueur intérieure du tonneau.* Dans le cas où le plan qui sépare le vide du plein serait à peu près à la hauteur des diamètres verticaux des fonds, on pourrait considérer ce vide comme une portion d'ellipsoïde, dont *le volume serait égal au produit de la longueur intérieure, par la surface d'un cercle qui aurait pour diamètre la distance du centre du bondon au plein, plus les deux tiers de cette hauteur, ou plus les trois quarts de cette hauteur, si le plan avait atteint cette extrémité.*

Problème.

On demande la quantité de litres nécessaire pour remplir un tonneau qui, couché horizontalement, présente les dimensions suivantes : diamètre du bouge, 88 centimètres; diamètre du fond, 76; longueur intérieure, 116; hauteur du plein, 60; celle du vide, par conséquent, — 28 : ajoutez la moitié de la hauteur, qui est 14 à 28, vous aurez 42 centimètres. Cherchez la circonférence d'un cercle qui aurait 42 centimètres de diamètre, vous trouverez 132 ; multipliez 132 par 10.5, quart du diamètre, vous aurez de surface 1386 centimètres carrés, qui, multipliés par la longueur du tonneau, ou 116, donneront pour résultat 160 litres.

Les dimensions des tonneaux ont été fixées par le gouvernement, telles qu'elles sont indiquées dans la table suivante, au moyen de laquelle on pourra s'exercer.

TABLE.

NOMS DES PIÈCES.	Contenant en litres.	Longueur intérieure millimèt.	Diamètre intérieur du bouge. millimèt.	Diamètre intérieur du fond. millimèt.
Demi-hectolitre..	50	454	389	345
Hectolitre. . . .	100	572	490	435
Double hectolitre	200	720	618	548
	300	825	707	628
	400	908	778	691
Demi-kilolitre. .	500	978	838	745
	600	1039	891	791
	700	1095	938	833
	800	1144	980	871
	900	1190	1019	906
Kilolitre.	1000	1252	1056	938

TROUVER LA CAPACITÉ D'UN BROC.

On mesurerait le diamètre du fond et celui de l'ouverture; la demi-somme des deux diamètres serait le diamètre moyen des deux bouts. On mesurerait encore le diamètre du ventre, et l'on soustrairait le tiers de la circonférence qu'il y aurait entre ce diamètre et celui moyen des deux bouts ; les deux tiers restant, ajoutés à ce dernier, seraient le diamètre moyen du broc.

Ce diamètre une fois connu, on chercherait la circonférence pour avoir la surface, et par suite la solidité.

Application.

Soit proposé un broc dont la hauteur intérieure est de 325 millimètres, sur 220 de diamètre au fond, et 120 à l'ouverture.

On prend la moitié de 220 plus 120 = 340, et l'on a, pour le diamètre réduit des deux bouts, 170 millimètres. Si celui du ventre est 280, la différence entre celui-ci et celui réduit des deux bouts, est 280 — 170 = 110; de cette différence on retranchera le tiers, ou 36.66 : il reste pour diamètre moyen 243.33, d'après lequel diamètre moyen on conclut que la circonférence de 764.75 produit en surface 46521.65 millimètres carrés, qui, multipliés par la hauteur, ou 325, donnent une capacité de 16 décimètres cubes, ou 16 litres.

Problème.

Trouver les dimensions que doivent avoir les caisses destinées à contenir une quantité donnée de bouteilles de liquide.

Soit, par exemple, une caisse destinée à contenir 50 bouteilles; on peut considérer le volume d'une bouteille, avec l'enveloppe nécessaire pour l'empêcher de toucher les autres bouteilles, comme égal à trois décimètres cubes, parce que la circonférence des bouteilles est communément de 30 à 35 centimètres, et leur hauteur, de 30 à 32 avec le bouchon; ainsi, en multipliant 50 par 3, on trouve qu'il faut une caisse de 150 décimètres cubes pour contenir 50 bouteilles. Or, une caisse qui aurait 40 centimètres de hauteur, 40 de largeur et 94 de longueur, formerait, à très-peu plus, la capacité demandée.

Généralement on peut prendre, pour former la caisse, deux dimensions arbitraires, et, pour trouver la troisième, diviser la solidité par le produit des deux premières dimensions.

Problème.

Mesurer la contenance d'un seau.

Un seau a la forme d'un cône tronqué : or, si l'on donne, par exemple, 2,9 décimètres au diamètre supérieur, et 2,3 au diamètre inférieur, la profondeur étant de 3 décimètres, et V le volume,

$$V = 0{,}2618\, h \left[(D + d)^2 - D d \right]$$

se change en

$V = 0{,}2618 \times 3 \times (5.2)^2 - 2{,}9 \times 2{,}3$
$(5.2)^2 = \ldots\ldots\ldots\ldots\ldots\ 27.04$
$2.9 \times 2.3 = \ldots\ldots\ldots\ldots\ \ \ 6.67$

$(5.2)^2 - 2.9 \times 2.3 = \ldots\ldots\ldots\ 20.37$
multiplié par 3 $= \ldots\ldots\ldots\ \ \ 6.11$

qui, multiplié par 0,2618, donnent 15,999, environ 16 litres.

TABLE

DES TONNEAUX DE DIFFÉRENTS PAYS, AVEC LEUR CONTENANCE EN VELTES ET EN LITRES.

NOMS DES TONNEAUX.	veltes.	litres.
Baril de Madère.	2	15
Baril de Malaga.	4	30
Baril d'Alicante.	5	38
Tierçons ou demi-cáque champ.	7	53
Sixains.	8	60
Quart-muid ou demi-feuillette.	9	68
Quartaut champ on caque.	12	91
Demi-queue Villenoxe.	23	175
Demi-queue Champagne.	24	183
Demi-queue Château-Thierry.	24	183
Demi-queue Ercusier.	27 1/2	208
Demi-queue Reims.	26	198
Demi-queue renaison.	26 1/2	201
Demi-queue bordelaise.	26 1/2	201
Demi-queue Saint-Dizier.	28	213
Demi-queue de l'Hermitage.	27	205
Demi-queue de Cahors.	29	221
Demi-queue de Riceys.	29	221
Demi-queue de Grosbard.	29 1/2	224
Demi-queue la Chaise.	29	221
Demi-queue de Sancerre.	29	221
Demi-queue de Gatinais.	29	221
Barrique ou Tiercerolle.	30	228
Muid de Cahors.	39	297
Quartaut de Mâcon.	14	106
Quartaut d'Orléans.	15	114
Quartaut de Beaune.	15	114
Quartaut Châlonais.	15	114

NOMS DES TONNEAUX.	CONTENANCE en	
	veltes.	litres.
Quartaut Vauvrai.	16 1/2	125
Quartaut Auvergne.	18	137
Demi-queue de Mâcon.	28	213
Demi-queue de Montigny.	28	213
Demi-queue de Charlieux.	28	213
Demi-queue Garonne-du-Sel.	28 1/2	217
Demi-queue châlonaise.	29 1/2	224
Demi-queue de Beaune.	30	225
Demi-queue d'Orléans.	30	228
Demi-queue de Pouilly.	30	228
Demi-queue de Condrieux.	33	251
Demi-queue bâtarde.	31	236
Demi-queue de Sologne.	31	236
Demi-queue de Chinon.	32	243
Demi-queue nantaise.	32	243
Demi-queue de Blois.	31	236
Demi-queue d'Anjou.	32	243
Demi-queue de Mont-Louis.	32	243
Demi-queue du Cher.	32	243
Demi-queue de Touraine.	32 1/2	247
Demi-queue Vauvrai.	33 1/2	255
Demi-queue Grosse-Vauvrai.	34	259
Demi-queue Auvergne (ris).	35	265
Demi-queue Auvergne (haute).	37	280
Demi-queue d'Auvergne.	39	297
Demi-queue de Languedoc.	36	274
Demi-queue Saint-Gilles.	38	289
Muid d'Orléans.	38	289
Muid de Bourgogne.	39	297
Muid Rappé.	40	304
Muid gros.	42	320
Muid très-gros Rappé.	45	342
Muid très-gros Bourgogne.	46	350
Demi-muid, ou feuillette de Bourgogne.	18	137
Feuillette de Bourgogne.	19	144
Demi-muid gros.	20	152
Demi-muid très-gros.	22	167
Muid de Roussillon.	62	472

NOMS DES TONNEAUX.

NOMS DES TONNEAUX	CONTENANCE en	
	veltes.	litres.
Muid de Languedoc	59	460
Muid de Montpellier	67	510
Pipe de Languedoc	70	533
Barbantane	74	563
Quart-Bottes	14	106
Quartaut Tiercerolle	15	114
Quartaut russe	16	122
Demi-Bottes	29	221
Busse de Saumur	30 1/2	232
Busse d'Anjou	33	251
Bussard	46	330
Petit muid de Languedoc	48	365
Muid du Rhône	38	288
Muid français	36	274
Muid Saint-Gilles	50	380
Pipe de Nantes	71	540
Pipe d'Anjou	63	480
Pipe de Cognac	82	624
Pipe de La Rochelle	70	533

Nous décrirons encore ici, avant de terminer cette partie, quelques appareils ou procédés qui pourront avoir de l'utilité pour les marchands de vins et les débitants de boissons.

Appareil portatif pour connaître en même temps la mesure de pesanteur, de contenance et de solidité d'une futaille, en mesure quelconque de toute espèce de liquide, par M. LAFORGE.

Cet appareil est renfermé dans une boîte à compartiments dans laquelle on place les divers objets : elle est garnie d'une poignée sur le couvercle qui en facilite le transport, d'une serrure et de deux crochets pour la fermer.

Dans la partie inférieure se trouvent les objets suivants :

Planche 2, fig. 1re, balance avec ses plateaux.

Sur l'un des plateaux se trouvent, fixé par trois vis, le dépotoir (mesure d'un décilitre), et, sur l'autre, une boîte (poids tare), aussi fixée par des vis ; ces deux plateaux se mettent dans la place i.

2, fléau de la balance.
3, chape.
4, chaînons.
5, colonne.

Une boîte contenant une série de poids étalons depuis le poids de 100 gr. jusques et y compris un centigramme.

Une petite seringue.

Un disque en glace dépolie.

Un niveau à bulle d'air.

Je crois pouvoir me dispenser d'y joindre un aréomètre.

Instruction sur la manière d'opérer.

Avant de commencer l'opération on doit enlever de la boîte tous les objets, les poser avec soin sur une table, fermer la boîte à clef et avec les crochets, pour qu'elle ne vacille pas.

La première opération est de fixer la colonne 5 sur la boîte fermée ; on y place le niveau ; le point de suspension du fléau étant fixe, le niveau est indispensable pour mettre la chape d'aplomb, afin que les couteaux portent bien horizontalement sur les coussinets.

Les deux plateaux de la balance étant chargés, l'un de la mesure étalon avec son disque, et l'autre de la boîte (poids tare), il convient, avant d'opérer, de s'assurer si l'équilibre subsiste ; dans le cas contraire, on ajoute ou on enlève de la boîte tare ce qu'il faut pour l'établir, et, lorsqu'on l'a obtenu, on opère comme il suit :

1° On verse du liquide qu'on veut dépoter dans la mesure étalon jusqu'à ce qu'il bombe un peu au-dessus du bord ; on promène une barbe de plume le long de la surface intérieure pour en chasser les bulles d'air qui peuvent s'y trouver attachées ; on applique sur ce bord le disque en glace dépolie ; on absorbe avec une éponge tout le liquide que l'application du disque en fait sortir.

2° Lorsqu'on aperçoit une ou plusieurs bulles d'air à travers le disque, c'est ce qui arrive toutes les fois que la mesure n'est pas pleine, on absorbe avec la petite seringue un peu du liquide du flacon, on glisse le disque de manière qu'il laisse à découvert une faible partie de l'intérieur de la mesure ; on verse du liquide avec la seringue, on remet le disque à sa place, on recommence l'opération s'il le faut jusqu'à ce qu'on ait fait disparaître les bulles d'air.

3° Lorsqu'on ne voit aucune bulle d'air à travers le dis-

EXPLICATION DES ABRÉVIATIONS DES POIDS.

que, ni de liquide à la surface extérieure de la mesure, on procède à la pesée en posant et sans secousses les poids nécessaires pour faire l'équilibre, et, lorsqu'on l'a obtenu, on additionne la valeur de chaque poids comme ci-après :

Grammes.	Décigrammes.	Centigrammes.	Abréviations.	Kilogrammes.	Hectogrammes.	Décagrammes.	Abréviations.
50	»	»	R.	50	»	»	K.
20	»	»	R.	20	»	»	K.
10	»	»	R.	10	»	»	K.
2	»	»	R.	2	»	»	K.
1	»	»	R.	1	»	»	K.
»	5	»	R.	»	5	»	H.
»	1	»	R.	»	1	»	H.
»	»	5	R.	»	»	5	D.
»	»	2	R.	»	»	2	D.
»	»	1	R.	»	»	1	D.
83	6	8		83	6	8	

Explication des abréviations gravées sur chaque poids.

R signifie représentant.
K signifie kilogramme.
H signifie hectogramme.
D signifie décagramme.

Le dépotoir étant un décilitre, dixième partie du litre, ou la centième partie de l'hectolitre, il est aisé de connaître la pesanteur spécifique du litre, comme aussi du kilolitre, etc. L'opération en est très-simple : par la pesée ci-dessus, on a trouvé, en poids réel du liquide contenu dans le dépotoir, 0,08368, ce qui exprime 8 décagrammes, 3 grammes, 6 décigrammes, 8 centigrammes, et le poids représentatif de 83 kilogrammes 6 hectogrammes 8 décagrammes, pour le poids d'un hectolitre ou 100 litres du liquide dépoté.

0,08368 étant le poids connu du décilitre, il ne s'agit que de donner dix fois plus de valeur à cette somme pour avoir celle du litre; cent fois pour le décalitre; mille fois pour l'hectolitre, et dix mille fois pour le kilolitre.

Si un décilitre pèse. . . . . . . 0^k,08368
Un litre pèsera. . . . . 0 ,8368
Un décalitre pèsera. . . . . . 8 ,368
Un hectolitre pèsera . . . . . 83 ,68
Et un kilolitre pèsera.. . . . . 836 ,8

La solidité du litre étant .   1 décimètre cube.
Celle du décalitre sera de..   10 décimètres cubes.
Celle de l'hectolitre sera de   100 décimètres cubes.
Celle du kilolitre sera de. .   1000 décim. ou 1 mètre cube.

Ainsi, connaissant la capacité d'un vase quelconque, on en connaîtra de suite le poids, et, connaissant le poids, on en connaîtra la contenance.

Supposons quatre pièces du même liquide dépoté (premier exemple); ces pièces ont été livrées pour une contenance totale de 1147 litres; nous voudrions les reconnaître sans éprouver de déchet; voici la manière d'opérer, fig. 2 : à cet effet, on prépare une pièce vide propre à y transvaser la pièce qui paraîtra contenir le plus; nous désignerons cette pièce sous le nom de récipient, o; les pièces contenant le liquide seront numérotées 1, 2, 3, 4, etc.

Cela étant établi, on commence par amener la pièce numéro 1 sur le tablier de l'instrument de pesage b, fig. 1 bis; on procède à la pesée avec exactitude; on écrit en regard de son numéro le poids trouvé (deuxième exemple); ensuite on conduit la pièce auprès du récipient a', on débondonne les deux pièces, on adapte le siphon c, et on transvase du numéro 1 en a; pendant que le numéro 1 se vide, on continue les pesées des autres pièces; le numéro 1 étant entièrement vidé, on le ramène pour en faire la tare, qu'on a soin d'écrire toujours sur la même ligne de son numéro, après quoi on place cette pièce à côté du numéro 2, pour, à son tour, en recevoir le contenu, et successivement d'une pièce dans l'autre; après les avoir tarées comme il est dit pour le numéro 1, les pesées terminées, on additionne le poids brut trouvé, on en déduit la tare, et le net doit faire connaître la contenance réelle.

Deuxième exemple.

La pièce n° 1 pesant 321^k,2^h Tare 92^k
　　　　　2 pesant 304 ,3　— 89
　　　　　3 pesant 307 ,5　— 93
　　　　　4 pesant 291 ,5　— 79

Brut...... 1225^k,5　　353^k
　　　　　　353

Poids net.... 872^k,5

D'après cette expérience, le deuxième exemple nous présente en poids brut 1225 kil. 5 hect., en tare 353 kil., et en poids net, 872 kil. 5 hect.

Il s'agit, maintenant que nous avons le poids, de connaître la quantité de litres que ce poids nous donne ; par l'opération faite avec le dépotoir, nous avons trouvé en poids 0,08368.

La pesée des quatre pièces étant de 872 kil. 5 hect. net.

Le nombre de 872,5 étant divisé par 0,08368, le quotient donnera le nombre de litres cherché, qui est 1042 litres 66 centilitres.

Nous voyons, par une simple division, que les 872 kil. 5 hect. de liquide correspondent à 1042 litres 66 centilitres.

Maintenant, voulant connaître quel serait le poids des quatre pièces livrées pour une contenance totale de 1147 litres, on n'a qu'à multiplier 1147 litres par 0,08368, poids décilitre trouvé par le dépotage ; le produit de cette multication donnera 959 kil. 81 décag., poids cherché.

Puisque les quatre pièces ont été livrées pour une quantité
de..................................... 1147^l.
La quantité trouvée au dépotage à l'appareil
étant de............................... 1042 ,66

La différence en moins est de............ 104^l,34

Procédé pour améliorer les vins, par M. Baisset.

Les appareils employés consistent en des vases de verre ayant 3 centimètres (1 pouce) d'épaisseur, 30 centimètres

(11 pouces) de largeur et 36 centimètres (13 pouces) de hauteur.

Ils contiennent 2 litres de vin.

Pendant la nuit on les expose à la gelée ; si le froid est vif, il y aura déjà, au bout de trois heures, près d'un tiers de vin gelé, et plus on le laisse exposé, plus il gèle, enfin presque aux trois quarts du tout.

On décante alors la partie non gelée, qui forme un alcool délicieux et de bon goût.

La partie gelée, une fois dégelée, peut encore servir de petites boissons.

Foret perceur et marqueur de pièces, par M. NICOLLE.

Fig. 3 et 3 bis, pl. 2. Ce foret a, à son aspect, la forme d'un simple foret, garni en apparence, dans le milieu, dessous la poignée, de sa mèche, d'une longueur ordinaire.

Dans la branche de cette mèche, à l'embranchement, dans sa poignée, se trouve une lame qui partage cette même mèche et qui fait mouvoir la pince ressortant à une extrémité du foret, cette lame formant par elle une mâchoire de la pince, et l'autre mâchoire se trouvant fixée au foret même par une vis incrustée dans le manche.

La pince ne peut s'ouvrir qu'en faisant mouvoir cette lame, qui est fixée dessous la poignée, sans pouvoir agir que par la volonté de celui qui s'en sert.

A l'autre extrémité se trouve la rouane. Cette pièce se replie par-dessus le manche, se loge dans une rainure faite pour la recevoir et y reste fixée par un verrou au moyen d'une vis qui le retient et qui en assure la tranquillité.

Enfin, cette pièce, qui est de la même grosseur que les forets ordinaires, peut se mettre dans une poche sans danger et sans gêner.

Instruments à rincer les bouteilles, par M. CORDIER.

Planche 2, fig. 4. Ce rince-bouteille se compose d'un tube a, de 24 centimètres (9 pouces) de long, renfermant une tige de fer de 33 centimètres (1 pied) de long ; cette tige f est séparée en deux, à partir du point l jusqu'au point o.

Les tiges h, h' g, g' forment charnières aux points o, o', et aux baleines i, i', aux angles p, p', n, n'.

Ces deux petites tiges e, e' sont fixées au tube a et aux tiges g, g' par quatre autres charnières.

La poignée *b* est solidement fixée à l'extrémité de la tige *f*.

L'écrou *e*, agissant à pressoir et à détente, sert à ouvrir et fermer les brosses.

Ces brosses intérieures *r*, étant inclinées l'une à gauche et l'autre à droite, ne gênent aucunement à cette opération.

Pour éviter la rouille, on peut employer le fer étamé.

Pour nettoyer les vases d'une forme très-irrégulière, on peut supprimer les deux branches *g*, *g'* ; allonger les deux tiges *e*, *e'*, jusqu'à celles *h*, *h*,' et raccourcir les brosses jusqu'au point *i*, *i*'.

Observations.

Pour nettoyer les vases à fond plat, tels que carafes, etc., on peut raccourcir les brosses jusqu'aux angles *p*, et adapter à leur extrémité deux autres brosses formant chacune un angle droit avec les deux baleines *i*, *i*'.

Ces deux brosses se joignent au milieu par une charnière.

Pl. 2, fig. 5 et 5 bis. Cet instrument, destiné à rincer les bouteilles, se compose d'une tige de fer *a*, longue de 31 centimètres (11 pouces).

Dans la longueur de 10 centimètres (4 pouces), à partir de l'extrémité *h*, elle est séparée en deux branches laissant entre elles un vide de la largeur des petites tiges *g*, *f*, qui sont mobiles et tournent sur un axe placé à leurs points de milieu *o*, *o'* ; elles sont adaptées aux baleines qui soutiennent les brosses par quatre petites charnières.

On peut aussi introduire l'instrument dans une bouteille ; ensuite, en tournant l'écrou de gauche à droite, il vient prendre la forme décrite fig. 5.

Les brosses *i*, *i'* remplissant exactement le diamètre de la bouteille, on peut la rincer parfaitement.

Machine pour boucher les bouteilles, par M. MONTEBELLO.

Cette machine diffère de toutes celles actuellement en usage par les avantages suivants :

1º Le cône à charnière ouvre des deux côtés, de manière à laisser le bouchon complètement isolé une fois que la bouteille est bouchée, ce qui empêche la tête du bouchon de se casser, comme cela a lieu en employant, comme on l'a fait jusqu'ici, des cônes mobiles d'un seul côté.

2º La même pièce sert à ouvrir et à fermer le cône par le

seul mouvement de levier, ramené, par un contre-poids, à la position fermée, sans le secours de l'ouvrier.

3° Le plateau qui supporte la bouteille est soutenu par un contre-poids, qui remplace les ressorts employés jusqu'ici, trop sujets à s'oxyder par l'humidité des caves.

Ce contre-poids est mobile le long de la tige du levier, ce qui permet à l'ouvrier de régler son action.

4° Les coulisseaux qui guident la marche de la pièce de serrage sont réglés par des vis de pression, qui permettent de les rapprocher, si la coulisse vient à s'user.

5° Le contre-poids du support de la bouteille est mis en communication avec le contre-poids de fermeture au moyen d'une chaînette ou d'une corde, de sorte que, en ouvrant le cône, le plateau descend de lui-même et permet d'enlever la bouteille.

6° Le mécanisme se trouve entièrement couvert, ce qui l'empêche de s'encrasser par la poussière.

Pl. 2, fig. 6. Coupe verticale par le milieu de la machine.
Fig. 7. Profil.
Les fig. 8 et 9 ne figurent plus que pour mémoire.
Fig. 10. Vue, en plan, de la disposition actuelle et qui est définitivement adoptée.

Il est inutile d'entrer dans plus de détails sur la construction de la machine ; les différentes figures ci-dessus désignées pourront faire comprendre suffisamment la marche de celle-ci.

En résumé, l'objet de mon invention consiste :

1° Dans l'ouverture du cône des deux côtés ;

2° Dans la substitution des contre-poids aux ressorts ;

3° Dans la facilité de régler les coulisseaux, en cas d'usure ou de dérangement ;

4° Dans l'abaissement des plateaux soutenant la bouteille par le même mouvement qui ouvre le cône ;

5° Dans l'isolement complet de la bouteille et du bouchon après le bouchage. Cet isolement s'obtient par un seul mouvement.

Procédé pour conserver et vieillir les vins.

La composition est faite de trois substances employées à diverses doses, en raison de la nature des vins.

Le n° 1, devant servir pour deux hectolitres de vins légers du Bourbonnais, de Bourgogne et divers autres crus, est composé de la manière suivante :

Bicarbonate de soude. . . . 125 grammes.
Chlorure de sodium . . . . 64 »
Alumine en gelée . . . . . 64 »
Eau ordinaire, environ . . . 750 »

Le n° 2 qui sera employé pour tous les vins très-durs de Bordeaux, d'Auvergne, quelques contrées du Bourbonnais, etc., sera composé des mêmes substances, à l'exception du bicarbonate de soude qui sera porté à 250 grammes pour deux hectolitres de vin.

Notre procédé consiste à convertir en sesquitartrate et tartrate neutre de potasse et de soude, le bitartrate de potasse, qui existe en proportions fort diverses dans les vins, mais toujours en quantité considérable.

Pour les vins faibles qui ne demandent que deux ans pour être potables, nous convertissons le bitartrate en sesquitartrate, seulement pour les vins qui contiennent fort peu de tannin et d'alcool et qui ne se conservent pas au-delà de 4 ou 5 ans, car lorsqu'ils sont arrivés à un état complet de maturité (conversion du bitartrate en tartrate neutre), leur détérioration commence.

Pour les vins généreux abondants en sucre et en tannin et qui exigent 7 ou 8 ans pour être potables, le bitartrate de potasse est en totalité converti en tartrate neutre de potasse et de chaux. Le tannin et la grande proportion d'alcool qui se forme pendant longtemps, assurent à ces vins une longue conservation.

Dans tous les vins nouveaux la proportion de bitrate de potasse est immense; cette saveur acerbe a toujours été confondue avec le principe astringent de cette dernière substance.

Ce qui appuie notre raisonnement, c'est que lorsque nous saturons l'acide tartrique libre, le vin de Bordeaux, par exemple, vieillit au moins de cinq ans, et que de suite il a acquis les qualités exigées par le commerce pour être bu de suite.

Pour les vins blancs, les résultats que l'on obtient sont extrêmement avantageux : on détruit de suite toute leur verdeur, mais on leur procure encore une limpidité parfaite.

Ces vins traités par notre procédé, peuvent être, sans inconvénient, exposés au contact de la lumière.

Le bicarbonate de soude, moins alcalin que le sous-carbonate, ne réagit pas sur la matière colorante du vin.

L'action de notre composition est nulle sur l'économie animale, car la petite quantité de sel de seignette qui se forme ne s'élève pas au-delà de 50 centigrammes par litre de vin et ne saurait d'ailleurs être nuisible.

Notre composition étant composée comme il est dit, offre l'avantage d'agir comme matière clarifiante et filtrante ;

De ne pas détruire le tannin, de ne pas détériorer le vin, mais seulement d'en séparer la matière violette qui fait reconnaître les vins nouveaux, et de leur procurer alors la belle couleur pourprée des vins vieux ;

Enfin, de pouvoir séjourner dans les vins sans crainte de détérioration qu'occasionnent l'albumine animale et la gélatine.

Robinet régulateur, par M. LEBIHAN, *à Paris.*

On sait que la liqueur contenue dans un fût ou dans un autre vase quelconque, ne coule que très-difficilement, ou même ne coule pas du tout par l'ouverture d'un robinet, lorsque, fermant hermétiquement ces vases, on soustrait le liquide contenu à l'action de la pression atmosphérique ; que, si de plus, l'ouverture du robinet plonge dans un liquide, l'écoulement ne peut plus avoir lieu en aucune manière.

Pl. 2, fig. 11. Pour que le robinet, que nous allons décrire, puisse avoir son effet, il faut que le vase contenant le liquide ne puisse recevoir d'air, à l'intérieur, que par le tube a, b, c, d, e, dont la partie a, b, se trouve réunie dans une même pièce au canal d'écoulement f, g, h. Or, lorsque le liquide écoulé aura atteint, dans le vase qui le reçoit, la partie a, f du robinet, la communication entre l'air extérieur et l'intérieur du fût se trouvant interceptée, et l'extrémité du canal d'écoulement étant plongée dans le liquide, la liqueur cessera de couler.

Cependant la liqueur montera dans le tube a, b, c, en communication directe avec le fût o, jusqu'à ce qu'elle se trouve au même niveau que dans ce vase, et y demeurera quand le robinet sera fermé. Cette liqueur qui séjourne ainsi dans ce tube, sera toujours la première qui devra en être extraite : pour cela il y a en c une virole entrant à frottement dans le tube et percée, au côté d'une ouverture p.

Le tube se trouve lui-même percé pareillement en g. En tournant la virole de manière à ce que l'ouverture p se trouve sur l'ouverture q, le tube se trouvera en communication directe avec l'atmosphère ; au contraire, l'intérieur du fût o en sera isolé : conséquemment, la liqueur qui était restée dans ce tube s'en écoulera. On fait faire alors un demi-tour à la virole : toute communication avec l'extérieur est de nouveau interceptée, et l'écoulement commence avec toutes les conditions signalées plus haut.

D'après la manière de fonctionner de ce robinet, il y aura dans le tube a, b, c, d, e, un courant d'air d'autant plus fort, que le passage qui lui sera livré sera plus étroit. Un chalumeau adapté à l'intérieur de ce tube, fait entendre un sifflement pendant l'écoulement du liquide, et avertit, par la cessation de ce bruit, que le vase est suffisamment rempli.

La fig. 11, pl. 2, représente le robinet adapté à un fût; la fig. 12, le robinet seul, le tube en étant séparé; la fig. 13 représente ce tube seul, muni, en r, d'un chalumeau. Ce tube, en caoutchouc ou autre matière flexible, se visse par un écrou métallique en s, t (fig. 12), et le tout s'adapte au fût comme dans la fig. 11.

Dans les cas où on pourrait adapter le robinet à une pièce avant de la remplir, le conduit a, b, c, d, e pourrait être renfermé dans la pièce même et la virole fixée à la bonde ; ce robinet, quant à l'extérieur, n'aurait alors que l'apparence d'un robinet ordinaire.

Procédé propre à vieillir les vins, par M. OZANNE, à Paris.

Les vins, en vieillissant, acquièrent des qualités d'autant plus supérieures qu'ils ont été conservés pendant plusieurs années ayant offert de grandes et nombreuses variations atmosphériques auxquelles ces vins ont été soumis.

En reproduisant artificiellement ces nombreuses variations de température, je suis parvenu à donner à un vin âgé d'un an, toutes les qualités qu'il aurait pu acquérir s'il eût été conservé pendant cinq, dix et même quinze années.

Je vieillis les vins à volonté, c'est-à-dire que je leur donne deux, trois, quatre ou dix ans, *ad libitum*, en leur conservant le bouquet qui les distingue.

Je n'agis sur les vins que médiatement, en plongeant les vases dans lesquels ils sont contenus dans des milieux de températures différentes.

Par conséquent, la nature du vin n'est nullement altérée, et cette transformation ne peut avoir aucune action sur la santé des personnes qui feront usage de ces vins artificiellement vieillis.

Le résultat que j'obtiens est tel, que les vins soumis à mon procédé de températures différentes sont identiquement les mêmes que s'ils avaient naturellement vieilli au point de mettre le dégustateur le plus expérimenté en défaut.

Je mets dans un vase une certaine quantité de vin nouveau ; après avoir bouché ce vase, je le place dans une certaine quantité de glace, de manière à ce qu'il y soit complètement plongé afin de faire descendre la température du vin.

Lorsque le vin a commencé à céder de son calorique, je le transvase dans un autre vase placé dans un appareil dans lequel on a mélangé, en quantité convenable, de la glace préparée avec du chlorure de sodium.

Après être resté en contact médiat avec ce mélange réfrigérant, le vin contenu dans le vase se divise en deux parties, l'une liquide et l'autre solide.

Préparation des vins mousseux, par M. GAUTIER, *au Hâvre.*

Le procédé comprend la préparation d'un vin mousseux analogue à celui de Champagne, obtenu au moyen de l'introduction directe du gaz acide carbonique à l'aide de la compression, en se servant de vins blancs dont la nature de composition, selon l'auteur, se trouve identique à ceux de la Champagne, et dont le résultat de ces essais lui fait espérer d'obtenir une qualité rivale avec les vins cités, en employant pour cette opération les vins du département de Maine-et-Loire.

L'idée de préparer des vins mousseux par ce moyen n'est pas neuve. elle a déjà excité l'attention des chimistes, mais nombre d'individus ont échoué dans leurs expériences, parce que toujours ce vin se trouble peu de temps après sa préparation, soit par suite de fermentation nouvelle qui survient très-facilement après l'introduction du gaz acide carbonique. qui paraît agir sur la matière sucrée comme le fait l'oxygène,

Il me restait donc à étudier ces altérations et à y obvier; j'ai reconnu, entre autres, que le sucre employé à l'état de sirop, amené même à la densité de 1,261 ou 30 bouillant, à l'aréomètre, renferme encore une assez grande quantité de l'albumine de l'œuf employé pour sa clarification, que cette albumine, qui a échappé à l'action de la chaleur sans se coaguler, reste ainsi unie au sirop et devient un agent de fermentation lors de son mélange au vin.

Voici le moyen que j'emploie pour priver le sirop de l'albumine : lorsque la cuite du sirop est à 30 de l'aréomètre, et qu'il ne se produit plus d'écume par l'action seule de la chaleur, j'ajoute 1/16 de vin blanc au sirop : au moment du contact, une grande quantité d'albumine coagulée reparaît ; le sirop, décuit par cette addition, est ensuite ramené par l'évaporation à la densité de 30 bouillant et constitue le sirop prêt à être employé.

Le vin a aussi besoin de quelques préparations ; il doit être très-limpide, c'est une condition essentielle : on commence par le coller à la colle de poisson : 5 grammes pour 250 litres, cette quantité est suffisante. Les vins du département de Maine-et-Loire contiennent peu de tannin. Le vin ainsi collé est tiré à clair au bout de quinze ou seize jours, et passé ensuite à la chausse ; ainsi préparé, on l'introduit dans l'appareil à compression avec la proportion de 90 à 120 grammes de sirop par bouteille, ou, ce qui revient au même, on ajoute dans chaque bouteille le sirop avant d'y introduire le vin ; si on se servait de vin nouveau, de six mois par exemple, au lieu d'un an ou deux, il serait bon de muter légèrement les bouteilles en y faisant tomber une goutte d'alcool sulfureux (gaz sulfureux dissous dans l'alcool.)

Le vin ainsi préparé se conserve parfaitement, supporte les voyages de long cours sans s'altérer, et constitue, au bout de quelques mois, un vin pourvu d'excellentes qualités.

Méthode de soigner les vins, par MM. SALAT *et* SEUREIN, *à Bordeaux* (Brevet de 10 ans du 29 mars 1845).

Les inventeurs, critiquant la méthode suivie ordinairement et qui consiste à soufrer, coller et soutirer les vins, proposent le procédé suivant :

1º Faire passer les liquides du froid au chaud, et du chaud au froid successivement.

2º Donner à chaque vin le degré de chaleur convenable, selon sa nature et le but qu'on se propose.

3º Renouveler soigneusement l'eau du réfrigérant, afin de retirer les vins très-froids pour éviter l'évaporation.

Ces inventeurs ont cherché à produire l'effet des saisons.

Le vin est versé dans des serpentins qui passent d'une chaudière chauffée dans un réfrigérant. On devra varier la chaleur suivant les vins, et les faire passer dans les serpentins un plus ou moins grand nombre de fois, suivant l'âge du vin et sa destination.

Tonneau propre à conserver le vin, par M. LABOUTE, *à Plazimet*
(Brevet de 15 ans du 5 mars 1845).

Lorsque, faute de bouteilles, on est obligé de tirer le vin du tonneau pour les besoins de la consommation journalière, ce vin, si la vidange dure longtemps, s'aigrit et se moisit, parce qu'il est exposé à l'action prolongée de l'air.

L'inventeur a voulu éviter cet inconvénient; son tonneau cylindrique intérieurement présente extérieurement la forme d'un tronc de cône posé sur sa grande base. Cette dernière forme facilite l'action des cercles. Un robinet est adapté au fond du tonneau qui est ouvert à la base supérieure; on le remplit de vin. On pose, sur la surface du liquide, un cercle en bois ayant 3 centimètres (1 pouce) d'épaisseur et submergé de 2 centimètres (1 pouce). On peut toujours obtenir cette immersion soit en mettant des feuilles métalliques à la face supérieure, soit les feuilles de liége à la face inférieure. Un filet d'huile est versé entre le tonneau et la base mobile. A mesure qu'on tire le vin, cette base descend et le vin n'a jamais le contact de l'air, puisqu'il est toujours recouvert par le cercle et par le filet d'huile, en sorte qu'on a toujours un tonneau plein.

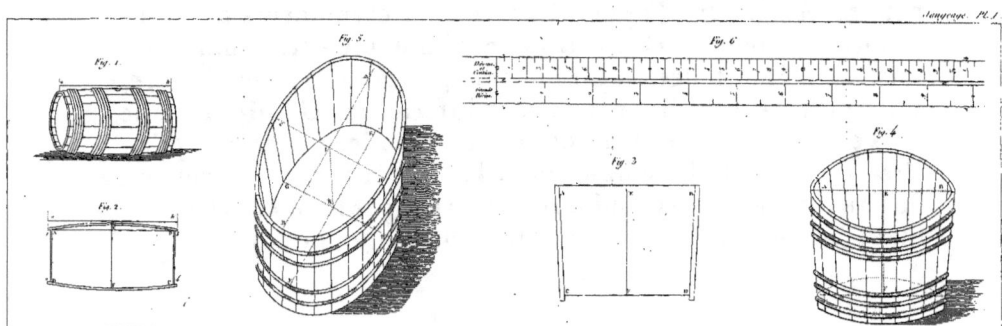

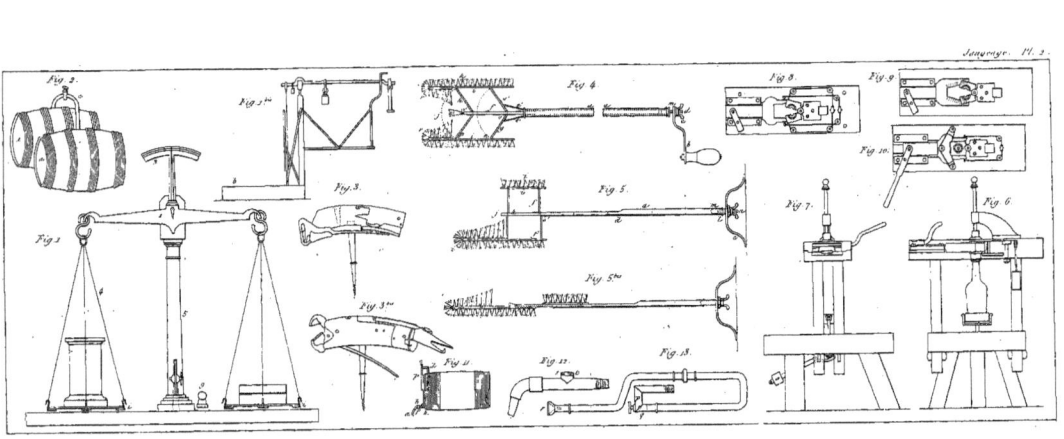

TROISIÈME PARTIE.

LÉGISLATION

CONCERNANT

LES DÉBITANTS DE BOISSONS

Par M. **Charles VASSEROT**,

Avocat à la Cour d'Appel.

Cette troisième partie se compose :

D'un préliminaire;

De trois titres.

Le premier traite des propriétaires de café, cabarets et autres débits de boissons. — Du décret du 29 décembre 1851.

Le second, de la législation en matière de boissons.

Le troisième, de quelques dispositions législatives spéciales aux débitants de boissons.

PRÉLIMINAIRE.

Nous devons nécessairement commencer ce traité sur la législation en matière de boissons, par mettre sous les yeux les différents noms qui sont donnés aux vins. Cette nomenclature est indispensable pour faciliter l'intelligence des lois qu'on lira ci-après.

Les différents noms qu'on donne au vin, lui viennent soit de la manière de le faire, comme : Mère-goutte, — vin de pressurage, — vin bourru, — vin de passe, — vin cuit ;

Soit de sa qualité, comme : vin doux, — vin sec, — vin brusque, — vin de liqueur ;

Soit de sa couleur, comme : vin blanc, — vin clairet, — vin gris, — vin rouge, — vin paillet ;

Soit enfin de divers lieux ou terroirs sur lesquels les vins se recueillent, comme, en général : vin de France, — vin de Hongrie, — vin du Rhin, — vin d'Espagne, — vin de Canarie; et, en particulier, — vin de Bourgogne, — vin de Champagne, — vin d'Orléans, — vin de Tokai, — vin de Palerme — et grand nombre d'autres.

On appelle *mère-goutte*, le vin qui coule de lui-même de la cannelle de la cuve où l'on met la vendange, avant que le vendangeur y soit entré pour fouler les raisins.

Le *vin de pressurage* est celui qu'on exprime avec le pressoir, après y avoir mis les râfles et les raisins plus qu'à demi écrasés, quand le vin en a été tiré dans la cuve.

Ce qui reste de ces rafles, après qu'elles ont été bien pressurées, s'appelle le *marc*; c'est avec ce marc qu'on fait la boisson ou piquette, en y jetant de l'eau dessus, et en le pressurant de nouveau. (Ce marc est aussi de quelque usage dans la médecine pour la guérison des maux causés par des humeurs froides.)

Le *vin doux* est celui qui n'a point encore bouilli ; le *vin bourru*, celui qu'on empêche de bouillir ; le *vin cuvé*, celui qu'on a laissé bouillir dans la cuve pour lui donner couleur ; le *vin cuit*, celui à qui on a donné une cuisson avant qu'il ait bouilli, et qui, à cause de cela, conserve toujours sa douceur ; enfin le *vin de passe*, celui qui se fait en mettant des raisins secs dans de l'eau, qu'on laisse ensuite fermenter d'elle-même.

Les *vins de liqueur* sont des vins naturels, la plupart doux et sucrés, et quelques-uns secs et amers. On ne se sert guère en France de ces vins pour la boisson ordinaire ; mais on en présente assez souvent à la fin des repas.

La France a plusieurs de ces sortes de vins, entre autres les *vins muscats* de Saint-Laurent et de la Ciotat en Provence ; ceux de Frontignan et de Limoux en Languedoc ; ceux de Rivesaltes en Roussillon ; ceux de Grave près Bordeaux, et les vins blancs de Champagne.

Les *vins de liqueur* étrangers sont : les vins d'Espagne et de

Madère, dont il y a de plusieurs sortes ; les vins de Canarie qui, pour se distinguer, empruntent chacun le nom de celle des îles où ils croissent; les vins de Hongrie, surtout celui de Tokai; plusieurs vins d'Italie, comme de Piémont et de Montferrat; ceux qu'on nomme la *Verdée* et le *Montefiascone*.

L'on met aussi au nombre des *vins de liqueur* toutes les malvoisies de Candie, de Chio, de Lesbos, de Ténédos, et de plusieurs autres îles de l'Archipel, qui appartenaient autrefois aux Grecs, ce qui fait que ces vins sont quelquefois appelés *vins grecs;* quoiqu'on donne aussi ce nom à un *vin* qui se recueille dans le royaume de Naples. — On fait en Provence une espèce de malvoisie, mais qu'il faut mettre parmi les vins cuits, n'étant faits qu'avec des *vins muscats* auxquels on a donné un certain degré de cuisson.

Les *vins communs*, c'est-à-dire qui servent de boisson ordinaire, se distinguent, en général, en *vins nouveaux* et en *vins vieux*. Les vins nouveaux sont ceux qui n'ont pas encore passé leur première année; les vins vieux sont ceux qui en en comptent plusieurs.

L'âge des vins se suppute par feuilles. On dit du vin de deux, de quatre, de six feuilles, pour signifier un vin de deux, de quatre et de six années.

La vieillesse des vins était chez les Romains comme le titre de leur bonté. Horace, dans ses odes, se glorifie de boire du vin de Falerne, né, pour ainsi dire, avec lui. Pline parle de quelques vins qui passaient un siècle et qui étaient encore potables.

Les modernes n'ont pas le même goût pour les vins d'une si grande vieillesse. A peine s'en trouve-t-il en Allemagne et en Italie, où l'on en conserve encore assez longtemps, qui aillent au-delà de trente feuilles. — En France, on voit les vins de Bourgogne et d'Orléans usés quand ils vont jusqu'à la cinquième ou sixième feuille. Cependant ceux de Bordeaux et du Quercy n'en sont que meilleurs quand ils sont plus vieux.

Les bonnes qualités du vin consistent en ce qu'il soit sec, clair, sans goût de terroir, sans liqueur, d'une couleur nette et assurée, qu'il ait de la force sans être fumeux, du corps sans être âcre, et qu'il soit de garde sans être dur.

Les mauvaises qualités du vin, au contraire, sont : la graisse, le poussé, le goût du fût, l'aigreur, la faiblesse, qu'il soit capiteux, difficile à s'éclaircir, qu'il s'affaiblisse en vieillissant, ou qu'il ne puisse se garder.

Marchand de vins.

On appelle *vin naturel*, du vin tel qu'il vient de la vigne, sans mixtion ni mélange; *vin frelaté*, du vin où l'on a mêlé quelque drogue pour lui donner de la force, du montant, de la douceur, ou quelque autre qualité qu'il n'avait pas; *vin coupé*, celui qui est composé de plusieurs vins; *vin soutiré*, du vin qu'on a tiré clair après qu'il a quelque temps reposé sur la lie.

On nomme *vin passé*, celui qui s'est affaibli pour avoir été gardé trop longtemps. Le *vin au bas* est celui qui est tiré bien au-dessous de la barre du tonneau, et qui est près de la lie; le *vin louche*, celui qui n'a pu se bien éclaircir; le *vin soufré*, celui qu'on a mis dans des futailles où l'on a brûlé du soufre préparé, pour lui faire passer la mer ou le conserver; le *vin collé*, celui où l'on a mis de la colle de poisson pour l'éclaircir; le *vin de teinte*, le gros vin avec lequel on teint les vins qui pêchent en couleur; le *vin qui sent le fût*, celui à qui quelque douve gâtée a donné un mauvais goût; le *vin de copeau*, celui qu'on a fait passer, pour l'éclaircir ou l'adoucir, sur des copeaux de bois de hêtre; et enfin le *vin de râpe* est celui qu'on jette sur un râpé de raisin (1).

La *lie de vin* est le sédiment épais qui reste au fond du tonneau, lorsque le vin, après avoir été quelque temps en repos, est entièrement tiré. La *baissière* est le vin un peu au-dessus la lie, qui s'aigrit et s'évente, et qui n'est plus potable. — Ce sont les *vinaigriers* qui font le négoce des baissières et des lies de vin, qui les pressent pour en faire du vinaigre, et qui les réduisent en pain pour les vendre. — Les cabaretiers, marchands de vin et autres qui font le commerce de vin en détail, sont tenus, aux termes des ordonnances, de vendre leur lie aux vinaigriers, sans en pouvoir faire des eaux-de-vie.

(1) Un *râpé* est un tonneau rempli à demi de raisins en grains, triés et choisis, sur lesquels on passe les vins usés et affaiblis, pour leur donner de la force et les mettre en état d'être bus et vendus.

Un *râpé de copeau* est un tonneau entièrement rempli de copeaux neufs, de bois de hêtre bien séchés, bien propres, et bien imbibés auparavant d'excellent vin, sur lesquels on passe le vin qu'on veut éclaircir promptement, et conserver toujours clair, quelque vin qu'on jette dessus. Il était défendu par l'ordonnance de 1680, à tous ceux qui vendaient du *vin en détail*, de se servir d'aucun *râpé de copeau*, en quelque manière que ce fût, sous peine de confiscation et de 100 livres d'amende.

La même ordonnance réglait la quantité de *râpé de raisins* que ces marchands pouvaient tenir dans leurs caves: à un *râpé de demi-muid*, s'ils avaient vingt muids de vin, et à un *râpé d'un muid*, s'ils avaient quarante muids de vin et au-dessus; mais ils ne pouvaient excéder ce taux, à peine de confiscation des râpés excédant, et de 100 livres d'amende.

On appelle *bran-de-vin*, de l'eau-de-vie commune, et *esprit-de-vin*, de l'eau-de-vie rectifiée.

Il a été fait aussi *sur le Commerce des vins*, surtout de ceux de France avec les étrangers, quelques observations que les marchands peuvent avoir besoin de connaître, et que nous croyons nécessaire de rapporter ici.

Il n'y a guère de vins de France, surtout des meilleures qualités, que les vaisseaux français ne transportent dans les pays étrangers, même les plus éloignés; ou que les vaisseaux étrangers ne viennent eux-mêmes charger dans plusieurs ports du royaume.

Les lieux où les vaisseaux français vont le plus ordinairement porter leurs vins, sont, entre autres, les villes de la mer Baltique et du Nord, les îles Antilles françaises, et les autres colonies que la France possède; les côtes d'Italie, Tunis, Alger, quelques autres endroits de la Méditerranée et des côtes d'Afrique.

Les négociants français qui entreprennent le commerce de la mer Baltique, du nord et de l'Amérique, font le plus souvent l'armement de la cargaison de leurs navires à Bordeaux, à La Rochelle, à Nantes et à Rouen; les Provençaux qui font leur négoce sur la Méditerranée chargent à Marseille et à Toulon, et dans quelques petits ports de leur ci-devant province.

Les vins qui se portent aux îles françaises y sont envoyés pour la plupart par les marchands de Bordeaux, de La Rochelle et de Nantes; les marchands de Normandie et de la Flandre s'adonnent plus volontiers au commerce du Nord.

Quoique ces transports et ces envois de *vins de France* que font les marchands français par les vaisseaux de la nation, soient très-considérables, ils n'approchent pas de la quantité que les étrangers viennent eux-mêmes en enlever tous les ans.

Les Anglais, les Écossais, les Irlandais, les Hollandais, les Flamands, les Hambourgeois et les Prussiens, sont, dans le temps de paix, les nations qui envoient le plus de vaisseaux enlever des vins français; mais, quand la guerre est déclarée entre la France, l'Angleterre et la Hollande (les Pays-Bas aujourd'hui), les Danois et les Suédois, s'ils sont restés neutres, ont coutume de se joindre aux Hambourgeois pour faire ce négoce, soit pour eux, soit pour les peuples que l'interruption du commerce empêche d'être reçus dans les ports de France.

C'est ordinairement à Bordeaux (1), à La Rochelle, à Nantes et à Rouen, que les étrangers viennent charger les vins de France.

Les vins de la rivière de Nantes n'étant guère bons qu'à brûler, la plus grande quantité de ceux qu'on y charge pour l'Angleterre, l'Écosse, l'Irlande, la Hollande, les Pays-Bas, la Flandre, la mer Baltique, le Nord, les îles françaises, se tirent par la rivière de la Loire, de Touraine, d'Anjou, de Vauvray, du pays Blaisois et d'Orléans. On y charge aussi des vins de l'île de Rhé.

Les Anglais tirent des vins de la Basse-Navarre et du Béarn, particulièrement de ceux de la sénéchaussée de Morlaas, qu'ils ne trouvent pas moins bons que les meilleurs qu'ils prennent à Bordeaux, Nantes et La Rochelle.

Les autres vins de France propres aux Anglais, et qui se recueillent dans le cœur du royaume, sont : ceux de Mantes, de Bourgogne et de Champagne, qu'ils chargent à Rouen, à Dunkerque et à Calais. Toutes ces qualités de vins qui conviennent aux Anglais, conviennent aux Hollandais, et ceux-ci en enlèvent incomparablement davantage.

Des vins que les Anglais et les Hollandais viennent charger en France, il n'y en a qu'une partie qui se consomme chez eux, le reste sert à leur commerce du Nord et de la mer Baltique, et à transporter dans leurs colonies et dans les îles de l'Amérique.

Le commerce des vins qui s'envoient à l'étranger par terre, quoique moins considérable que le commerce des vins qui s'y envoient par mer, ne laisse pas cependant de l'être beaucoup. C'est par terre que la Flandre en tire quantité de Champagne et du Soissonnais, et que les Suisses en tirent beaucoup de Bourgogne et de Languedoc. Enfin, c'est également par terre que l'on conduit en Allemagne quantité de ces derniers, comme en Savoie et en Piémont beaucoup de ceux de Provence.

On peut aussi mettre au nombre des *vins français* dont le commerce est considérable avec les étrangers, ceux du Barrois et de la Lorraine, desquels les Liégeois, les Luxembourgeois et les marchands de vin des Pays-Bas, enlèvent, année commune, jusqu'à trente mille pièces.

Nous allons rapporter aussi quelque chose du *Commerce des*

---

(1) On appelle *vins de haut pays* les vins de toutes sortes de crûs qui se recueillent hors la ci-devant sénéchaussée de Bordeaux, qu'on appelle *vins de ville*.

vins étrangers, que nous croyons que les négociants ont encore intérêt de connaître.

La plupart des vins étrangers dont les Français font commerce, sont des *vins de liqueur*, à la réserve de ceux du Rhin et de la Moselle, qui sont des vins secs.

Les vins d'Espagne, qui tiennent le premier rang entre ces vins, sont de deux sortes, les blancs et les clairets, presque tous excellents. Il y en a aussi de très-couverts, comme ceux d'Alicante ; mais on se sert plus volontiers de ces derniers comme d'un remède contre les faiblesses d'estomac et les indigestions.

Les lieux d'Espagne d'où l'on tire le plus de vins, sont: Malaga, Alicante, Sainte-Marie, Porto-Réal, San-Lucar et Rom, les uns sur la Méditerranée, les autres sur l'Océan : on en charge aussi à Cadix.

L'on peut mettre au nombre des vins d'Espagne ceux des Canaries, autant parce que ces îles d'Afrique appartiennent aux Espagnols, que parce qu'une grande partie de ces vins s'apportent dans plusieurs ports d'Espagne où les Européens les vont charger.

Quoique toutes les îles Canaries produisent d'excellents vins, on donne néanmoins la préférence à ceux de l'île de Palme et de Fano. Les Hollandais et les Anglais sont ceux qui en font le plus grand commerce le plus souvent en droiture. Ces derniers en enlèvent par an jusqu'à seize mille tonneaux, tant pour leur consommation que pour celle du Nord.

Les vins de Portugal sont d'une qualité bien inférieure à celle des vins d'Espagne ; ils ont même, outre un goût peu agréable auquel les étrangers s'accoutument malaisément, une qualité nuisible à la santé de ceux qui n'y sont pas faits.

Madère, île d'Afrique dépendant du Portugal, a des vins délicieux, mais qui sont meilleurs de deux ou trois feuilles que dans la première année, à cause du goût âcre et ardent qui ne se dissipe qu'avec le temps, pour se changer en douceur et en force. On en tire, année commune, trente mille siares, mesure d'Italie qui pèse environ cent quarante livres chacune. Le plant des vignes qui le produisent y fut apporté de Candie.

Ce vin s'enlève par les Européens, principalement par les Anglais et les Hollandais, qui quelquefois le tirent en droiture de Madère, mais plus souvent le chargent en Portugal ; et partie se porte par les Portugais mêmes sur les côtes d'Afrique, où ils ont de grands établissements, et au Brésil. — Le vin de Madère paie au Brésil plus de huit pistoles par pipe de droits d'entrée, ce qui fait qu'il y est très-cher.

Les vins du Rhin et de la Moselle ne font pas partie du commerce des vins étrangers : il en passe un peu en France ; mais la plus grande partie, outre ce qui s'en consomme dans le pays, est pour les Hollandais qui en tiennent leurs plus grands magasins à Dordrecht ; ils les tirent ordinairement de Cologne, qui en est proprement l'étape.

Vienne en Autriche, les pays héréditaires de l'empereur et les contrées d'Allemagne qui sont proches du Danube, se servent assez communément des vins de Hongrie ; il s'en conduit même jusqu'en Lorraine, d'où il en passe quelque peu en France. — C'est aussi des vins de Hongrie que presque toute la Pologne se fournit. Ces vins, pour la majeure partie, sont vigoureux, mais fumeux, à peu près de la qualité des plus forts vins de la rivière de Bordeaux. Il faut néanmoins en excepter les vins de Tokai, qui approchent davantage de ceux de Canarie avec qui même ils disputent d'excellence : ce sont de ceux-ci que l'on voit à Paris.

Quant aux vins d'Italie, il ne s'en fait pas un grand commerce au dehors. Les meilleurs sont ceux de Gensane, d'Albano, et de Castel-Gaudolfe aux environs de Rome ; le vin grec de Naples et le Lacryma-Christi ; la Verdée, la Moscadelle et le Montefiascone de Florence ; enfin ceux de Piémont et de Montferrat. — Les Italiens font plutôt des présents de ces vins aux étrangers, qu'ils n'en font un vrai négoce avec eux. — Dans quelques endroits d'Italie, les tonneaux où l'on conserve ces vins, sont larges et courts comme des fromages de Hollande, et dans d'autres, leur longueur a sept de leur diamètre.

TITRE Ier.

DES PROPRIÉTAIRES DE CAFÉS, CABARETS ET AUTRES DÉBITS DE BOISSONS. — DÉCRET DU 21 DÉCEMBRE 1851.

1. *Division.*

1. Ce titre se divise en quatre chapitres.

Le premier traite des conditions administratives nécessaires pour obtenir la faculté de tenir un débit de boissons.

Le second rappelle quelques dispositions légales que doivent indispensablement connaître tous les marchands.

Le troisième traite de la patente des débitants de boissons.

Le quatrième de la législation en matière de poids et mesures.

CHAPITRE PREMIER

DES CONDITIONS ADMINISTRATIVES NÉCESSAIRES POUR OBTENIR LA FACULTÉ DE TENIR UN DÉBIT DE BOISSONS.

A toute époque, l'autorité a eu la sage pensée de veiller avec soin sur les établissements où se réunissent d'une manière constante un grand nombre d'individus, et les débitants de boissons ont été, par cette raison, soumis à des conditions particulières de surveillance.

Le débitant de boissons est celui qui vend les boissons qu'il a achetées pour revendre.

Sont débitants de boissons, les cabaretiers ou marchands de vins, les aubergistes, traiteurs, restaurateurs, maîtres d'hôtels garnis, cafetiers, liquoristes, buvetiers, débitants d'eau-de-vie, concierges, ou autres donnant à manger, au jour, au mois ou à l'année, ainsi que tous ceux qui se livrent à la vente en détail des vins, cidres, poirés, eaux-de-vie, esprits, ou liqueurs composées d'eaux-de-vie ou d'esprits.

Ce sont là ceux qu'ont désignés les articles 47 et 50 de la loi du 28 avril 1816, qui est toujours la loi dont les dispositions sont exécutoires.

Dans la dénomination de cafetiers, sont implicitement compris ceux qui vendent en détail de la bière, ceux qui tiennent des tabagies et des estaminets.

Tous ces débitants, comme tenant des maisons où il peut se faire de grands rassemblements d'hommes, et comme vendant des boissons, à la salubrité et aux mesures exactes desquelles les autorités ont le droit de veiller, sont soumis à souffrir les visites et les inspections des maires, adjoints, commissaires et autres officiers de police auxquels la loi a confié ces fonctions.

Elles leur sont attribuées par l'article 3, nos 3 et 4, titre XI de la loi des 16 et 24 août 1790, et par l'article 9, titre 1er de la loi du 22 juillet 1791, portant (l'article 3, nos 3 et 4) :

« Les objets de police confiés à la vigilance et à l'autorité
» des corps municipaux, sont : 1°... 2°... 3°, le maintien du
» bon ordre dans les endroits où il se fait de grands rassemble-
» ments d'hommes, tels que les foires, marchés, réjouissances

» et cérémonies publiques, spectacles, jeux, *cafés*, églises, et
» autres *lieux publics*; 4° L'inspection sur la fidélité du dé-
» bit des denrées qui se vendent au poids, (à l'aune) ou à la
» mesure, et sur la salubrité des comestibles exposés en
» vente publique; »

Et portant (l'article 9 du Titre Iᵉʳ de la loi du 22 juillet 1791) :

« A l'égard des lieux où tout le monde est admis indistinc-
» tement, tels que cafés, cabarets, boutiques et autres, les offi-
» ciers de police pourront *toujours* y entrer, soit pour pren-
» dre connaissance des désordres ou contraventions au rè-
» glement, soit pour vérifier les poids et mesures..... la salu-
» brité des comestibles... »

Outre ces visites et inspections, ces débitants seraient encore tenus d'en souffrir dans les cas où ils auraient des consommateurs chez eux, à des heures indues, ou au-delà de celles déterminées par les réglements de police et arrêtés des maires, qui sont autorisés à en prendre à cet égard.

Quand un réglement de l'autorité municipale défend aux aubergistes, cabaretiers, cafetiers et autres, dont la profession est de donner à boire, à manger ou à jouer, de garder ou recevoir *personne* chez eux après une certaine heure du soir, il y a contravention à cet arrêté, si des personnes autres que celles faisant partie de la maison, fût-ce des parents ou des amis, sont trouvés dans une auberge ou dans un café après l'heure déterminée, alors même que ces personnes ne boivent, ne mangent ni ne jouent. *Arrêt de la Cour de Cassation (section criminelle) du 4 avril 1823, affaire du Ministère public contre Jean Arnal.*

A plus forte raison si ces personnes sont trouvées buvant et mangeant après l'heure indiquée pour la fermeture des cabarets. Peu importe que ce soient des *parents et amis* du cabaretier, et non des consommateurs payants. *Arrêt de la même section criminelle, du 5 octobre 1822, affaire de Jean-Charles Delétain.* — Mêmes décisions de la même Cour, des 8 et 5 octobre 1822, du 21 février 1824, et du 17 juin 1825.

Tel était l'ensemble de la législation en vigueur lorsque les circonstances ont amené le décret *du 29 décembre* 1851, lequel pose les conditions nécessaires et premières de l'existence des débits de boissons.

Ce décret, qui est la base de l'existence des débits de boissons, doit nécessairement commencer la partie législative de ce Manuel, puisque sans l'accomplissement de ses prescriptions il n'y a pas de débit possible.

Voici le texte de ce décret :

CAFÉS, CABARETS ET AUTRES DÉBITS DE BOISSONS.

Le Président de la République,

Sur le rapport du ministre de l'intérieur,

Considérant que la multiplicité toujours croissante des cafés, cabarets et débits de boissons, est une cause de discorde et de démoralisation ;

Considérant que, dans les campagnes surtout, ces établissements sont devenus, en grand nombre, des lieux de réunion et d'affiliation pour les sociétés secrètes, et ont facilité d'une manière déplorable le progrès des mauvaises passions;

Considérant qu'il est du devoir du gouvernement de protéger par des mesures efficaces, les mœurs publiques et la sûreté générale ;

Décrète :

ARTICLE PREMIER.

Aucun café, cabaret ou autre débit de boissons à consommer sur place, ne pourra être ouvert, à l'avenir, sans la permission préalable de l'autorité administrative.

ARTICLE DEUXIÈME.

La fermeture des établissements désignés en l'article premier, qui existent actuellement ou qui seront autorisés à l'avenir, pourra être ordonnée par arrêté du préfet, soit après une condamnation pour contravention aux lois et règlements qui concernent ces professions, soit par mesure de sûreté publique.

ARTICLE TROISIÈME.

Tout individu qui ouvrira un café, cabaret ou débit de boissons à consommer sur place, sans autorisation préalable ou contrairement à un arrêté de fermeture pris en vertu de l'article précédent, sera poursuivi devant les tribunaux correctionnels et puni d'une amende de 25 à 500 francs et d'un emprisonnement de six jours à six mois.

L'établissement sera immédiatement fermé.

ARTICLE QUATRIÈME.

Le ministre de l'intérieur est chargé de l'exécution du présent décret.

Fait au Palais de l'Elysée, le 26 décembre 1851.

Louis-Napoléon BONAPARTE.

Le ministre de l'intérieur,
    A. DE MORNY.

Ce décret a été suivi de la circulaire suivante de M. le ministre de l'intérieur :

CAFÉS ET CABARETS.

CIRCULAIRE ADRESSÉE PAR M. LE MINISTRE DE L'INTÉRIEUR AUX PRÉFETS DES DÉPARTEMENTS.

Paris, le 2 janvier 1852.

Monsieur le préfet, le décret du 29 décembre dernier concernant les cafés et les cabarets, doit être pour vous l'objet de l'attention la plus scrupuleuse; plus une loi fait une part large à l'arbitraire dans une question qui touche aux intérêts publics et aux intérêts privés, plus les fonctionnaires chargés de l'appliquer doivent y apporter de soins, de conscience et de dévoûment. Il importe donc essentiellement que vous vous placiez, pour son exécution, au point de vue qui en a dicté les dispositions.

Vous avez deux écueils à éviter :

Sacrifier l'intérêt public, transiger avec le désordre dans la crainte de molester quelques individus, c'est manquer au plus saint des devoirs, c'est compromettre le repos et le salut des honnêtes gens, c'est continuer à mettre en œuvre ce système de faux libéralisme qui a conduit plusieurs fois la France à deux doigts de sa perte.

Porter injustement ou légèrement atteinte à la propriété privée, ce serait méconnaître un droit sacré et livrer au discrédit les actes de l'administration publique que vous devez, au contraire, faire respecter, en leur conservant toujours un caractère de justice et d'impartialité.

C'est dans cette juste mesure, monsieur le préfet, que doit s'exercer votre action tout à la fois protectrice et répressive.

Lorsqu'il s'agira d'autoriser l'ouverture d'un des établissements mentionnés au décret, n'accordez cette autorisation qu'après un examen minutieux et à des individus dont les antécédents et la moralité vous seront suffisamment garantis.

S'il s'agit de la fermeture d'un établissement existant, hors le cas de danger public, soyez très-circonspect ; avertissez d'abord le propriétaire par écrit ; avant de sévir, entourez-vous de preuves et de renseignements certains ; consultez la gendarmerie, les commissaires de police, les maires, les juges de paix, les sous-préfets ; surtout, tenez-vous en garde contre les dénonciations qui seraient le fruit d'une cupide et jalouse concurrence ; mais, quand vous serez suffisamment éclairé, agissez résolument et avec l'assurance que donne l'accomplissement d'un devoir à remplir envers la société.

Les cafés que l'on transformerait en clubs ou foyers de propagande politique, les cabarets qui deviendraient le rendez-vous des repris de justice, d'individus tarés, vivant de prostitution et de vol, devront être impitoyablement fermés.

Vous traiterez avec la même sévérité les établissements où l'on débiterait des boissons falsifiées ou altérées, et de nature à nuire à la santé du peuple. Le code pénal prononce contre ces délits pernicieux des peines qui n'ont pu y mettre un terme. L'art. 2 du décret vous donne le pouvoir de faire fermer un établissement après une seule condamnation pour infraction aux lois et règlements spéciaux. S'il vous est démontré que la falsification est faite sciemment, qu'un établissement condamné réalise des bénéfices illicites aux dépens de la santé des pauvres gens, supprimez-le sans hésiter.

Pénétrez-vous, monsieur le préfet, de ces instructions, qui ont pour objet de vous faire bien connaître la pensée de haute moralité et de prévoyance qui a dicté le décret du 29 décembre ; que l'administration accomplisse énergiquement son devoir, afin que les populations voient toujours en elle la personnification de la puissance qui féconde et développe les éléments du bien, qui poursuit et frappe sans pitié le principe du mal.

Agréez, monsieur le préfet, l'assurance de ma considération distinguée.

Le ministre de l'intérieur,

A. DE MORNY.

Il résulte de ce décret et de la circulaire qui l'explique, ce qui suit :

Que les demandes d'autorisation pour ouvrir un débit de boissons doivent être adressées aux préfets, et, à Paris et dans le département de la Seine, au préfet de police.

Que les suppressions ne peuvent avoir lieu qu'en vertu d'arrêtés pris par les préfets dans leurs départements.

Mais y a-t-il un recours possible contre un arrêté de suppression? Si l'arrêté est pris par le préfet comme mesure de sûreté publique, je ne crois pas à un recours possible ; l'administration agit alors de sa pleine puissance, sans qu'il soit possible d'entraver son action.

Si l'arrêté est pris par suite d'une condamnation pour contravention aux lois et réglements, et que le fait de la condamnation soit contesté, il y a, je crois, ouverture à un recours au conseil d'État.

Toute autorisation délivrée par les maires, commissaires de police ou autres fonctionnaires serait insuffisante. Le préfet seul a le droit d'autoriser. Le préfet seul a aussi le droit de supprimer.

Nous terminons en donnant la formule de demande d'autorisation à adresser aux préfets.

FORMULE.

A monsieur le préfet du département de....

Monsieur le préfet,

Le nommé..... demeurant à..... a l'honneur de vous exposer qu'il est dans l'intention d'ouvrir, dans la commune de... arrondissement de.... département de.... un débit de boissons. — Ce débit serait situé dans une maison sise rue..... n°..... appartenant à M..... dont il a une promesse de bail pour..... années.

Le susnommé..... a l'honneur de vous faire savoir qu'il est âgé de.... marié.... père de famille.... (*Donner ici tous les renseignements qui peuvent être de nature à éclairer l'administration sur les antécédents et la position actuelle du demandeur.*)

Pourquoi il sollicite qu'il vous plaise, en vertu du décret du 29 décembre 1851, l'autoriser à ouvrir le débit de boissons dans les lieux susdits, s'obligeant à remplir toutes les conditions qu'il vous plaira de lui imposer, et sous la condition de se soumettre à tous les lois et réglements concernant sa profession.

A..... le.....   (*Signature.*)

Cette demande doit être adressée sur papier timbré.

Marchands de vins.

CHAPITRE II.

DES DISPOSITIONS LÉGALES QUE DOIVENT INDISPENSABLEMENT CONNAITRE LES MARCHANDS.

Règles générales.

La vente est une convention verbale, ou faite par acte authentique, ou par acte sous seing privé, par laquelle l'un s'oblige à livrer une chose, et l'autre à la payer.

Elle est parfaite entre les parties, et la propriété est acquise de droit à l'acheteur à l'égard du vendeur, dès qu'on est convenu de la chose et du prix, quoique la chose n'ait pas encore été livrée, ni le prix payé, le consentement étant la base de tous les contrats.

La vente peut être faite purement et simplement, ou sous une condition, soit suspensive, soit résolutoire.

Elle peut avoir aussi pour objet deux ou plusieurs choses alternatives.

Dans tous les cas, son effet est réglé par les *principes généraux des conventions* (Articles 1582 à 1584 du Code civil).

Tous ceux auxquels la loi ne l'interdit pas peuvent acheter ou vendre (1594, C. c.).

Tout ce qui est dans le commerce peut être vendu lorsque des lois particulières n'en ont pas prohibé l'aliénation (1598, C. c.).

Les marchandises peuvent être vendues en bloc, ou au poids et à la mesure.

La vente est parfaite en ce sens que la chose est au risque de l'acheteur dans le premier cas, du moment de la convention, dans le second, après leur pesage et mesurage opérés contradictoirement.

A l'égard du vin, de l'huile et autres choses que l'on est dans l'usage de goûter avant d'en faire l'achat, il n'y a pas de vente tant que l'acheteur ne les a pas goûtées et agréées.

Si la promesse de vendre a été faite avec des arrhes, chacun des contractants est maître de s'en départir :

Celui qui les a données en les perdant ;

Et celui qui les a reçues en restituant le double.

Le prix de la chose vendue peut être laissé à l'arbitrage d'un tiers.

Quelques dispositions du Code civil *sur les paiements* doivent aussi être reproduites ici, les débitants de boissons ayant besoin de les connaître ou de se les rappeler, s'ils les ont déjà apprises.

Elles les concernent particulièrement sous le rapport de leurs obligations envers leurs vendeurs.

Le paiement doit être fait au créancier ou à quelqu'un ayant pouvoir de lui, ou qui soit autorisé par justice ou par la loi à recevoir pour lui.

Le paiement fait à celui qui n'aurait pas pouvoir de recevoir pour le créancier est valable, si celui-ci le ratifie, ou s'il en a profité (*Code civil*, art. 1239).

Le paiement fait au créancier n'est point valable, s'il était incapable de le recevoir, à moins que le débiteur ne prouve que la chose payée a tourné au profit du créancier.

Le paiement fait de bonne foi à celui qui est en possession de la créance est valable, encore que le possesseur en soit par la suite évincé (*Art.* 1240 et 1241).

Le créancier ne peut être contraint de recevoir une autre chose que celle qui lui est due, quoique la valeur de la chose offerte soit égale ou même plus grande (*Art.* 1243).

Est nul, à l'égard des créanciers saisissants ou opposants, le paiement qui serait fait par le débiteur à son créancier, au préjudice d'une saisie ou d'une opposition.

Le débiteur ne peut point forcer le créancier à recevoir en partie le paiement d'une dette, même divisible.

Néanmoins les juges peuvent, en considération de la position du débiteur, et en usant de ce pouvoir avec une grande réserve, accorder des délais modérés pour le paiement, et surseoir l'exécution des poursuites, toutes choses demeurant en état (*Art.* 1244).

Le débiteur d'un corps certain et déterminé est libéré par la remise de la chose en l'état où elle se trouve lors de la livraison, pourvu que les détériorations qui y sont survenues ne viennent point de son fait ou de sa faute, ou de celle des personnes dont il est responsable, ou qu'avant ces détériorations il ne fût pas en demeure (*Art.* 1245).

Si la dette est d'une chose qui ne soit déterminée que par son espèce, le débiteur n'est pas tenu, pour être libéré, de la donner de la meilleure espèce; mais il ne peut l'offrir de la plus mauvaise (*Art.* 1246).

Le paiement doit être exécuté dans le lieu désigné par la convention. Si le lieu n'y est pas désigné, le paiement, lorsqu'il s'agit d'un corps certain et déterminé, doit être fait dans le lieu où était, au temps de l'obligation, la chose qui en fait l'objet.

Hors ces deux cas, le paiement doit être fait au domicile du débiteur (*Art.* 1247).

Les frais du paiement sont à la charge du débiteur (*Article* 1248).

Il est utile de voir les articles 1235 à 1238, que nous avons omis comme moins essentiels, concernant le paiement d'une obligation naturelle volontairement acquittée, qui n'est point sujet à répétition, l'acquittement d'une obligation, même par un tiers, qui peut être valablement fait, celle qui ne peut point être acquittée par un tiers, et le paiement d'une somme d'argent ou autre chose qui se consomme par l'usage, qui ne peut être répété contre le créancier qui l'a consommée de bonne foi; ainsi que les articles 1249 à 1252, relatifs *au paiement avec subrogation;* les articles 1253 à 1256, traitant *de l'imputation des paiements;* et les articles 1257 à 1264, traitant *des offres de paiement et de la consignation.*

Règles commerciales.

Sont commerçants ceux qui exercent des actes de commerce et en font leur profession habituelle.

Tout mineur, âgé de 18 ans au moins, de l'un ou l'autre sexe, qui voudra faire le commerce, pourra en commencer les opérations et être réputé majeur, en accomplissant les formalités suivantes :

1º Se faire émanciper;

2º Se faire autoriser, à l'effet de l'exercice de son commerce, par son père, à défaut du père par sa mère, et à défaut du père et de la mère, par une délibération du conseil de famille homologuée par le tribunal civil;

3º Par l'enregistrement et l'affiche au tribunal de commerce du lieu de son établissement, de l'autorisation qui lui a été accordée.

La femme ne peut être marchande publique sans le consentement de son mari; avec ce consentement elle peut valablement s'engager pour les faits de son commerce, et elle oblige aussi son mari, s'il y a communauté entre eux.

La femme qui ne fait que détailler les marchandises du commerce de son mari n'est pas marchande publique, elle n'est réputée telle que lorsqu'elle fait un commerce séparé.

Tout commerçant est tenu d'avoir des livres.

1º Un livre-journal qui présente jour par jour ses dettes actives et passives, les opérations de son commerce, ses négociations, acceptations ou endossements d'effets et généralement tout ce qu'il reçoit et paie, à quelque titre que ce soit, et qui énonce, mois par mois, les sommes employées à la dépense de sa maison;

2º Un livre d'inventaire fait tous les ans, comprenant l'état de sa situation active et passive;

3º Un livre sur lequel il copie toutes les lettres qu'il envoie;

4º Il est tenu de mettre en liasse toutes les lettres qu'il reçoit.

Ces livres seront cotés et paraphés par un juge du tribunal de commerce, soit par le maire ou un adjoint, sans frais.

Ces livres seront tenus par ordre de date, sans blancs, lacunes, ni transports en marge.

Les livres-journal et d'inventaire seront paraphés et visés une fois par année.

Les commerçants sont tenus de garder leurs livres pendant dix ans.

Les livres régulièrement tenus font preuve en justice pour fait de commerce entre commerçants.

Tout commerçant qui n'a pas tenu de livres réguliers pourra, en cas de faillite, être déclaré banqueroutier simple.

CHAPITRE III.

DE LA PATENTE DES DÉBITANTS DE BOISSONS.

Tous ceux qui exercent ou veulent exercer le commerce, l'industrie, les métiers ou professions non exceptés par la loi, sont tenus de se munir d'une patente, et de payer les droits fixés pour la classe du tarif à laquelle ils appartiennent, suivant la population de leur commune, ou, sans égard à cette population, pour le commerce, l'industrie, les métiers ou professions mis hors classe dans le tarif.

Les obligations en ce qui concerne les patentes sont réglées par deux lois :

Celle du 25 avril 1844,

Celle du 22 mai 1850.

Nous les reproduisons l'une et l'autre ainsi que les tableaux qui les accompagnent dans leur portion relative au sujet que nous traitons.

LOI SUR LES PATENTES.

Du 25 Avril 1844.

Art. 1er. Tout individu, français ou étranger, qui exerce en France un commerce, une industrie, une profession non compris dans les exceptions déterminées par la présente loi, est assujetti à la contribution des patentes.

Art. 2. La contribution des patentes se compose d'un droit fixe et d'un droit proportionnel.

Art. 3. Le droit fixe est réglé conformément aux tableaux A, B, C, annexés à la présente loi.

Il est établi :

Eu égard à la population et d'après un tarif général, pour les industries et professions énumérées dans le tableau A ;

En égard à la population et d'après un tarif général exceptionnel, pour les industries et professions portées dans le tableau B ;

Sans égard à la population pour celles qui font l'objet du tableau C.

Art. 4. Les commerces, industries et professions non dénommés dans ces tableaux n'en sont pas moins assujettis à la patente. Le droit fixe auquel ils doivent être soumis est réglé d'après l'analogie des opérations ou des objets de commerce, par un arrêté spécial du préfet rendu sur la proposition du directeur des contributions directes, et après avoir pris l'avis du maire.

Tous les cinq ans, des tableaux additionnels contenant la nomenclature des commerces, industries et professions classés par voie d'assimilation, depuis trois années au moins, seront soumis à la sanction législative.

Art. 5. Pour les professions dont le droit fixe varie en raison de la population du lieu où elles sont exercées, les tarifs seront appliqués d'après la population qui aura été déterminée par dernière ordonnance de dénombrement.

Néanmoins, lorsque ce dénombrement fera passer une commune dans une catégorie supérieure à celle dont elle faisait précédemment partie, l'augmentation du droit fixe ne sera appliquée que pour moitié pendant les cinq premières années.

Art. 6. Dans les communes dont la population totale est de 5,000 âmes et au-dessus, les patentables exerçant dans la banlieue des professions imposées en égard à la population payeront le droit fixe d'après le tarif applicable à la population non agglomérée.

Les patentables exerçant lesdites professions dans la partie agglomérée payeront le droit fixe d'après le tarif applicable à la population totale.

Art. 7. Le patentable qui exerce plusieurs commerces, industries ou professions, même dans plusieurs communes différentes, ne peut être soumis qu'à un seul droit fixe.

Ce droit est toujours le plus élevé de ceux qu'il aurait à payer s'il était assujetti à autant de droits fixes qu'il exerce de professions.

Art. 8. Le droit proportionnel est fixé au vingtième de la valeur locative pour toutes les professions imposables, sauf les exceptions énumérées au tableau D annexé à la présente loi.

Art. 9. Le droit proportionnel est établi sur la valeur locative, tant de la maison d'habitation que des magasins, boutiques, usines, ateliers, hangars, remises, chantiers et autres locaux servant à l'exercice des professions imposables.

Il est dû, lors même que le logement et les locaux occupés sont concédés à titre gratuit.

La valeur locative est déterminée, soit au moyen de baux authentiqués, soit par comparaison avec d'autres locaux dont le loyer aura été régulièrement constaté ou sera notoirement connu, et, à défaut de ces bases, par voie d'appréciation.

Le droit proportionnel, pour les usines et les établissements industriels est calculé sur la valeur locative de ces établissements, pris dans leur ensemble et munis de tous leurs moyens matériels de production.

Art. 10. Le droit proportionnel est payé dans toutes les communes où sont situés les magasins, boutiques, usines, ateliers, hangars, remises, chantiers et autres locaux servant à l'exercice des professions imposables.

Si, indépendamment de la maison où il fait sa résidence habituelle et principale, et qui, dans tous les cas, sauf l'exception ci-après, doit être soumise au droit proportionnel, le patentable possède, soit dans la même commune, soit dans des communes différentes, une ou plusieurs maisons d'habitation, il ne paie le droit proportionnel que pour celles de ces maisons qui servent à l'exercice de sa profession.

Si l'industrie pour laquelle il est assujetti à la patente ne constitue pas sa profession principale, et s'il ne l'exerce pas par lui-même, il ne paye le droit proportionnel que sur la maison d'habitation de l'agent préposé à l'exploitation.

Art. 11. Le patentable qui exerce dans un même local, ou dans des locaux non distincts, plusieurs industries ou professions passibles d'un droit proportionnel différent, paye ce droit d'après le taux applicable à la profession pour laquelle il est assujetti au droit fixe.

Dans le cas où les locaux sont distincts, il ne paye pour chaque local que le droit proportionnel attribué à l'industrie ou à la profession qui y est spécialement exercée.

Dans ce dernier cas, le droit proportionnel n'en demeure pas moins établi sur la maison d'habitation, d'après le taux applicable à la profession pour laquelle le patentable est imposé au droit fixe.

Art. 12. Dans les communes dont la population est inférieure à vingt mille âmes, mais qui, en vertu d'un nouveau dénombrement, passe dans la catégorie des communes de vingt mille âmes et au-dessus, les patentables des septième et huitième classes ne seront soumis au droit proportionnel que dans le cas où une seconde ordonnance de dénombrement aura maintenu lesdites communes dans la même catégorie.

Art. 13. Ne sont pas assujettis à la patente :

1º Les fonctionnaires et employés salariés, soit par l'Etat, soit par les administrations départementales ou communales, en ce qui concerne seulement l'exercice de leurs fonctions ;

2º Les notaires, les avoués, les avocats au conseil, les greffiers, les commissaires-priseurs, les huissiers ;

3º Les avocats ;

Les docteurs en médecine ou en chirurgie, les officiers de santé, les sages-femmes et les vétérinaires ;

Les peintres, sculpteurs, graveurs et dessinateurs considérés comme artistes, et ne vendant que le produit de leur art ;

Les architectes considérés comme artistes, ne se livrant pas, même accidentellement, à des entreprises de construction ;

Les professeurs de belles-lettres, sciences et arts d'agrément, les chefs d'institution, les maîtres de pension, les instituteurs primaires ;

Les éditeurs de feuilles périodiques ;

Les artistes dramatiques ;

4º Les laboureurs et cultivateurs, seulement pour la vente et la manipulation des récoltes et fruits provenant des terrains qui leur appartiennent ou par eux exploités, et pour le bétail qu'ils y élèvent, qu'ils y entretiennent ou qu'ils y engraissent ;

Les concessionnaires de mines pour le seul fait de l'extraction de la vente des matières par eux extraites ;

Les propriétaires ou fermiers des marais salants ;

Les propriétaires ou locataires louant accidentellement une partie de leur habitation personnelle ;

Les pêcheurs, même lorsque la barque qu'ils montent leur appartient ;

5º Les associés en commandite, les caisses d'épargne et de prévoyance administrées gratuitement, les assurances mutuelles régulièrement autorisées ;

6º Les capitaines de navire de commerce ne naviguant pas pour leur compte ;

Les cantiniers attachés à l'armée;

Les écrivains publics;

Les commis et toutes les personnes travaillant à gages, à façon et à la journée, dans les maisons, ateliers et boutiques des personnes de leur profession, ainsi que les ouvriers travaillant chez eux ou chez les particuliers, sans compagnons, apprentis, enseigne ni boutique. Ne sont point considérés comme compagnons ou apprentis, la femme travaillant avec son mari, ni les enfants non mariés travaillant avec leurs père et mère, ni le simple manœuvre dont le concours est indispensable à l'exercice de la profession;

Les personnes qui vendent en ambulance dans les rues, dans les lieux de passage et dans les marchés, soit des fleurs, de l'amadou, des balais, des statues et figures en plâtre, soit des fruits, des légumes, des poissons, du beurre, des œufs, du fromage et autres menus comestibles;

Les savetiers, les chiffonniers au crochet, les porteurs d'eau à la bretelle ou avec voiture à bras, les rémouleurs ambulants, les gardes-malades.

Art. 14. Tous ceux qui vendent en ambulance des objets non compris dans les exemptions déterminées par l'article précédent, et tous marchands sous échoppe ou en étalage, sont passibles de la moitié des droits que paient les marchands qui vendent les mêmes objets en boutique. Toutefois, cette disposition n'est pas applicable aux bouchers, épiciers et autres marchands ayant un étal permanant ou occupant des places fixes dans les halles et marchés.

Art. 15. Les mari et femme séparés de biens ne doivent qu'une patente, à moins qu'ils n'aient des établissements distincts; auquel cas chacun d'eux doit avoir sa patente et payer séparément les droits fixes et proportionnels.

Art. 16. Les patentes sont personnelles, et ne peuvent servir qu'à ceux à qui elles sont délivrées. En conséquence, les associés en nom collectif sont tous assujettis à la patente.

Toutefois l'associé principal paie seul le droit fixe en entier: les autres associés ne sont imposés qu'à la moitié de ce droit, même quand ils ne résident pas tous dans la même commune que l'associé principal.

Le droit proportionnel est établi sur la maison d'habitation de l'associé principal, et sur tous les locaux qui servent à la société pour l'exercice de son industrie.

La maison d'habitation de chacun des autres associés est affranchie du droit proportionnel, à moins qu'elle ne serve à l'exercice de l'industrie sociale.

Art. 17. Les sociétés ou compagnies anonymes, ayant pour but une entreprise industrielle ou commerciale, sont imposées à un seul droit fixe, sous la désignation de l'objet de l'entreprise, sans préjudice du droit proportionnel.

La patente assignée à ces sociétés ou compagnies ne dispense aucun des sociétaires ou actionnaires du paiement des droits de patente auxquels il pourrait être personnellement assujetti pour l'exercice d'une industrie particulière.

Art. 18. Tout individu transportant des marchandises de commune en commune, lors même qu'il vend pour le compte de marchands ou fabricants, est tenu d'avoir une patente personnelle, qui est, selon les cas, celle de colporteur avec balle, avec bêtes de somme ou avec voiture.

Art. 19. Les commis-voyageurs des nations étrangères seront traités, relativement à la patente, sur le même pied que les commis-voyageurs français chez ces mêmes nations.

Art. 20. Les contrôleurs des contributions directes procéderont annuellement au recensement des imposables et à la formation des matrices de patente.

Le maire sera prévenu de l'époque de l'opération du recensement, et pourra assister le contrôleur dans cette opération, ou se faire représenter à cet effet par un délégué.

En cas de dissentiments entre les contrôleurs et les maires ou leurs délégués, les observations contradictoires de ces derniers seront consignées dans une colonne spéciale.

La matrice, dressée par le contrôleur, sera déposée, pendant dix jours, au secrétariat de la mairie, afin que les intéressés puissent en prendre connaissance, et remettre au maire leurs observations. A l'expiration d'un second délai de dix jours, le maire, après avoir consigné ses observations sur la matrice, l'adressera au sous-préfet.

Le sous-préfet portera également ses observations sur la matrice, et la transmettra au directeur des contributions directes, qui établira les taxes conformément à la loi, pour tous les articles non contestés. A l'égard des articles sur lesquels le maire ou le sous-préfet ne sera pas d'accord avec le contrôleur, le directeur soumettra les contestations au préfet avec son avis motivé. Si le préfet ne croit pas devoir adopter les propositions du directeur, il en sera référé au ministre des finances.

Le préfet arrête les rôles et les rend exécutoires.

A Paris, l'examen de la matrice des patentes aura lieu, pour chaque arrondissement municipal, par le maire, assisté soit de l'un des membres de la commission des contributions, soit de l'un des agents attachés à cette commission, délégué à cet effet par le préfet.

Art. 21. Les patentés qui réclameront contre la fixation de leurs taxes seront admis à prouver la justice de leurs réclamations, par la représentation d'actes de société légalement publiés, de journaux et livres de commerce régulièrement tenus, et par tous autres documents.

Art. 22. Les réclamations en décharge ou réduction, et les demandes en remise ou modération, seront communiquées aux maires ; elles seront d'ailleurs présentées, instruites et jugées dans les formes et délais prescrits pour les autres contributions directes.

Art. 23. La contribution des patentes est due, pour l'année entière, par tous les individus exerçant au mois de janvier une profession imposable.

En cas de cession d'établissement, la patente sera, sur la demande du cédant, transférée à son successeur ; la mutation de cote sera réglée par arrêté du préfet.

En cas de fermeture des magasins, boutiques et ateliers, par suite de décès ou de faillite déclarée, les droits ne seront dus que pour le passé et le mois courant. Sur la réclamation des parties intéressées, il sera accordé décharge du surplus de la taxe.

Ceux qui entreprennent, après le mois de janvier, une profession sujette à patente, ne doivent la contribution qu'à partir du 1er du mois dans lequel ils ont commencé d'exercer, à moins que, par sa nature, la profession ne puisse pas être exercée pendant toute l'année. Dans ce cas, la contribution sera due pour l'année entière, quelle que soit l'époque à laquelle la profession aura été entreprise.

Les patentés qui, dans le cours de l'année, entreprennent une profession d'une classe supérieure à celle qu'ils exerçaient d'abord, ou qui transportent leur établissement dans une commune d'une plus forte population, sont tenus de payer, au prorata, un supplément de droit fixe.

Il est également dû un supplément de droit proportionnel par les patentables qui prennent des maisons ou locaux d'une valeur locative supérieure à celle des maisons ou locaux pour lesquels ils ont été primitivement imposés, et par ceux qui entreprennent une profession passible d'un droit proportionnel plus élevé.

Les suppléments seront dus à compter du 1er du mois dans lequel les changements prévus par les deux derniers paragraphes auront été opérés.

Art. 24. La contribution des patentes est payable par douzième, et le recouvrement en est poursuivi comme celui des contributions directes. Néanmoins, les marchands forains, les colporteurs, les directeurs de troupes ambulantes, les entrepreneurs d'amusements et jeux publics non sédentaires, et tous autres patentables dont la profession n'est pas exercée à demeure fixe, sont tenus d'acquitter le montant total de leur cote au moment où la patente leur est délivrée.

Dans le cas où le rôle n'est émis que postérieurement au 1er mars, les douzièmes échus ne sont pas immédiatement exigibles : le recouvrement en est fait par portions égales, en même temps que celui des douzièmes non échus.

Art. 25. En cas de déménagement hors du ressort de la perception, comme en cas de vente volontaire ou forcée, la contribution des patentes sera immédiatement exigible en totalité.

Les propriétaires, et, à leur place, les principaux locataires, qui n'auront pas, un mois avant le terme fixé par le bail ou par les conventions verbales, donné avis au percepteur du déménagement de leurs locataires, seront responsables des sommes dues par ceux-ci pour la contribution des patentes.

Dans le cas de déménagement furtif, les propriétaires, et, à leur place, les principaux locataires, deviendront responsables de la contribution de leurs locataires, s'ils n'ont pas, dans les trois jours, donné avis du déménagement au percepteur.

La part de la contribution laissée à la charge des propriétaires ou principaux locataires par les paragraphes précédents, comprendra seulement le dernier douzième échu et le douzième courant, dus par le patentable.

Art. 26. Les formules des patentes sont expédiées par le directeur des contributions directes sur des feuilles timbrées d'un franc vingt-cinq centimes. Le prix du timbre est acquitté

Marchands de vins.

en même temps que le premier douzième des droits de patente.

Les formules de patentes sont visées par le maire et revêtues du sceau de la commune.

Art. 27. Tout patentable est tenu d'exhiber sa patente lorsqu'il en est requis par les maires, adjoints, juges de paix, et tous autres officiers ou agents de police judiciaire.

Art. 28. Les marchandises mises en vente par les individus non munis de patentes, et vendant hors de leurs domiciles, seront saisies ou séquestrées aux frais du vendeur, à moins qu'il ne donne caution suffisante jusqu'à la représentation de la patente ou la production de la preuve que la patente a été délivrée. Si l'individu non muni de patente exerce au lieu de son domicile, il sera dressé un procès-verbal qui sera transmis immédiatement aux agents des contributions directes.

Art. 29. Nul ne pourra former de demande, fournir aucune exception ou défense en justice, ni faire aucun acte ou signification extra-judiciaire pour tout ce qui sera relatif à son commerce, sa profession ou son industrie, sans qu'il soit fait mention, en tête des actes, de sa patente, avec désignation de la date, du numéro et de la commune où elle aura été délivrée, à peine d'une amende de vingt-cinq francs tant contre les particuliers sujets à la patente que contre les officiers ministériels qui auraient fait et reçu lesdits actes sans mention de la patente. La condamnation à cette amende sera poursuivie, à la requête du procureur du roi, devant le tribunal civil de l'arrondissement.

Le rapport de la patente ne pourra suppléer au défaut de l'énonciation, ni dispenser de l'amende prononcée.

Art. 30. Les agents des contributions directes peuvent, sur la demande qui leur en est faite, délivrer des patentes avant l'émission du rôle, après toutefois que les requérants ont acquitté entre les mains du percepteur les douzièmes échus s'il s'agit d'individus domiciliés dans le ressort de la perception, ou la totalité des droits, s'il s'agit des patentables désignés en l'article 24 ci-dessus, ou d'individus étrangers au ressort de la perception.

Art. 31. Le patenté qui aura sa patente ou qui sera dans le cas d'en justifier hors de son domicile pourra se faire délivrer un certificat par le directeur ou par le contrôleur des contributions directes. Ce certificat fera mention des motifs qui obligent le patenté à le réclamer, et devra être sur papier timbré.

Art. 32. Il est ajouté au principal de la contribution des patentes cinq centimes par franc, dont le produit est destiné à couvrir les décharges, réductions, remises et modérations, ainsi que les frais d'impression et d'expédition des formules des patentes.

En cas d'insuffisance des cinq centimes, le montant du déficit est prélevé sur le principal des rôles.

Il est en outre prélevé sur le principal huit centimes, dont le produit est versé dans la caisse municipale.

Art. 33. Les contributions spéciales destinées à subvenir aux dépenses des bourses et chambres de commerce, et dont la perception est autorisée par l'article 11 de la loi du 23 juillet 1820, seront réparties sur les patentables des trois premières classes du tableau A annexé à la présente loi, et sur ceux désignés dans les tableaux B et C, comme passibles d'un droit fixe égal ou supérieur à celui desdites classes.

Les associés des établissements compris dans les classes et tableaux susdésignés contribueront aux frais des bourses et chambres de commerce.

Art. 34. La contribution des patentes sera établie conformément à la présente loi, à partir du 1er janvier 1845.

Art. 35. Toutes les dispositions contraires à la présente loi seront et demeureront abrogées, à partir de la même époque, sans préjudice des lois et des règlements de police qui sont ou pourront être faits.

TARIF GÉNÉRAL DU DROIT FIXE ET DU DROIT PROPORTIONNEL
DUS PAR LES INDUSTRIES ET PROFESSIONS IMPOSÉES, EU ÉGARD A LA POPULATION.

CLASSES.	Communes de 100,000 hab. et au-dessus.		Communes de 50,000 à 100,000 hab.		Communes de 30,000 à 50,000 hab.		Communes de 20,000 à 30,000 hab.		Communes de 10,000 à 20,000 hab.		Communes de 5,000 à 10,000 hab.		Communes de 2,000 à 5,000 hab.		Communes de 2,000 hab. et au-dessous.	
	droit fixe.	proportionnel.	droit fixe.	proportionnel.	droit fixe.	proportionnel.	droit fixe.	proportionnel.	droit fixe.	proportionnel.	droit fixe.	proportionnel.	droit fixe.	proportionnel.	droit fixe.	proportionnel.
	fr.		fr.		fr.		fr.		fr.		fr.		fr.		fr.	
1re..	300	15e	240	15e	180	15e	120	15e	80	15e	60	15e	45	15e	35	15e
2e (1)	150	20e	120	20e	90	20e	60	20e	45	20e	40	20e	30	20e	25	20e
3e..	100	20e	80	20e	60	20e	40	20e	30	20e	25	20e	22	20e	18	20e
4e..	75	20e	60	20e	45	20e	30	20e	23	20e	20	20e	18	20e	12	20e
5e..	50	20e	40	20e	30	20e	20	20e	15	20e	12	20e	9	20e	7	20e
6e..	40	20e	32	20e	24	20e	16	20e	10	20e	8	20e	6	20e	4	20e
7e..	20	40e	16	40e	12	40e	8	40e	8	exempt	5	exempt	4	exempt	3	exempt
8e..	12	40e	10	40e	8	40e	6	40e	5	exempt	4	exempt	3	exempt	2	exempt

(1) Sont réputés :
Marchands *en gros*, ceux qui vendent habituellement aux marchands en demi-gros et aux marchands en détail;
Marchands *en demi-gros*, ceux qui vendent habituellement aux détaillants et aux consommateurs;
Marchands *en détail*, ceux qui ne vendent habituellement qu'aux consommateurs.

Première Classe.

Eau-de-vie, marchand en gros.
Octroi (adjudicataire de droits d').
Vinaigre, marchand en gros.
Vins, marchand en gros. — Vendant habituellement des vins par pièces ou paniers de vins fins, soit aux marchands en détail et aux cabaretiers, soit aux consommateurs.

Deuxième Classe.

Eau-de-vie, marchand en demi-gros.

Troisième Classe.

Hôtel garni (maître d') tenant un restaurant à la carte.
Hydromel, fabricant et marchand.
Liqueurs, fabricant.
Restaurateur à la carte.

Quatrième Classe.

Cafetier.
Estaminet (maîtres d').
Vinaigrier en détail.
Vins, marchand en détail. — Vendant habituellement, pour être consommé hors de chez lui, des vins au panier ou à la bouteille.
Vins, voiturier, marchand.
Volailles truffées, marchand.

Cinquième Classe.

Aubergiste, ne logeant qu'à cheval.
Cabaretier ayant billard.
Cercles ou sociétés (fournisseur des objets de consommation dans les).
Colle pour la clarification des liqueurs, fabricant.
Distillateur d'essence et eaux parfumées et médicinales.
Eau-de-vie, marchand en détail.
Jaugeur juré pour liquides.
Restaurateur et traiteur à prix fixe seulement.
Vins, marchand en détail, donnant à boire chez lui et tenant billard.

Sixième Classe.

Bouilleur ou brûleur d'eau-de-vie.
Cidre, marchand et débitant en détail.
Courtier-gourmet-piqueur de vins.

Fruits secs pour boissons, marchand.
Pension bourgeoise (tenant).
Pressoir (maître de), à manége.
Table d'hôte (tenant une).
Vins, marchand en détail, donnant à boire chez lui et ne tenant pas billard.

Septième Classe.

Cuves, foudres, barriques et tonneaux (fabricant de).
Gargottier.
Liqueurs et eaux-de-vie (débitant de).
Présurier.
Tonneaux, marchand.

Huitième Classe.

Pressoir, maître à bras.

TABLEAU C.

PROFESSIONS IMPOSÉES SANS ÉGARD A LA POPULATION.

PREMIÈRE PARTIE.

Droit proportionnel :

Au 15⁰ : . . . .

DEUXIÈME PARTIE.

Droit proportionnel :

Au 20ᵉ : 1⁰ sur la maison d'habitation ;
— 2⁰ sur les magasins de vente complètement séparés de l'établissement.
Au 25ᵉ : sur l'établissement industriel.
Esprit ou eau-de-vie de vin, fabrique. 50 fr.
Esprit ou eau-de-vie de marc de raisin, cidre, poiré, fécules et autres substances analogues, fabrique. 25

TROISIÈME PARTIE.

Droit proportionnel.

Au 20ᵉ : 1⁰ sur la maison d'habitation ;
— 2⁰ sur les magasins de vente complètement séparés de l'établissement.
Au 40ᵉ : sur l'établissement industriel.
Brasserie :

Pour chaque chaudière contenant moins de 10 hectolitres. 10
Pour chaque chaudière de 10 à 20 hectolitres. 20
Pour chaque chaudière de 20 à 30 . — 30
Pour chaque chaudière de 30 à 40 — 40
Pour chaque chaudière de 40 à 60 — 60
Pour chaque chaudière au-dessus de 60 hectolitres 100 fr., jusqu'au maximum de 400 fr.
(Ce droit sera réduit de moitié pour les brasseries qui ne brassent que quatre fois au plus par an.)

CINQUIÈME PARTIE.

Droit proportionnel au 15ᵉ sur la maison d'habitation seulement.

Restaurateurs sur coches et bateaux à vapeur. 50 fr.

TABLEAU D.

EXCEPTIONS A LA RÈGLE GÉNÉRALE, QUI FIXE LE DROIT PROPORTIONNEL AU 20ᵉ DE LA VALEUR LOCATIVE.

Le droit proportionnel est fixé au 15ᵉ :
1º Pour les patentables compris dans la première classe du tableau A;
2º Pour les patentables compris dans le tableau B;
3º Pour les patentables compris dans la première partie du tableau C.

Il est également fixé au 15ᵉ, mais sur la maison d'habitation seulement, pour les patentables compris dans la cinquième partie du tableau C.

Le droit proportionnel est fixé au 25ᵉ de la valeur locative des établissements industriels compris dans la deuxième partie du tableau C.

Au 30ᵉ de la valeur locative des locaux servant à l'exercice des professions ci-après désignées :

Marchands de vins en gros.

Au 50ᵉ de la valeur locative des établissements industriels compris dans la quatrième partie du tableau C :

Les fournisseurs d'objets de consommation, dans les cercles ou sociétés;

Les adjudicataires des droits d'octroi.

EXTRAIT DE LA LOI PORTANT FIXATION DU BUDGET DES RECETTES DE L'EXERCICE 1850.

DU 15 MAI 1850.

(Promulguée le 22 mai 1850).

L'Assemblée nationale a adopté la loi dont la teneur suit :

. . . .

TITRE VI.

SUR LES PATENTES.

16. Les tarifs et tableaux annexés à la loi du 25 avril 1844 sur les patentes sont modifiés et complétés conformément aux tableaux D, E, F, G, annexés à la présente loi.

17. Les patentables exerçant plusieurs des industries tarifées au tableau C annexé à la loi du 25 avril 1844, et au tableau F annexé à la présente loi, en raison du nombre d'ouvriers, de machines ou instruments, seront imposés d'après tous ces moyens de production, sans toutefois que le droit fixe puisse dépasser le maximum établi pour celle des industries exercées qui est passible du droit fixe le plus élevé.

18. Ne sont point considérées comme donnant lieu à l'exemption de patente prévue à l'article 13, paragraphe 4, de la loi du 25 avril 1844, les transformations des récoltes et fruits, pratiquées au moyen d'agents chimiques, de machines ou ustensiles, autres que ceux servant aux travaux habituels de l'agriculture.

19. Les patentables compris aux tableaux A et B annexés à la loi du 25 avril 1844, et aux tableaux D et E annexés à la présente loi, ayant plusieurs établissements, boutiques ou magasins de même espèce ou d'espèces différentes, payeront un droit fixe entier pour l'établissement donnant lieu au droit le plus élevé, soit en raison de la population, soit en raison de la nature du commerce, de l'industrie ou de la profession, et, en outre, pour chacun des autres établissements, boutiques ou magasins, un demi-droit fixe calculé en raison de la population et de la profession exercée dans l'établissement.

La somme des demi-droits fixes additionnels ne pourra, dans aucun cas, excéder le double du droit fixe principal.

20. Les patentables des quatre dernières classes du ta-

bleau A annexé à la loi du 25 avril 1844, et du tableau D annexé à la présente loi, qui exercent pour leur compte des professions consistant en un travail de fabrication, confection ou main-d'œuvre, ne seront imposés qu'à la moitié des droits, lorsqu'ils travailleront sans compagnon ni apprenti.

21. Est ajouté à l'article 20 de la loi du 25 avril 1844 le paragraphe additionnel suivant :

Les matrices, revêtues des observations du maire de chaque arrondissement, seront centralisées à la commission des contributions, qui, après y avoir aussi consigné ses observations, les transmettra au directeur des contributions, comme il est dit au cinquième paragraphe.

22. L'article 37 de la loi du 1er brumaire an VII sur les patentes, et l'article 29 de la loi du 25 avril 1844, sont abrogés.

23. Le droit fixe de patente exigible des associés en nom collectif, en vertu de l'article 16 de la loi du 25 avril 1844, ne sera que du vingtième du droit fixe payé par l'associé principal pour les associés habituellement employés comme simples ouvriers dans les travaux de l'association.

24. Les dispositions du dernier paragraphe de l'article 17 de la loi du 25 avril 1844, concernant la patente due par les sociétaires ou actionnaires des sociétés ou compagnies anonymes, lorsqu'ils exercent une industrie particulière, sont déclarées applicables aux gérants et associés solidaires des sociétés en commandite.

TABLEAUX D, E, F, ET G SUR LES PATENTES.

Tableau D additionnel au tableau A de la loi du 25 avril 1844.

Sont réputés :

Marchands en gros, ceux qui vendent habituellement à d'autres marchands ;

Marchands en demi-gros, ceux qui vendent habituellement aux détaillants et aux consommateurs ;

Marchands en détail, ceux qui ne vendent habituellement qu'aux consommateurs.

Première Classe.

Octroi (Adjudicataire des droits d') pour un prix d'adjudication de trente mille francs et au-dessus.

Troisième Classe.

Octroi (Adjudicataire des droits d'), pour un prix d'adjudication de dix mille à vingt mille francs.

Quatrième Classe.

Octroi (Adjudicataire des droits d'), pour un prix d'adjudication de moins de dix mille francs.

Pommes à cidre (Marchand de) en gros.

Cinquième Classe.

Aubergiste ne logeant qu'à pied ou à cheval.

Septième Classe.

Vin, bière, cidre (Débitant au petit détail). (Celui qui vend au pot et à la bouteille et ne donne pas à boire chez lui.)

Tableau E additionnel au tableau B de la loi du 25 avril 1844.

Vins (Marchand de) ayant son établissement dans l'entrepôt réel de la ville de paris. . . . . . . 100 fr.

Tableau F additionnel au tableau C de la loi du 25 avril 1844.

DEUXIÈME PARTIE.

Esprit ou eau-de-vie de vin (Fabrique d').   50 fr.
(Ce droit sera réduit de moitié pour les fabricants qui fabriquent moins de cent hectolitres.)

Esprit ou eau-de-vie de marc de raisin, cidre, poiré, fécules et autres substances analogues (Fabrique d').   25
(Ce droit sera réduit de moitié pour les fabricants qui fabriquent moins de cent hectolitres.)

Vinaigre (Fabrique de). 25

TROISIÈME PARTIE.

Brasserie, soixante-dix centimes par hectolitre de capacité brute de toutes les chaudières jusqu'au maximum de quatre cents francs.

(Ce droit sera réduit de moitié pour les brasseries qui ne brassent que quatre fois au plus par an, et d'un quart pour celles qui ne brassent que huit fois au plus par an.)

CHAPITRE IV.

DE LA LÉGISLATION EN MATIÈRE DE POIDS ET MESURES.

La législation en matière de poids et mesures se concentre dans une loi du 4 juillet 1837 et dans une ordonnance du roi du 17 avril 1839.

Voici l'une et l'autre :

LOI DU 4 JUILLET 1837.

LOI RELATIVE AUX POIDS ET MESURES.

ART. 1er. Le décret du 12 février 1812 concernant les poids et mesures est et demeure abrogé.

2. Néanmoins, l'usage des instruments de pesage et de mesurage confectionnés en exécution des articles 2 et 3 du décret précité sera permis jusqu'au 1er janvier 1840 (1).

3. A partir du 1er janvier 1840, toutes mesures autres que les poids et mesures établis par les lois des 18 germinal an 3 et 19 frimaire an 8, constitutives du système métrique décimal, seront interdites sous les peines portées par l'article 479 du Code pénal.

4. Ceux qui auront des poids et mesures autres que les poids et mesures ci-dessus reconnus, dans leurs magasins, boutiques, ateliers ou maisons de commerce, ou dans les halles, foires et marchés, seront punis, comme ceux qui les emploieront, conformément à l'art. 477 du Code pénal.

5. A compter de la même époque, toutes dénominations de poids et mesures autres que celles portées dans le tableau annexé à la présente loi, et établies par la loi du 18 germinal an 3, sont interdites dans les actes publics ainsi que dans les affiches et les annonces.

Elles sont également interdites dans les actes sous seing-privé, les registres de commerce et autres écritures privées produites en justice.

---

(1) Cet article est devenu sans objet depuis le 1er janvier 1840.

Les officiers publics contrevenants seront passibles d'une amende de vingt francs qui sera recouvrée sur contrainte comme en matière d'enregistrement.

L'amende sera de dix francs pour les autres contrevenants ; elle sera perçue pour chaque acte ou écriture sous signature privée. Quant aux registres de commerce, ils ne donneront lieu qu'à une seule amende pour chaque contestation dans laquelle ils seront produits.

6. Il est défendu aux juges et arbitres de rendre aucun jugement ou décision en faveur des particuliers, sur des actes, registres ou écrits dans lesquels les dénominations interdites par l'article précédent auraient été conservées, avant que les amendes encourues, aux termes dudit article, aient été payées.

7. Les vérificateurs des poids et mesures constateront les contraventions prévues par les lois et réglements concernant le système métrique des poids et mesures.

Ils pourront procéder à la saisie des instruments de pesage et de mesurage dont l'usage est interdit par lesdites lois et réglements.

Leurs procès-verbaux feront foi en justice jusqu'à preuve contraire.

Les vérificateurs prêteront serment devant le tribunal d'arrondissement.

8. Une ordonnance royale réglera la manière dont s'effectuera la vérification des poids et mesures.

TITRE II.

DE LA VÉRIFICATION (1).

Art. 10. Les poids et mesures nouvellement fabriqués ou

---

(1) La vérification consiste dans une comparaison exacte des poids et mesures qui sont présentés, avec les étalons confiés à la garde des vérificateurs. (Cette définition se trouvait dans l'article 4 de l'arrêté du 29 prairial an IX.)

La Commission avait proposé d'ajouter ici une disposition ainsi conçue : « Aucun fabricant ne peut vendre, et aucun citoyen ne peut employer pour peser et mesurer les matières de commerce, que des poids et mesures vérifiés. » Cet article était le résumé des dispositions de la loi de 1837, art. 3 et 4, et de l'article 21 de la loi du 15-28 mars 1790, p. 361 ; elle était aussi empruntée à l'article 2 de l'arrêté du 29 prairial an IX, et à l'arrêt du 10 septembre 1819. B. 309.

Le Conseil d'État a sans doute pensé qu'un principe aussi constant n'avait pas besoin d'être reproduit.

Les poids et mesures qui ne sont revêtus d'aucun poinçon de vérification, doivent être réputés faux et illégaux, puisqu'ils n'offrent aucune garantie de leur régularité.

rajustés seront présentés au bureau du vérificateur, vérifiés et poinçonnés avant d'être livrés au commerce.

Art. 11. Aucun poids ou aucune mesure ne peut être soumis à la vérification, mis en vente ou employé dans le commerce, s'il ne porte d'une manière distincte et lisible le nom qui lui est affecté par le système métrique.

Notre ministre du commerce pourra excepter de l'exécution du présent article les poids ou mesures dont la dimension ne s'y prêterait pas.

Art. 12. La forme des poids et mesures servant à peser ou mesurer les matières de commerce, sera déterminée par des règlements d'administration publique, ainsi que les matières avec lesquelles ces poids et mesures seront fabriqués.

Art. 13. Indépendamment de la vérification primitive dont il est question dans l'art. 10, les poids et mesures dont les commerçants compris dans le tableau indiqué à l'art. 15 font usage ou qu'ils ont en leur possession, sont soumis à une vérification périodique pour reconnaître si la conformité avec les étalons n'a pas été altérée.

Chacune de ces vérifications est constatée par l'apposition d'un poinçon nouveau.

Art. 14. Les fabricants et marchands de poids et mesures ne sont assujettis à la vérification périodique que pour ceux dont ils font usage dans leur commerce.

Les poids, mesures et instruments de pesage et mesurage neufs ou rajustés, qu'ils destinent à être vendus, doivent seulement être marqués du poinçon de la vérification primitive.

Art. 15. Les préfets dressent pour chaque département le tableau des professions qui doivent être assujetties à la vérification.

Ce tableau indique l'assortiment des poids et mesures dont chaque profession est tenue de se pourvoir.

Art. 16. L'assujetti qui se livre à plusieurs genres de commerce doit être pourvu de l'assortiment de poids et mesures fixé pour chacun d'eux, à moins que l'assortiment exigé pour l'une des branches de son commerce ne se trouve déjà compris dans l'une des autres branches des industries qu'il exerce.

Art. 17. L'assujetti qui, dans une même ville, ouvre au

Marchands de vins.

public plusieurs magasins, boutiques ou ateliers distincts et placés dans des maisons différentes et non contiguës, doit pourvoir chacun de ces magasins, boutiques ou ateliers, de l'assortiment exigé pour la profession qu'il exerce.

Art. 18. La vérification périodique se fait tous les ans dans les chefs-lieux d'arrondissement et dans les communes désignées par le préfet, et tous les deux ans dans les autres lieux. Toutefois, en 1840, elle aura lieu dans toutes les communes indistinctement.

Le préfet règle l'ordre dans lequel les diverses communes du département sont vérifiées.

Art. 19. Le vérificateur est tenu d'accomplir la visite qui lui a été assignée pour chaque année, et de se transporter au domicile de chacun des assujettis inscrits au rôle qui sera dressé conformément à l'art. 50.

Il vérifie et poinçonne les poids, mesures et instruments qui lui sont exhibés, tant ceux qui composent l'assortiment obligatoire au minimum, que ceux que le commerçant posséderait de surplus.

Il fait note de tout sur un registre portatif qu'il fait émarger par l'assujetti; et si celui-ci ne sait ou ne veut signer, il le constate.

Art. 20. La vérification périodique pourra être faite aux siéges des mairies dans les localités où, conformément aux usages du commerce et sur la proposition des préfets, notre ministre des travaux publics, de l'agriculture et du commerce jugerait cette opération d'une plus facile exécution, sans toutefois que cette mesure puisse être obligatoire pour les assujettis, et sauf le droit d'exercice à domicile.

Les vérificateurs peuvent toujours faire, soit d'office, soit sur la réquisition des maires et du procureur du roi, soit sur l'ordre du préfet et des sous-préfets, des visites extrordinaires et inopinées chez les assujettis.

Art. 21. Les marchands ambulants qui font usage des poids et mesures sont tenus de les présenter, dans les trois premiers mois de chaque année, ou de l'exercice de leur profession, à à l'un des bureaux de vérification dans le ressort desquels ils colportent leurs marchandises.

Art. 22. Les balances, romaines ou autres instruments de pesage, sont soumis à la vérification primitive et poinçonnés avant d'être exposés en vente ou livrés au public.

Ils sont, en outre, inspectés dans leur usage et soumis sur place à la vérification périodique.

Art. 23. Les membrures du stère et du double stère destinées au commerce du bois de chauffage, sont, avant qu'il en soit fait usage, vérifiées et poinçonnées dans les chantiers où elles doivent être employées.

Elles y sont également soumises à la vérification périodique.

Art. 24. Les poids et mesures des bureaux d'octroi, bureaux de poids publics, ponts à bascule, hospices et hôpitaux, prisons et établissements de bienfaisance et tous les autres établissements publics, sont soumis à la vérification périodique.

Art. 25. Les poids et mesures employés dans les halles, foires et marchés, dans les étalages mobiles, par les marchands forains et ambulants, sont soumis à l'exercice des vérificateurs.

Art. 26. Les visites et exercices que les vérificateurs sont autorisés à faire chez les assujettis, ne peuvent avoir lieu que pendant le jour.

Néanmoins, ils peuvent avoir lieu chez les marchands et débitants, pendant tout le temps que les lieux de vente sont ouverts au public.

Art. 27. Les préfets fixent, par des arrêtés pour chaque commune, l'époque où la vérification de l'année commence, et celle où elle doit être terminée.

A l'expiration du dernier délai ci-dessus, et après que la vérification aura eu lieu dans la commune, il est interdit aux commerçants, entrepreneurs et industriels, d'employer et de garder en leur possession des poids, mesures et instruments de pesage qui n'auraient pas été soumis à la vérification périodique et au poinçon de l'année.

TITRE III.

DE L'INSPECTION SUR LE DÉBIT DES MARCHANDISES QUI SE VENDENT AU POIDS ET A LA MESURE.

Art. 28. L'inspection du débit des marchandises qui se vendent au poids et à la mesure est confiée spécialement à la vigilance et à l'autorité des préfets, sous-préfets, maires, adjoints et commissaires de police.

Art. 29. Les maires, adjoints, commissaires et inspecteurs de police, feront dans leurs arrondissements respectifs, et plusieurs fois dans l'année, des visites dans les boutiques et magasins, dans les places publiques, foires et marchés, à l'effet de s'assurer de l'exactitude et du fidèle usage des poids et mesures.

Ils surveilleront les bureaux publics de pesage et de mesurage dépendant de l'administration municipale.

Ils s'assureront que les poids et mesures portent les marques et poinçons de vérification, et que, depuis la vérification constatée par ces marques, ces instruments n'ont point souffert de variations, soit accidentelles, soit frauduleuses.

Art. 30. Ils visiteront fréquemment les romaines, les balances et tous les autres instruments de pesage. Ils s'assureront de leur justesse et de la liberté de leurs mouvements, et constateront les infractions.

Art. 31. Les maires et officiers de police veilleront à la fidélité dans le débit des marchandises qui, étant fabriquées au moule ou à la forme, se vendent à la pièce ou au paquet, comme correspondant à un poids déterminé; néanmoins, les formes ou moules propres aux fabrications de ce genre ne seront jamais réputés instruments de pesage, ni assujettis à la vérification.

Art. 32. Les vases ou futailles servant de récipient aux boissons, liquides ou autres matières, ne seront pas réputés mesures de capacité ou de pesanteur.

Il sera pourvu à ce que, dans le débit en détail, les boissons et autres liquides ne soient pas vendus à raison d'une certaine mesure présumée, sans avoir été mesurés effectivement.

Art. 33. Les arrêtés pris par les préfets en matière de poids et mesures, à l'exception de ceux qui sont pris en exécution de l'art. 18, ne seront exécutoires qu'après l'approbation de notre ministre du commerce.

TITRE IV.

DES INFRACTIONS ET DU MODE DE LES CONSTATER.

Art. 34. Indépendamment du droit conféré aux officiers de police judiciaire par le Code d'instruction criminelle, les vérificateurs constatent les contraventions prévues par les lois et règlements concernant les poids et mesures dans l'étendue de l'arrondissement pour lequel ils sont commissionnés et assermentés.

Ils sont tenus de justifier de leur commission aux assujettis qui le requièrent.

Leurs procès-verbaux font foi en justice jusqu'à preuve contraire, conformément à l'article 7 de la loi du 4 juillet 1837.

Art. 35. Les vérificateurs saisissent tous les poids et mesures autres que ceux maintenus par la loi du 4 juillet 1837.

Ils saisissent également tous les poids, mesures, instruments de pesage et mesurage altérés ou défectueux, ou qui ne seraient pas revêtus des marques légales de la vérification.

Ils déposent à la mairie les objets saisis, toutes les fois que cela est possible.

Art. 36. Ils doivent recueillir et relater les circonstances qui ont accompagné, soit la possession, soit l'usage des poids ou des mesures dont l'emploi est interdit.

Art. 37. S'ils trouvent des mesures qui, par leur état d'oxydation, puissent nuire à la santé des citoyens, ils en donnent avis aux maires et aux commissaires de police.

Art. 38. Les assujettis sont tenus d'ouvrir leurs magasins, boutiques et ateliers, et de ne pas quitter leur domicile, après que, par un ban publié dans la forme ordinaire, le maire aura fait reconnaître, au moins deux jours à l'avance, le jour de la vérification.

Ils sont tenus de se prêter aux exercices toutes les fois qu'ont lieu les visites prévues par les articles 19 et 20.

Art. 39. Dans le cas de refus d'exercice, et toutes les fois que les vérificateurs procèdent chez les débitants, avant le lever et après le coucher du soleil, aux visites autorisées par l'art. 26, ils ne peuvent s'introduire dans les maisons, bâtiments ou magasins, qu'en présence, soit du juge de paix ou de son suppléant, soit du maire, de l'adjoint ou du commissaire de police.

Art. 40. Les fonctionnaires dénommés en l'article précédent ne peuvent se refuser à accompagner sur-le-champ les vérificateurs lorsqu'ils en sont requis par eux, et les procès-verbaux qui sont dressés, s'il y a lieu, sont signés par l'officier en présence duquel ils ont été faits, sauf aux vérificateurs, en cas de refus, d'en faire mention auxdits procès-verbaux.

Art. 41. Les vérificateurs dressent leurs procès-verbaux dans les vingt-quatre heures de la contravention par eux constatée. Ils les écrivent eux-mêmes, il les signent, affirment au plus tard le lendemain de la clôture desdits procès-verbaux, par-devant le maire ou l'adjoint soit de la commune de leur résidence, soit de celle où l'infraction a été commise; l'affirmation est signée tant par les maires et adjoints que par les vérificateurs.

Art. 42. Leurs procès-verbaux sont enregistrés dans les quinze jours qui suivent celui de l'affirmation, et, conformément à l'art. 74 de la loi du 25 mars 1817, ils sont visés pour timbre et enregistrés en débet, sauf à suivre le recouvrement des droits contre les condamnés.

Art. 43. Dans le même délai, les procès-verbaux sont remis au juge paix, qui se conforme aux règles établies par les articles 20, 21 et 139 du Code d'instruction criminelle.

Art. 44. Les vérificateurs des poids et mesures sont sous la surveillance des procureurs du roi, sans préjudice de leur subordination à l'égard de leurs supérieurs dans l'administration.

Art. 45. Si des affiches ou annonces contiennent des dénominations de poids et mesures autres que celles portées dans le tableau annexé à la loi du 4 juillet 1837, les maires, adjoints et commissaires de police sont tenus de constater cette contravention, et d'envoyer immédiatement leurs procès-verbaux au receveur de l'enregistrement.

Les vérificateurs et tous autres agents de l'autorité publique sont tenus également de signaler au même fonctionnaire toutes les contraventions de ce genre qu'ils pourront découvrir.

Les receveurs d'enregistrement, soit d'office, soit d'après ces dénonciations, soit sur la transmission qui leur est faite des procès-verbaux ou rapports, dirigent contre les contrevenants les poursuites prescrites par l'art. 5 de la loi précitée.

TITRE V.

DES DROITS DE VÉRIFICATION.

Art. 46. La vérification première des poids, mesures et instruments de pesage, est faite gratuitement.

Il en est de même pour les poids, mesures et instruments de pesage rajustés, qui sont soumis à une nouvelle vérification.

Art. 47. Les droits de la vérification périodique seront provisoirement perçus conformément au tarif annexé à l'ordonnance du 18 décembre 1825, modifiée par celles du 21 décembre 1832 et du 18 mai 1838.

Art. 48. La vérification périodique des poids, mesures et instruments de pesage appartenant aux établissements publics désignés par l'art. 24, est faite gratuitement.

Il en est de même pour les poids, mesures et instruments de pesage présentés volontairement à la vérification par des individus non assujettis.

Art. 49. Les droits de la vérification périodique sont payés pour les poids et mesures formant l'assortiment obligatoire de chaque assujetti et pour les instruments de pesage sujets à la vérification.

Les poids et mesures excédant l'assortiment obligatoire sont vérifiés et poinçonnés gratuitement.

Art. 50. Les états-matrices des rôles sont dressés par les vérificateurs des poids et mesures, d'après le résultat des opérations qui doivent être consommées avant le 1er août.

Les états sont remis aux directeurs des contributions directes à mesure que les opérations sont terminées dans les communes dépendant de la même perception, et, au plus tard, le 1er août de chaque année.

Art. 51. Les directeurs des contributions directes, après avoir vérifié et arrêté les états-matrices mentionnés à l'article précédent, procèdent à la confection des rôles, lesquels sont rendus exécutoires par le préfet, pour être mis immédiatement en recouvrement par les mêmes voies et avec les mêmes termes de recours en cas de réclamation, que pour les contributions directes.

Art. 52. Avant la fin de chaque année, il sera dressé et publié des rôles supplémentaires pour les opérations qui, à raison de circonstances particulières, n'auraient pu être faites que postérieurement au délai fixé par l'art. 50.

Art. 53. La perception des droits de vérification est faite par les agents du Trésor public.

Le montant *intégral des rôles est exigible* dans la quinzaine de leur publication.

L'art. 3. de l'ordonnance du 21 décembre 1832 continuera à être exécuté.

Art. 54. Les remises auxquelles ont droit les agents du trésor pour le recouvrement des contributions, ainsi que les allocations revenant aux directeurs des contributions directes pour les frais de confection des rôles, sont réglées par notre *ministre secrétaire d'état des finances.*

TITRE VI.

DISPOSITIONS GÉNÉRALES.

Art. 55. Les contraventions aux arrêtés des préfets, à ceux des maires et à la présente ordonnance, sont poursuivies conformément aux lois.

TITRE DEUXIÈME.

DE LA DÉCLARATION EN MATIÈRE DE BOISSONS.

1. *Division.*

1. Ce second titre a été divisé en trois chapitres.

Le premier contient l'extrait du rapport de M. Ed. Bocher du Calvados, à l'Assemblée législative.

Le second, un commentaire de la loi de 1816, présentant l'état de la législation dans son ensemble.

Le troisième, un commentaire de l'ordonnance du 9 décembre 1814 qui régit les octrois, suivi de lois spéciales sur la matière.

CHAPITRE PREMIER.

DE L'IMPÔT SUR LES BOISSONS.

On sait l'importance de cet impôt comme question d'économie financière, commerciale et surtout agricole. Ces divers points de vue ont été examinés, avec une véritable hauteur de vue, dans un remarquable rapport que M. Ed. Bocher, du Calvados, a fait à l'Assemblée législative, dans sa séance du 27 novembre 1847, au nom de la commission chargée d'examiner le projet de loi sur l'impôt des boissons (1).

C'est ce que nous avons pu trouver de plus lumineux et de plus complet, et c'est avec plaisir que nous trouvons l'occasion de répandre les lumières qu'il renferme.

Ce rapport contient surtout un exposé complet de la législation.

Nous donnons sa division pour en faire comprendre la marche et l'étendue.

Impôts indirects.
Taxe des boissons.

A l'Etranger.
En France.

Historique de la législation.
Exposé du système actuel.

1° *Formalités.*
2° *Taxes.*
3° *Produit des taxes.*
4° *Répartition des taxes.*

Quantités imposées.
Nombre des assujettis.
Revenu des taxes d'octroi.
Licences.
Contingents de répartition.
Impôt *ad valorem.*
Inventaire.

(1) Cette commission était composée de MM. Sauvaire-Barthélemy, Fournier, Combarel de Leyval, Loyer, Fresneau, Lepeletier d'Aunay, Wołowski, de Douhet, Chasseloup-Laubat, Larrabure, Gouin, Berryer, André, de Charencey, Vitet, de Beaumont (Somme), Benoist (Denis), Gasc, Creton, Augustin Giraud, Suchet d'Albufera, de Panat, Bocher, Granier, Hernoux (l'amiral), Buffet, Mathieu-Bodet, Druet-Desvaux, Gaslonde, Legros-Devot.

Divers systèmes.
Système de la commission.

IMPÔTS INDIRECTS.

Dans un pays, dans une société, aussi avancés que les nôtres, lorsque les produits du travail industriel composent une grande partie de la richesse nationale, les impôts indirects doivent partager, avec les contributions directes, le fardeau des charges publiques, qui s'accroissent nécessairement à mesure que cette richesse augmente; et à moins de vouloir dispenser absolument une partie entière de la nation de tout paiement dans la dépense commune, ces impôts sont assurément le meilleur, le plus facile moyen de l'y faire contribuer. S'ils sont établis avec discernement et modération, ils se confondent généralement avec le prix des objets qu'ils frappent, se proportionnent aux besoins et aux facultés de ceux qui les consomment, se resserrent ou se développent avec la prospérité publique et l'aisance de chacun, se répartissent dans des proportions insaisissables entre tous ceux qui les acquittent, pèsent indistinctement sur tous les contribuables, sur l'étranger comme sur l'indigène, sur le pauvre et sur le riche, demandant à celui-ci une partie de son superflu, à celui-là l'avance seulement de la cotisation, qui lui est restituée par l'élévation du taux des salaires, presque toujours en rapport avec le taux des denrées..

N'est-ce pas, d'ailleurs, l'intérêt de tous, et principalement l'intérêt des classes les plus nombreuses, que de soulager, par l'impôt de consommation, la terre, ce grand producteur ; que de venir en aide aux bras qui la travaillent, aux capitaux qui la fécondent, de lui fournir indirectement, par la diminution des taxes qu'elle suporte, une partie des avances qui lui manquent, et d'arriver, par la fertilisation du sol, par l'accroissement des fruits qu'il donne et la diminution de leur prix, à cette amélioration tant désirée du sort des populations laborieuses?

Ne faut-il pas enfin ménager la terre, comme la ressource des jours difficiles, et ne pas lui prendre successivement, sous forme de taxes annuelles, ce qu'on peut être forcé à lui demander, en un seul jour, à titre de tribut extraordinaire? L'expérience que nous en avons faite n'est pas si ancienne! Et plus d'un pauvre contribuable retardataire acquitte encore en ce moment sa part dans les 45 centimes auxquels le trésor a dû demander, en 1848, les 180 millions que lui refusait l'impôt indirect.

« Le plan principal d'une administration éclairée, et préoccupée surtout des intérêts généraux, disait dernièrement le président de la république, est de diminuer le plus possible les charges qui pèsent sur la terre. Malgré les sophismes répandus tous les jours pour égarer le peuple, il est un principe incontestable qui, en Suisse, en Amérique, en Angleterre, a donné les résultats les plus avantageux, c'est d'affranchir la production, et de n'imposer que la consommation.

« La richesse d'un pays est comme un fleuve : si l'on prend les eaux à la source, on la tarit ; si on les prend, au contraire, lorsque le fleuve a grandi, on peut en détourner une large masse sans altérer son cours. »

Et ces paroles, prononcées devant les représentants de l'agriculture et de l'industrie française, devant ces hommes d'intelligence et de pratique qui connaissent si bien les justes règles de l'économie politique, par leur influence sur la condition du travail et celle des travailleurs, étaient accueillies par d'unanimes applaudissements.

Mais tous les objets de consommation ne peuvent pas être assujettis à des taxes. Car il peut se faire ou que la nature même de la denrée repousse toute contribution, ou que les difficultés de la perception ne permettent pas de la saisir.

D'un autre côté, tous les objets de consommation actuellement taxés en France sont-ils les seuls qui puissent être justement et utilement atteints par nos tarifs ? Nous hésitons à le croire, et le vœu a été vivement exprimé, dans le sein de votre commission, que la base de nos contributions indirectes puisse être élargie, que l'impartialité de la loi en étende l'application à tous les produits, à toutes les matières, qui sont susceptibles d'en être frappés, sans nuire au développement du travail national, et comme moyen d'arriver à la diminution des taxes existantes, au soulagement de la contribution foncière, et aussi à la réalisation du juste partage des avantages et des charges entre les diverses parties de notre territoire.

TAXE DES BOISSONS.

Quant aux boissons, elles réunissent, selon nous, les conditions essentielles d'une taxe de consommation.

Par la diversité des fruits qui les composent, elles appellent à la participation de l'impôt la presque universalité des cultivateurs du pays; comme denrée alimentaire, elles sont recherchées par la presque universalité des consommateurs, sans être de première nécessité pour aucun.

Elles fournissent à l'Etat un tribut considérable, et ne prélèvent sur chaque redevable qu'une contribution minime et volontaire.

Frappées d'abord, il est vrai, avec les autres produits immédiats du sol, par la taxe foncière, elles ne tardent pas à se transformer en produits industriels, livrés à toutes les opérations, à toutes les spéculations du commerce, acquérant plus de valeur à mesure qu'ils s'éloignent des lieux de la récolte, et qu'ils passent des mains des propriétaires ou des fermiers dans celles du marchand en gros, du courtier, du débitant, ou du simple particulier; devenant, enfin, au moment où ils tombent dans la consommation, une marchandise d'assez haut prix, pour que l'impôt qui la frappe n'apparaisse plus que comme une part assez naturelle des bénéfices qu'elle a procurés.

Aussi, dans tous les temps et dans tous les lieux, chez les peuples producteurs comme chez ceux qui ne sont que consommateurs, dans les Etats libres comme sous les gouvernements absolus, les boissons ont-elles été taxées, et souvent dans une plus forte proportion que chez nous-mêmes.

A l'étranger.

En Suisse, toutes les boissons sont assujetties à des droits de *péage* ou *d'entrée*. Dans certains cantons même, elles supportent, avec le droit de péage, une taxe particulière de *consommation*. L'Etat perçoit, en outre, un droit de *patente* sur les auberges et *vendanges* de vins, basé sur la vente présumée et l'importance de l'établissement. Dans le canton de Vaud, par exemple, le seul droit de patente rapporte 150,000 fr. sur une population de 180,000 âmes.

En Espagne, il existe une contribution, qu'on appelle de *consommation* (de consumos), qui rapporte au trésor 180 millions de réaux, indépendamment des taxes municipales, dont le produit très-élevé et fort arbitraire est consacré aux dépenses particulières des *ayuntamientos*. Le tarif est proportionnel à la population des villes. Les boutiques et cabarets où se vendent les boissons sont soumis aux visites et aux recherches continuelles des *fermiers*, adjudicataires du recouvrement de l'impôt.

Marchands de vins. 22

La perception des droits sur les boissons, en Piémont, est livrée aussi à des fermiers, qui, pour chaque province, sont substitués au lieu et place du gouvernement, au moyen de la redevance à laquelle ils se sont engagés sur enchères publiques; ces fermiers ont sur tous les débitants et fabricants le droit *d'exercice* le plus rigoureux. En général, les détaillants s'abonnent pour une somme proportionnée à leur débit présumé. Les boissons sont soumises, en outre, à des taxes d'octroi.

En Lombardie, le produit de la même taxe entre pour plus du *quart* dans le revenu général des douanes, pour plus du *cinquième* dans celui des octrois municipaux, et pour le *treizième* environ dans le chiffre total des contributions publiques.

Dans le royaume napolitain, les liquides sont frappés de droit d'octroi dans les villes, et d'une taxe spéciale de consommation au profit de l'Etat (3 fr. l'hectolitre) à Naples.

En Bavière, ils sont atteints par le droit sur le *malt* (maltzaufschlag), d'un impôt qui correspond entièrement à notre contribution indirecte. Il est de 10 fr. 75 c. par boisseau, produit 12,000,000 de fr. et forme à peu près la *sixième* partie du chiffre total des revenus du pays.

Le budget de la Belgique s'élevait, pour le dernier exercice, à 85,000,000 de fr. Le produit des taxes sur les boissons fermentées y figure pour 13,000,000 de fr. environ, soit 14 p. 0/0, sans compter leur part dans le montant des revenus municipaux dont ils forment plus que le quart.

En Angleterre, les boissons sont frappées de taxes considérables, dont le taux varie dans les trois royaumes.

Les vins et les esprits importés sur le territoire de la Grande-Bretagne, soit de l'étranger, soit des colonies anglaises, sont soumis à des droits *de douane*, et les esprits fabriqués dans le Royaume-Uni à *l'excise*. La bière n'est point imposée à l'état de boisson, mais l'*excise* frappe les matières premières qui servent à sa fabrication, comme le houblon et la drèche.

Le montant des perceptions (sans y comprendre le thé, qui est d'un usage universel en Angleterre, y tient lieu, en grande partie, dans l'alimentation publique, des boissons fermentées, et rapporte 134 millions de francs), s'établit ainsi :

Droits de douane..	4,200,246 l. st.	
Taxation directe sur les esprits, liqueurs.	5,476,202	
Taxation sur la drèche employée à la fabrication de la bière et des liqueurs.	5,443,521	
Taxation sur le houblon, variable suivant l'abondance des récoltes, mais calculée sur une moyenne de sept années.	300,000	
Licences	1,100,000	
Total des perceptions.	16,519,969 l. st., ou	413,500,000 fr.
Ce qui, sur le revenu total du Royaume-Uni, porté, pour l'année finissant le 5 janvier 1849, à	57,656,374 l. st., ou	1,441,411,350 fr.

donne une proportion de près de 30 p. 0/0 !

Enfin, en Russie, les boissons, soumises au régime du monopole et du privilège, produisent un revenu énorme, qui varie, suivant les appréciations, de 150 à 210 millions, et forme environ le tiers du budget total de l'empire.

En France.

En France, l'impôt sur les boissons remonte à l'époque la plus éloignée. Avant la révolution, il était perçu, sous le nom de *droits d'aides*, directement dans une partie de nos provinces, indirectement dans les autres, à titre d'abonnements ou de redevances fixes (1). Le souvenir des abus, des vexations, auxquels sa perception donnait lieu alors, s'est perpétué malheureusement parmi les populations qui en furent victimes, et n'a pas peu contribué à faire naître une impopula-

---

(1) Il produisait de 53 à 55 millions, et formait le dixième du montant total du budget de la monarchie, lequel s'élevait à moins de 560 millions.

rité, que les procédés des administrations antérieures ont entretenue, et que n'a pas réussi entièrement à détruire l'action si modérée de l'autorité actuelle.

Le 22 mars 1791, la Constituante abolit les *droits d'aides*, avec toutes les autres taxes de consommation. Si elle eut raison, si, pour ceux-là mêmes qui paraissaient destinés à en profiter, ce fut une salutaire mesure, si la prospérité du pays fut plus grande, l'état de nos finances plus florissant, ce n'est pas le moment de l'examiner.

L'histoire a, d'ailleurs, déjà répondu, et il suffit de rappeler par quelles terribles nécessités la France avait passé, toutes les pertes qu'elle avait faites, toutes les ressources qu'elle avait dévorées, et dans quel état d'épuisement et de misère elle était enfin tombée, lorsqu'un gouvernement régulier, une administration intelligente et forte, dirigée par un homme de génie, vinrent rétablir nos services financiers, et asseoir de nouveau nos impôts sur la double base où ils se sont, depuis, affermis et développés.

C'est à cette époque que la taxe sur les boissons fut rétablie.

Nous rappellerons rapidement les phases diverses qu'elle a traversées, les transformations successives qu'elle a subies jusqu'à présent, parce que tous les systèmes qui se sont produits à différentes époques et se reproduisent encore aujourd'hui, ne sont, pour la plupart, que des réminiscences d'essais déjà tentés et d'expériences déjà faites.

HISTORIQUE DE LA LÉGISLATION.

L'origine de la législation qui régit la perception des droits sur les boissons se trouve dans la loi du 25 ventôse an XII (25 février 1804). Cette loi, complétée par le décret du 1er germinal an XIII (22 mars 1805), établit un droit d'*inventaire* de 0,40 c. par hectolitre de vin, et de 0,16 c. par hectolitre de cidre.

Tous les propriétaires étaient assujettis, immédiatement après la récolte de l'année, à un inventaire, et, avant la récolte de l'année suivante, à un récolement de leurs produits.

L'impôt était dû sur toutes les quantités manquantes, pour lesquelles on ne justifiait pas le payement du droit à l'enlèvement, et sauf déduction pour la consommation de famille, de 9 hectolitres de vin, et de 18 hectolitres de cidre. Ce système de perception soumettait à l'exercice plus de 2 millions de récoltants, au compte de qui les droits s'accumulaient et devenaient une charge directe et personnelle.

Le droit et la formalité d'inventaire ont été supprimés par la loi du 25 novembre 1808, après un peu plus de quatre ans de durée.

Dans l'intervalle, une loi du 24 avril 1806, dont les détails d'exécution furent réglés par le décret du 5 mai de la même année, avait établi deux espèces de droit *ad valorem* :

1º L'un dit *de vingtième* (5 p. 0/0), qui se percevait, à chaque vente et revente, sur le prix de vente en gros des vins, cidres, esprits et liqueurs, quel que fût le destinataire marchand en gros, débitant ou simple consommateur.

2º L'autre, *de dixième* (10 p. 0/0), sur le prix de vente en détail.

Les débitants étaient tenus de déclarer les prix de vente ; et, si la déclaration paraissait insuffisante, la régie avait le droit de préemption, et pouvait prendre les boissons pour son compte.

La loi du 25 novembre 1808, complétée par le décret du 21 décembre suivant, apporta aux dispositions précédentes une importante modification, dont le résultat fut de soulager la position du propriétaire, d'améliorer celle du commerçant, mais en aggravant celle du détaillant. En effet, elle supprima l'inventaire et le droit qui s'y attachait, ainsi que celui à la vente et revente en gros, et institua : 1º un droit *d'entrée* dans les communes ayant une population agglomérée de 2,000 âmes et au-dessus, pour toutes les quantités introduites, quelle que fût leur destination; 2º un droit fixe de *mouvement* proportionnel à la valeur, pour les vins, dans les départements divisés, à cet effet, en quatre classes, et uniforme pour les cidres ; enfin, le droit de détail fut élevé de 10 à 15 p. 0/0.

Les décrets du 12 octobre 1812, du 5 janvier 1813 et la loi du 8 décembre 1814 ne changèrent rien à la nature des droits ni au système de l'impôt, mais en modifièrent seulement les tarifs : le premier, en rétablissant l'égalité des taxes, sur les eaux-de-vie et liqueurs, entre les consommateurs ordinaires et les débitants ; le second, rendu sous l'empire des funestes évènements de 1812, et pour accroître les ressources du trésor, en augmentant les droits de circulation et d'entrée, et en portant ceux de détail et de consommation de 15 à 16 2/3 p. 0/0 ; la loi de 1814, enfin, en ramenant le droit de détail à 15 p. 0/0.

Le décret du 8 avril 1815, publié par le gouvernement des cent jours, fut, comme l'ordonnance de Louis XVIII à son retour (29 juillet), une mesure de circonstance et de nécessité, et eut le sort des lois de cette nature. Il maintenait le droit d'entrée dans les villes au-dessus de 4,000 âmes seulement, mais supprimait les droits de circulation et de consommation pour les particuliers, le droit de détail sur les boissons et de fabrication des bières, et remplaçait ces derniers en imposant sur chaque commune une somme équivalente, qui devait être répartie entre les débitants et les brasseurs. Il créait en même temps les droits de *licence*.

Ces dispositions purent à peine être exécutées ; la répartition des contingents communaux donna lieu aux plus grandes difficultés, et une loi du 23 décembre 1815 remit en vigueur le système de perception organisé par la loi de 1814.

C'est cette dernière loi et celle du 28 avril 1816 qui ont fondé définitivement le système d'impôt encore en vigueur aujourd'hui ; et les principes qu'elles ont consacrés, les droits qu'elles ont établis, n'ont éprouvé, depuis, que des modifications momentanées ou secondaires, qui n'ont eu pour résultat que l'allègement des taxes ou la simplification des formalités.

C'est ainsi que, par la loi du 25 mars 1817, le droit de circulation, qui auparavant, sous le titre de *droit de vingtième* ou de *droit de mouvement*, était perçu à chaque vente ou à chaque déplacement, ne fut plus exigé que pour les quantités destinées aux simples consommateurs, et que les boissons expédiées au commerce en furent affranchies ; que, par la loi du 24 juin 1824, le droit proportionnel sur les eaux-de-vie fut remplacé par un droit fixe, appliqué en raison de l'alcool pur qu'elles contiennent. C'est ainsi que la loi du 17 octobre 1830 ne fit que remettre en vigueur la faculté, accordée déjà aux débitants, de substituer l'abonnement à l'exercice ; que celle du 12 décembre de la même année, sans rien changer dans les modes de perception, fit remonter le droit d'entrée aux villes de 4,000 âmes et abaissa les tarifs des différentes classes, tandis qu'enfin la loi du 21 avril 1832 apporta dans le système de ces perceptions l'importante modification de la *taxe unique*, dont les effets furent, plus tard, restreints par les dispositions du budget des recettes pour 1842 (juin 1841) (1).

(1) Dans le système de la loi de 1832, la *taxe unique* comprenait les droits d'entrée,

J'ai dit plus haut ce qu'avait fait le gouvernement provisoire pour conserver le principe de l'impôt, tout en sacrifiant les formalités de perception qui étaient alors le plus violemment attaquées par les intérêts particuliers. Il rendit le décret du 31 mars, dont l'effet était de maintenir les droits d'entrée, et de substituer aux droits de circulation et de détail sur les vins et cidres, un droit fixe de consommation, également payé par les débitants et par les particuliers. C'était le nivellement des taxes, mais leur aggravation pour les simples consommateurs, et cette aggravation excessive blessa tant d'intérêts et provoqua tant de plaintes, que l'assemblée constituante s'empressa de rétablir le mode précédent de perception.

EXPOSÉ DU SYSTÈME ACTUEL.

C'est celui qui assure en ce moment encore le recouvrement de l'impôt, et que la loi du 19 mai 1849 n'a abrogé qu'à partir de l'année prochaine (1ᵉʳ janvier 1850).

Voyons en quoi il consiste :

1° *Formalités.*

Aucune quantité de vins, cidres, poirés, hydromels, eaux-de-vie, esprits et liqueurs, ne peut être déplacée sans qu'une *déclaration* soit faite, ni sans qu'une *expédition* soit prise. Le transport doit être effectué dans le délai que détermine l'expédition.

Cette formalité est générale, et s'applique indistinctement à tous ceux pour le compte desquels s'opère le déplacement ; elle est la base de tout le système de perception ; c'est elle qui permet de suivre tous les mouvements de la matière imposable, et qui garantit le recouvrement de tous les droits.

(*aa*) Quant aux *propriétaires récoltants*, — c'est la seule obligation à laquelle la loi les assujettisse, soit qu'ils déplacent leurs produits pour leur propre usage, soit qu'ils les expédient à l'étranger, soit qu'enfin ils les adressent, dans l'intérieur, aux commerçants ou aux simples particuliers.

Toutes facilités leur sont accordées pour l'accomplissement de cette formalité.

Dans chaque commune où se trouve un habitant solvable,

---

de circulation, de détail et de licence pour les vins et cidres; les droits d'entrée et de consommation pour les eaux-de-vie. Dans celui de la loi de 1841, la *taxe unique* ne rachetait que les droits d'entrée et de détail.

qui puisse remplir les fonctions de buraliste, il doit être établi un bureau de déclarations (1). Le récoltant a, d'ailleurs, à défaut de bureau de la régie dans le lieu de sa résidence, la faculté de se livrer à lui-même, pour les boissons qu'il fait transporter, un *laissez-passer*, qui est représenté et échangé au premier bureau de passage (2).

Dans les communes de 4,000 âmes agglomérées et au-dessus, *les propriétaires récoltants* sont astreints, pour leurs récoltes locales, ou à la déclaration à l'entrée, ou aux exercices à domicile; ils subissent enfin l'exercice, quand ils vendent en détail.

(*bb*) Les *marchands en gros* — sont tenus de représenter pour toutes les boissons qu'ils reçoivent, les expéditions de la régie, et demeurent soumis à un *exercice* sommaire.

(*cc*) Les *débitants* — subissent une surveillance plus rigoureuse, plus incommode, qui excite des plaintes très-vives de leur part; ils sont exposés, chaque jour et à toute heure, aux visites des employés; les quantités qu'ils reçoivent sont prises en charge, futaille par futaille; la vente en est saisie et constatée par *l'exercice*; mais cet assujettissement, toutefois, n'est que facultatif. Ils peuvent s'y soustraire en usant du droit que leur donne la loi, soit de souscrire des abonnements à somme déterminée, pour vins, cidres, poirés et hydromels, soit de payer, à l'arrivée, la taxe de consommation pour les esprits et eaux-de-vie. Dans ces deux cas, ils sont affranchis des liens de l'exercice, et ne se trouvent soumis qu'à des visites peu fréquentes, et à une surveillance sans rigueur.

La loi fournit encore, par *l'abonnement de corporation* et par l'établissement de la *taxe unique*, un double moyen de soustraire les débitants aux obligations de l'exercice.

(*dd*) Les *consommateurs ordinaires* — n'ont à remplir aucune formalité; ils ne sont soumis à aucune action de la part des employés des contributions.

Seulement, s'ils habitent un lieu dont la population dépasse 4,000 âmes, ils doivent faire la déclaration à l'entrée, ou avant le déchargement à leur domicile, et acquitter le droit.

Cette obligation est, d'ailleurs, commune, dans les mêmes lieux, aux marchands en gros, aux détaillants et aux propriétaires récoltants, même dans la circonscription où la loi

---

(1) Art. 233 de la loi de 1816.
(2) Lois du 28 avril 1816 (art. 12) et du 21 avril 1832 (art. 43).

accorde à ces derniers le déplacement, en franchise, des produits de leur récolte.

2° *Taxes.*

A chacune des formalités que nous venons d'énumérer, correspond une taxe différente.

(*aa*) Un *droit de circulation* — exigible à l'enlèvement des quantités de vins, cidres, poirés et hydromels, à destination des particuliers.

Ce droit, pour les cidres, est de 50 c. par hect.; pour les vins, il varie, d'après un tarif, qui divise les départements en quatre classes, eu égard au prix moyen de la vente en détail de ces vins dans le département qu'habite le destinataire (1).

Il n'y a d'exemption à ce droit que pour le récoltant qui consomme dans le lieu même de sa récolte, ou dans le rayon très-étendu fixé par la loi (2); il ne paie pour le transport de tout chargement qu'un simple droit d'expédition (*passavant*) de 25 c.

(*bb*) Un *droit de détail* — de 10 p. 0/0 est perçu, après la vente des vins, cidres, poirés et hydromels, vendus par les débitants.

(*cc*) Un *droit de consommation* — pour les quantités d'esprits, d'eaux-de-vie et de liqueurs reçues par les consommateurs, qui le payent à l'arrivée, ou par les débitants qui le payent après la vente, avec faculté toutefois de l'acquitter aussi à l'arrivée. Ce droit est de 34 fr. par hectolitre d'alcool pur.

(*dd*) Un *droit d'entrée* — dans les communes ayant 4,000 âmes et plus de population agglomérée, sur les vins, cidres et eaux-de-vie, esprits et liqueurs.

Ce droit est réglé, comme celui de circulation, d'après la classification des départements, en raison du prix des vins

---

(1) *Tarif du droit de circulation.*

		Taxe par hectolitre, (en principal).
Vins en cercles et en bouteilles à destination des *départements*.	de première classe.	60
	de deuxième —	80
	de troisième —	1 »
	de quatrième —	1 20

(2) Art 15 de la loi du 25 juin 1841;

vendus en détail, et s'élève, en outre, suivant l'importance de la population des villes qui y sont assujetties (1).

(ee) Enfin un *droit fixe de licence* dont le taux, uniforme pour les marchands en gros, varie, pour les débitants, suivant le chiffre des populations. (*Note 2, page suivante.*)

La ville de Paris est placée sous l'empire d'une loi exceptionnelle. — Une taxe unique, dite de *remplacement*, y tient lieu des droits de circulation, d'entrée, de détail et de licence; — les marchands en gros et en détail n'y sont point soumis à l'action des agents des contributions indirectes.

3° Produit des taxes.

Le produit de ces différentes taxes est une des plus abondantes et des plus certaines ressources du trésor public. Il entre pour un tiers dans le total des recouvrements généraux de la régie des contributions indirectes. Le compte officiel du dernier exercice (1847) présente un résultat de plus de 108 millions.

(1) *Tarif des droits d'entrée.*

POPULATION DES COMMUNES sujettes aux droits d'entrée.	TAXE PAR HECTOLITRE (en principal).					
	Vins en cercles et en bouteilles dans les départements de				Cidres, poirés et hydromels.	Alcool pur contenu dans les eaux-de-vie en bouteilles, liqueurs, etc.
	1re classe	2e classe	3e classe	4e classe		
Entrée dans les communes de 4,000 à 6,000 âmes.	» f. 60	» f. 80	1 f. »	1 f. 20	» f. 50	4 f. »
6,000 10,000....	» 90	1 20	1 50	1 80	» 75	6 »
10,000 15,000....	1 20	1 60	2 »	2 40	1 »	8 »
15,000 20,000....	1 50	2 »	2 50	3 »	1 25	10 »
20,000 30,000....	1 80	2 40	3 »	3 60	1 50	12 »
30,000 50,000....	2 10	2 80	3 50	4 20	1 75	14 »
50,000 âmes et au-dess.	2 40	3 20	4 »	4 80	2 »	16 »
Remplacement aux entrées de Paris............	8 fr.				4 »	50 »

En voici le détail :

Droit de circulation sur les vins, cidres, poirés et hydromels.	7,399,579	»
Droit des licences applicables au commerce des boissons.	3,781,745	»
Droit de 15 centimes par expédition (passavants, acquits-à-caution).	874,712	85
Droit de détail sur les vins, cidres, poirés, hydromels, eaux-de-vie et liqueurs.	47,750,710	47
Droit général de consommation sur l'alcool et autres liquides spiritueux.	7,100,860	60
Droits perçus à Paris en remplacement des droits de détail et d'entrée.	11,814,455	37
Droits d'entrée et de taxe unique en remplacement des droits d'entrée et de détail.	18,125,873	01
Droit de fabrication des bières.	8,910,201	80
Droit de timbre des expéditions et quittances.	2,600,000	»
	108,358,138	10

4° *Répartition des taxes. Leurs effets.*

Or, pour abandonner un pareil revenu, en tout temps, et,

(2)   *Tarif des droits de licence.*

PROFESSIONS.	DÉSIGNATION DES LIEUX.	PRIX de la licence.
Débitants de boissons.	Dans les communes au-dessous de 4,000 âmes.	6
	Dans celles de 4 à 6,000 âmes.	8
	Dans celles de 6 10,000.	10
	Dans celles de 10 15,000.	12
	Dans celles de 15 20,000.	14
	Dans celles de 20 30,000.	16
	Dans celles de 30 50,000.	18
	Dans celles de 50 000 âmes et au-dessus (Paris excepté).	20
Brasseurs.		50 ou 30
Bouilleurs et distillateurs.	Dans tous les lieux.	10
Marchands en gros de boissons.	Dans tous les lieux.	50

à plus forte raison, dans des circonstances aussi difficiles que celles où se trouve le pays, il faut être assuré non-seulement de le pouvoir remplacer, mais encore d'avoir à faire cesser, en y renonçant, de graves abus, des injustices criantes et de réelles souffrances.

Voyons donc comment se répartissent les droits dont se compose l'impôt des boissons et comment ils affectent chaque classe de contribuables.

§ Ier.

Les *producteurs* d'abord, sous l'empire de la loi actuelle, ils expédient en toute franchise, au dehors, le produit de leurs récoltes, c'est-à-dire, pour l'année 1848, par exemple, 1,550,000 hectolitres de vins, représentant une valeur de 54,500,000 ; 378,237 hectol. d'eau-de-vie, représentant 34,800,000 fr., et 35,000 hectol. de cidre. — Total des valeurs exportées en franchise, 90 millions de francs!

Ils consomment, avec exemption des droits, non-seulement sur le lieu même de la récolte, mais dans l'arrondissement et les cantons limitrophes, toutes les quantités à leur usage. On peut, sans exagération, compter 12 millions d'individus en France consommant ainsi les boissons qu'ils récoltent.

Une seule exception à cette franchise est celle que nous avons indiquée plus haut pour les producteurs qui habitent les lieux sujets et sont soumis au *droit d'entrée*.

Enfin, pour toutes les quantités qu'ils vendent à l'intérieur, les récoltants ne sont assujettis qu'au droit de timbre (10 c.) pour l'*acquit-à-caution* lorsqu'ils expédient au commerce, et au *droit de circulation*, c'est-à-dire de 0,66 c. à 1 fr. 32 c. l'hectolitre, lorsqu'ils expédient à destination de simples particuliers et que ceux-ci n'acquittent pas eux-mêmes le droit à l'enlèvement.

En résumé, voici la position des propriétaires ou locataires récoltants : exemption de droits pour la vente à l'étranger sur une valeur de 90 millions. — Consommation, en franchise, de quantités qu'on ne peut évaluer à moins de 10 millions d'hectolitres. — Payement facultatif, pour tous les produits vendus en France, du droit de circulation qui peut être acquitté par les acheteurs.

§ II.

Il est vrai que l'impôt peut nuire de deux manières à la

production, ou directement, par les droits immédiats dont il la frappe, ou indirectement, par ceux qu'il fait peser sur la consommation.

Quels sont donc les effets de la loi actuelle pour les *consommateurs* ?

La population totale de la France est de 35 millions. Les cinq sixièmes environ habitent des communes ayant une population agglomérée inférieure à 4,000 âmes ; l'autre sixième habite les villes de plus de 4,000 âmes; c'est-à-dire sujettes au *droit d'entrée*.

Si l'on retranche de la première catégorie les 12 millions de récoltants dont on a parlé tout à l'heure et qui consomment le produit de leurs vendanges en franchise, il reste 18 millions de consommateurs assujettis, pour les boissons qu'ils achètent, à un droit fixe de 0,55 c. par hectolitre de cidre, et à un droit variable de 0,66 c. à 1 fr. 32 c. par hectolitre de vin (décime compris).

	Nombre de départements par classe.	POPULATION des communes ayant moins de 4,000 âmes agglomérées.	VINS Droit de circulation en principal et décime.		CIDRES. Droit de circulation en principal et décime.	
			par hecto-litre.	par litre.	par hecto-litre.	par litre.
			fr. c.	centimes	fr. c.	cent.
Départements de 1re classe.	24	7,216,174	» 66	0 $^2/_3$	» 55	0 $^5/_9$
2e classe.	29	9,448,580	» 88	0 $^3/_4$	» 55	0 $^5/_9$
3e classe.	21	7,425,366	1 10	04 $^1/_{10}$	» 55	0 $^5/_9$
4e classe.	11	5,856,552	1 32	01 $^1/_3$	» 55	0 $^5/_9$
	85	29,946,672				

Marchands de vins.

D'où ressort, pour cette classe de consommateurs, un droit fixe de cinq neuvièmes de centime par litre de cidre, et, par litre de vin, un droit qui varie de deux tiers de centime à 0 c. 1/3.

La moyenne générale pour ces 18 millions de contribuables est, par hectolitre, de 0,99 c., ou de 0,01 c. par litre.

Quant aux cinq autres millions de contribuables assujettis particulièrement au *droit d'entrée*, lequel s'ajoute pour eux au *droit de circulation*, ils payent, suivant la classe du département et la population du lieu qu'ils habitent, de 1 fr. 32 c., à 6 fr. 60 c. par hectolitre de vin :

	Nombre de départements par classe.	Population des communes ayant 4,000 âmes et plus de population agglomérée.	Droits de circulation et d'entrée, décime compris.			
			Vins		Cidres, poirés et hydromels.	
			par hecto-litre.	par litre.	par hecto-litre.	par litre.
			fr. c.	centim.		
départem^{ts} de 1re classe..	24	1,145,125	de 1 32 à 3 30	de 1 1/3 à 3 1/3	de 1 fr. 10 c. à 2 75	de 01 c. 1/10 à 02 3/3
2e classe..	29	998,862	de 1 76 à 4 40	de 1 3/4 à 4 2/3		
3e classe..	21	1,064,265	de 2 20 à 5 50	de 2 1/5 à 5 1/2		
4e classe..	11	1,017,293	de 2 64 à 6 60	de 2 2/3 à 6 2/3		
	85	5,225,545				

Et, en moyenne, 3 fr. 59 c. par hectolitre ; par litre, 0,03 c. 1/3.

Mais nous avons raisonné, jusqu'à présent, dans l'hypothèse où les contribuables soumis, soit au *droit de circulation* seulement, soit aux *droits de circulation et d'entrée*, pouvaient tous s'approvisionner directement des boissons nécessaires à leur usage et à celui de leur famille. Malheureusement il n'en est pas ainsi, et il faut songer qu'une partie de ces mêmes contribuables sont hors d'état d'acheter en gros du producteur ou du commerçant; qu'ils sont obligés de consommer ou d'acheter chez le débitant, et, par conséquent, de supporter *le droit de détail.*

Qu'en résulte-t-il pour eux?

D'abord, des 30 millions qui habitent les petites communes au-dessous de 4,000 âmes, 18 millions seulement, nous l'avons vu, sont soumis aux droits; les autres, à titre de récoltants, en sont affranchis. Or, pour ceux-là, l'achat au cabaret est très-rarement une nécessité, presque toujours un objet de distraction et de plaisir, ou l'effet du vice. Car, dans nos campagnes: dans les pays de vignes, comme dans les pays à pommiers, chacun se procure assez aisément la boisson de chaque jour, boisson assez médiocre peut-être, mais qui suffit à l'alimentation de l'habitant du midi, comme de celui de la Bretagne, de la Normandie, et des provinces du nord, et le dispense d'aller chercher chez le débitant, avec la surtaxe de détail, la piquette, le petit cidre ou la bière dont il nourrit son ménage. Si donc, pour la clientèle, oisive ou vicieuse, du cabaret, le *droit de détail* ajoute quelque chose au prix des boissons qui s'y consomment, faut-il beaucoup s'en plaindre?

Mais qu'ajoute-t-il à ce prix?

La valeur moyenne des vins vendus en détail s'établit ainsi par classes de département :

	Nombre de départements par classe.	POPULATION des communes ayant moins de 4,000 âmes agglomérées.	VINS. Droit de détail en principal et décime.		CIDRES. Droit de détail en principal et décime.	
			par hectolitre.	par litre.	par hectolitre.	par litre.
			fr. c.	cent.	fr. c.	cent.
Départements de 1re classe.	24	7,216,174	2 46	02 3/6	1 61	01 3/5
2e classe.	29	9,448,580	3 43	03 2/5	1 61	01 3/5
3e classe.	21	7,425,366	5 34	05 1/3	1 61	01 3/5
4e classe.	11	5,856,552	8 54	08 5/9	1 61	01 3/5
	85	29,946,672				

Il ressort donc un impôt moyen, par hectolitre, de 4 fr 94 c., et, par litre, de 5 c.

La situation des habitants des villes, il est vrai, n'est pas la même, surtout dans les grands centres de population, et en dehors des pays producteurs. Là le cabaret est le moyen habituel et presque nécessaire d'approvisionnement pour les classes ouvrières et pour les gens peu aisés. C'est donc, en définitive, seulement sur cette portion si intéressante de cinq millions d'habitants qui composent la population des lieux sujets, que nous arrivons, au terme de cette analyse, à reconnaître que le droit de détail cumulé avec celui d'entrée, et perçu sur ce même droit, peut peser assez lourdement, et, en restreignant sa consommation, faire réagir l'effet de la taxe jusque sur le producteur.

Eh bien, en faisant le calcul des droits payés dans les *lieux sujets* par les consommateurs qui fréquentent les débits, on trouve que le prix moyen est de 7 fr. 44 c. par hectolitre, et de 0 fr. 7 1/2 c. par litre.

	Nombre de départements par classe.	Population des communes ayant 4 000 âmes et plus de population agglomérée.	Droits de détail et d'entrée, décime compris.			
			Vins.		Cidres, poirés et hydromels.	
			par hecto-litre.	par litre.	par hecto-litre.	par litre.
départem.ts de			fr. c.	centim.		
1re classe..	24	1,143,125	de 3 12 à 5 10	de 3 1/8 à 5 1/0	de 2 fr. 10 c. à 2 15	de 02 c. 1/6 à 05 4/5
2e classe..	29	998,862	de 4 41 à 6 95	de 4 2/5 à 7		
3e classe..	21	2,064,265	de 6 41 à 9 74	de 4 3/6 à 9 3/4		
4e classe..	11	1,017,293	de 9 96 à 13 79	10 à 13 4/5		
	85	5,223,545				

7 centimes et demi par litre, tel est le maximum des droits perçus, et seulement sur la partie des 5 millions d'habitants des villes qui s'approvisionne au cabaret, c'est-à-dire beaucoup moins de la moitié.

Nous venons d'énumérer les différentes taxes imposées sur les boissons, et leur quotité. On peut conclure, de la manière dont elles grèvent chaque catégorie de consommateurs, l'influence qu'elles doivent exercer sur la consommation générale, et, par contre-coup, sur la production :

12 millions de consommateurs exempts de tout impôt ; 18 millions soumis au simple *droit de circulation,* de 1 c. par litre, ou au *droit de détail,* de 5 c.; 5 millions soumis au *droit d'entrée et de circulation,* de 3 1/3 c., ou au *droit d'entrée et de détail,* de 7 1/2 c.

Quant aux conséquences, pour la production, de la législation en vigueur, il est possible de les apprécier, non-seulement par induction, mais par des faits positifs, incontestables. Ces faits ressortent de divers documents que la commission du budget a consultés et qu'elle met sous les yeux de l'Assemblée.

D'abord le tableau comparatif des cultures en vignes depuis 1789. Ce tableau, dressé une première fois sous l'administration de M. de Chabrol, en 1829, n'offre peut-être pas une exactitude complète, en raison de la différence des époques auxquelles a été successivement exécuté le cadastre, et des mouvements opérés dans les cultures depuis que certaines parties de ce grand travail sont achevées; mais nous avons demandé à l'administration ce qu'il y a de plus complet en pareille matière, et il résulte du dernier recensement qu'elle a fait faire par ses agents, que le nombre d'hectares consacrés à la vigne, qui était, en 1788, de 1,555,400 hectares, et, en 1830, de 1,993,300, est maintenant de 2,137,000 (1).

Or, en même temps que l'étendue de la culture a augmenté, ses procédés ont-ils changé, ses méthodes se sont-elles perfectionnées? le rendement est-il plus considérable? et dans quelles proportions? C'est aux hommes de pratique et de bonne foi à en décider.

Il est, au surplus, aisé de s'en convaincre par les résultats suivants :

L'état des quantités et des valeurs des vins exportés depuis 1830 offre une augmentation progressive, constante, qui s'est élevée de 1,144,000 hectol. à 1,550,000 hectol., et de 44 à 54,500,000 fr., c'est-à-dire de 33 p. 0/0 sur les quantités, et de 18 p. 0/0 sur les valeurs.

---

(1) Voir aux annexes, numéro 1.

	QUANTITÉS selon les états de commerce	VALEURS selon les états de commerce
	hectolitres.	francs.
1re période de 1830 à 1835.	1,143,895	43,864,219
2e période de 1835 à 1840.	1,273,658	48,484,789
3e période de 1840 à 1845.	1,402,450	50,196,648
4e période de 1845 à 1848 (exclusivement).	1,443,813	51,818,816
Année 1848.	1,548,381	54,481,780
6 premiers mois de 1849.	941,712	»
Augmentations de la 2e période sur la première	11 p. 100	11 p. 100
de la 3e période sur la première.	23 —	14 —
de la 4e période sur la première.	26 —	18 —

Un état semblable, pour l'exportation des eaux-de-vie, donne des résultats plus remarquables encore. Le chiffre des quantités s'est élevé de 217,684 hectares à 378,234, c'est-à-dire plus de 60 p. 0/0 ; celui des valeurs, de 18 millions à 35, près de 100 p. 0/0.

(*Voir cet Etat, à la page suivante.*)

	QUANTITÉS selon les états de commerce	VALEURS selon les états de commerce
	hect.res.	francs.
1re période de 1830 à 1835.	217,684	17,954,084
2e période de 1835 à 1840.	213,545	25,264,120
3e période de 1840 à 1845.	281,539	23,819,605
Année 1848.	378,257	34,811,147
Augmentations { de la 2e période sur la première.	44 p. 100	41 p. 100
de la 3e période sur la seconde.	29 —	35 —
de l'année 1848.	60 —	100 —

La consommation intérieure, à en juger par 1° le mouvement officiel des quantités imposées ; 2° le montant des droits perçus ; 3° le nombre et le produit des licences ; 4° le revenu des taxes d'octroi, a suivi, depuis la même époque, la même progression.

1° *Quantités imposées.*

EXERCICES.	VINS en cercles et en bouteilles.	CIDRES, poirés et hydromels.	ALCOOLS, eaux-de-vie esprits et liqueurs.	BIÈRES.
	hectolitres.	hectol.	hectol.	hectol.
1831	6,754,651	2,959,736	356.173	3,054,168
1835	14,929,124	3,468,626	358,017	3,581,498
1840	16,122,157	3,530,507	570,446	4,241,276
1845	16,686,705	4,959,048	620,517	4,700,467
1847	17,644,626	4,394,098	607,162	4,105,882
Augmentation de 1847 sur 1831	162 p. 100	48 p. 100	70 p. 100	35 p. 100

2° *Produit de l'impôt.*

EXERCICES.	DROIT de circulation (vins et cidres).	DROIT de détail (vins et cidres) et de consommation (spiritueux).	DROIT de consommation (spiritueux).	DROIT de remplacement aux entrées de Paris (vins, cidres, poirés, hydromels et spiritueux).	DROIT d'entrée et de taxe unique (vins, cidres, poirés, hydromels et spiritueux).	DROIT de fabrication des bières.	TOTAL.
	francs.	francs.	francs.	francs.	francs.	francs.	francs.
1831	3,263,956	31,747,581	2,901,622	8,323,984	9,236,899	6,862,901	62,336,943
1835	5,869,087	52,825,793	3,411,156	10,331,556	16.729,836	7,639,182	76,806,610
1840	6,407,984	40,656,409	4,751,412	10,190,350	18,247,923	9,456,943	89,711,021
1845	6,860,500	47,959,676	7,063,957	12,286,750	16,670,005	10,354,983	101,195,871
1847	7,399,579	47,750,710	7,100,861	11,814,456	18,125,873	8,910,202	101,101,681
augmentation de 1847 sur 1831	126 p.100	50 p. 100	151 p. 100	41 p 100	96 p. 100	29 p. 100	62 p. 100

5° *Nombre des assujettis à la licence, et produit.*

EXERCICES.	NOMBRE DE				TOTAL.	PRODUIT du droit de licence.
	Débitants	Bouilleurs et distillateurs	Marchands en gros.	Brasseurs.		
1831	255,593	3,431	10,700	2,969	272,693	2,860,592
1835	283,271	4,133	12,647	2,796	302,847	3,003,133
1840	291,302	3,625	13,725	2,995	311,647	3,121,870
1845	331,522	3,184	18,809	3,198	356,713	3,785,687
1846	332,887	3,128	14,508	3,188	353,711	3,779,570
1847	332,300	3,400	14,480	3,060	352,240	3,781,745
Augmentation de 1847 sur 1831.					29 p.0/0	32 p. 0/0

4° *Revenu des taxes d'octroi.*

ANNÉES.	PRODUIT DES TAXES D'OCTROI			TOTAL.
	Sur les boissons.	Sur les bières et autres liquides	Sur les comestibles et autres objets.	
1831	10,354,675 76	4,560.550 08	52,256,740 02	54,531,965 16
1835	25,439,172 25	6,307.122 59	40,357,167 59	72,103,462 25
1840	25,280,375 73	7,699,065 46	44,851.582 23	77,831,019 42
1845	28,082.774 20	8,222,785 34	50,798,438 50	87,103,998 04
1847	28,424,432 06	8,018,256 63	52,169,540 35	88.612,209 04
	62 p. 100	75 p. 100	61 p. 100	63 p. 100

Or, si l'importance de la production s'est accrue aussi sensiblement depuis vingt années, il ne faut pas perdre de vue que le chiffre des tarifs et la quotité des taxes ont été, au contraire, abaissés par la loi de 1830, et que, tandis que toutes les autres perceptions, l'impôt foncier, les patentes, toutes nos contributions directes et indirectes subissaient de constantes augmentations, le produit des droits sur les boissons, malgré le développement de la matière imposable, est resté à peu près au même chiffre qu'en 1829.

On oppose, il est vrai, à ces documents péremptoires, que l'accroissement qu'ils révèlent ne correspond, après tout, qu'à un accroissement égal dans la population, et qu'ainsi la condition des producteurs et des consommateurs n'est pas, relativement, meilleure que dans le passé. Il serait aisé d'établir le contraire par le simple rapprochement des chiffres de proportion (1). Mais même en admettant que le mouvement de la culture et des produits n'ait fait que suivre celui de la population, peut-on en conclure que le régime en vigueur est nuisible, fatal, à la propriété vinicole?

Après avoir exposé et analysé le système de la législation sur les boissons, après avoir successivement rappelé quelles formalités elle prescrit, quels droits elle impose, et comment elle les répartit, quels revenus elle assure au trésor, et comment elle les fait payer, il doit être aisé d'apprécier exactement ses avantages et ses inconvénients.

Ses avantages: elle atteint, dans les boissons, une denrée alimentaire qui est d'un usage presque universel en France; elle atteint, non pas comme le tour de la discussion tendrait souvent à le faire croire, le produit exceptionnel de quelques contrées injustement frappées, mais tous les fruits de même nature que fournissent les diverses parties de notre sol, l'orge et le houblon du nord, le pommier de l'ouest et la vigne du midi.

On demande, il est vrai, aux boissons une contribution particulière dont le chiffre est important; mais, par la multiplicité et la diversité des taxes dont l'impôt se compose, par leur ingénieuse et équitable distribution entre tous les redevables, par les ménagements qu'il a pour le produc-

---

(1) La population, qui était, en 1831, de. 31,160,349
est aujourd'hui, d'après les derniers recensements, de. 35,170,215

L'augmentation n'est donc que de. 4,009,866
C'est-à-dire environ. 13 0/0
Or, d'après les tableaux précédents, l'exportation s'est
accrue de. 33 0/0
et la   { les quantités, etc. 78 0/0
consomma- { les droits perçus. . . . . 62 0/0 } moyenne, 54 0/0
tion,   { le produit des licences. 32 0/0
d'après   { le revenu des octrois. 63 0/0

teur, le crédit qu'il fait au commerçant et les prélèvements qu'il opère sur les bénéfices des uns et les dépenses des autres, seulement au fur et à mesure de la vente ou de la consommation, il parvient à rendre la charge presque insensible pour chacun, et son acquittement facile pour tous.

Combinée de manière à favoriser la production, elle accorde au propriétaire, pour toutes ses récoltes, l'exportation à l'étranger et la consommation de famille, sans droits; elle ne lui impose, en retour, pour la circulation à l'intérieur, que des formalités sans rigueur, indispensables pour assurer, plus tard, le recouvrement des droits dont elle a voulu, à dessein, le dispenser de faire l'avance.

Sans réaliser d'une manière absolue le principe de la proportionnalité, mais s'en rapprochant autant que possible, elle taxe la vente, par le droit *de détail*, qui est la véritable base du système de perception, en raison exacte du prix de chaque quantité vendue, règle le *droit d'entrée* sur l'aisance relative de ceux qui y sont assujettis, présumée d'après le chiffre de la population, et le prix général moyen des boissons, dans les lieux qu'ils habitent ; enfin, varie à la fois, d'après les besoins différents des consommateurs et la valeur progressive de l'objet de consommation, le *droit de circulation*, dont la quotité, très-faible dans les départements où le vin est la principale richesse et la boisson nécessaire, s'élève successivement dans ceux où il devient plus rare comme produit, moins usuel comme objet d'alimentation, et, par conséquent, où il acquiert plus de valeur comme denrée commerciale.

Enfin, elle assure chaque année à l'Etat un revenu presque invariable de plus de cent millions ; elle entre pour plus d'un tiers dans le montant des octrois municipaux, et fournit ainsi à l'administration publique, comme aux administrations locales, de puissants moyens de travail, d'assistance et de progrès.

Ses inconvénients : — on les a bien souvent signalés, plus souvent exagérés. Votre commission ne les a point méconnus.

On attaque, dans la loi actuelle, ses taxes inégales, et surtout ses formalités incommodes.

Elle impose, en effet, à l'agriculture et au commerce des obligations qui peuvent être souvent une cause d'entraves, de vexations et de plaintes. La circulation et la vente des liquides ne sont pas entièrement libres : le propriétaire qui les expédie, le voiturier qui les transporte, le marchand qui les reçoit, le détaillant qui les débite, sont assujettis à des déclarations gênantes et à une surveillance importune.

Quant aux taxes, il est vrai que, sous le régime actuel, 25 millions d'acheteurs supportent divers droits de consommation dont sont exempts dix millions de producteurs; qu'à cinq millions d'habitants, dans les villes, déjà grevés presque-partout de charges locales, on demande une surtaxe, dont les 30 millions d'habitants des campagnes demeurent affranchis, et qu'enfin la loi prélève sur les achats directs, en gros, que les gens aisés peuvent seuls faire, une quotité de droits inférieurs à celle qui grève la consommation de détail.

Dans les pays producteurs, où la loi a voulu accorder l'exemption de tous les droits, pour leurs besoins particuliers, aux propriétaires et fermiers récoltants, les habitants des campagnes jouissent seuls de cette exception; le droit d'entrée la fait perdre à ceux qui résident dans l'intérieur des lieux sujets, et les soumet, en outre, aux formalités d'inventaire et de récolement.

Cette inégalité dans la quotité des taxes et dans la condition des redevables, provoque des plaintes, soulève des résistances, entretient entre les agents administratifs et certaines parties de la population une hostilité fâcheuse, et, par l'appât de coupables bénéfices, pousse le petit commerce surtout à éluder la loi et à frustrer le fisc.

Nous croyons n'avoir rien dissimulé.

Mais le devoir de la commission du budget, messieurs, n'était pas seulement de reconnaître les imperfections de notre législation; elle devrait étudier tous les moyens de les diminuer ou de les faire disparaître.

Elle a rempli cette partie difficile de sa tâche avec le soin et le zèle que lui commandait le témoignage de confiance qu'elle avait reçu de l'Assemblée.

Nous avons cherché la lumière partout d'où elle pouvait nous venir : dans notre législation actuelle et celle qui l'a précédée, dans la législation des pays étrangers, les discussions qui ont eu lieu, souvent avec tant d'éclat, dans le sein des anciennes assemblées, les pétitions sur lesquelles elles ont délibéré, les propositions dont les principaux auteurs, défenseurs convaincus et persévérants de l'intérêt vinicole,

Marchands de vins.

siégent encore parmi nous, le rapport remarquable d'un ancien ministre des finances, le travail si complet de la commission instituée en 1830, tous ces actes, tous ces documents qui témoignent assez de l'importance de la question et de la divergence des opinions qu'elle soulève, ont passé successivement sous nos yeux (1).

Nous avons consulté les délibérations des conseils généraux, organes sincères et éclairés des intérêts de nos départements. — 79 se sont occupés, dans leur dernière session, de la question des boissons : 54 ont demandé le maintien pur et simple, ou la modification de l'impôt ; 9 seulement en ont réclamé l'abolition ; 16 ne se sont point prononcés.

Enfin, nous avons examiné avec la plus scrupuleuse attention les pétitions qui nous ont été renvoyées par l'Assemblée. Sur 962, 616 réclament la suppression de la perception sans remplacement, 336 ne proposent ou ne réclament que des modifications à la taxe actuelle. Il serait difficile de vous faire apprécier, par une analyse fidèle de tant d'idées diverses ou contradictoires, la réalité des besoins qu'elles expriment, et l'importance des vœux qu'elles font entendre. Mais toutes ces voix, qui s'élèvent, spontanées ou provoquées, des divers points de la France, disent assez haut que les intérêts sur lesquels vous avez à statuer sont considérables et dignes de toute votre attention.

Si ces plaintes ne sont pas nouvelles, et ont retenti à d'au-

---

(1) Discussion du tribunat et du corps législatif, an 12, an 13 et 1808. Lois, pétitions, budget, session de 1814. Rapport et discussion sur la partie du budget relative aux contributions indirectes, 1818. Discussion sur le tarif des droits et des formalités nécessaires pour la perception des boissons, service de 1816. Mémoires et pétitions concernant les droits sur les boissons, décisions des chambres, en 1818. Observations de M. Benoist, commissaire du roi ; discussion, projet de loi sur les eaux-de-vie, rapport et discussion, 1824 ; le baron Bacot de Romans, directeur général des contributions indirectes, présente un projet de loi sur les boissons et octrois ; rapport de M. Pavée de Vandeuvre ; pétitions, mémoires, en 1829.

Projet de loi sur les boissons et le roulage, présenté et retiré, loi provisoire des finances ; rapport de M. Pelet, discussion, session de 1830 : même année, travail de la commission instituée le 12 août. Proposition de M. Meynard, en 1831 ; proposition de M. Larabit, 1833 ; proposition de M. Réalier-Dumas, 1834 ; rapport de M. Prevost Leygonie et discussion, 1835 et 1836 ; discussion sur la loi des recettes, en 1841 ; amendement de M. Raoul et de M. Deslongrais ; proposition Lassale, Mauguin et Tesnière, sur les falsifications ; rapport de M. de Lagrange, rapport de M. Viger sur la proposition de MM. Lassalle, Mauguin et Tesnières concernant la dénaturation et projets de loi présentés par le ministre des finances, en 1843, 1844, 1845. Budget des recettes, amendement de M. Mortimer Ternaux, considérations de M. Cordier, reprise du projet de loi sur les falsifications, 1846.

Proposition de M. Gillon, projet de la commission du pouvoir exécutif, rapport de M. Deslongrais, discussion, proposition de MM. Mauguin, Pascal, Louis Blanc, Altaroche, etc., session de 1848, rapport de M. Mauguin (mars), discussion de la loi des finances (mai) 1849.

tres époques avec plus d'ensemble encore et de vivacité, les moyens qu'on indique aujourd'hui pour leur donner satisfaction ne sont pas nouveaux eux-mêmes; la plupart ne font que reproduire des idées connues et des systèmes éprouvés.

Nous les passerons rapidement en revue.

Le but du régime en vigueur et son mérite, selon nous, est de ménager la terre, de soustraire le récoltant au payement même à l'avance de l'impôt, et de répartir le poids de celui-ci, divisé, fractionné, entre tous les agents intermédiaires du commerce et l'universalité des consommateurs. La plupart des systèmes proposés font le contraire; dénaturant complétement le caractère de la contribution actuelle, et la convertissant en taxe directe, ils la font remonter, les uns, du consommateur au commerçant, par l'augmentation excessive des *licences*, ou les *contingents de répartitions*; les autres, jusqu'au producteur lui-même, par une addition à la contribution foncière, par l'*inventaire*, l'impôt *ad valorem*, etc.

Licences.

C'est une idée assez naturelle, et qui s'est présentée à beaucoup d'esprits, que celle de l'augmentation des droits de licence, comme moyen de faire contribuer les marchands de boissons plus largement, mais sous une autre forme, au paiement de l'impôt, et de prélever ainsi sur les bénéfices du vendeur une partie des droits qui pèsent aujourd'hui sur la dépense de l'acheteur. Mais la moindre étude des faits suffit pour démontrer que rien ne serait plus contraire à la règle de la proportionnalité, plus arbitraire et plus impraticable. L'importance du commerce des détaillants varie à l'infini; le montant des droits qu'ils payent au trésor s'élève, du chiffre le plus minime, jusqu'aux sommes les plus considérables. Près de 35,000 débitants, par exemple, acquittent, pour les droits de détail, une somme inférieure à 20 fr., tandis que plus de 10,000 autres payent pour les mêmes droits, de 500 à 1,000 fr., et que 2,000 enfin payent au-delà de 1,000 fr., les uns et les autres habitants les mêmes localités, et, par conséquent, soumis aux mêmes tarifs (1). Il n'est pas rare, en effet, que, dans telle commune, porte à porte, souvent un marchand occupe un riche loyer, réalise d'énormes

(1) Voir aux annexes, tableau 2.

profits, et vende plus en un seul jour que, dans tout le cours de l'année, son voisin, dans l'obscur cabaret dont le débit suffit à peine à le faire vivre. Or, si la quotité de la licence exigée de tous est assez faible pour que chacun puisse la payer, le produit en sera peu important pour le trésor, comme aujourd'hui. Si, au contraire, elle est très-élevée, presque tous les assujettis seront obligés de renoncer à leur industrie au profit de quelques vendeurs privilégiés, mais au préjudice de l'Etat, de la morale, de la santé publique, dont les intérêts seront encore bien plus exposés à la fraude et au danger d'innombrables débits clandestins.

Contingents de répartition.

L'établissement de contingents locaux, à répartir entre tous les débitants d'une même commune, a pour but de remplacer les taxes de consommation par une espèce d'impôt direct, et d'affranchir les redevables des formalités de l'exercice. Mais, comme dans le système des licences, pour échapper à un inconvénient, on tombe dans un véritable abus, et on substitue encore l'arbitraire et l'injustice à la proportionnalité. Ces contingents, en effet, doivent être supportés par les débitants, d'après les bases des produits de l'année précédente; mais ces bases sont essentiellement variables, et à peine certaines quand on les établit; elles deviennent bientôt tout-à-fait nulles, par l'impossibilité de les renouveler. D'une année à l'autre, par mille causes diverses, l'ouverture d'une rue, l'établissement d'ateliers, la concurrence d'un voisin, on voit la clientèle venir ou s'éloigner, la consommation se déplacer, et les droits, exigés en raison des opérations antérieures demeurant les mêmes, malgré les vicissitudes actuelles du commerce, peuvent épargner celui qui prospère, et grever celui qui souffre.

Le décret du 8 avril 1815 a fait l'essai de ce mode de perception, bientôt abandonné sur la demande des intéressés eux-mêmes, après beaucoup d'injustices commises par les principaux marchands contre les petits, et beaucoup de pertes éprouvées par le trésor.

Depuis, la loi de 1816, en autorisant les abonnements collectifs, avait fait renaître pour les débitants la même faculté; elle produisit les mêmes résultats, et fit préférer au plus grand nombre l'égalité des exercices de la régie à la partialité des influences de corporation.

On a soutenu enfin l'idée de l'abonnement général par départements, par arrondissements et par communes. Souvenir des traditions du passé, dans les anciens *pays d'État*, où la faculté d'abonner l'impôt était de droit public, et où les procédés d'une administration trop confiante dans sa force ont excité, à l'origine, contre l'impôt des boissons, une hostilité que le temps n'a pas encore tout-à-fait détruite, ce système ne serait pas autre chose que l'accroissement excessif de la contribution foncière, et ne tarderait pas à paraître, à ceux qui la réclament, plus onéreux que l'impôt contre lequel ils s'élèvent aujourd'hui.

Impôt ad valorem.

De toutes les réformes dont on a conçu la pensée, celle qui semble la plus juste, la plus rationnelle, qui satisferait le mieux l'opinion publique et la conscience du législateur, c'est assurément la substitution à l'impôt fixe et uniforme d'à présent, d'une contribution proportionnelle à la valeur vénale. Demander à chaque contribuable en raison de ses facultés et de sa consommation; taxer les denrées eu égard à leur qualité en même temps qu'à leur quantité; qui pourrait ne pas le vouloir, si cela était réalisable? Mais peut-être suffit-il, pour prouver qu'un pareil procédé n'est pas applicable à la vente des vins, de rappeler l'abondance infinie des produits et l'infinie variété des espèces, la mobilité extrême des prix, suivant les années et les lieux, les conditions si diverses de la culture, l'appréciation nécessaire des frais et des dépenses, les chances de déclarations mensongères ou de mercuriales inexactes, les difficultés de dégustation, de préemption; et aussi, de laisser entrevoir toutes les entraves imposées à la liberté des transactions, toutes les plaintes excitées, ou entre les contractants, ou de leur part vis-à-vis de l'administration; soit qu'on veuille asseoir le droit à l'origine, ainsi que quelques-uns le proposent, c'est-à-dire lorsque les vins sont si loin d'avoir le prix qu'ils acquièrent plus tard par le transport, la préparation, le temps; soit, comme cela paraîtrait plus juste, qu'on l'établisse et le perçoive seulement à l'arrivée chez le consommateur, au moment où la valeur commerciale de la denrée est définitivement fixée.

Ce qu'on ne remarque pas assez, et ce qu'apprend l'étude attentive du mécanisme de la loi existante, c'est qu'elle réalise presqu'entièrement le vœu de ceux qui réclament l'impôt *ad valorem*; c'est que, dans l'établissement de ses taxes et la fixation de ses tarifs, elle se maintient dans une constante proportion avec la valeur des vins; valeur relative, il est vrai, seulement, et basée sur des moyennes générales de prix, pour les droits de circulation et d'entrée, mais parfaitement exacte pour les droits perçus à la vente en détail, qui comprennent la moitié au moins de toutes les quantités atteintes par l'impôt. Et si, en définitive, il arrive que, dans plusieurs cas, quelques vins de haute qualité ne sont pas plus taxés que les vins de qualité médiocre, qu'on compare le nombre des exceptions avec les applications journalières de la règle générale, et qu'on se demande si ce n'est pas tomber au moins dans une étrange exagération que de reprocher à la loi son injustice, je crois même son inconstitutionnalité.

En 1806, on a voulu faire ce qu'on demande aujourd'hui. Immédiatement après le rétablissement des taxes indirectes sur les boissons, on établit, comme nous l'avons rappelé plus haut, un droit à la vente et à la revente en gros, fixé au 20e du prix.

L'épreuve ne fut pas longue, ni douteuse; et le législateur de 1808 remplaça le droit variable par un droit fixe, cédant en cela aux pressantes réclamations du commerce, qui trouvait dans le premier mode de perception un obstacle à toutes les spéculations, un moyen de fraudes incessantes, de concurrence ruineuse pour les négociants honnêtes, et de non-valeurs considérables pour l'administration.

Après la révolution de Février, la question a été de nouveau soulevée et mise à l'étude. Une commission spéciale nommée par M. Marrast, alors maire de Paris, en a fait l'objet d'un examen sérieux, et, après avoir inutilement recherché les moyens pratiques d'application, a reconnu l'impossibilité de tarifer les vins proportionnellement à leur prix.

Inventaire.

Il en a été de même de l'inventaire, le moyen de perception le plus simple, le plus facile en apparence. Constater, en effet, au moment même de la récolte, entre les mains du propriétaire ou du fermier, les quantités de matières imposables; lors du récolement, l'année suivante, compter les quantités manquantes, exiger, pour toutes celles dont la sortie n'a pas été régulièrement justifiée, ou la consommation autorisée, une taxe qui peut être minime, puisqu'elle porte sur l'universalité des produits ; prévenir ainsi les détournements frauduleux, les droits frustrés ; dispenser le commerce d'entraves rigoureuses, et l'administration elle-même d'un service de surveillance aussi pénible que coûteux, c'est là une pensée qui séduit tout d'abord. Mais la pratique a condamné l'inventaire, en même temps que l'impôt à la valeur ; et quoique le droit ne fût alors que de 40 cent. l'hectolitre, et malgré l'exemption si large accordée aux besoins de la famille, le soulèvement des intérêts et des susceptibilités froissés fut si violent, qu'après trois ans l'administration impériale fut obligée de céder.

Que serait-ce donc aujourd'hui, si l'on tentait de renouveler l'épreuve ? Serait-il possible de transporter chez trois millions de propriétaires, d'une extrémité à l'autre de la France, car la vigne et le pommier couvrent aujourd'hui presque toutes les parties de notre territoire, au milieu de familles, de populations, de provinces qui seraient tout entières animées du même esprit de prévention et de résistance, *l'exercice*, que trois cent mille débitants supportent déjà si impatiemment ?

L'inventaire, c'est l'impôt direct additionnel mis à la charge du producteur ; c'est, pour l'État, l'alternative, ou de perdre une partie de ses revenus dans les années mauvaises, s'il ne demande au contribuable qu'un impôt en rapport avec l'importance de ses produits, ou de le réduire souvent à l'impossibilité de payer, s'il en exige, annuellement, et quelles que soient les récoltes, la même somme de contributions. C'est retomber dans les embarras où l'on s'est trouvé en 1808, à la chute du système de l'inventaire, devant un reste à recouvrer de plusieurs millions, qu'il fallut abandonner, plutôt que de poursuivre cinq cent mille pauvres redevables en retard.

Système Mauguin.

Nous aurions présenté les mêmes observations sur les idées exprimées par notre honorable collègue M. Mauguin dans son rapport à l'assemblée constituante sur la question qui nous occupe en ce moment, si lui-même, depuis, n'avait reconnu l'évidente impossibilité d'ajouter aux charges, déjà trop lourdes de la propriété vinicole, une nouvelle contribution de plus de 5 millions de francs, ainsi qu'il le proposait alors. Il ne reste plus de ses premières conclusions que le projet de l'abolition complète de tous les droits sur les boissons et leur remplacement par l'imposition d'une taxe de 28 millions de francs sur les marchands et débitants. Nous avons dit ce que nous pensions d'une augmentation aussi excessive des droits de licence.

Systèmes divers.

La pensée exprimée par un autre de nos collègues, dans l'Assemblée dernière, d'établir deux droits de consommation, l'un de 1 fr. par hectolitre pour toute quantité circulant dans le département producteur et les départements limitrophes, l'autre de 2 fr. 50 c. pour toutes les quantités expédiées au-delà de cette limite ; celle présentée, depuis, par le conseil général des Bouches-du-Rhône, et qui consiste dans la substitution, à tous les droits actuels, d'un droit unique d'entrée étendu aux villes de 1,500 âmes, ne nous ont pas paru admissibles. La première ne réalise ni les avantages de la taxe unique, ni ceux du droit proportionnel, et serait, d'ailleurs, d'une exécution presque impossible. La seconde compromettrait, en supprimant la formalité de la circulation, une partie des droits d'entrée, surtout dans les villes ouvertes, déplacerait la consommation en la portant au-dehors des lieux sujets, et introduirait une inégalité choquante dans l'assiette de l'impôt, en surchargeant l'habitant des villes et affranchissant entièrement celui des campagnes.

Projet de M. Passy.

La loi présentée par l'ancien ministre des finances avait été pour nous, messieurs, la cause et le but des études auxquelles nous nous sommes livrés, et dont nous venons de vous exposer les résultats. Nous devions, pour en mieux apprécier l'esprit et la portée, les comparer avec la législation précédente, avec les diverses combinaisons qu'elle a successivement provoquées ou réalisées. Cette loi a été, de notre part, l'objet de l'examen sérieux auquel elle avait droit, et par la haute position qu'occupait alors celui qui nous l'avait présentée, et par l'autorité de ses lumières et de son expérience. Le projet de l'honorable M. Passy repose sur le double principe de l'unité et de l'égalité des taxes. Il supprime tous les droits, une partie des formalités actuelles, et les remplace par une taxe générale de consommation. Niveler l'impôt, le répartir entre tous les contribuables sans distinction, populations urbaines et populations rurales, marchands, débitants et simples particuliers; ne laisser subsister de différences dans la quotité des droits que celles résultant de la valeur différente des boissons, dans chaque localité : tel est le but que s'était marqué le ministre. Mais comment se proposait-il de l'atteindre? Pour réaliser l'équilibre des charges, il déplaçait seulement le poids de l'impôt, reportait sur les habitants des campagnes une somme de 13 millions environ, dont il soulageait les habitants des villes; aggravait la position des consommateurs ordinaires pour améliorer celle des détaillants; et, d'un autre côté, pour retrouver l'équivalent des droits qu'il faisait perdre au trésor, et dont le déficit peut-être eût dépassé ses propres prévisions, il tombait dans l'inconvénient d'augmenter sensiblement le taux des licences, qui, comme toutes les taxes fixes, ne peuvent frapper sans injustice et sans dommage sur les contribuables, qu'à la condition d'être très-modérées.

L'examen de ce projet nous a naturellement rappelé l'accueil fait par le pays presque tout entier au décret du 31 mars 1848, dont il reproduit le principe, tout en modérant l'application, et nous avons craint qu'il ne fût destiné à soulever les mêmes objections et les mêmes plaintes. Nous aurions craint aussi, et c'est surtout en présence d'embarras financiers comme ceux où nous trouvons qu'apparaît naturellement un pareil danger, que le droit unique de consommation soit uniforme, soit gradué, substitué au droit proportionnel, ne fît courir trop de chances au revenu public, en subordonnant l'importance de ses perceptions aux vicissitudes de l'agriculture et du commerce. Ce qu'il y a d'avantageux dans le système en vigueur, c'est que, quelle que soit l'abondance ou la pénurie des récoltes, il assure à l'État un revenu presque constant, par le rendement du droit de détail qui, réglé d'après la valeur, profite de l'élévation des prix, et compense ainsi la perte sur les quantités.

SYSTÈME DE LA COMMISSION.

Analyser l'état présent et ancien de la législation, exposer les principales tentatives de réforme dont elle a été et est encore l'objet, signaler les dangers des unes et l'insuffisance des autres, c'était, messieurs, la partie la plus facile de l'œuvre de votre commission. La véritable difficulté pour elle était de proposer, à son tour, de sérieuses et praticables améliorations : elle eût manqué à son devoir, si elle ne l'eût pas au moins essayé.

D'accord sur le principe même de l'impôt, persuadés de la difficulté de remplacer les avantages qu'il assure au trésor public, notre but aurait été de le fortifier en l'améliorant; de le faire disparaître ou de diminuer, autant que possible, l'inégalité des droits, l'accumulation des taxes, la complication des formalités qui pèsent sur sa perception et peuvent la compromettre.

La loi consacre une première inégalité entre les producteurs et les consommateurs. Elle accorde aux uns, pour leurs besoins personnels, l'exemption des droits auxquels les autres sont assujettis. On le conçoit comme compensation des charges exceptionnelles qui pèsent sur les fruits de leurs récoltes : on conçoit aussi que le législateur ait voulu assurer la libre circulation des produits dans les lieux mêmes de production, et là où la perception est en même temps d'une extrême difficulté. Mais les limites dans lesquelles s'exerce cette franchise ne sont-elles pas excessives? Ne donne-t-on pas ainsi à la fraude des facilités dont elle abuse, et qui nuisent aux intérêts du trésor public? Et, sans pousser la restriction aussi loin que l'avait proposé l'honorable M. Passy, ne serait-il pas convenable de diminuer l'étendue du privilége?

Une autre inégalité, dont le principe est plus contesté et les effets sont plus graves, existe entre les populations urbaines et les populations rurales. Les unes, en effet, ne sont soumises, dans toute la France, qu'au simple droit de circulation ou de détail, suivant leur mode d'approvisionnement; les autres supportent, indépendamment de l'un ou de l'autre de ces deux droits, la surtaxe d'entrée, à laquelle viennent s'ajouter le plus souvent les charges de l'octroi local.

Il est naturel que, cherchant à proportionner la quotité des taxes à la valeur proportionnelle des denrées, et à l'aisance relative des acheteurs dans chaque localité, on ait présumé que, ordinairement, ce prix était plus élevé et cette aisance plus générale dans les villes que dans les campagnes, et que le chiffre de la population ait servi, dans cette contribution, comme dans presque toutes les autres, de base aux divers tarifs des droits. On comprend aussi que là, où se trouve habituellement le siége des administrations publiques, des grands établissements où l'Etat accumule plus de travaux, plus de dépenses, et contribue à procurer plus de bien-être aux citoyens, il en exige, en retour, une plus forte cotisation. Mais l'exagération d'un pareil principe pourrait exciter de justes réclamations. D'abord, il n'est pas toujours vrai que le sort de nos concitoyens dans les villes soit meilleur que dans les campagnes. Si les salaires des premiers sont plus élevés, leurs charges sont plus considérables aussi, leurs moyens d'existence moins faciles; ils sont exposés à toutes les vicissitudes du travail industriel, à l'extrême concurrence, aux chômages. D'un autre côté, c'est surtout dans les grands centres de population que les propriétaires ont le plus de chances de trouver l'écoulement de leurs produits, et ils sont intéressés à ce que les charges fiscales ne leur en rendent pas l'accès trop difficile.

Par conséquent, faire cesser l'accumulation des taxes là où elle existe, affranchir, dans les lieux actuellement *sujets*, les simples particuliers, du droit de circulation, les détaillants, du droit d'entrée, faire, en un mot, que chaque consommateur n'y soit plus assujetti qu'à une seule taxe, et que l'inégalité s'abaisse ainsi : d'une part, entre les populations urbaines et les populations rurales; et, d'autre part, entre les détaillants et les consommateurs ordinaires; ne serait-ce pas plus simple et plus équitable?

La troisième inégalité qu'on reproche à la loi, est celle qui résulte du droit de détail perçu, par l'intermédiaire des débitants, sur les consommateurs qui ne peuvent pas s'approvisionner en gros, et qui, fixé en tous lieux à 10 p. 0/0 du prix de vente des boissons, est supérieur au droit de circulation exigé de ceux qui font leurs achats directement au commerce. On s'est livré de part et d'autre, sur ce droit de détail, sur les établissements qu'il frappe, et sur leur clientèle habituelle, à des exagérations que votre commission a pris soin d'écarter. La question valait la peine d'être étudiée attentivement et sans prévention.

Si tous ceux qui hantent les cabarets n'y étaient attirés que par la distraction ou par le vice, personne ne pourrait s'élever contre les droits dont la loi chercherait à les frapper. L'impôt prélevé sur les oisifs, à quelque classe qu'ils appartiennent, et dans quelque lieu qu'ils aillent chercher leur plaisir, au comptoir du détaillant ou à la table du restaurateur, ne paraîtra jamais excessif; à plus forte raison, celui qui serait perçu sur l'ivrogne et le débauché. Si, au contraire, tous ceux qui fréquentent les débits n'y étaient appelés que pour la satisfaction de besoins légitimes et accidentels; s'ils ne venaient y chercher que la boisson nécessaire à leur repas ou à la nourriture de leur famille, ne pourrait-on pas contester la justice du droit de détail, et prétendre que le petit approvisionnement du journalier ne doit pas être plus taxé que l'abondante provision du riche, déjà en possession de l'avantage de faire ses achats en gros, tandis que l'autre subit, indépendamment du droit, l'augmentation de prix attachée nécessairement à toute vente en détail?

Or, dans la distinction que nous venons de faire, réside à la fois la cause principale de l'inégalité établie par la loi, et celle des plaintes qu'elle soulève. C'est dans cette même distinction qu'il a paru à votre commission que pouvait se trouver la solution de la difficulté. Le droit de détail, en principe, est utile à conserver; il a d'abord l'avantage de s'adapter, dans une étroite proportion, à la valeur vénale de la moitié des vins soumis à la perception de l'impôt, et de servir ensuite, pour l'autre moitié, de régulateur des tarifs qu'on leur applique; il s'acquitte aisément, successivement à mesure des ventes opérées et des bénéfices réalisés par le débitant, et n'est, en définitive, qu'un simple prélèvement opéré par ses mains sur la dépense du consommateur. Mais, s'il est juste et moral de surtaxer cette dépense, quand elle a pour objet de payer de blâmables jouissances, il faut, par tous les moyens possibles, la dégrever, quand elle s'emploie à satisfaire d'honnêtes nécessités. Ne serait-ce pas, par conséquent, une bonne et saine mesure que de faire deux parts de la population actuelle des cabarets : de séparer la population paisible, régulière, si digne d'intérêt, qui vient y prendre de temps à autre, avec ses économies amassées, la boisson qu'elle rapporte à la famille, de celle qui y est poussée chaque jour, à chaque heure, par la paresse, par l'intempérance, et qui n'en sort que pour rapporter au ménage la misère et la brutalité; de maintenir, d'aggraver même pour celle-ci les droits existants, d'en exempter celle-là, en lui facilitant, par toutes les dispositions compatibles avec la répression de la fraude et la garantie de l'impôt, l'approvisionnement direct et l'achat en petites quantités, soit par l'établissement de débits spéciaux (1), soit par un abaissement sensible de la limite légale de la vente en gros, qui est maintenant de 100 litres.

C'est surtout à propos du droit de détail, et de l'*exercice* qui en garantit le recouvrement, qu'on a attaqué avec tant de vivacité les formes actuelles de l'impôt. Que l'*exercice* présente, en effet, des inconvénients; qu'il soit importun au commerçant qui le subit, et pénible pour les agents chargés de le pratiquer, cela est possible. Mais il ne faut pas perdre de vue que ce mode de perception n'est pas particulier au régime des boissons; il sert de base à nos divers services de contributions indirectes; les fabricants de bière, de cartes, de salpêtres, les salines, les sucreries, les distilleries...., y sont assujettis. Ceux qui vivent sur les frontières, dans le rayon de nos lignes de douanes, savent aussi ce que c'est que le joug de nos lois fiscales. Et, que si l'on invoque la liberté de l'industrie et la dignité du citoyen, ne peut-on pas rappeler que, dans un pays voisin, où l'on s'y connaît en fait de franchise industrielle et de liberté individuelle, l'*exercice* existe aussi, mais bien plus minutieux, bien plus sévère que chez nous. On peut lire dans les actes du parlement d'Angleterre le détail des prescriptions rigoureuses par lesquelles sont assurées la surveillance et la rentrée de l'impôt, les pouvoirs exorbitants dont sont revêtus les employés de l'*exercice*, et les amendes énormes qui punissent la fraude. Il est vrai que, dans ce pays-là, les exigences de la loi ne sont pas supportées aussi impatiemment que chez nous, et que le respect qu'elle inspire à tous, suffit presque toujours à protéger les intérêts du fisc et l'autorité de ses agents.

L'*exercice* frappe d'ailleurs sur des industries volontaires, sur des établissements d'une nature toute spéciale, constamment accessibles au public; il est un obstacle, malheureusement insuffisant, à la pratique des falsifications, une garantie pour le commerce honnête contre l'abus des ventes clandestines et des concurrences frauduleuses. Enfin, on ne saurait trop le redire, ce n'est qu'une formalité facultative, et celui qui s'en plaint, peut à l'instant même s'y soustraire. Sur

---

(1) En Angleterre, les individus qui vendent les boissons composent deux catégories distinctes, et sont soumis à deux taxes différentes.

Les premiers s'appellent *débitants*; il leur est permis de vendre seulement par quantités qui ne sont pas moindres de 2 *gallons*, et qui ne peuvent pas être consommées sur les lieux (dans la boutique ou magasin du vendeur).

Les seconds se nomment *détaillants*; ils sont autorisés à vendre pour la consommation et sur place, dans la boutique.

332,000 débitants, en France, combien pense-t-on qu'il y en ait en ce moment d'affranchis ? — plus de 50,000 ; la moitié par abonnements individuels, l'autre moitié par suite de l'adoption de la *taxe unique* dans 82 villes (1), qui ont profité de la faculté que leur accorde la loi de remplacer le droit de détail par une addition au droit d'entrée.

Ce que ceux-ci ont fait, tous les autres peuvent le faire, villes ou commerçants ; et si, le pouvant, ils s'y refusent, c'est que sans doute ils ne s'y croient pas intéressés !

Cependant la commission comprend qu'on cherche, par tous les moyens possibles, à augmenter encore la simplicité du service, la modération de ses formes, à rendre l'intervention de ses agents plus rare, et l'action de l'industrie plus libre ; peut-être serait-ce une utile concession, que d'ajouter, pour le débitant, à toutes les facultés dont il jouit déjà, et que nous venons de rappeler, celle de payer sur les vins, cidres, poirés, le droit de détail à l'arrivée, et de se rédimer ainsi de l'*exercice*? Cet avantage, dans le régime actuel, n'est accordé qu'aux débitants qui vendent l'eau-de-vie en détail ; 11,000 en profitent.

Quant aux procédés de l'administration de la régie, à l'esprit de fiscalité qui préside à ses instructions, et à la conduite de ses employés, il est possible que, sans peut-être tenir suffisamment compte de toutes les difficultés du service dont elle est chargée, de la nature des intérêts et des intéressés avec lesquels elle se trouve perpétuellement aux prises, sans tenir compte surtout des progrès qui se sont opérés dans la composition de son immense personnel, dans la manière dont il s'acquitte de ses pénibles devoirs, on ait cru pouvoir lui reprocher quelquefois de ne pas apporter dans toutes ces opérations, et surtout dans ces rapports immédiats avec les contribuables, cet esprit de judicieuse modération et d'adoucissement paternel, qui tempère la rigueur de la loi, sans en diminuer les effets utiles.

Cependant les renseignements suivants pourront édifier la conscience de l'Assemblée :

D'après les comptes-rendus de l'une des dernières années, 17,000 procès-verbaux ont été dressés par les agents des contributions indirectes ;

14,400 ont été transigés avant jugement ;

513 ont été transigés après jugement ;

---

(1) Sur 347, nombre total des villes sujettes aux droits d'entrée.

19 ont été suivis d'acquittement;

85 condamnations seulement ont été exécutées; le reste a été abandonné, par fausses déclarations et autres motifs.

Toutefois, si une cause de soupçon et d'irritation subsiste contre les employés de l'administration, c'est celle qu'a fait naître l'extension forcée des dispositions de la loi de 1816 et de celle de 1817, relatives au partage du produit net des amendes et des confiscations. Sauf quelques exceptions particulières, ce droit de partage ne pourrrait-il pas disparaître, sans aucun inconvénient pour le zèle de l'administration, et avec quelque avantage pour son autorité morale?

Ce n'est pas seulement, au nom des consommateurs, contre l'inégale répartition des charges qu'on réclame, mais aussi en faveur des producteurs, contre la surcharge qui pèse sur leurs denrées, dans les grands centres de population, leurs principaux marchés, où les droits d'octroi, réunis à ceux du trésor, arrivent à des chiffres souvent équivalents, quelquefois supérieurs au prix même de la marchandise. Le législateur avait voulu prévenir de pareils abus, et, dans l'intérêt des contribuables comme dans celui des perceptions publiques, il avait décidé qu'en aucun lieu les taxes locales ne pourraient excéder la quotité des droits perçus pour le compte de l'Etat. La loi du 11 juin 1842 a fait revivre ces dispositions oubliées ou transgressées d'une manière si fâcheuse. Votre commission espère qu'il sera tenu sévèrement la main à leur exécution, et qu'à partir du terme qu'elle a marqué, les taxes additionnelles d'octroi rentreront dans les limites fixées par l'ancienne législation, et ne pourront jamais être établies qu'en vertu d'une loi.

On a beaucoup exagéré, à propos de l'élévation des taxes, l'influence qu'elles peuvent exercer sur la falsification des vins. Cette fraude existe, il est vrai; elle s'exerce à Paris principalement, dans d'assez larges proportions. Mais elle est loin, nous le supposons du moins, d'après les renseignements que nous avons pris et les témoignages que nous avons recueillis, d'être aussi étendue ni aussi nuisible qu'on l'a affirmé. Quelle est la nature, quelles sont les causes de ces falsifications, et faut-il les attribuer, même en partie, à l'effet des droits existants? Voilà ce qu'il est difficile et ce qu'il importe pourtant beaucoup d'éclaircir.

C'est surtout, et presque exclusivement dans des mélanges de vins de différentes provenances, d'eau et d'alcool, que consistent les procédés de la fraude, à la porte et dans l'intérieur des grandes villes. Les facilités accordées par la loi de 1824, l'abus qu'on en fait tous les jours dans les opérations du *vinage*, rendent ces procédés très-faciles et très-lucratifs, et les bénéfices considérables qu'ils procurent expliquent suffisamment les progrès de cette déplorable industrie. Il faut y ajouter le besoin de satisfaire à l'accroissement incessant de la consommation commune, qui, faisant renoncer le producteur comme le commerçant à la qualité pour pourvoir à la quantité, appelle tous les expédients industriels en aide à l'agriculture, et dénature les produits, en les multipliant, pour les mettre à la portée du plus grand nombre. Puis, il faut bien le dire aussi, le défaut de moralité, l'absence de toute police disciplinaire, et une avidité sans frein excitée par une concurrence sans limites, voilà où il faut chercher le principe et l'explication du mal. Quant à l'influence de l'impôt, ce qui peut en faire douter, c'est que, d'une part, les falsifications se pratiquent dans toutes les industries comme dans celle des boissons, et sur des denrées qui ne supportent aucun droit; que, d'autre part, pour les vins, elles ne s'exercent pas moins activement dans les villes exemptes des droits d'entrée et d'octroi que dans celles qui sont assujetties.

Le bénéfice du droit n'est que la moindre partie de la prime gagnée par celui qui se livre à la sophistication; son véritable profit est dans le prix qu'il retire des quantités d'eau qu'il vend pour du vin au consommateur. C'est donc à la fraude qu'il faut s'en prendre directement. La révision de la loi de 1824, le développement du service actuel de dégustation, une surveillance mieux organisée, une pénalité plus sévère et l'institution d'une police commerciale, seraient sans doute les meilleurs moyens de la combattre.

En résumé, messieurs, conservation et péréquation de l'impôt, simplification des taxes et des formalités, allègement des charges du détaillant et du consommateur dans les villes, maintien des droits sur la dépense au cabaret, facilités accordées à l'approvisionnement de la famille, répression sévère de la fraude : tels sont les principes sur lesquels semblait devoir s'arrêter, après une consciencieuse étude, l'esprit de la commission du budget.

Mais, avant de les convertir en résolutions définitives, elle avait besoin d'être éclairée sur un point important.

Désirant ne pas procéder par un simple déplacement de

taxes, c'est-à-dire ne pas aggraver la position d'une partie du pays pour améliorer celle de l'autre, il fallait, si nous nous décidions à demander un sacrifice à l'Etat, que nous fussions d'avance bien convaincus de la réalité du soulagement qu'en éprouveraient les contribuables auxquels il serait destiné.

En effet, c'est une vérité de raisonnement, que la réduction partielle des taxes de consommation ne doit pas produire un abaissement correspondant, ni souvent même appréciable, dans le prix des denrées; que, plus ces denrées sont fournies par le commerce à l'acheteur en petites quantités, plus sont nombreuses les mains intéressées par lesquelles elles passent, du propriétaire au consommateur, plus l'effet sur chacune d'elles de la réduction de l'impôt est insensible, et que toute la différence, presque toujours, se résout en une perte pour la perception, et un accroissement de profit pour les intermédiaires.

La loi de 1830, et les millions qu'elle a coûtés au trésor, en ont fait une vérité d'application.

Votre commission hésitait, devait hésiter à recommencer une pareille expérience, lorsque la production de deux documents que nous avions réclamés de l'administration des finances, et dont nous nous permettons de recommander l'examen aux méditations de l'Assemblée, vint ajouter à nos scrupules, à nos incertitudes.

Il résulte de la première de ces pièces, qui donne le relevé, par département, des prix des vins vendus en détail à l'intérieur et au dehors des villes sujettes (1), que la différence de ces prix est très-souvent en raison inverse de la quotité des droits perçus sur les uns et sur les autres. Il résulte de la seconde (2), qui présente les prix comparés de la vente en gros et de la vente en détail des vins, dans tous les arrondissements de France, que l'écart est si considérable des premiers aux seconds, qu'il dépasse souvent de dix, vingt et trente fois la somme différentielle des taxes: de telle sorte qu'en supposant non-seulement la diminution, mais même la suppression totale de l'impôt, on n'obtiendrait pas, à beaucoup près, l'égalité qu'on poursuit entre les consommateurs des campagnes et des villes, entre les acheteurs en détail et les acheteurs en gros.

(1) Voir aux annexes, numéro 3.
(2) Voir aux annexes, numéro 4.

Déjà quelques exemples semblables avaient été produits dans les discussions extra-parlementaires auxquelles a donné lieu la question qui nous occupe, pour démontrer que la somme des droits, confondue dans la valeur vénale des boissons, y entre presque partout pour une si faible part relative, que leur disparition laisserait cette valeur toujours à peu près la même. Mais on pouvait prétendre qu'il s'agissait de faits particuliers, empruntés des localités placées peut être dans des conditions exceptionnelles.

Ici la démonstration repose sur des données officielles qui embrassent toutes les parties du pays.

Que fallait-il en conclure ?

C'est que, si le mal contre lequel on se récrie avec tant de persévérance, tant d'amertume, existe réellement ; si ce mal n'est pas commun aujourd'hui à toutes les industries, à tous les intérêts ; si celui qui cultive le blé, le lin, la betterave, qui élève ses moutons, ou engraisse ses bestiaux ; si l'agriculture tout entière, en France, ne souffre pas du ralentissement des transactions et de l'avilissement du prix des denrées ; ou s'il est vrai que les producteurs des contrées vinicoles soient plus à plaindre que ceux des provinces de l'Ouest et du Nord ; que leurs récoltes soient moins bien payées et leurs propriétés plus dépréciées, alors la cause de ce mal, sa cause principale du moins, n'est pas là où on la cherche depuis longtemps : dans l'impôt des boissons.

C'est que, pour la trouver, cette cause, il faudrait remonter beaucoup plus haut ; il faudrait étudier sérieusement, sincèrement, les conditions de la culture et en même temps de l'industrie vinicole, s'enquérir de leur situation, non pas à telle ou telle époque, ni surtout dans les temps de révolution et de détresse générale, mais calculer sur de larges moyennes, en tenant compte de la pénurie et de l'abondance alternatives des récoltes ; il faudrait mettre la production directement en présence de la consommation ; tâcher d'expliquer la différence énorme de prix qui, dans tant de lieux, sépare l'une de l'autre, et examiner si cette différence n'est pas presque tout entière, sous forme de bénéfices, dans les mains des agents si nombreux qui s'interposent entre elles ; si les obstacles qui arrêtent le développement de la consommation sur tel ou tel marché intérieur ou étranger, ne tiennent pas plutôt à la force même des choses, à des habitudes locales, à des goûts populaires, à d'inévitables concurrences, qu'à l'élévation des barrières fiscales; il faudrait enfin se demander si le commerce des boissons, soumis lui aussi, maintenant, à tous les effets de la liberté illimitée, exposé à tant de difficultés et de chances diverses, confié à tant de spéculateurs de tout ordre, n'est pas obligé de prélever successivement sur la marchandise un prix tellement considérable, que tous les droits accumulés ne deviennent plus qu'une partie très-minime de ce prix, et ne peuvent en rien affecter la vente ni la consommation?

Questions nombreuses et complexes, messieurs, dont la solution ne dépend pas seulement du raisonnement, ni de l'examen de la législation, ni de la comparaison des documents administratifs, mais réside presque tout entière dans des faits agricoles, commerciaux et industriels, dont l'appréciation échappe aux investigations ordinaires d'une commission.

CHAPITRE II.

LÉGISLATION.

COMMENTAIRE DE LA LOI DU 28 AVRIL 1816, PRÉSENTANT L'ENSEMBLE DE LA LÉGISLATION ACTUELLEMENT EN VIGUEUR.

LOI SUR LES FINANCES.

Du 28 avril 1816. (Bulletin, n° 81.)

TITRE Ier.

DROIT SUR LES BOISSONS.

CHAPITRE Ier.

DROITS DE CIRCULATION.

Art. 1er. A chaque enlèvement ou déplacement de vins, cidres, poirés, eaux-de-vie, esprits et liqueurs composées d'eaux-de-vie ou d'esprits, sauf les exceptions qui seront énoncées par les articles 3, 4 et 5, il sera perçu un droit de circulation, conformément au tarif annexé à la présente loi sous le numéro 1.

2. Il ne sera dû qu'un seul droit pour le transport à la destination déclarée, quelles que soient la longueur et la durée du trajet, et nonobstant toute interception ou changement de voie et de moyens de transport.

3. Ne seront point assujettis au droit imposé par l'article 1er :

1° Les boissons qu'un propriétaire fera conduire de son pressoir, ou d'un pressoir public, dans ses caves ou celliers;

2° Celles qu'un colon partiaire, fermier ou preneur à bail emphytéotique à rente, remettra au propriétaire ou recevra de lui, en vertu de baux authentiques ou d'usage notoires;

3° Les vins, cidres et poirés qui seront expédiés par un propriétaire, colon partiaire ou fermier, des caves ou celliers où sa récolte aura été déposée, et pourvu qu'ils proviennent de ladite récolte, quels que soient le lieu de destination et la qualité du destinataire (1).

4. La même exemption sera accordée aux négociants, marchands en gros, courtiers, facteurs, commissionnaires, distillateurs et débitants, pour les boissons qu'ils feront transporter de l'une de leurs caves dans une autre située dans l'étendue du même département.

5. Le transport des boissons qui seront enlevées pour l'étranger ou pour les colonies françaises, sera également affranchi du droit de circulation.

6. Aucun enlèvement ni transport de boissons ne pourra être fait sans déclaration préalable de l'expéditeur ou de l'acheteur, et sans que le conducteur soit muni d'un congé, d'un acquit-à-caution ou d'un passavant pris au bureau de la régie. Il suffira d'une seule de ces expéditions pour plusieurs voitures ayant la même disposition et marchant ensemble (2).

7. Les propriétaires, fermiers ou négociants qui feront transporter des vins, des cidres ou des poirés, dans un des cas prévus par les articles 3 et 4, ne seront tenus de se munir que d'un passavant, dont le coût sera de vingt-cinq centimes, le droit de timbre compris.

8. Lorsque la déclaration aura pour objet des boissons expédiées à l'étranger ou aux colonies françaises, l'expéditeur, pour jouir de l'exemption prononcée par l'article 4, sera obligé de se munir d'un acquit-à-caution sur lequel sera désigné le lieu de sortie. Ce lieu ne pourra être changé sans qu'il y ait ouverture à la perception du droit, si ce n'est du consentement de la régie, qui ne pourra le refuser en cas de force majeure.

Le coût de l'acquit-à-caution sera également de vingt-cinq centimes, y compris le timbre.

(1) Voyez l'article 81 de la loi du 25 mars 1817.
(2) En matière de contributions indirectes, il suffit de la simple déclaration du conducteur pour prouver la fausseté de la destination. *Arrêt de la Cour de Cassation (section criminelle), du 23 avril 1819, affaire de Jeanne Arnauld et du sieur Dulac.* — Huitième Cahier, page 459 du Journal des Audiences de 1819.
Le fait d'avoir, sans déclaration préalable, et sans s'être muni d'expédition, enlevé des barriques de vin de son domicile, et de les avoir transportées sur les bords de la rivière pour les embarquer, constitue une contravention à l'article 6 de la loi du 28 avril 1816, encore bien qu'au moment de la saisie les vins aient été trouvés déposés au bord de la rivière, sur le fonds même du propriétaire de ces vins : il suffit que ce propriétaire ait enlevé les vins des bâtiments de son habitation, et qu'il les ait placés hors de son enclos, sur un terrain accessible au public, pour qu'il soit en contravention. *Arrêt de la Cour de Cassation (chambre criminelle), du 28 juillet 1826, affaire de l'administration des contributions indirectes contre Jeanneau.* — Onzième Cahier, page 434 du Journal des Audiences de 1826.

9. Dans tous les cas autres que ceux déterminés par les deux articles précédents, l'expéditeur sera tenu de payer les droits contenus en l'article 1er, et de se munir d'un congé, s'il s'agit de vins, de cidres ou de poirés, ou d'un acquit-à-caution, s'il s'agit d'eaux-de-vie, d'esprits ou de liqueurs, sauf l'exception qui sera prononcée par l'art. 88 ci-après.

10. Il ne sera délivré de passavant, congé ou acquit-à-caution, que sur des déclarations énonçant les quantités, espèces et qualités de boissons; les lieux d'enlèvement et de destination; les noms, prénoms, demeures et professions des expéditeurs, voituriers et acheteurs ou destinataires. Dans les cas d'exception posés par l'article 3, les déclarations contiendront, en outre, la mention que l'expéditeur est réellement propriétaire, fermier ou colon partiaire récoltant, et non marchand en gros ni débitant, et que les boissons expédiées proviennent de sa récolte (1).

11. L'obligation de déclarer l'enlèvement et de prendre des expéditions n'est point applicable aux transports de vendanges ou de fruits.

12. Dans tous les cas où un simple passavant sera nécessaire, et lorsque la régie n'aura pas de bureau dans le lieu de l'enlèvement, cette expédition pourra n'être délivrée qu'au passage des boissons devant le premier bureau, moyennant que le conducteur ait été muni, au départ, d'un laissez-passer signé par l'expéditeur, et contenant toutes les indications voulues par la déclaration; ce laissez-passer sera échangé contre le passavant.

Les laissez-passer seront marqués du timbre de la régie; il en sera déposé en blanc dans les bureaux principaux, pour être délivrés aux personnes solvables qui seront autorisées à en faire usage. Les propriétaires qui les auront obtenus, seront obligés d'en faire connaître l'emploi; ils n'auront de valeur

---

(1) En matière de contributions indirectes, dès que les faits matériels de la contravention sont constants, les tribunaux doivent appliquer les dispositions pénales, sans pouvoir les modérer, sous prétexte de bonne foi de la part des contrevenants. — L'administration n'est liée par les actes de ses agents qu'autant que ces actes sont faits dans l'exercice du mandat légal que la loi leur confie. Ainsi, lorsqu'un receveur buraliste à qui l'on déclare des boissons pour obtenir un acquit-à-caution, convertit les mesures du pays qui lui sont déclarées, en mesures légales; qu'il commet une erreur dans son calcul, et que, par suite, l'acquit-à-caution énonce une quantité de boissons moindre que la quantité expédiée, la contravention qui en résulte ne peut être excusée comme provenant du fait d'un agent de l'administration; en ce que le receveur, en faisant le calcul, n'a pas procédé dans l'exercice de ses fonctions. *Arrêt de la Cour de Cassation (section criminelle), du 12 février 1825, affaire Teyssonier.* — Neuvième Cahier, page 342, Jurisprudence de la Cour de Cassation de 1825, par Sirey.

que durant le cours de l'année pendant laquelle ils auront été délivrés.

Toutes boissons circulant avec un laissez-passer au-delà du bureau où il aurait dû être échangé, seront considérées comme n'étant accompagnées d'aucune expédition, et passibles de la saisie.

13. Les boissons devront être conduites à la destination déclarée, dans le délai porté sur l'expédition. Ce délai sera fixé en raison des distances à parcourir et des moyens de transport. Il sera prolongé, en cas de séjour en route, de tout le temps pendant lequel le transport aura été interrompu. Il n'y aura lieu à la perception d'un nouveau droit de circulation, que dans le cas où l'interruption serait suivie d'un changement de destination. (1)

14. Le conducteur d'un chargement dont le transport sera suspendu, sera tenu d'en faire la déclaration au bureau de la régie dans les vingt-quatre heures, et avant le déchargement des boissons. Les congés, acquits-à-caution ou passavants, seront conservés par les employés jusqu'à la reprise du transport. Ils seront visés et remis au départ, après vérification des boissons, lesquelles devront être représentées aux employés, à toute réquisition.

15. Toute opération nécessaire à la conservation des boissons, telle que transvasion, ouillage ou rabattage, sera permise en cours de transport, mais seulement en présence des employés, qui en feront mention au dos des expéditions. Dans le cas où un accident de force majeure nécessiterait le prompt déchargement d'une voiture ou d'un bateau, ou la transvasion immédiate des boissons, ces opérations pourront avoir lieu sans déclaration préalable, à charge par le conducteur de faire constater l'accident par les employés, ou, à leur défaut, par le maire ou l'adjoint de la commune la plus voisine.

16. Les déductions réclamées pour coulage de route, seront réglées d'après les distances parcourues, l'espèce de boissons, les moyens employés pour le transport, sa durée, la saison dans laquelle il aura été effectué, et les accidents légalement

---

(1) Par cela seul qu'un transport de boissons n'est pas effectué dans le délai porté sur le congé, il y a contravention punissable. — A la régie seule, et non aux tribunaux, appartient le droit d'apprécier les motifs du retard, et d'admettre les excuses des contrevenants. *Arrêt de la Cour de Cassation (section criminelle)*, du 27 février 1823, affaire du sieur Goy. — Cinquième Cahier, page 181, de la Jurisprudence de la Cour de Cassation de 1823, par Sirey.

constatés. La régie se conformera, à cet égard, aux usages du commerce.

17. Les voituriers, bateliers et tous autres qui transporteront ou conduiront des boissons, seront tenus d'exhiber, à toute réquisition des employés des contributions indirectes, des douanes et des octrois, les congés, passavants, ou acquits-à-caution, ou laissez-passer, dont ils devront être porteurs : faute de représentation desdites expéditions, ou en cas de fraude ou de contravention, les employés saisiront le chargement; ils saisiront aussi les voitures, chevaux et autres objets servant au transport, mais seulement comme garantie de l'amende, à défaut de caution solvable. Les marchandises faisant partie du chargement, qui ne seront pas en fraude, seront rendues au propriétaire.

18. Les voyageurs ne seront pas tenus de se munir d'expéditions pour les vins destinés à leur usage pendant le voyage, pourvu qu'ils n'en transportent pas au-delà de trois bouteilles par personne.

19. Les contraventions au présent chapitre seront punies de la confiscation des boissons saisies, et d'une amende de cent francs à six cents francs, suivant la gravité des cas.

COMMENTAIRE.

1. *Législation fiscale postérieure à la loi du 28 avril 1816.*
2. *Loi du 12 décembre 1830.*
3. *Tableau des droits de circulation.*
4. *Législation actuelle.*
5. *Loi de décembre 1849.*
6. *Du droit de circulation.*
7. *Distinction.*
8. *Affranchissement des droits.*
9. *Loi du 25 juin 1841.*
10. *Exception en faveur des boissons en destination de la ville de Paris.*
11. *Formalités pour assurer le paiement des droits. Loi du 4 août 1844.*
12. *Obligations des voituriers.*
13. *Les employés de l'administration ont seuls le droit de se faire représenter les expéditions.*

DROITS DE CIRCULATION.   301

14. *L'obligation d'acquitter les droits s'applique à toute nature de boissons.*
15. *Mode de perception.*
16. *Propriétaire récoltant.*
17. *Vendange. — Pressoir.*
18. *Consommateur. — Changement de domicile.*
19. *Héritier.*
20. *Vente de boissons par autorité de justice.*
21. *Refus du destinataire. — Transit.*
22. *Du chargement. — De son identité avec l'expédition.*
23. *Du colportage.*
24. *Laissez-passer que peut se délivrer un propriétaire à lui-même.*
25. *Acquit-à-caution.*
26. *Liberté de circulation du chargement.*
27. *Transit.*
28. *Soins à donner au vin en route.*
29. *Pénalités.*
30. *De l'amende.*
31. *Contrainte par corps.*
32. *Matérialité de la contravention.*
33. *Expédition non conforme au chargement.*
34. *Défaut de représentation des expéditions.*
35. *La fausse déclaration est assimilée à la non déclaration.*
36. *De la liberté des contrevenants.*

1. Ainsi que l'indique l'article premier de la loi, il était annexé à celle-ci un tarif qui, mis en vigueur avec elle, n'a pas eu une longue existence et a été encore changé depuis. Voici les dates des dispositions législatives qui ont successivement remplacé et modifié le tarif de 1816 :

Loi du 25 mars 1817 ;
Loi du 24 juin 1824 ;
Loi du 11 mars 1827 ;

Et enfin, la loi du 12 décembre 1830 qui régit encore aujourd'hui la matière.

2. Voici les articles 3 et 4 de cette loi, dont la connaissance est indispensable.

Art. 3. A partir du 1ᵉʳ janvier prochain (1831) le droit d'entrée sur les boissons sera supprimé dans les villes au-dessous de quatre mille âmes; le droit de détail ne sera plus perçu qu'à raison de 10 pour cent du prix de vente; les droits de circulation, de consommation, d'entrée, de remplacement aux entrées de Paris et de fabrication des bières, seront réduits conformément au tarif annexé à la présente loi.

Art. 4. Les débitants de boissons continueront d'être autorisés à s'affranchir des exercices pour l'acquittement des droits de détail, au moyen d'abonnements individuels ou collectifs.

Les conseils municipaux pourront également en voter la suppression dans l'intérieur des villes, et le remplacement au moyen, soit d'une taxe unique aux entrées, soit de tout autre mode de recouvrement, comme ils sont autorisés à s'imposer pour les dépenses communales, conformément à l'article 73 de la loi du 28 avril 1816.

3. Voici le tarif qui accompagne cette loi et qui réalise les modifications annoncées dans l'article 3.

DÉSIGNATION DES DROITS et population des communes sujettes aux droits d'entrée.	TAXE PAR HECTOLITRE (en principal).							
	Vins en cercles et en bouteilles dans les départements de				Cidres, poirés et hydromels.	Alcool pur contenu dans les eaux-de-vie et esprits en cercles et en bouteilles, liqueurs et fruits à l'eau-de-vie.	BIÈRES	
	1re classe	2e classe	3e classe	4e classe			forte.	petite.
Entrée dans les communes de 4,000 à 6,000 âmes....	» f. 60	» f. 80	1 f. »	1 f. 20	» f. 50	4 fr. »	» f. »	» f. »
de 6,000 à 10,000.......	» 90	1 20	1 50	1 80	» 75	6 »	» »	» »
de 10,000 à 15,000.......	1 20	1 60	2 »	2 40	1 »	8 »	» »	» »
de 15,000 à 20,000.......	1 50	2 »	2 50	3 »	1 25	10 »	» »	» »
de 20,000 à 30,000.......	1 80	2 40	3 »	3 60	1 50	12 »	» »	» »
de 30,000 à 50,000.......	2 10	2 80	3 50	4 20	1 75	14 »	» »	» »
de 50,000 et au-dessus.....	2 40	3 20	4 »	4 80	2 »	16 »	» »	» »
Circulation (suivant le lieu de destination)	» 60	» 80	1 »	1 20	» 50	» »	» »	» »
Remplacement aux entrées de Paris...	8				4 »	50 »	» »	» »
Détail (dans toute la France)......	10 pour 100 du prix de vente..					34 »	» »	» »
Consommation (dans toute la France)..	....					34 »	» »	» »
Fabrication des bières (d. toute la France)	....					» »	2 40	» 60

4. L'Assemblée nationale constituante, au moment de se séparer, avait, dans la loi du 19 mai 1849 (art. 3), décidé qu'à partir du 1er janvier 1850 l'impôt sur les boissons serait aboli.

Sous la pression des circonstances le gouvernement de la République présenta un projet de loi dont le but était de rapporter la décision de l'Assemblée constituante. La délibération commencée le 11 décembre 1849, se termina le 20; dix jours avant celui où l'impôt devait cesser.

Voici la loi nouvelle sortie des délibérations de l'Assemblée nationale.

5. « Art. 1. L'article 3 de la loi du 19 mai 1849 portant que, à partir du 1er janvier 1850, l'impôt sur les boissons sera aboli, est abrogé.

» Art. 2. L'impôt sur les boissons, tel qu'il est établi par la législation actuellement en vigueur, est maintenu pour l'année 1850.

» Art. 3. Il sera procédé immédiatement, par voie d'enquête parlementaire, à l'examen des questions qu'a soulevées l'impôt sur les boissons, et du système des taxes qui pourrait remplacer le système actuel.

» L'Assemblée législative nommera dans ses bureaux une commission de quinze membres, qui procédera immédiatement à une enquête sur l'impôt des boissons et sur les autres contributions indirectes. Cette enquête devra être terminée avant le 1er mai 1850. »

Cette loi a assuré au trésor public, pour l'exercice 1850, un revenu de cent millions.

Elle donne une espérance de dégrèvement, il faut l'accueillir avec confiance, car, ainsi concédé, après de longues et graves délibérations, en présence des besoins évidents de l'industrie vinicole, ce dégrèvement sera sérieux, rationnel, et ne laissera dans les esprits aucune crainte pour les finances de l'Etat.

6. Après avoir appris quels sont les droits auxquels donne lieu la circulation des boissons, il est un principe sur lequel il faut bien se fixer, c'est que ce droit ne peut être perçu deux fois pour les mêmes boissons, pendant un seul trajet.

Ceci déroge à l'article 13 de la loi qui admettait la possibilité de paiement d'un nouveau droit pour le cas où, en cours de voyage, les boissons recevraient une autre destination.

Cet article a été en cela modifié par la loi de finances du 17 mars 1817.

Ainsi maintenant qu'il y ait séjour en route, et après séjour changement de destination, ni l'un ni l'autre de ces faits ne donne lieu à la perception d'un nouveau droit.

7. Les droits de circulation ne sont pas généraux, en ce sens qu'ils ne pèsent point sur tout le monde sans distinction et sur toutes les boissons, sans acception de destination.

Dans ses articles 3, 4 et 5, la loi pose les exceptions au principe général de l'article premier.

Voici les modifications que postérieurement la législation a apportées dans le principe de la loi.

La première résulte de l'article 82 de la loi du 25 mars 1817.

8. « Art. 82. Seront également affranchis à l'avenir du
» droit de circulation, quels que soient le lieu d'enlèvement
» et l'expéditeur, et pourvu que dans le lieu de destination,
» le commerce des boissons ne soit pas affranchi des exer-
» cices des employés de la régie :

» 1° Les boissons qui seront enlevées à destination de né-
» gociants, marchands en gros, courtiers, facteurs, commis-
» sionnaires, distillateurs et tous autres munis d'une licence
» de marchand en gros ou de distillateur ;

» 2° Les vins, cidres et poirés qui seront enlevés à desti-
» nation de toute personne qui vend en détail lesdites bois-
» sons, pourvu qu'elle soit munie d'une licence de débitant.

9. Une loi du 25 juin 1841 a abrogé l'article 3 de la loi de 1816, en posant en faveur des propriétaires récoltants, fermiers et colons partiaires, de nouvelles franchises.

Voici les articles 15 et 16 de cette loi :

« Art. 15. L'exemption du droit de circulation sur les
» boissons ne sera accordée que dans les cas ci-après :

» 1° Pour les vins, cidres et poirés qu'un récoltant fera
» transporter de son pressoir, ou d'un pressoir public, à ses
» caves et celliers, ou de l'une à l'autre de ses caves, dans l'é-
» tendue d'un même arrondissement ou des cantons limitro-
» phes de l'arrondissement où la récolte aura été faite, qu'ils
» soient ou non dans le même département.

» 2° Pour les boissons de même espèce qu'un colon par-
» tiaire, fermier ou preneur à bail emphytéotique à rente, re-
» mettra au propriétaire ou recevra de lui dans les mêmes li-
» mites, en vertu de baux authentiques ou d'usage notoire.

» Dans les cas prévus par le présent article, les proprié-
» taires, colons ou fermiers, ne seront tenus de se munir que
» d'un passavant.

» Les articles 3 de la loi du 28 avril 1816 et 3 de la loi du
» 17 juillet 1819, sont abrogés.

» Art. 16. Les propriétaires récoltants jouiront de l'af-
» franchissement du droit de circulation sur les boissons
» de leur récolte qu'ils feront transporter de chez eux hors
» des limites posées par l'article 15, pourvu qu'ils se munis-
» sent d'un acquit-à-caution et qu'ils se soumettent, au lieu de
» destination, à toutes les obligations imposées aux marchands
» en gros, le paiement de la licence excepté. »

10. La loi dispense aussi du paiement du droit de circulation, les vins et cidres expédiés pour la ville de Paris. (Loi
du 15 mai 1818, art. 85.) La raison de cette exception se
trouve dans la quotité énorme de droits au profit, tant de
l'État que de la commune, qu'ont à payer les boissons qui se
consomment à Paris. Tous les vins en destination de la ville
de Paris ne doivent donc donner lieu qu'à la prise d'un simple acquit-à-caution.

11. Après avoir exprimé quels sont les droits à prescrire et
les exceptions à ces droits, la loi se préoccupe des formalités
qui accompagnent le paiement des droits et doivent en assurer le recouvrement. C'est le but des articles 6, 7, 8, 9 et 10.

La législation postérieure à 1816 a, comme dans les cas qui
précèdent, apporté des changements à la loi organique ; ceux-ci
proviennent de la loi de finances du 4 août 1844.

« Article 12. — Les déclarations exigées avant l'enlève-
» ment des boissons par l'article 10 de la loi du 28 avril
» 1816, contiendront, outre les indications prescrites par
» ledit article, l'indication des principaux lieux de passage
» que devra traverser le chargement et celle des divers modes
» de transport qui seront successivement employés, soit pour
» toute la contrée parcourue, soit pour une partie seule-
» ment, à charge, dans ce dernier cas, de compléter la dé-
» claration en cours de transport.

» Le délai à accorder pour conduire les boissons à la des-
» tination déclarée, sera réglé en raison de la distance qui
» pourra être parcourue chaque jour, et selon le mode de
» transport.

» Les règles à suivre pour la fixation du délai, les mesures
» et les formalités nécessaires pour assurer l'exécution des
» dispositions qui précédent, seront déterminées par un rè-
» glement d'administration publique.

» Les contraventions relatives aux dispositions du présent
» article et à celles dudit règlement, seront punies des peines
» portées dans l'article 19 de la loi du 28 avril 1816. »

Telles sont les formalités et énonciations que doivent contenir aujourd'hui les expéditions. Elles sont toutes destinées à donner aux employés de la régie les moyens de suivre les boissons et de constater leur identité.

On comprend que la conséquence de ces formalités soit l'obligation imposée à toute personne transportant des boissons de représenter, à toute réquisition des employés, les expéditions qui doivent toujours les accompagner.

Cette obligation qui résulte de l'article 17 de notre loi a été complétée par une loi du 22 avril 1836.

12. Les voituriers, bateliers, ou tous autres qui transportent ou conduisent des boissons, sont tenus d'exhiber aux employés dénommés dans l'article 17 de la loi du 28 avril 1816, les congés, passavants, acquits-à-caution, ou laissez-passer dont ils doivent être porteurs, à l'instant même de la réquisition desdits employés, sans que les conducteurs puissent exiger, sous quelque prétexte que ce soit, aucun délai pour faire cette exhibition ; et, faute de cette représentation immédiate, les employés doivent saisir le chargement.

De cette loi résultent tout à la fois l'obligation et la pénalité.

13. Il est à observer que, limitant le droit de réclamer l'exhibition des expéditions aux personnes désignées dans l'article 17 de notre loi, le législateur a entendu que les agents de la force publique, ou les officiers administratifs, étaient sans droit pour réclamer la présentation des expéditions ; on peut donc refuser cette présentation aux maires, commissaires de police, gendarmes, gardes-champêtres, etc.

14. L'obligation de déclarer l'enlèvement et de prendre des

expéditions, s'applique aux raisins massés et foulés, transportés dans des fûts, encore bien qu'ils ne soient pas cuvés ; c'est alors du vin moût. (*Arrêt du 5 février 1807.*)

On comprend, cependant, que le droit ne peut être perçu que sur la quantité réelle de vin contenu dans le fût, et qu'ainsi, pour le vin moût, il y a lieu de faire déduction des râfles et pellicules ; pour la lie de vin, de calculer la quantité réelle de vin qui se trouve comprise dans le tonneau, etc...

15. La perception des droits s'opère au profit du trésor, eu égard à la quantité de vin mise en circulation, et toutes les fractions de litre sont *comptées comme* litre entier au profit de l'Etat. Cependant, toute perception pour une bouteille, inférieure au demi-litre, sera perçue sur cette quantité.

Il est indispensable, pour sa garantie vis-à-vis de l'administration, de faire une déclaration exacte du nombre de fûts, de bouteilles ou autres vases contenant les liquides à transporter, leur marque, leur jauge, la nature du liquide qu'ils contiennent, sa couleur, l'année de sa récolte, l'époque, le lieu de l'enlèvement, les noms, le domicile parfaitement détaillé du destinataire et du vendeur, et même le nom du voiturier.

Tous ces renseignements sont demandés dans les bureaux ; et servent à remplir des formules préparées pour les recevoir.

16. Le propriétaire récoltant ne doit le droit de circulation qu'autant qu'il vend ses produits. Ainsi, s'il transporte des boissons à un marché, où à une foire, il ne devra le droit que sur la quantité vendue. La restriction du droit de circulation, au profit du propriétaire récoltant, le concerne seul ; si donc il vend sa récolte sur pied, son acquéreur ne jouira pas des mêmes droits.

17. Le propriétaire récoltant est exempt du droit de circulation sur les vins qu'il fait conduire de son pressoir, ou d'un pressoir banal, chez lui. L'administration a limité cette faveur au temps seulement de la fabrication du vin.

Ici même se trouve une exception qu'il est utile de faire connaître : lorsque le transport des vins, du pressoir chez le propriétaire, s'opère à dos d'homme ou à bras, l'administration tolère que ce transport se fasse sans passavant, mais si ce transport avait lieu dans un fût entonné, il faudrait se munir du passavant.

18. Le consommateur transportant des boissons de chez lui, a droit à l'exemption du droit de circulation, pourvu toutefois que les droits aient déjà été payés sur les boissons transportées, ce dont il pourra justifier par la représentation des précédents congés.

Dans tous les cas où les employés de l'administration auront la certitude que l'on ne cherche pas à frauder les droits, comme, par exemple, dans le cas d'un déménagement, ils autoriseront le transport avec un simple acquit-à-caution portant mention de la franchise.

19. L'héritier ne doit pas de droit de circulation pour les boissons qu'il fait transporter de chez son auteur chez lui.

20. Dans le cas de vente de boissons par autorité de justice, dans un lieu autre que celui où elles sont situées, on devra les faire accompagner par des expéditions ; les huissiers sont personnellement responsables du défaut d'observation des formalités.

21. Il se peut faire que les boissons soient refusées par le destinataire, alors ou on les transporte ailleurs, et pour ce cas il n'y a lieu qu'à prendre un simple passavant, si on les laisse au lieu où elles ont été adressées, et alors on applique les règles du transit.

22. La loi autorise à prendre une seule expédition, quel que soit le nombre des fûts voyageant ensemble avec une même destination ; mais s'il vient une nécessité de diviser le chargement, il faut se munir de nouvelles expéditions; ainsi, une expédition délivrée pour dix fûts ne peut servir pour un seul fût faisant partie de ces dix ; il faut absolument qu'il y ait identité entre le chargement et les énonciations des expéditions.

23. Le commerce de colportage de vins exige de nombreuses formalités qui en gênent l'extension. Voici quelques-unes de ces formalités essentielles à connaître : le colporteur est obligé de se munir d'une licence de marchand en gros, s'il transporte ses vins au moyen d'une voiture, et d'une licence de détaillant, s'il fait seulement usage de chevaux ou mulets portant à dos. Lorsqu'en cours d'expédition, le colporteur vend une quantité de boissons, il doit, avant d'opérer la livraison, s'assurer que l'acheteur a pris une expédition, et se

faire délivrer à lui-même un certificat de cette expédition, de telle sorte que les employés font, avec le congé originaire de colportage, et sur le vu des quantités restantes, le récollement de celles qui manquent, dont il doit leur être justifié par les pièces en règle; c'est un mécanisme assez simple en théorie, mais d'une déplorable minutie en pratique.

24. Lorsqu'un propriétaire expédie d'un lieu où il n'existe pas de bureau, la régie l'autorise à se délivrer à lui-même un laissez-passer sur une formule qu'elle lui confie, laissez-passer qui est changé au premier bureau contre une expédition régulière.

25. Toutes les fois qu'il y a lieu de délivrer un acquit-à-caution, l'expéditeur peut se dispenser de se présenter lui-même au bureau, en faisant signer le cautionnement par une personne notoirement solvable, ou en cautionnant le double du droit.

26. L'administration doit constater la route que l'expéditeur déclare devoir faire suivre aux boissons, sans pouvoir en indiquer une différente de celle qui lui est déclarée; la durée du trajet doit être fixée. S'il survient un retard par cas de force majeure, il faut indispensablement le faire constater par les autorités du lieu où l'accident s'est produit, et en cas de séjour forcé les expéditions doivent être déposées au bureau voisin.

27. En cas de séjour des boissons dans un lieu qui n'est pas celui de leur destination, pendant plus d'un jour, il y a lieu à les mettre en transit. Il faut que la déclaration de transit soit faite dans les vingt-quatre heures de l'arrivée des boissons; on délivre alors au voiturier un permis de transit, on lui fait déposer ses expéditions, au dos desquelles on fait mention du transit. Les mêmes expéditions seront remises au voiturier au moment où il continuera son transport après avoir été visées de nouveau.

Il y a lieu à appliquer ces règles lors du refus des boissons par le destinataire.

28. Il est formellement interdit, pendant le temps où des boissons sont déposées en transit, de procéder à des mixtions ou à leur coupage; mais la loi autorise les opérations nécessaires à la conservation, en présence des employés de la régie.

29. Les contraventions aux dispositions de la loi sur la circulation des boissons, sont réprimées par une pénalité sévère, dont voici les principes et l'étendue :

Toutes les contraventions sont constatées par des procès-verbaux des agents de l'administration ; le procès-verbal fait preuve jusqu'à inscription de faux des énonciations qu'il contient.

Les fraudes et contraventions non constatées par un procès-verbal, ne donnent lieu à aucune amende ; mais lorsque l'instruction établit la contravention, il y a lieu à la confiscation des boissons.

30. Si une contravention a été commise par plusieurs personnes, chacune d'elle sera condamnée au paiement de la totalité de l'amende, et non pas à une seule amende divisible entre tous les contrevenants.

31. La condamnation prononcée contre les contrevenants, au profit de l'administration, emporte la contrainte par corps.

32. L'accusé d'une contravention aux lois qui nous occupent, ne peut exciper de sa bonne foi. Les peines sont attachées à l'existence matérielle de la contravention, sans égard à l'intention de celui qui l'a commise.

33. Il a été jugé que le fait de représenter une expédition non conforme au chargement, constitue une contravention punissable, quand bien même le voiturier alléguerait s'être trouvé dans la nécessité de laisser en route une partie de son chargement par suite d'avarie ; il faut, comme nous l'avons fait remarquer, que le changement de chargement soit opéré en présence des employés, conformément à l'article 15 de la loi.

34. Le défaut de représentation des expéditions, à la réquisition des employés, constitue une contravention, quand bien même l'expédition existe, peu importe qu'elle soit confiée à une personne momentanément absente, ou qu'elle soit égarée.

Les prétentions de l'administration, confirmées par la jurisprudence, ont fait assimiler ces cas, pour ainsi dire, de force majeure, au défaut d'expédition.

35. Toute fausse déclaration est assimilée à une non-déclaration.

36. Les employés de la régie n'ont pas qualité pour opérer l'arrestation des contrevenants en matière de circulation ou vente de boissons, ils n'ont que le droit de saisir les boissons et les moyens de transport; ils ne peuvent même pas conduire les délinquants chez le maire de la commune où a lieu la saisie, pour tâcher de savoir leurs noms et leurs demeures; ils doivent se contenter de les suivre, s'ils veulent avoir des renseignements sur leur identité.

TEXTE DE LA LOI DU 28 AVRIL 1816.

CHAPITRE II.

DROITS D'ENTRÉE SUR LES BOISSONS.

§ Ier. DE LA PERCEPTION.

20. Il sera perçu au profit du trésor, dans les villes et communes ayant une population agglomérée de deux mille âmes et au-dessus, conformément au tarif annexé à la présente loi sous le n° 2, un droit d'entrée sur les boissons introduites ou fabriquées dans l'intérieur et destinées à la consommation du lieu.

Le classement des départements, établi par le tableau n° 3, pourra, s'il s'élève des réclamations, être rectifié par le ministre secrétaire d'état des finances, sur l'avis du directeur général des contributions indirectes, lorsqu'il sera reconnu qu'il y a eu erreur dans les calculs ou les bases qui ont déterminé la classification.

21. Ce droit sera perçu dans les faubourgs des lieux sujets, et sur toutes les boissons reçues par les débitants établis sur le territoire de la commune ; mais les habitations éparses et les dépendances rurales entièrement détachées du lieu principal, en seront affranchies (1).

22. Les communes assujetties aux droits d'entrée, seront rangées dans les différentes classes du tarif, en raison de

---

(1) Les débitants de boissons établis dans des habitations isolées et entièrement détachées des lieux sujets aux droits d'entrée, sont soumis à ces mêmes droits comme les habitants des villes, des faubourgs, ou des lieux tellement voisins qu'ils peuvent passer pour en faire partie, l'exception portée en l'article 21, Chapitre II de la loi qui porte que « les habitations éparses, et les dépendances rurales, entièrement détachées du lieu principal, seront affranchies du droit sur toutes les boissons par les débitants établis sur le territoire de la commune », étant restreinte aux habitations des particuliers. Arrêt de la Cour de Cassation (section civile), du 5 décembre 1820, affaire de la Direction générale des Contributions indirectes contre le sieur Chauvin. — Cinquième Cahier, page 286, du Journal des Audiences de 1821.

Cet article 21 de la loi qui porte que « le droit d'entrée sera perçu dans les faubourgs des lieux sujets........, mais que les habitations éparses et les dépendances rurales détachées du lieu principal en seront exemptes, » restreint cette exemption aux particuliers de maisons éparses non débitants de boissons. Arrêt de la Cour de Cassation (section criminelle) du 1er mars 1822, affaire de la Direction générale des Contributions indirectes contre la demoiselle Poupelier. — Sixième Cahier, page 250, du Journal des Audiences de 1822.

Arrêt conforme du 5 décembre 1820. — Ibid.

leur population agglomérée. S'il s'élève des difficultés relativement à l'assujettissement d'une commune à la classe dans laquelle elle devra être rangée par sa population, la réclamation de la commune sera soumise au préfet, qui, après avoir pris l'opinion du sous-préfet et celle du directeur, la transmettra, avec son avis, au directeur général des contributions indirectes, sur le rapport duquel il sera statué par le ministre des finances, sauf le recours de droit; et la décision du préfet sera provisoirement exécutée.

23. Les vendanges et les fruits à cidre ou à poiré seront soumis au même droit, à raison de trois hectolitres de vendanges pour deux hectolitres de vin, et de cinq hectolitres de pommes ou poires pour deux hectolitres de cidre ou de poiré.

Les fruits secs destinés à la fabrication du cidre et du poiré, seront imposés à raison de vingt-cinq kilogrammes de fruits pour un hectolitre de cidre ou de poiré. Les eaux-de-vie ou esprits altérés par un mélange quelconque seront soumis au même droit que les eaux-de-vie ou esprits purs.

24. Tout conducteur de boissons sera tenu, avant de les introduire dans un lieu sujet aux droits d'entrée, d'en faire la déclaration au bureau, de produire les congés, acquits-à-caution ou passavants, dont il sera porteur, et d'acquitter les droits, si les boissons sont destinées à la consommation du lieu.

25. Dans les lieux où il n'existera qu'un bureau central de perception, les conducteurs ne pourront décharger les voitures, ni introduire les boissons au domicile du destinataire, avant d'avoir rempli les obligations qui leur sont imposées par l'article précédent.

26. Les boissons ne pourront être introduites dans un lieu sujet aux droits d'entrée, que dans les intervalles de temps ci-après déterminés; savoir:

Pendant les mois de janvier, février, novembre et décembre, depuis sept heures du matin jusqu'à six heures du soir;

Pendant les mois de mars, avril, septembre et octobre, depuis six heures du matin jusqu'à sept heures du soir;

Pendant les mois de mai, juin, juillet et août, depuis cinq heures du matin jusqu'à huit heures du soir.

27. Toute boisson introduite sans déclaration dans un lieu sujet aux droits d'entrée, sera saisie par les employés;

il en sera de même des voitures, chevaux, et autres objets servant au transport, à défaut par le contrevenant de consigner le *maximum* de l'amende, ou de donner caution solvable.

§ II. DU PASSE-DEBOUT.

28. Les boissons introduites dans un lieu sujet aux droits d'entrée, pour le traverser seulement, ou y séjourner moins de vingt-quatre heures, ne seront pas soumises à ces droits; mais le conducteur sera tenu d'en consigner ou d'en faire cautionner le montant à l'entrée, et de se munir d'un permis de passe-debout.

La somme consignée ne sera restituée, ou la caution libérée, qu'au départ des boissons, et après que la sortie du lieu en aura été justifiée.

Lorsqu'il sera possible de faire escorter les chargements, le conducteur sera dispensé de consigner ou de faire cautionner les droits.

29. Les boissons conduites à un marché dans un lieu sujet aux droits d'entrée, seront soumises aux formalités prescrites par l'article précédent.

§ III. DU TRANSIT.

30. En cas de séjour des boissons au-delà de vingt-quatre heures, le transit sera déclaré conformément aux dispositions de l'art. 14, et la consignation ou le cautionnement du droit d'entrée subsisteront pendant toute la durée du séjour.

COMMENTAIRE.

1. *Droits d'entrée.*
2. *Tableau de ces droits.*
3. *Loi du 12 décembre 1830. — Tableau.*
4. *Mode de perception.*
5. *Série étendue.*
6. *Il y a rarement lieu à remise du droit d'entrée.*
7. *Raisin. — Vendange.*
8. *A quel moment le droit d'entrée est dû.*
9. *Perte de boissons.*
10. *Jours fériés.*
11. *Eaux de senteur et vernis à base alcoolique.*

12. *Préparations pharmaceutiques.*
13. *Passe-debout. — Formalités.*
14. *Délai.*
15. *Décharge des acquits-à-caution.*

1. Les droits d'entrée sur les boissons ont été créés par la loi du 25 novembre 1808, en remplacement de droits précédents et d'une nature différente de ceux qui nous occupent.

La loi du 28 avril 1816 a maintenu ces droits et en régularise la perception.

Elle a été modifiée par la loi du 25 mars 1817.

Une loi du 12 décembre 1830 a modifié celle de 1816 en abrogeant celle de 1817.

Le droit d'entrée est donc : la taxe qui pèse sur des objets de consommation que l'on fait entrer dans une ville dont la population est assujettie à cette taxe.

2. Quelles sont les populations assujetties à cette taxe? La loi du 28 avril 1816 avait accompagné son article 20 du tableau que voici :

Tarif des Droits d'Entrée à percevoir sur les Boissons dans les villes et communes de 2,000 âmes de population agglomérée et au-dessus, en exécution de l'art. 20 de la présente loi.

POPULATION des COMMUNES.	PAR HECTOLITRE de vin en cercles dans les départements de				Par hectolitre de vin en bouteilles, ou de vin de liqueur, tant en cercles qu'en bouteilles.	Par hectolitre de cidre et poiré.	Par hectolitre d'eau-de-vie en cercles au-dessous de 22 degrés.	Par hectolitre d'eau-de-vie en cercles de 22 degrés jusqu'à 28 degrés inclusivem¹.	PAR HECTOLITRE d'eau-de-vie rectifiée à 28 degrés et au-dessus, d'eau-de vie de toute espèce en bouteilles, de liqueurs composées d'eau-de-vie et d'esprit, tant en cercles qu'en bouteilles, et de fruits à l'eau-de-vie.
	1ʳᵉ classe	2ᵉ classe	3ᵉ classe	4ᵉ classe					
De 2,000 à 4,000 âmes.	» f. 55	» f. 70	» f. 85	1 f. »	1 f. 15	» f. 35	1 40	2 10	2 fr. 80
De 4,000 à 6,000.	» 85	1 »	1 15	1 30	1 70	» 45	2 10	3 15	4 20
De 6,000 à 10,000.	1 15	1 35	1 55	1 75	2 25	» 65	2 50	3 80	5 10
De 10,000 à 15,000.	1 40	1 70	2 »	2 25	2 80	» 85	3 40	5 10	6 80
De 15,000 à 20,000.	2 »	2 25	2 45	2 80	4 »	1 15	4 90	7 35	9 80
De 20,000 à 30,000.	2 80	3 10	3 40	3 80	5 60	1 55	7 »	10 50	14 »
De 30,000 à 50,000.	3 70	4 10	4 50	5 10	7 30	2 10	9 30	13 90	18 60
De 50,000 et au-dessus.	4 60	5 10	5 60	6 30	9 30	2 80	11 80	17 60	23 60

La loi de 1817 avait assujetti les villes et populations agglomérées de 1,500 âmes. C'était une extension à la loi de 1816 qui frappait seulement les populations de 2,000 âmes et au-dessus.

3. La loi du 12 décembre 1830 porte dans son article premier :

A partir du 1er janvier 1831, le droit d'entrée sur les boissons sera supprimé dans les villes au-dessous de 4,000 âmes. — Le droit d'entrée sera réduit conformément au tarif annexé à la présente loi.

Nous avons donné ce tarif dans le cours du rapport qui commence ce titre. Nous y renvoyons.

Voir page 262.

4. La perception s'opère, en ce qui concerne les boissons alcooliques, eu égard à la quantité d'alcool pur contenu dans la boisson ; cette quantité sera vérifiée au moyen de l'instrument appelé alcoomètre, toutes les fois que l'assujetti le requerra.

5. Les droits d'entrée sont dus pour toutes les boissons qui entrent dans un lieu sujet, encore bien que ces boissons aient déjà payé une première fois l'entrée; ainsi, des personnes font sortir d'une ville pour les transporter à leur maison de campagne, une certaine quantité de boissons qui a payé les droits. A leur retour dans la ville, elles ne peuvent prétendre rapporter les boissons sans payer les droits d'entrée; ils sont dus à nouveau.

Quelques exceptions ont lieu, mais seulement en faveur des bâtiments de mer qui ont régulièrement fait constater les quantités emportées.

Le principe en matière de droit d'entrée est donc que ce droit est dû toutes les fois qu'une boisson entre dans un lieu sujet, sans s'occuper des droits qu'elle a antérieurement acquittés, à la différence du droit de circulation qui n'est dû qu'une seule fois pour chaque boisson.

6. Un particulier ne peut obtenir la remise de droit d'entrée sous le prétexte qu'il renvoie ou qu'il échange une quantité de boissons dont il n'est pas satisfait : le droit d'entrée perçu n'est point sujet à restitution.

7. Le raisin n'est assujetti à aucun droit d'entrée, — lorsqu'il

est introduit en nature de fruits, c'est-à-dire non foulé et placé dans des paniers. Il ne paye qu'autant qu'il est foulé dans des vases destinés à recueillir non-seulement la grappe mais encore le jus.

Je crois donc que c'est à tort et en faussant l'application de l'article 23 de la loi de 1816, que l'on a assujetti les fruits qui ne sont pas à l'état de vendange.

8. Les droits d'entrée sont dus au moment de l'introduction des boissons dans les lieux assujettis, à moins que le conducteur ne réclame un passe-debout, ou au moment de l'enlèvement de l'entrepôt.

9. Quoiqu'il n'y ait jamais lieu en principe à faire remise des droits d'entrée, on peut obtenir de l'administration, en cas de perte de la boisson par accident, et sous les yeux des employés, la remise du droit.

10. Les bureaux d'entrée doivent être ouverts les dimanches et jours fériés.

11. Les eaux de Cologne et de senteur à base alcoolique sont assujetties aux droits d'entrée, conséquemment le porteur est tenu d'en faire la déclaration.

Il en est de même des vernis à base d'alcool; ces liquides paieront les droits, eu égard à la proportion d'alcool pur contenue dans le liquide total. Cette proportion sera déterminée par l'alcoomètre, et en cas d'impossibilité de faire cette vérification, ils paieront à raison de 58 litres d'alcool pur par hectolitre de liquide.

12. Les préparations purement médicinales jouissent de l'exemption des droits d'entrée, mais il faut que ce soient des préparations purement pharmaceutiques et qui ne soient pas tout à la fois des boissons et des médicaments.

13. La définition et l'objet du passe-debout sont contenus dans l'article 28 de la loi. — Quant aux formalités à remplir, les voici :

Les principales sont : de consigner les droits s'il ne se trouve une personne solvable pour cautionner leur paiement.

De représenter les expéditions en vertu desquelles voyagent les boissons.

De ne pas toucher aux boissons pendant leur séjour, hors la présence des employés.

De ne pas laisser séjourner le chargement plus de 24 heures.

Enfin, de réclamer la décharge de la caution ou la restitution des droits au sortir de la ville.

14. Les employés supérieurs de la régie peuvent accorder une prolongation au passe-debout dans les cas de marché public excédant 24 heures. Cette autorisation évite les formalités du transit.

15. Il arrive parfois, surtout aux particuliers peu familiarisés avec le mécanisme des opérations de la régie, qu'on oublie, au sortir des boissons, de faire décharger l'acquit; une fois les boissons sorties, cette décharge est impossible; quelle que soit la preuve rapportée, la caution doit s'exécuter, ou le droit consigné est acquis à la régie.

TEXTE DE LA LOI DU 28 AVRIL 1816.

(CHAPITRE II.)

§ IV. DE L'ENTREPÔT.

31. Tout négociant ou propriétaire qui fera conduire dans un lieu sujet aux droits d'entrée, au moins neuf hectolitres de vin, dix-huit hectolitres de cidre ou poiré, ou quatre hectolitres d'eau-de-vie ou d'esprit, pourra réclamer l'admission de ses boissons en entrepôt, et ne sera tenu d'acquitter les droits que sur les quantités non représentées et qu'il ne justifiera pas avoir fait sortir de la commune.

La durée de l'entrepôt sera illimitée.

Ne seront pas tenus de faire entrer la quantité des boissons ci-dessus fixées, les négociants ou propriétaires jouissant déjà de l'entrepôt lors de l'introduction desdites boissons, en sorte qu'ils pourront n'en faire entrer qu'un hectolitre, s'ils le jugent à propos, sans qu'ils puissent être tenus d'en acquitter de suite les droits.

32. Tout bouilleur ou distillateur qui introduira dans un lieu sujet, des vins, cidres ou poirés pour être convertis en eau-de-vie ou esprit, pourra aussi réclamer l'entrepôt. Le produit de la distillation, constaté par l'exercice des employés, ne sera soumis aux droits d'entrée que dans le cas déterminé par l'article précédent.

33. La faculté d'entrepôt sera aussi accordée aux personnes qui introduiront dans les lieux sujets aux droits d'entrée, des vendanges et fruits, et qui destineront les boissons en provenant à être transportées hors de la commune.

34. Cette même faculté pourra également être accordée à des particuliers qui recevraient des boissons pour être conduites, peu de temps après leur arrivée, soit à la campagne, soit dans une autre résidence. La déclaration devra en être faite au moment de l'arrivée des boissons.

35. Les déclarations d'entrepôt seront faites avant l'introduction des chargements, et signées par les entrepositaires ou leurs fondés de pouvoirs. Elles indiqueront les magasins, caves ou celliers où les boissons devront être déposées, et serviront de titre pour la prise en charge.

36. Tout bouilleur ou distillateur de grains, marcs, lies, fruits et autres substances, établi dans un lieu sujet au droit d'entrée, sera tenu, s'il ne réclame la faculté de l'entrepôt, d'acquitter ce droit sur l'eau-de-vie provenant de sa distillation, et dont la quantité sera constatée par l'exercice des commis.

37. Les entrepositaires, négociants ou distillateurs, seront soumis à toutes les obligations imposées aux marchands en gros de boissons. Ils seront tenus, en outre, de produire aux commis, lors de leurs exercices, des certificats de sortie pour les boissons qu'ils auront expédiées pour l'extérieur, et des quittances du droit d'entrée pour celles qu'ils auront livrées à l'intérieur. A la fin de chaque trimestre, ils seront soumis au paiement de ce même droit sur les quantités manquantes à leurs charges, sauf les déductions pour coulage et ouillage autorisées par l'article 103 de la présente loi (1).

38. Lorsque les boissons auront été emmagasinées dans un entrepôt public, sous la clef de la régie, il ne sera exigé aucun droit de l'entrepositaire pour les manquants à ses charges.

39. Les personnes qui auront droit à l'entrepôt, pourront l'obtenir à domicile, lors même qu'il existerait dans le lieu un entrepôt public (Paris excepté).

40. Dans celles des villes ouvertes où la perception des droits d'entrée sur les vendanges, pommes ou poires, ne peut être opérée au moment de l'introduction, la régie sera autorisée à faire faire, après la récolte, chez tous les propriétaires récoltants, l'inventaire des vins ou cidres fabriqués. Il en sera de même à l'égard des vendanges et fruits récoltés dans l'intérieur d'un lieu sujet aux droits d'entrée. Tout propriétaire qui ne réclamera pas l'entrepôt, ou qui n'aura pas récolté une quantité de boissons suffisante pour l'obtenir, sera tenu de payer immédiatement les droits d'entrée sur les vins ou cidres inventoriés.

41. Les propriétaires qui jouiront de l'entrepôt pour les produits de leur récolte seulement, en vertu de l'article pré-

---

(1) L'article 37 de la loi du 28 avril 1816 n'ayant point spécifié la forme des certificats qu'il exige pour constater la sortie des boissons, on peut regarder comme un certificat suffisant le congé visé par l'employé de la direction des contributions indirectes, préposé pour constater la sortie et l'entrée des boissons. *Arrêt de la Cour de Cassation section civile), du 30 juillet* 1823, *affaire de la Direction des Contributions indirectes contre le sieur Duquesne.* — Neuvième Cahier, page 421 du Journal des Audiences de 1823, et quatrième Cahier, page 134 de la Jurisprudence de la Cour de Cassation de 1824, par Sirey.

cédent, ne seront soumis, outre l'inventaire, qu'à un recensement avant la récolte suivante : toutefois ils seront obligés de payer le droit d'entrée au fur et à mesure de leurs ventes à l'intérieur. Lors du recensement, ils acquitteront le même droit sur les manquants non justifiés, déduction faite de la quantité allouée pour coulage et ouillage.

42. Les boissons dites *piquettes*, faites par les propriétaires récoltants avec de l'eau jetée sur de simples marcs, sans pression, ne seront pas inventoriées chez eux, et seront conséquemment exemptes du droit, à moins qu'elles ne soient déplacées pour être vendues en gros ou en détail (1).

43. Dans celles des villes sujettes aux droits d'entrée, où la perception du droit de détail sera remplacée par un abonnement avec la commune, conformément à l'art. 73, le compte d'entrée et de sortie des boissons reçues par les entrepositaires sera tenu au bureau de la régie. Les employés feront seulement, chaque trimestre, et en présence de l'entrepositaire, les vérifications nécessaires pour constater les quantités de boissons qui resteront en magasin, et établir le décompte des droits dus sur celles qui auront été livrées à la consommation du lieu.

COMMENTAIRE.

1. *Définition du droit d'entrepôt.*
2. *Conditions auxquelles le droit d'entrepôt est soumis.*
3. *Le propriétaire récoltant a un droit d'entrepôt, quelle que soit la quotité de sa récolte.*
4. *De la caution.*

(1) L'article 42 de la loi est aujourd'hui le seul qui soit applicable au *marc* de vendange, et dès-lors il faut écarter de la matière tout ce qui ne s'y trouve pas rappelé des anciens édits et règlements. L'on ne peut s'empêcher de reconnaître que l'intention du législateur dans la rédaction de cet article, a été que la vendange fût réduite à l'état de *simple marc*, avant qu'on pût s'en servir pour la fabrication de la boisson en faveur de laquelle il a prononcé l'exemption de l'inventaire et du droit d'entrée. — La boisson faite avec de l'eau jetée sur le résidu de la vendange resté dans la cuve après l'extraction du vin de pure goutte, n'est pas la boisson exceptée par l'article 42. Ce résidu de vendange, encore dans la cuve, et qui n'a pas subi l'action du pressoir, n'est pas le *simple marc* dont l'article 42 a entendu parler. *Arrêt de la Cour de Cassation (section civile), du 4 juillet 1820, affaire de la Direction générale des Contributions indirectes contre le sieur Tourangin;* — Septième Bulletin officiel des arrêts de 1820, page 228.

L'exemption du droit d'entrée, établie par l'article 42 de la loi du 28 avril 1816 en faveur des piquettes destinées à la consommation du propriétaire, s'applique aux piquettes non soumises à l'inventaire comme à celles qui y sont sujettes. *Arrêt de la Cour de Cassation (section civile), du 4 juillet 1820, affaire de la Direction générale des Contributions indirectes contre le sieur de la Volvène.* —Onzième Cahier, page 597, du Journal des Audiences de 1820.

5. *Des personnes qui peuvent user de la faculté d'entreposer.*
6. *Fabrication. — Propriétaire récoltant.*
7. *Droits de consommation et d'entrée. — Perception.*
8. *Prohibition des distilleries.*
9. *Des justifications à produire par les entrepositaires.*
10. *Des coulage et ouillage. — Manquants.*
11. *Vente par un entrepositaire à un autre entrepositaire.*
12. *Renonciation à l'entrepôt.*
13. *Entrepôt public. — Son établissement.*
14. *Existence commune et entrepôts publics et privés.*
15. *Exercice pour les vendanges. — Abonnement.*
16. *Des déductions.*
17. *Décharge pour les vins viciés.*
18. *Et ceux perdus par accident.*
19. *Des piquettes.*
20. *Falsifications.*

1. L'entrepôt est le droit accordé par la loi, à des personnes qu'elle détermine, d'introduire, soit dans un endroit spécial, soit dans un magasin public, des boissons sujettes aux droits sans acquitter ces droits. Les droits sont seulement acquittés au moment précisé par la loi comme étant celui de la consommation.

2. L'exercice du droit d'entrepôt est soumis à de certaines formalités destinées à garantir les intérêts du trésor :
1° Il faut que la personne qui demande l'entrepôt soit dans les conditions fixées par la loi pour l'obtenir ;
2° Que le lieu qu'elle destine à l'entrepôt soit connu et agréé par l'administration ;
3° Que l'entrepositaire fasse par lui-même ou par une personne fondée de pouvoir, une déclaration signée au bureau central de la régie, contenant la nature et la quantité des liquides qu'il entrepose, et s'il les destine à une manutention quelconque.
Cette déclaration donne lieu à la délivrance d'un bulletin dit d'entrepôt qui forme titre tant pour l'entrepositaire vis-à-vis de la régie que pour cette dernière vis-à-vis de l'entrepositaire.
4° Que l'entrepositaire fournisse une caution bonne et solvable pour l'acquit des droits à percevoir ultérieurement par l'administration.

Ces formalités forment l'objet principal des commentaires qui suivent.

3. L'article 31 de la loi a été étendu en ce qui concerne *les propriétaires récoltants*, par l'art. 39 de la loi du 21 avril 1832. En voici les dispositions :

« Les récoltants de vins, de cidres ou de poirés, domiciliés
» dans les villes, pourront obtenir l'entrepôt de leur récolte,
» quelle qu'en soit la quantité. La limite posée par la loi du
» 28 avril 1816 (art. 81) est abrogée en ce qui les concerne. »

Ainsi, quelle que soit l'importance de leur récolte, les propriétaires récoltants ont la faculté d'obtenir l'entrepôt.

4. Les personnes qui usent de la faculté d'entreposer doivent fournir, comme nous venons de le dire, une caution bonne et solvable pour l'acquit de tous les droits auxquels les boissons peuvent donner lieu.

Cette caution est renouvelée tous les ans.

Elle est solidaire avec l'entrepositaire.

5. L'entrepôt n'est imposé à personne.

Il ne peut être refusé au débitant abonné qui offre, en dehors de ses magasins de débit, un lieu où le contrôle de l'administration peut efficacement s'exercer.

La loi du 24 juin 1824 impose l'obligation d'entreposer aux liquoristes en gros.

Voici les principes au moyen desquels on essaie de concilier la faculté d'entrepôt et le droit de fabrication.

L'article 17 de la loi du 25 juin 1841 dispose :

« Toute personne qui récolte, fabrique ou prépare dans
» l'intérieur d'une ville sujette au droit d'entrée, des vins,
» cidres, poirés, hydromels, alcools et liqueurs, sera tenue,
» sous les peines portées par l'article 46 de la loi du 28 avril
» 1816, d'en faire la déclaration au bureau de la régie, et
» d'acquitter immédiatement le droit, si elle ne réclame la
» faculté de l'entrepôt. »

» Cette déclaration devra précéder de 12 heures au moins
» la première fabrication de l'année.

» Les employés sont autorisés à faire toutes les vérifica-
» tions nécessaires pour reconnaître à domicile les quantités
» préparées ou fabriquées, et pour les soumettre au droit,
» sans préjudice des obligations spéciales imposées aux fabri-
» cants de liqueurs par la loi du 24 juin 1824.

» Les dispositions du présent article ne sont point appli-
» cables aux personnes qui auront acquitté le droit d'entrée
» sur leurs vendanges, fruits à cidre ou à poiré, servant à la
» fabrication. »

6. Les propriétaires qui manipulent les liquides provenant de leurs récoltes, par exemple, distillent les marcs, ne sont pas tenus à la licence, ils ne sont pas même contraints à faire la déclaration prescrite aux bouilleurs de profession.

7. Aux termes de la loi du 25 juin 1841, art. 18 :

« Le droit général de consommation sur les eaux-de-vie,
» esprits, liqueurs et fruits à l'eau-de-vie introduits dans
» lesdites villes, ou fabriqués dans l'intérieur, continuera
» d'être perçu en même temps que le droit d'entrée. »

Il ne s'agit dans cette loi que des villes rédimées. L'acquitté doit faire appliquer les mêmes dispositions aux villes sujettes aux droits d'entrée.

8. Les conseils municipaux des villes sujettes à octroi peuvent prohiber la fabrication et la distillation des eaux-de-vie dans leur enceinte (art. 10 de la loi du 1er mai 1822, art. 10 de la loi du 24 mai 1834).

9. L'article 37 exige que l'entrepositaire justifie aux employés de la régie et à toute réquisition :
Des quantités de liquide contenues dans ses magasins ;
Des certificats de sortie pour les boissons expédiées à l'intérieur ;
Des quittances de droit d'entrée pour celles livrées à l'intérieur. Il est fait tous les trimestres un récollement sur ces bases.

10. La loi accorde une quantité dont il est fait déduction pour coulage et ouillage (art. 103 de la loi).
Ce qui est constaté manquer au récollement et auquel on donne le nom de manquant, est immédiatement soumis à la perception des droits en vertu de l'art. 7 de la loi du 20 juillet 1837.

11. Un entrepositaire peut vendre à un autre entrepositaire, sans que cette vente donne lieu à perception de droits, mais il faut que cette opération ait lieu en ayant soin par le vendeur de prendre un acquit-à-caution, et par l'acquéreur

de réclamer un bulletin d'entrepôt ; le bulletin d'entrepôt décharge la caution de l'acquit.

12. Chacun peut renoncer à la faculté d'entrepôt; cette renonciation donne lieu à un exercice immédiat de la régie pour la perception des droits, d'après un décompte fait en la manière accoutumée.

13. Nous nous sommes occupés des entrepôts privés, voici ce que nous avons à dire sur l'entrepôt public.

Nous n'avons pas besoin de définir l'entrepôt public, le mot seul en est la définition. Il appartient seulement au pouvoir municipal d'établir un entrepôt public, ainsi qu'il a été réglé par une ordonnance du 9 décembre 1814.

L'entrepôt public une fois établi, est sous la surveillance de l'autorité municipale ; ses employés ont l'exercice et la comptabilité, les employés de l'administration se bornent au rôle de surveillant.

14. L'art. 39 permettait l'existence dans la même commune d'entrepôts publics et privés, Paris excepté. Cette disposition a été modifiée par l'art. 3 de la loi du 28 juin 1833 :

« A compter du 1er janvier 1834, et lorsque les conseils
» municipaux en auront fait la demande, les entrepôts à
» domicile pour les boissons, seront supprimés dans les com-
» munes sujettes aux droits d'entrée et d'octroi, lorsqu'un
» entrepôt public y aura été régulièrement établi. »

15. L'art. 40 de la loi du 28 avril 1816 prescrit l'exercice dans les villes ouvertes après les vendanges ; la législation postérieure est venue concéder aux communes un droit d'abonnement (art. 40 de la loi du 21 avril 1832), sur la demande des conseils municipaux. Si cet abonnement n'est pas consenti par la commune, les propriétaires se trouvent soumis au droit commun.

C'est-à-dire : 1º à l'obligation de déclarer avant la vendange quelle quantité de vin reste dans leur magasin de leur dernière récolte ;

2º A souscrire vis-à-vis de l'administration l'obligation de payer par douzième les droits auxquels les boissons donnent lieu.

Il y a lieu de déduire de la quantité prise en charge par l'administration, un tiers de la valeur totale pour les marcs.

16. Les déductions pour coulage et ouillage varient, suivant les départements, entre 7 et 9 pour cent. (Ordonnance du 21 décembre 1838.)

17. On a droit d'obtenir la décharge des droits pour les vins viciés en justifiant à l'administration d'une manière régulière de la détérioration des vins.

18. On a le même droit pour les pertes de vins arrivées par suite d'un fait accidentel, mais toujours en prévenant l'administration et en la mettant à même de constater les faits.

19. La loi affranchit de tous droits les boissons dites piquettes; que doit-on entendre par piquette? la Cour de cassation a décidé que ce nom s'appliquait à la boisson provenant d'eau jetée sur les marcs *après que ces marcs ont été soumis à une pression*, et sans que le marc imbibé d'eau soit lui-même soumis à une nouvelle pression. (C. cass. 4 juillet 1820.)

On doit considérer également comme piquette, un marc *non pressé* sur lequel on jette de l'eau au fur et à mesure qu'on consomme le liquide qu'il produit.

Les piquettes fabriquées dans un lieu non sujet peuvent être introduites sans droit dans un lieu sujet, pourvu, bien entendu, que l'introduction ait lieu pour le compte du propriétaire récoltant et que les boissons ne fassent pas l'objet d'une vente.

20. La loi du 24 juin 1824 a édicté une disposition pénale destinée à prévenir les fraudes.

« Les eaux-de-vie ou esprits dont la densité aurait été al-
» térée par un mélange opéré dans le but de frauder les
» droits, seront saisis et confisqués, et les contrevenants
» passibles d'une amende de 100 fr. à 600 fr., suivant la gra-
» vité du cas. »

TEXTE DE LA LOI DU 28 AVRIL 1816.

(CHAPITRE II.)

§ V. DISPOSITIONS PARTICULIÈRES.

44. Les personnes voyageant à pied, à cheval, ou en voitures particulières et suspendues, ne seront pas assujetties aux visites des commis à l'entrée des villes sujettes aux droits d'entrée.

45. Les courriers ne pourront être arrêtés à leur passage, sous prétexte de la perception ; mais ils seront obligés d'acquitter les droits sur les objets qui y seront sujets. A cet effet, les employés pourront accompagner les malles et assister à leur déchargement.

Tout courrier, tout employé des postes, qui serait convaincu d'avoir fait ou favorisé la fraude, outre les peines résultant de la contravention, serait destitué par l'autorité compétente.

46. Les contraventions aux dispositions du présent chapitre seront punies de la confiscation des boissons saisies, et d'une amende de cent à deux cents francs, suivant la gravité des cas; et sauf celui de fraude en voitures suspendues, lequel entraînera toujours la condamnation à une amende de mille francs.

Dans le cas de fraude par escalade, par souterrain ou à main armée, il sera infligé aux contrevenants une peine correctionnelle de six mois de prison, outre l'amende et la confiscation.

COMMENTAIRE.

1. *Visites des voitures particulières suspendues.*
2. *Des personnes voyageant à pied.*
3. *Des fraudes — à l'aide de voitures — à l'aide d'ustensiles.*

1. La loi de 1816 qui affranchissait de la visite les voitures particulières suspendues a été réformée en cette partie par deux lois successives : la première du 29 mars 1832,

art. 7, prescrit la visite de ces voitures à leur entrée dans la ville de Paris ; la seconde, du 24 mai 1834, art. 7, étend cette disposition à toutes les communes ayant un octroi.

L'inégalité établie par la loi de 1816 a donc complètement disparu.

2. Les personnes voyageant à pied ou à cheval ne sont pas sujettes sur leurs personnes à la visite des employés ; ceux-ci ne peuvent, en cas de soupçon de fraude, que requérir un officier de police de se livrer à l'examen des vêtements de la personne soupçonnée de fraude.

3. La loi a voulu sévèrement punir les fraudes, les pénalités ont été successivement spécifiées et modifiées. Les fraudes commises à l'aide d'ustensiles disposés à cet effet, ainsi que la tentative du même délit, sont poursuivies conformément aux art. 223, 224 et 225 de la loi de 1816. (Loi du 20 mars 1832, art. 9. — Loi du 24 mars 1834.)

La fraude commise à l'aide de voitures particulières et suspendues, tendant à faire entrer du vin dans une ville où il existe un octroi, rend son auteur passible de deux contraventions, l'une aux droits d'entrée, l'autre aux droits d'octroi ; c'est une question de savoir si chacune de ces contraventions emporte l'amende de 100 fr. à 200 fr., ou si cette amende est applicable pour ces deux contraventions.

TEXTE DE LA LOI DU 28 AVRIL 1816.

CHAPITRE III.

DROIT DE LA VENTE EN DÉTAIL DES BOISSONS.

1. *Division.*

1. Ce chapitre III est divisé en six paragraphes.

Le premier traite de la perception du droit de vente en détail.

Le deuxième, des obligations des débitants.

Le troisième, des abonnements substitués aux droits perçus sur les ventes en détail.

Le quatrième des propriétaires vendant en détail les boissons de leur crû.

Le cinquième, du droit général de consommation sur les eaux-de-vie.

Le sixième, du remplacement du droit de détail à Paris.

TEXTE DE LA LOI DU 28 AVRIL 1816.

§ Ier. DE LA PERCEPTION.

47. Il sera perçu, lors de la vente en détail des vins, cidres, poirés, eaux-de-vie, esprits ou liqueurs composées d'eau-de-vie ou d'esprits, un droit de quinze pour cent du prix de ladite vente.

48. Les vendants en détail seront tenus de déclarer aux commis le prix de vente de leurs boissons, chaque fois qu'ils en seront requis ; lesdits prix seront inscrits tant sur les portatifs et registres, que sur une affiche apposée par le débitant, dans le lieu le plus apparent de son domicile.

49. En cas de contestation entre les employés et les débitants, relativement à l'exactitude de la déclaration des prix de vente, il en sera référé au maire de la commune, lequel prononcera sur le différent, sauf le recours, de part et d'autre, au préfet, en conseil de préfecture, qui statuera définitivement dans la huitaine, après avoir pris l'avis du sous-préfet et du directeur des contributions indirectes.

Le droit sera provisoirement perçu d'après la décision du maire, sauf rappel ou restitution. La décision ne pourra s'appliquer aux boissons débitées antérieurement à la contestation.

COMMENTAIRE.

1. *Droit de détail.* — *Définition.* — *Ensemble des droits sur les boissons.*
2. *En quoi consiste la vente de détail.*
3. *Perception sur les vins.*
4. *Perception sur les eaux-de-vie et alcools.*
5. *Vins factices.* — *Boissons affranchies.*
6. *Les piquettes sont assimilées aux vins.*
7. *Déclaration du prix de vente des boissons.* — *Fausse déclaration.*
8. *Dispense de déclaration.*

1. Le droit de détail est l'impôt perçu sur les boissons au moment de leur vente chez les débitants, il se perçoit soit en

égard à la valeur et la quantité de boissons débitées, soit par voie d'abonnement.

Ainsi, il faut se bien fixer sur la différence des deux droits de circulation et de détail ; les boissons envoyées par un propriétaire à un particulier payent le droit de circulation ; les boissons envoyées à un débitant ne payent que le droit de détail au moment de la vente ; les débitants sont donc spécialement soumis à l'acquit de deux impôts spéciaux : la licence, droit fixe qui se base sur la population du lieu habité par le débitant, le droit de détail à 10 pour cent sur la valeur des boissons ; droit de détail qui prend le nom de droit de consommation lorsqu'il s'applique aux ventes d'esprits, eaux-de-vie et liqueurs; droit de consommation qui est fixé à 34 fr. par hectolitre d'alcool pur.

Le droit de circulation est donc spécial aux particuliers.
Le droit de détail aux débitants.
Les droits de consommation et d'entrée leur sont communs.

Enfin, un droit fixe de licence est imposé aux débitants, bouilleurs et distillateurs, marchands en gros et brasseurs.

2. Le détail consiste dans la vente répétée de quantités de vins inférieures à un hectolitre : le propriétaire récoltant et le marchand en gros qui ferait plusieurs ventes de cette nature sans la déclaration préalable et la licence, s'exposerait aux poursuites de l'administration.

3. Le droit de détail sur les vins, cidres et poirés, fixé à 15 pour cent par la loi du 28 avril 1816, a été réduit par la loi du 12 décembre 1830 à 10 *pour cent des prix de vente.*

4. Le droit de consommation a été fixé par la même loi de 1830 : au lieu d'un droit *ad valorem*, on a substitué un droit fixe, uniforme pour tout le territoire : 34 *fr. par hectolitre pur d'alcool.*

5. Après avoir déterminé les droits à prélever sur les boissons, il faut déterminer la nature de ces mêmes boissons pour reconnaître quelles sont celles sujettes aux droits et celles qui en sont exemptes.

Sont considérées comme *vins factices* et sujets aux droits, toutes les boissons ayant le raisin soit pour base, soit pour accessoire dans la fabrication, sans distinction de la nature du raisin : vigne ou chasselas, vert ou sec. La substitution de l'alcool au raisin conserve toujours à la boisson le caractère de vin factice, à moins que la quantité d'alcool soit telle qu'elle fasse envisager la boisson comme une liqueur.

Pour ces boissons il y a lieu à la perception du même droit que celui qui frappe les vins *naturels*.

Le même raisonnement est applicable aux cidres et poirés factices.

Ne doivent pas être considérées comme boissons sujettes aux droits, celles ayant le sucre pour principe, qu'il y ait ou non *adjonction de fruits*, tels que groseilles, prunes, fraises, etc.

6. Les piquettes (*V. Commentaire sur l'entrepôt n°* 19) vendues par les débitants sont soumises aux mêmes droits, 10 pour cent sur la valeur.

7. Les débitants sont tenus de déclarer aux employés de la régie le prix de vente de chacune de leurs boissons, au moment de leur mise en vente, et suivant le mode qu'ils adoptent pour leur vente : si la vente a lieu au litre, le prix du litre; si elle a lieu à la bouteille, le prix de la bouteille. En cas de changement dans le prix de la vente, il y a lieu de faire une déclaration préalable aux agents.

Toute fausse déclaration constatée par procès-verbal des employés, est punie comme contravention au droit de détail.

8. On comprend que la déclaration de prix de vente n'étant exigée que pour la fixation des droits *ad valorem*, du moment où le droit est fixe, la régie n'ayant plus d'intérêt à connaître le prix du débit, n'a plus le droit d'en demander la déclaration.

Ainsi, sont dispensés de la déclaration des prix de vente :
Les débitants abonnés;
Les débitants spéciaux de liqueurs et eaux-de-vie.

TEXTE DE LA LOI DU 28 AVRIL 1816.

§ II. DES DÉBITANTS.

50. Les cabaretiers, aubergistes, traiteurs, restaurateurs, maîtres d'hôtels garnis, cafetiers, liquoristes, buvetiers, débitants d'eau-de-vie, concierges, et autres donnant à manger au jour, au mois ou à l'année, ainsi que tous autres qui voudront se livrer à la vente en détail des boissons spécifiées en l'article 47, seront tenus de faire leur déclaration au bureau de la régie dans les trois jours de la mise à exécution de la présente loi, et, à l'avenir, avant de commencer leur débit, et de désigner les espèces et quantités de boissons qu'ils auront en leur possession, dans les caves ou celliers de leur demeure ou ailleurs, ainsi que le lieu de la vente; comme aussi d'indiquer par une enseigne ou bouchon leur qualité de débitant.

51. Les cantiniers des troupes seront tenus de se conformer aux dispositions de l'article précédent, à l'exception de ceux établis dans les camps, forts et citadelles, pourvu qu'ils ne reçoivent que des militaires, et qu'ils aient une commission du ministre de la guerre.

52. Toute personne qui vend en détail des boissons de quelque espèce que ce soit, est sujette aux visites et exercices des employés de la régie.

53. Les boissons déclarées par les dénommés en l'article 50, seront comptées et prises en charge aux registres portatifs des commis. A cet effet, les futailles seront jaugées et marquées par les employés, les boissons dégustées, et le degré des eaux-de-vie et esprits vérifié : il en sera de même de toutes les boissons qui arriveront chez les vendants en détail pendant le cours du débit, et qui ne pourront être introduites dans leur domicile, leurs caves ou celliers, qu'en vertu de congés, acquits-à-caution ou passavants, lesquels seront produits lors des visites et exercices, et seront relatés dans les actes de charge.

Les débitants domiciliés dans les lieux sujets aux droits d'entrée, seront tenus, en outre, de produire aux employés, lors de leurs exercices, les quittances de ces droits pour les boissons qu'ils auront reçues, ainsi que celles des droits d'octroi ou de banlieue, lorsqu'ils auront dû être acquittés,

54. Le débit de chaque pièce sera suivi séparément, et le vide marqué sur la futaille à chaque exercice des employés. Les manquants seront constatés, comme les charges, par des actes réguliers, lesquels devront être signés de deux commis, et inscrits à leurs registres portatifs.

55. Les débitants pourront avoir un registre sur papier libre, coté et paraphé par un juge de paix, et les commis seront tenus d'y consigner le résultat de leurs exercices et les paiements qui auront été faits, ou de mentionner dans leurs actes, au portatif, le refus qu'aura fait le débitant de se munir dudit registre ou de le représenter.

56. Les débitants seront tenus d'ouvrir leurs caves, celliers et autres parties de leurs maisons, aux employés, pour y faire leurs visites, même les jours de fêtes et dimanches, hors les heures où, à raison du service divin, lesdits lieux seront fermés en exécution des lois et ordonnances.

57. Les débitants ne pourront vendre de boissons en gros qu'en futailles contenant au moins un hectolitre; et il ne pourra en être fait décharge à leur compte qu'autant que les vaisseaux auront été démarqués par les commis. En cas d'enlèvement sans démarque, le droit de détail sera constaté sur la contenance des futailles, sans préjudice des effets de la contravention.

Le compte des débitants sera également déchargé des quantités de boissons gâtées ou perdues, lorsque la perte sera dûment justifiée.

58. Les vendants en détail ne pourront recevoir ni avoir chez eux, à moins d'une autorisation spéciale, de boissons en vaisseaux d'une contenance moindre qu'un hectolitre. Ils ne pourront établir le débit des vins et eaux-de-vie sur des vaisseaux d'une contenance supérieure à cinq hectolitres, ni mettre en vente ou avoir en perce à la fois plus de trois pièces de chaque espèce de boissons. L'usage de mettre les vins en bouteilles sera néanmoins permis, pourvu que la transvasion ait lieu en présence des commis. Les bouteilles seront cachetées du cachet de la régie; le débitant fournira la cire et le feu.

59. Il est défendu aux débitants de faire aucun remplissage sur les tonneaux, soit marqués, soit démarqués, si ce n'est en présence des commis; d'enlever de leurs caves les pièces vides, sans qu'elles aient été préalablement démarquées, et de substi-

tuer de l'eau ou tout autre liquide aux boissons qui auront été reconnues dans les futailles lors de la prise en charge.

60. Les débitants ne pourront avoir qu'un seul rapé de raisin de trois hectolitres au plus, et pourvu qu'ils aient en cave au moins trente hectolitres de vin. Ils ne pourront verser de vin sur ce rapé hors la présence des commis.

61. Il est fait défense aux vendants en détail de recéler des boissons dans leurs maisons ou ailleurs, et à tous propriétaires ou principaux locataires, de laisser entrer chez eux des boissons appartenant aux débitants, sans qu'il y ait bail par acte authentique pour les caves, celliers, magasins et autres lieux où seront placées lesdites boissons. Toute communication intérieure entre les maisons des débitants et les maisons voisines est interdite, et les commis sont autorisés à exiger qu'elle soit scellée.

62. Lorsqu'il y aura impossibilité d'interdire les communications, le voisin du débitant pourra être soumis aux exercices des commis, et au paiement du droit à la vente en détail, lorsque sa consommation apparente sera évidemment supérieure à ses facultés et à la consommation réelle de sa famille, d'après les habitudes du pays.

63. Dans le cas prévu par l'article précédent, et avant de procéder à aucune opération, les employés feront, par écrit, un rapport à leur directeur. Le directeur le transmettra au préfet, qui prononcera définitivement, sur l'avis du maire, et autorisera, s'il y a lieu, l'exercice chez le voisin du débitant. Les employés ne pourront procéder à cet exercice sans exhiber l'arrêté du préfet qui l'aura autorisé.

64. Si le résultat de cet exercice fait reconnaître une consommation apparente évidemment supérieure à la consommation réelle de l'individu exercé, le directeur en référera au préfet, qui, sur son rapport, et après avoir pris l'avis du sous-préfet et du maire, déterminera, chaque trimestre, la quantité qui sera allouée pour consommation, et celle qui sera assujettie au paiement du droit.

65. Le décompte des droits à percevoir en raison des boissons trouvées manquantes chez chaque débitant, sera arrêté tous les trois mois, et les quantités de boissons restantes seront portées à compte nouveau. Le paiement desdits droits sera exigé à la fin de chaque trimestre, ou à la cessation du commerce d'un débitant. Il pourra même l'être au fur et à mesure de la vente, pourvu qu'il y ait une pièce entière débitée, ou

lorsque les boissons auront été mises en vente dans les foires, marchés ou assemblées.

66. Il sera accordé aux débitants, pour tous déchets et pour consommation de famille, trois pour cent sur le montant des droits de détail qu'ils auront à payer.

67. Les débitants de boissons qui auront déclaré cesser leur débit, seront tenus de retirer leur enseigne ou bouchon, et resteront soumis, pendant les trois mois suivants, aux visites et exercices des commis. En cas de continuation de vente, il sera dressé procès-verbal de cette contravention, et en outre ils seront contraints, pour tout le temps écoulé depuis la déclaration de cesser, au paiement des droits proportionnellement aux sommes constatées à leur charge pendant le trimestre précédent.

68. Les débitants qui auront refusé de souffrir les exercices des employés, seront contraints, nonobstant les suites à donner aux procès-verbaux, au paiement du droit de détail sur toutes les boissons restant en charge lors du dernier exercice ; ils seront tenus d'acquitter en outre le même droit, pour tout le temps que les exercices demeureront suspendus, au prorata de la somme la plus élevée qu'ils auront payée pour un trimestre pendant les deux années précédentes.

A l'égard des débitants qui n'auraient pas été soumis précédemment aux exercices, ils seront obligés d'acquitter une somme égale à celle payée par le débitant le plus imposé du même canton de justice de paix.

Les procès-verbaux rapportés pour refus d'exercice seront présentés, dans les vingt-quatre heures, au maire de la commune, qui sera tenu de viser l'original.

69. La vente en détail des boissons ne pourra être faite par les bouilleurs ou distillateurs pendant le temps que durera leur fabrication. Cette vente pourra toutefois être autorisée, si le lieu du débit est totalement séparé de l'atelier de distillation.

COMMENTAIRE.

1. *Toute personne exerçant une profession dénommée en l'article 50, est soumise à une déclaration quand bien même elle ne débiterait pas de boisson.*

2. *L'exercice se fait sur toutes les boissons trouvées chez un débitant, sans distinction.*

3. Exception.
4. La vente habituelle de boissons par un particulier constitue une contravention.
5. Des personnes qui tiennent une pension.
6. Des concierges d'établissements publics et des prisons. — Des cercles.
7. Des traiteurs, rôtisseurs.
8. Les tribunaux correctionnels sont juges de la question de savoir s'il y a lieu à exercice.
9. Inconvénients des exercices.
10. Moyens de les supprimer.
11. Débitants abonnés. — Obligations.
12. Débitants rédimés. — Obligations.
13. Défaut d'exécution des obligations imposées aux débitants abonnés ou rédimés.
14. Des décomptes.
15. Résumé.
16. Changement de domicile du débitant.
17. Vente de fonds de débitant.
18. Envoi d'esprits et liqueurs.
19. Déclaration préalable à la fabrication des liqueurs.
20. Ce qui constitue le refus d'exercice.
21. Personnes dont le débitant est responsable.
22. Obligation d'un bail authentique pour le débitant. Voyez n° 36, 37.
23. De la quantité de boisson qu'un débitant peut mettre en vidange.
24. De la vente en gros.
25. Vente par partie à des pratiques.
26. Le propriétaire récoltant qui se fait débitant doit les droits sur toutes les boissons qu'il possède et sur toutes celles qu'il récoltera.
27. Pharmacie. — Vulnéraires.
28. Du registre constatant les résultats de l'exercice.
29. Des pertes de boissons.
30. Des vaisseaux destinés à contenir les boissons.
31. Tolérance forcée de la régie relativement aux transvasions.
32. Les débitants rédimés et abonnés sont déchargés des obligations imposées par la nature et la capacité des vaisseaux.
33. Mise en bouteille. — Formalités.

34. Il existe un registre sur lequel le débitant fait la déclaration des manipulations auxquelles il veut se livrer.

35. Aucune manipulation ne peut avoir lieu hors la présence des employés. — Fruits à l'eau-de-vie.

36. Obligation au débitant de justifier de l'authenticité de son bail. Voyez n° 22.

37. Un acte sous seing-privé enregistré ne pourrait remplacer le bail authentique.

38. Quid : Si le débitant est propriétaire de l'immeuble où il exploite son débit, et s'il loue une portion de l'habitation.

39. Isolement du débit.

40. Exercice chez les voisins.

41. Sa nature.

42. Du rétablissement de l'exercice par suite de contravention.

43. Liquidation des comptes de débitants.

44. Décharges.

45. Cessation de commerce. — Liquidation.

46. Obligation du débitant.

47. Questions diverses.

48. Le débitant doit le droit de circulation sur les restants.

49. Le droit est exigible de suite.

50. Débitant vendant uniquement sa récolte.

51. Reprise de commerce après cessation.

52. Pénalité. — Transaction.

53. Visa du maire.

54. La fabrication et la vente ne peuvent avoir lieu simultanément.

55. Jurisprudence — sur l'article 50.

56. Sur l'article 52.

57. Sur l'article 53.

58. Sur l'article 56.

59. Sur l'article 57.

60. Sur l'article 61.

61. Sur l'article 67.

62. Sur l'article 69.

1. L'article 50 détermine quelles sont les personnes qui sont soumises à la déclaration et ensuite à l'exercice des employés ; ces personnes ne pourraient se soustraire à ces obligations en prétendant qu'elles ne vendent pas de boissons, soit sujettes aux droits, soit d'une nature quelconque, les ter-

mes de l'article 50 ont été à cet égard commentés et rendus plus formels encore par la loi du 23 avril 1836.

2. L'exercice a lieu par les employés sur toutes les boissons en cave chez le débitant, sans distinction ; peu importerait que le débitant déclarât que telle espèce de vin est destinée à son usage personnel et à celui de sa famille, il ne pourrait soustraire cette partie de boisson à l'exercice. Il ne faut pas cependant entendre ceci d'une manière trop rigoureuse.

3. Ainsi, un débitant dont le commerce comprendrait une seule nature de boisson, et qui en aurait d'une nature différente pour sa consommation, ne devrait pas les droits sur cette dernière ; il serait obligé d'en faire la déclaration à la régie, mais qui la prendrait en charge seulement pour mémoire.

Cette formalité de déclaration est indispensable même dans ce cas ; à son défaut, il y aurait lieu à dresser procès-verbal contre le débitant.

4. Le particulier qui se livrerait fréquemment à la vente des boissons, serait tenu à la déclaration et aux autres obligations des débitants. Il faut cependant qu'il y ait de sa part habitude. Le mot habitude, en droit, s'entend du même fait répété deux fois. La régie soutient qu'un seul fait est suffisant pour constituer une contravention. Il résulte de ceci qu'un particulier ne peut, même accidentellement, vendre à boire sans s'exposer à être poursuivi comme contrevenant.

5. Le fait de tenir une pension à laquelle on reçoit les mêmes pensionnaires ou des personnes différentes, constitue un débit de boisson et assujettit l'hôte à toutes les obligations des débitants. Si même la pension était tenue par une personne dans l'intérêt de toutes, et livrant la nourriture à prix coûtant, l'obligation serait la même.

Il y a lieu de faire une distinction : accidentellement une personne reçoit chez elle un étranger auquel, moyennant salaire, elle loue une partie de sa propre habitation et fait partager sa table, cette personne ne contracte pas les obligations du débitant.

6. Les concierges d'établissements publics, ceux des prisons qui donnent à boire et à manger, sont soumis à l'exercice ; cela résulte des termes de la loi, surtout de son esprit. Mais

une question qui semble plus difficile, est celle-ci : des personnes formant un cercle ont un domestique, lequel, pour le compte commun, avec des deniers communs, achète des boissons qu'il débite aux membres seuls du cercle et bien entendu à prix coûtant. Le cercle est-il soumis à l'exercice? Il paraîtrait que la jurisprudence s'est prononcée pour l'affirmative. Ces décisions semblent peu rationnelles, car ce que la loi atteint c'est le commerce, et non la consommation en commun, et il est impossible de voir dans cette association un commerce : ce sont des personnes qui pratiquent en commun ce que chacun fait en son particulier, il n'y a donc aucun motif sérieux à frapper des obligations de débitants ces personnes qui sont étrangères à tout commerce.

7. Les traiteurs qu'on appelle plus spécialement rôtisseurs, c'est-à-dire qui préparent des aliments qu'ils débitent et portent en ville, ne sont pas assujettis à l'exercice; ils ne sont pas compris dans l'énumération de l'article 50.

8. Les tribunaux correctionnels auxquels la régie soumet ce qui, suivant elle, constitue une contravention, sont compétents pour décider si la personne prévenue de contravention est ou non sujette aux obligations des débitants.

9. L'article 52 assujettit tous les débitants aux visites et exercices des employés. Si cette obligation est une nécessité pour assurer le recouvrement des droits du trésor, il faut avouer que c'est une triste obligation; elle est vexatoire pour le débitant, pénible pour l'employé, quelquefois elle amène des discussions fâcheuses, et par sa dureté même provoque la fraude. C'est un principe de législation, que plus une loi est dure, plus elle provoque la désobéissance ; plus un impôt est élevé, plus il provoque la fraude. L'esprit des débitants, pas plus que celui des employés, ne s'élève à une hauteur suffisante pour envisager la loi à son véritable point de vue : soumission pour l'assujetti, exercice digne et équitable pour l'employé. Loin de là, ce sont des ennemis se tendant mutuellement des piéges, heureux quand ils voient leur adversaire y tomber. Chose regrettable qui a constitué une partie de la population en antagonisme avec le gouvernement.

10. Le législateur a parfaitement senti ce malheur, et il a, par tous les moyens, cherché à remédier à ces conséquences

en supprimant, autant que faire se peut, les visites et l'exercice.

La loi du 12 décembre 1830 autorise les débitants à s'affranchir de tout exercice, et pour cela leur ouvre les facilités suivantes :

Abonnements individuels ;
Abonnements collectifs ;
Remplacement au moyen d'une taxe unique aux entrées ;
Ou par tout autre mode ;

Ces deux derniers, réglés par les conseils municipaux des communes à rédimer. Ces divers moyens ont bien peu rempli le but que l'on se proposait, mais c'est déjà immense d'avoir trouvé un soulagement à un si fâcheux état de choses.

11. L'abonnement une fois contracté est loin d'affranchir le débitant abonné de tous rapports avec l'administration, autres que pour le paiement de son abonnement.

Il doit toujours se pourvoir d'une licence ;
Il doit se soumettre aux visites des employés :

1° Pour les décharges des acquits-à-caution ;

2° Pour la vérification des fabrications auxquelles il se livre ;

3° Pour la constatation, soit des enlèvements de boissons avec expéditions de la régie, soit des pertes de boisson pour lesquelles il prétend à une décharge ;

4° Enfin pour le recensement de ses récoltes dans le cas où il est propriétaire.

On voit que le débitant abonné est toujours soumis à un contrôle fréquent et par cela même irritant.

12. Les obligations du débitant rédimé sont les mêmes que celles de l'abonné. Souffrir les exercices pour vérifier sa fabrication, pour la décharge de ses acquits, etc.

Le droit de consommation est payable à l'arrivée des esprits et dans les 24 heures qui suivent cette arrivée.

13. Le défaut d'exécution de la part de l'abonné ou rédimé donne immédiatement lieu à la reprise de l'exercice, et les quantités en magasin sont prises en charge par les employés, le recouvrement des termes échus est poursuivi en la forme ordinaire.

14. L'établissement de l'abonnement donne lieu entre l'ad-

ministration et le débitant à un décompte des manquants, sur lequel les droits sont fixés et mis immédiatement en recouvrement.

15. Ainsi, on voit que le débitant de boisson peut s'abonner, que le marchand d'esprit et liqueurs peut se rédimer; que pour le premier, son abonnement consiste dans le paiement de son abonnement, dans les formes et époques déterminées; que pour le deuxième, il faut qu'il paie le droit de consommation au moment de l'entrée de ses esprits.

Que ces divers modes sont loin d'affranchir le débitant des exercices, mais les lui rendent plus supportables.

Nous ne pouvons donner à tout débitant que le conseil d'éviter tout ce qui est fraude; la violation d'une loi fiscale est un manque de probité puni par la loi, réprouvé sévèrement par la conscience, et contre lequel il faut s'élever avec force. Il faut détruire cette déplorable maxime, que voler le gouvernement, c'est ne nuire à personne. La fraude est indigne d'une civilisation avancée, d'un peuple libre et honnête. Ce n'est pas une protestation contre la loi, c'est la destruction de toute loi, de toute autorité.

D'un autre côté, l'administration doit se montrer ce qu'il faut qu'elle soit, digne, ce qui exclue le piége, et que les employés n'oublient pas qu'ils surveillent et ne guettent jamais; que leur dignité personnelle, que celle du pouvoir sont engagées dans l'exercice de leur difficile mission, et que le trésor perd plus qu'il ne gagne par suite de ces questions fiscales que l'autorité judiciaire finit toujours par repousser.

16. Voyons maintenant, en dehors de l'exercice, les obligations et droits des débitants.

Un changement de domicile ne donne lieu à la perception d'aucun droit, il doit seulement s'opérer sous la surveillance de l'administration.

17. La cession d'un établissement ne donne lieu à aucun droit au profit de la régie.

18. Le liquoriste qui expédie une quantité d'eau-de-vie à un consommateur, doit, bien qu'il ait payé le droit de consommation sur ce liquide, payer encore un nouveau droit de consommation.

Il est fait exception à cette règle pour les quantités minimes que, suivant l'usage local, les consommateurs sont dans l'habitude de prendre au débit pour aller consommer chez eux.

19. Toute fabrication de liqueurs est soumise à une déclaration préalable du fabricant pour la prise à charge par la régie. Le défaut de déclaration donne lieu à la saisie des liquides. Il y a exception à cette règle pour les fruits mis à l'eau-de-vie.

20. La jurisprudence considère, avec raison, comme refus d'exercice, le refus d'ouvrir soit les caves, soit les chambres dépendant de la location d'un débitant, et de représenter les expéditions réclamées.

Soit même le refus d'ouvrir un meuble placé dans une dépendance de son logement.

Soit encore les injures adressées aux agents de l'administration dans l'exercice de leurs fonctions.

Soit enfin le refus de leur laisser marquer les fûts, de goûter les boissons, écrire sur leurs registres les quantités qu'ils vérifient, etc.

21. Le débitant, pour tous les faits ci-dessus et généralement pour tous ceux de son commerce, répond de sa femme, de ses enfants, de ses domestiques et préposés, de telle sorte qu'il répond des contraventions par eux commises, comme s'il les commettait lui-même.

22. Afin de déterminer d'une manière certaine les lieux où les employés doivent limiter leur exercice, il est nécessaire que le débitant, s'il n'est pas propriétaire de l'immeuble où il exploite son industrie, se rende locataire des lieux qu'il habite par acte authentique.

23. Les débitants ne peuvent mettre en vidange plus de trois pièces de même boisson. Leurs boissons ne peuvent être contenues dans des vases de moins d'un hectolitre, ce sont les textes des art. 57 et 58.

24. La loi du 24 juin 1824 est venue modifier l'art. 57 de notre loi, lequel disait que les débitants n'obtiendraient de décharge pour les ventes en gros que lorsqu'elles excéderaient un hectolitre. Son art. 6 dispose :

« Les débitants obtiendront décharge de toute quantité

» d'eaux-de-vie et de liqueurs en bouteilles expédiées par ac-
» quit-à-caution à d'autres débitants; ils seront tenus de se
» conformer aux dispositions de l'art. 58 de la loi du 28
» avril 1816, en ce qui concerne les transvasions et le cache-
» tage des bouteilles. »

25. Un débitant ne peut transporter hors de son domicile une quantité, même minime, de boissons, sous prétexte qu'il va la livrer à des pratiques. Il ne doit sortir aucune quantité de boissons de ses magasins sans une expédition régulière ; il semble cependant que la régie doit consulter, pour l'application de ses droits, les usages locaux et se borner à rechercher seulement s'il y a oui ou non tentative de fraude.

Les pratiques des marchands de vin sont parfaitement libre d'aller chercher chez eux la quantité de boisson nécessaire à leur usage, pourvu que cette quantité n'excède pas ce qui est d'usage pour leur besoin particulier. Les employés n'ont pas de contrôle à exercer sur ces transports qui résultent sinon de la loi, au moins de la nécessité des choses.

26. Un propriétaire qui prend un débit est assujetti au paiement des droits sur toutes les quantités de vin qu'il possède dans ses caves et sur toutes celles qu'il récoltera, c'est une conséquence naturelle de l'industrie qu'il embrasse.

27. Les produits alcooliques pharmaceutiques sont exempts de tous droits, pourvu que ces produits soient réellement des médicaments ayant action directe sur la santé, et non des boissons d'usage ordinaire. De même, le pharmacien, quoique débitant des alcools, n'est pas tenu à la licence si les alcools ne sont réellement que des préparations pharmaceutiques, soit inscrites au codex, soit magistrales.

28. La loi (art. 55) autorise les débitants à avoir un registre tenu en la forme qu'elle détermine, sur lequel les employés sont tenus d'inscrire leurs opérations et constatations. Généralement les employés n'engagent pas les débitants à se munir de ce registre, cela se conçoit ; mais c'est une sage et utile précaution, le seul contrôle possible des opérations de la régie, et il est nécessaire d'en exiger la tenue des employés de la régie.

29. Nous avons déjà parlé des pertes de boissons et de la décharge de droit qui profite aux débitants.

Cette décharge est subordonnée à cette seule mais indispensable condition : justification de la perte. Si la possibilité d'appeler les employés existe au moment de la perte, rien de plus simple; mais si les employés sont absents, la difficulté se présente, il faut alors faire constater avec détail la perte par le maire de la commune, indiquer les causes de la perte, et surtout les motifs qui empêchent d'appeler les employés pour la constatation. La régie est forcée d'accepter les faits que constate ce certificat comme constants.

Le cas de détérioration des boissons est plus facile à constater. Puisque la boisson quoique avariée n'existe pas moins, les employés ont le droit, après leur vérification, d'exiger, au choix du débitant, ou que la boisson soit répandue, ou qu'il y soit mêlé un liquide étranger qui la dénature et en empêche la vente comme boisson.

Les débitants ont dans l'article 57 un droit pour le cas de perte ou de détérioration des boissons, droit auquel ils doivent expressément tenir et pour l'exercice duquel ils n'ont rien à demander au bon vouloir des employés.

30. La loi de 1816 (art. 58), dans le but d'éviter la fraude qui se ferait facilement par la possibilité de transporter de petites quantités de boissons à l'insu des employés, enjoint aux débitants de *n'avoir ni recevoir* chez eux de boissons dans des vaisseaux d'une contenance moindre d'un hectolitre, à moins d'une autorisation spéciale. On doit entendre par vaisseaux tout ce qui peut servir à contenir les boissons : tonneaux, vases, cruches, dames-jeannes, etc... La possession d'un vase d'une capacité moindre d'un hectolitre dans lequel se trouverait une quantité de boisson, ou qui conserverait la trace matérielle qu'une boisson y a été contenue, constituerait le débitant en contravention. Tel est le sens de la loi, on ne peut le méconnaître.

31. Mais ce n'est pas le sens de la raison, car enfin le débitant ne peut pas servir au consommateur le vin qu'il lui vend dans un vase d'un hectolitre; la force des choses veut qu'il tire au tonneau une certaine quantité de boisson dans un broc, et que ce broc reste dans le lieu de consommation, afin d'y puiser au gré des buveurs. Eh bien! ce fait forcé constitue une contravention, la régie le tolère, mais avec plus ou moins de bonne volonté, selon le degré de confiance qu'elle a dans le débitant. C'est un grave inconvénient de la

loi, qui n'a pas distingué entre les vaisseaux qui servent à conserver les boissons et ceux qui sont en usage pour leur débit.

J'estime que dans les pays où l'usage est de conserver les boissons dans des vases spéciaux d'une capacité moindre d'un hectolitre, la régie ne peut refuser au débitant d'user de la faculté que lui accorde la loi d'autoriser l'usage des vaisseaux d'une contenance moindre, sauf à l'administration à prescrire telles mesures qu'elle avisera.

32. Les débitants rédimés et abonnés sont déchargés des obligations imposées pour la capacité et la nature des vases contenant les esprits et boissons. Si l'on se reporte à ce que nous avons dit sur la position de ces débitants, on verra que ces obligations n'auraient plus aucun intérêt.

33. Les boissons ne peuvent être transvasées hors la présence des employés, voilà le principe. Ce principe était d'autant plus malheureux à établir, qu'il est d'une application impossible, à moins de donner au personnel de la régie une extension impossible; en effet, la loi dit que la mise en bouteille ne peut se pratiquer hors la présence des commis, et que c'est par leurs soins que chaque bouteille doit être cachetée et timbrée. Aussi la régie considère-t-elle l'application de l'article 58 comme lui étant facultatif, et prescrit-elle souvent, au lieu des dispositions qu'il renferme, quelques formalités qui ont l'incontestable mérite d'être praticables.

Peu importe la capacité des bouteilles, tout fût transvasé en bouteilles est pris en charge pour un nombre de litres égal à celui des bouteilles, sans s'occuper de la contenance réelle; et lors de la transvasion des bouteilles dans un fût, le fût est pris en charge, eu égard à sa contenance vraie, sans avoir égard au nombre de bouteilles dont il est formé.

34. Le débitant n'est pas obligé pour se livrer aux opérations que nous avons énumérées et que nous signalerons encore, d'attendre le loisir des employés : un registre est ouvert à la recette buraliste pour y recevoir la déclaration des débitants indiquant les jour, lieu et heure de l'opération ainsi que sa nature. Cette déclaration vaut une mise en demeure pour la régie d'assister si bon lui semble à l'opération.

35. Si aucune transvasion ne peut avoir lieu hors la présence des commis, à plus forte raison en est-il ainsi des mani-

pulations, toutes sont tolérées sous une seule condition : la présence de commis qui déchargent le débitant des quantités employées et prennent en charge le résultat. Ainsi, par exemple, lors de la fabrication de fruits à l'eau-de-vie, les employés déchargent les débitants des alcools qu'ils employent et ils prennent en charge la quantité totale du produit de la fabrication.

Les droits se perçoivent sur cette dernière quantité.

36. Au nombre des précautions que le législateur a prises contre la fraude se trouve l'obligation pour le débitant, *comme pour tout propriétaire et principal locataire*, de ne faire entrer des boissons dans leur magasin ou de consentir à ce qu'elles entrent dans leur immeuble, sans que la location faite au débitant soit constatée par un acte authentique.

Je ne sais si la régie fait observer cette obligation d'une manière scrupuleuse. Mais outre qu'elle est de nature à produire par elle-même un revenu abondant au trésor, elle a pour effet de limiter l'exercice des employés aux lieux où il doit raisonnablement se pratiquer.

La présomption de droit est que les boissons déposées dans une maison ou partie de maison habitée par un tiers sont la propriété de ce tiers, et si la régie suppose la fraude, c'est à elle à l'établir ; elle peut dans certains cas opérer des descentes judiciaires, dans les formes voulues par l'article 257 de notre loi, chez des particuliers. Mais arriverait-elle à constater la présence de boissons, ce ne serait qu'une partie de ce que la loi l'oblige à prouver, il faudrait encore qu'elle établisse que ces boissons sont déposées en fraude.

37. La loi ayant formellement prescrit un bail authentique, on ne pourrait y suppléer par un acte sous-seing privé, enregistré.

38. Mais une difficulté se peut présenter : si le débitant est propriétaire de la maison, il est bien entendu qu'il n'a pas besoin de bail authentique. Mais s'il loue une portion de sa maison, comment délimitera-t-on les portions de l'immeuble que le débitant s'est réservées avec celles qu'il a louées ? La régie estime qu'en ce cas il y a lieu pour le débitant propriétaire de ne louer que par acte authentique. C'est une interprétation de la loi qui est en dehors de ses termes ; et encore bien que cela semble être dans son esprit, une semblable exigence sem-

ble dépasser les droits de l'administration. Il ne lui reste, pour ce cas, qu'à prendre, d'accord avec le débitant, les mesures particulières qu'elle avisera.

39. La nécessité d'isoler le débitant en fermant toute communication entre les lieux qu'il habite et ceux extérieurs, est absolue. C'est une sage disposition, elle conserve les droits de la régie et n'a rien de vexatoire pour le débitant.

40. On comprend qu'au cas où l'isolement du débit est impossible, il y a lieu de prendre les précautions de nature à prévenir la fraude : la loi prescrit l'exercice chez le voisin en communication avec les débitants.

41. Cet exercice est seulement destiné à constater si la consommation du voisin est en rapport avec ses besoins, c'est une simple mesure de précaution. Elle doit se renfermer dans ces limites, et les employés ne pourraient assujettir ce voisin de débitant à aucune autre des obligations du débitant lui-même.

42. On comprend que le rétablissement d'une communication après la suppression, sans prévenir la régie, est une contravention de nature à être poursuivie.

43. La loi prescrit tous les trois mois un décompte ou plutôt une liquidation de tous les droits à payer par les débitants ; et c'est à l'expiration de chaque trimestre que ces droits sont exigibles. Rien de plus simple que cette liquidation, la régie a pris en charge toutes les boissons restantes au dernier décompte, elle y ajoute toutes les boissons entrées chez le débitant avec acquit-à-caution, elle a ainsi un total ; elle constate les quantités restantes et les retranche du total obtenu, la différence constitue les manquants, c'est-à-dire la quotité de boisson vendue sur laquelle les droits sont à percevoir. Ces droits sont soumis à une réduction de trois pour cent, en conformité de l'article 66 de notre loi.

C'est un travail facile pour l'employé, et dont le contrôle est encore plus facile pour le débitant.

44. C'est aussi à l'expiration du trimestre que le débitant doit demander les réductions auxquelles il a droit, et réclamer contre les erreurs que peut contenir l'exercice. Ces réclamations doivent être suivies auprès de l'autorité supérieure,

qui accueille avec impartialité celles qu'on lui soumet. Les réclamations en ce qui concerne les droits d'octroi doivent être adressées à l'autorité municipale, et non à la régie.

45. Il y a aussi lieu à un décompte et à une liquidation des droits dus par le débitant lors de la cessation de son commerce. Cette liquidation se fait dans la même forme que les décomptes trimestriels, avec quelques modifications cependant, que nous allons signaler en examinant les obligations auxquelles reste assujetti le débitant qui déclare abandonner cette industrie.

46. Tout débitant qui veut cesser son débit est tenu de faire disparaître le bouchon, l'enseigne, enfin le signe extérieur de sa profession.

Il doit ensuite souffrir pendant trois mois encore l'exercice des employés; cet exercice est seulement destiné à constater si l'ancien débitant ne se livre pas frauduleusement à la continuation de son commerce. Aussi l'exercice est-il *tout différent*. Cependant, il faut reconnaître que la régie a le droit de faire toutes les vérifications qui peuvent tendre à la découverte de la fraude. Ainsi, vérifier les boissons en cave, leur nature, rechercher leur provenance, constater si les personnes présentes qui consomment des boissons, sont des chalands ou simplement des convives de l'ancien débitant.

En cas de contravention, il y a lieu de faire application au contrevenant des dispositions pénales édictées par les articles 67 et 68 que nous examinerons en leur lieu.

47. Voici deux questions qui se présentent naturellement à l'esprit.

Le débitant abonné qui s'est, par son abonnement, affranchi de l'exercice peut-il y être soumis après sa déclaration de cessation de commerce, comme un débitant exercé? L'affirmative semble raisonnable. En effet, pourquoi la loi prescrit-elle l'exercice pendant ces trois mois? pour constater si le débitant, oui ou non, se livre encore au commerce? qu'importe donc que pendant son débit reconnu il ait été abonné, cela ne peut en aucune manière servir à éclairer l'administration sur un fait postérieur et complètement distinct. La raison de décider étant la même, la solution doit être semblable.

Si un débitant cesse son commerce et quitte les lieux où il l'exerçait, y a-t-il lieu à continuer l'exercice pendant trois mois? Non. De quel droit un employé s'introduirait-il chez le locataire successeur du débitant qui n'a jamais vendu de boisson et n'a jamais eu de rapport avec l'administration. Son foyer est interdit à l'exercice. Irait-on exercer au nouveau domicile de l'ancien débitant? Dans quel but? La meilleure preuve que son commerce est fini, c'est qu'il abandonne les lieux où il l'exploitait.

Dans ce cas les employés peuvent exercer une surveillance active. Mais l'exercice est impossible, car il serait fait en dehors des prescriptions légales.

48. D'après l'article 89 de notre loi, le débitant qui cesse son commerce doit payer le droit de consommation sur les esprits, eaux-de-vie et liqueurs qui restent en sa possession.

Il doit également le droit de circulation sur les boissons de toute nature dont il reste en possession, ces boissons en ayant été affranchies, eu égard à sa position de débitant.

Si l'ancien débitant, pour s'affranchir du droit de circulation, préfère payer le droit de détail, la régie ne peut s'y refuser, l'option entre ces deux droits est évidemment donnée à l'ancien débitant.

Toutes les formalités que nous venons d'énumérer ne sont prescrites, les droits que nous avons déterminés ne sont dus que pour le cas de cessation absolue d'industrie; car si le débitant cède son commerce à un successeur, l'exercice continue avec ce dernier comme si il n'y avait pas eu de mutation. La régie a cependant le droit de demander au vendeur l'acquit des droits avant sa sortie de l'établissement.

49. Les droits dus à la cessation d'un débit sont exigibles du débitant immédiatement après sa cessation d'industrie, il ne peut demander à jouir comme délai de grâce de ce qui reste de temps à courir pour achever le trimestre commencé.

50. Le propriétaire débitant qui s'est borné à vendre les produits de ses récoltes n'est pas tenu, lors de la cessation de son commerce, de payer les droits de circulation sur les boissons restant en magasin; il y a lieu en ce cas de déroger à ce que nous disions n° 48. En effet, le débitant ordinaire, devenant simple consommateur, ne peut avoir chez lui de boissons qu'à la condition imposée à tout particulier, c'est-à-dire de payer le droit de circulation; le propriétaire récoltant

étant affranchi de ce droit, le lui imposer serait violer la loi.

51. Le débitant qui reprend le commerce après l'avoir cessé, doit de nouveau payer les droits sur les quantités de boissons en sa possession, quand bien même ces boissons ayant fait partie de son précédent commerce auraient déjà payé le droit au trésor. Le débitant qui cesse son industrie rentre dans la classe des simples particuliers, et il n'y a aucune raison pour constituer à son profit une exception. Le particulier qui commence un commerce peut, tout comme le débitant qui reprend cette qualité, avoir pour sa consommation particulière des vins qui sont assujettis sans distinction au paiement du droit. Cependant la régie s'est départie de la rigueur de ses droits pour les esprits, eaux-de-vie et liqueurs qu'un débitant recommençant le commerce justifie avoir eus à sa disposition lors de la cessation de son industrie.

52. Le législateur, après avoir énuméré les obligations du débitant, édicte les pénalités qu'encourent les contrevenants. Les dispositions de l'article 68 sont trop claires et précises pour que nous y insistions, seulement nous appuyons sur le point capital, c'est qu'il y a transaction possible entre la régie et le contrevenant, et le débitant contrevenant doit toujours chercher à transiger en présence de la rigueur de la loi, de l'obligation dans laquelle elle tient les tribunaux d'en faire une sévère application. La transaction est le seul refuge du contrevenant, ajoutons que l'administration se prête d'ordinaire avec équité à ce mode heureux de terminer les différents.

Que le contrevenant se persuade d'un fait légal important auquel son esprit à peine à se ployer; c'est que, quelles que soient sa bonne foi, son ignorance, les juges ne peuvent se dispenser d'appliquer la loi, ils punissent le fait sans acception de bonne foi ou d'intention.

Mais comment doit-on transiger et quand le peut-on?

On transige avec les directeurs. La transaction porte sur deux points : 1° la perception du droit; 2° l'amende.

On ne peut transiger sur la perception du droit qu'avant un jugement définitif; si un tel jugement est rendu, il n'est plus possible à l'administration de transiger, le droit est irrévocablement acquis au trésor. — Quant à l'amende, elle peut être l'objet d'une transaction avant comme après le jugement.

53. Les employés sont tenus de présenter les procès-verbaux constatant un refus d'exercice, au maire de la commune, dans les vingt-quatre heures de la rédaction. La jurisprudence a décidé que cette présentation n'était pas prescrite à peine de nullité. Nous ne pouvons partager cette opinion : qu'est-ce, en effet, qu'une formalité dont l'administration peut se dispenser? n'est-ce pas une lettre morte dans la loi. Si donc il y a des obligations pour l'administration, il faut qu'elle les remplisse avec la même ponctualité que les assujettis. C'est forcer les *employés* au *respect* de la légalité et imprimer aux contribuables plus de confiance dans une loi qui n'a pour eux comme pour l'administration qu'une seule mesure.

54. Dans son article 69, la loi pose un principe qui n'est pourtant pas absolu dans son application : c'est que la fabrition et la vente des boissons ne peuvent avoir lieu simultanément. Il faut se pourvoir auprès de l'autorité supérieure (le directeur) pour obtenir de fabriquer et vendre en même temps au détail.

55. Un particulier qui reçoit chez lui et à sa table des pensionnaires à tant par mois, n'est pas par cela seul assimilé aux cabaretiers, aubergistes, traiteurs, etc., dans le sens de l'article 50 de la loi du 28 avril 1816, et comme tel, assujetti à faire à la régie des contributions indirectes, les déclarations prescrites par cet article. *Arrêt de la Cour de Cassation (section criminelle), du 23 mai 1822*, rendu sur le désistement même du pourvoi de la régie, *affaire du sieur Clergé*. — 11ᵉ cahier, page 423 de la Jurisprudence de la Cour de Cassation, de 1822, par Sirey.

Celui qui tient une maison dans laquelle il se borne à vendre du fourrage et de l'avoine pour les chevaux ou mulets des voituriers, et à donner des lits aux voituriers, est tenu de justifier qu'il a fait la déclaration, et s'est muni de la licence prescrite par l'article 144 de la loi du 28 avril 1816, encore qu'il ne paraisse donner ni à boire ni à manger aux voituriers. C'est là une auberge dans le sens de l'article 50 de cette loi. — Il est de l'essence de la profession d'aubergiste, de donner à manger et à boire, et l'aubergiste est, par ce fait seul, réputé faire le commerce des boissons. *Arrêt de la Cour de Cassation (section criminelle), du premier octobre 1824, affaire de la Régie des Contributions indirectes contre le sieur Salin* — Premier cahier, page 30 du Journal des Audiences de 1825 ; et troisième cahier, page 112, de la Jurisprudence de la Cour de Cassation, de 1825, par Sirey.

Les aubergistes qui logent les voituriers avec leurs chevaux et leurs voitures, ne peuvent être dispensés de la déclaration et de la licence prescrites par les articles 50 et 144 de la loi du 28 avril 1816, à tous les débitants de boissons, sous le prétexte qu'ils ne débitent pas de boissons et ne donnent ni à manger ni à boire aux voituriers, mais ne font que loger et nourrir les chevaux. *Arrêt de la Cour de Cassation (section criminelle), du 19 novembre 1819, affaire de la Direction générale des Contributions indirectes, contre les sieurs Rebuffard et consorts.* — Quarante-deuxième cahier, page 211, du Journal des Audiences de 1820.

De la Nécessité de la Déclaration à faire par les Débitants de Boissons.

« La Cour de Paris avait à résoudre (19 mars 1827) diverses questions d'une haute importance. — Jusqu'à ce jour, la préfecture de police avait considéré comme exécutoire une disposition du décret du 15 décembre 1813 qui, en violation de la loi de 1791, qui proclame le libre exercice de toutes les professions, imposait, sous peine de 500 francs d'amende, à tout citoyen qui veut se livrer à la *vente des liquides*, l'obligation de *solliciter* du préfet de police l'autorisation d'en vendre, en telle sorte que le monopole de cette branche d'industrie appartenait ainsi indirectement à la police, qui se permettait, selon son bon plaisir, d'accorder ou de refuser son approbation.

» Divers *débitants de vins* furent traduits en police correctionnelle, soit à raison de ce fait, soit à raison du défaut de déclarations de l'intention de débiter. En première instance, le ministère public avait requis contre les inculpés la peine de 500 francs, prononcée par l'article 12 du décret. Cette peine n'avait pas été appliquée.

» Le ministère public a fait appel. M. l'avocat-général Tarbé, dans son impartialité, n'a pas cru que le décret ait pu légalement, en imposant l'obligation de demander l'autorisation du préfet de police, violer le texte formel de la loi de 1791. — Quant à la simple déclaration à faire à la préfecture de police, mesure toute différente et toute de police, M. l'avocat-général a pensé qu'il y avait eu excès de pouvoir dans le décret, en prononçant, pour l'inobservation de cette formalité, une peine de 500 francs, tandis qu'une peine de simple police était seule applicable.

» La Cour, après avoir entendu MM. Latérade, Caron et Cordier, avocats des intimés, a consacré cette doctrine, et a condamné seulement les inculpés à six francs d'amende, non pour défaut d'autorisation, mais *pour défaut de déclaration*, ce qui, comme on l'a vu, est une formalité essentiellement distincte, et ne peut entraîner à sa suite aucun inconvénient. » (*Extrait du Constitutionnel, du mardi* 20 *mars*, 1827.)

Ce décret du 15 décembre 1813 semble avoir une grande analogie avec celui du 29 décembre 1851 que nous avons rapporté dans notre premier titre ; mais la jurisprudence de la cour ne pourrait plus s'appliquer au décret de 1851, qui ayant force de loi peut modifier la loi antérieure de 1791.

56. Les débitants de bière sont assujettis à la licence et aux visites, comme les débitants d'autres boissons, et assujettis conséquemment à la déclaration préalable prescrite par l'article 50. *Arrêt de la Cour de Cassation* (*section criminelle*) *du* 13 *août* 1819, *affaire de l'Administration des Contributions indirectes contre le sieur Delalonde.* — Neuvième cahier, p. 560, du Journal des Audiences de 1819.

L'article 50 mentionne les *cafetiers* et liquoristes, et ne dit rien des *limonadiers*. Il n'est pas douteux qu'ils sont enveloppés dans la dénomination de Cafetiers.

Nous avons rapporté quelques observations fort importantes sur les vins, qui sont les boissons dont il se fait le plus de consommation, et sur leur commerce, tant à l'étranger qu'à l'intérieur ; qu'il nous soit permis de dire quelque chose des boissons qui se consomment chez les LIMONADIERS, qui se rapprochent des débitants de boissons dont parlent les lois, et chez lesquels il y a pour le moins autant de rassemblements d'hommes que chez les marchands de vins, et chez lesquels conséquemment les officiers de police ont le droit d'entrer, et de faire des visites comme chez les marchands de vins et autres débitants de boissons, ainsi que nous l'avons dit plus haut.

La boisson que les limonadiers débitent le plus communément, est le café, soit à l'eau, soit mêlé avec le lait, et que l'on prend avec du sucre ou sans sucre ; ce qui a fait donner aux limonadiers le nom de *cafetiers*, et à leurs boutiques, le nom même de *cafés*.

Ils peuvent le donner à boire en liqueur, et il leur est même permis d'en vendre en poudre ; mais ils ne peuvent le vendre en grains, le commerce en étant réservé aux épiciers.

La *limonade*, dont les limonadiers tirent leur nom principal, est une liqueur fraîche qui se fait avec le suc ou jus des fruits coupés et exprimés, du *limonier*, qui est une espèce de citronier, mais plus doux que le citron proprement dit. On y mêle de l'écorce de citron et d'orange, et une quantité suffisante d'eau et de sucre. — Si on veut qu'elle soit ambrée, on mêle un peu d'ambre au sucre qui y entre. Il en faut peu pour parfumer une grande quantité de limonade. Nos limonadiers sont souvent obligés, pour la faire, d'avoir recours au *sirop de limon*, ou à ce qu'ils appellent la *limonade sèche*, qui n'est que le jus de citron et de limon mis en pâte avec du sucre.

On fait de l'*orangeade* comme de la limonade, soit avec des oranges douces ou avec des bigarades, oranges *amères*.

Pendant le cours de l'été, les limonadiers débitent une grande quantité de liqueurs fraîches ou même glacées, dans lesquelles le jus des fruits est mêlé simplement avec de l'eau et du sucre, telles que l'eau de fraise : ces fruits sont communément la groseille, le citron et la framboise. Les eaux de verjus, d'épine-vinette, et de grenade, exigent qu'on double la dose de sucre, afin d'adoucir l'aigreur de ces fruits.

Pendant l'hiver, on trouve chez les limonadiers des liqueurs chaudes, telles que les *sorbets* de différentes espèces. On peut donner ce nom à toute espèce de liqueur simple, et que l'on sert chaude : ainsi l'orangeade et la limonade chaudes sont des *sorbets*. On pourrait même y compter le thé et les bavaroises, qui ne sont que du thé coupé avec du sirop de capillaire.

L'*orgeat* que vendent les limonadiers, est une liqueur composée que l'on peut prendre en tout temps, même en hiver, mais elle se boit plus souvent froide. C'est un composé de graines de melon et de concombre, mêlées avec des amandes douces, du sucre et de l'eau de fleur d'oranger : on en fait une pâte que l'on délaie dans une quantité d'eau suffisante. Il en résulte une liqueur blanche, fort rafraîchissante, et d'un goût très-agréable. On fait aussi du sirop d'orgeat. On était autrefois dans l'usage de l'ambrer beaucoup. Cet usage est à peu près passé de mode.

Le point par où les limonadiers touchent le plus aux débitants de boissons dont parlent les lois et ordonnances, c'est la vente ou débit chez eux de toute sortes de vins de liqueur, vins d'Espagne, vins muscats, vins de Malvoisie, de toutes sortes de ratafias, rossolis, populo, eau d'anis, de cannelle, de frangipane, eau de fruits et de fleurs, eau de genièvre, de coriandre, etc.

(Le *rossolis* se fait en distillant plusieurs fleurs et fruits auxquels on joint de la cannelle et de l'anis : le *populo* est un rossolis plus léger et plus délicat que le premier.)

Ils y touchent de même par la vente ou débit chez eux de l'*hypocras*. Le fond de cette boisson est le vin, qui doit être bon, dans lequel on mêle du sucre, de la cannelle, du citron, du poivre blanc, du girofle, des amandes et de la coriandre ; il doit être fort ambré. — On en fait du blanc et du rouge. On compose même quelquefois de l'*hypocras sans vin*. Il est fait à l'eau. On conçoit qu'avec tous les ingrédients qui le forment, il ne doit pas encore être trop fade.

Outre les vins de liqueurs et l'hypocras dont il vient d'être question, les limonadiers vendent les liqueurs qu'on a nommées *huiles*, à cause de leur qualité, telles que l'huile d'anis, l'huile de Vénus, l'huile de rose, l'huile de cédrat, l'huile de cannelle, etc.; toutes liqueurs dont l'eau-de-vie, les fruits et le sucre sont la base. Ils vendent aussi l'eau de fleurs d'oranger, l'eau d'anis, les liqueurs d'angélique et d'absinthe, et autres non moins agréables, mais non aussi onctueuses que les huiles.

Ils vendent les *ratafias*, qui sont de simples infusions de fruits dans l'eau-de-vie, sans distillation ni alambic ; celui de cerises est le plus commun et peut-être le meilleur. Ceux de fleurs d'oranger, d'anis et d'angélique, passent pour très stomachiques.

Ils vendent le *scuba*, dont l'eau-de-vie, le sucre et le safran sont la base.

Enfin, ils vendent des fruits à l'eau-de-vie, qui sont des cerises, des prunes de reine-claude des abricots et des pêches.

57. Lorsqu'un débitant d'eau-de-vie a formellement déclaré qu'une certaine quantité de cidre qu'il s'était procurée, était destinée pour sa consommation personnelle et celle de sa famille, et que la direction des contributions elle-même a reconnu que ce débitant ne vendait que de l'eau-de-vie, et n'a allégué contre lui aucun soupçon de fraude, il ne peut être

passible du droit pour cette quantité de cidre, par l'effet seul d'une présomption qui résulterait de sa profession de débitant de boissons. *Arrêt de la Cour de Cassation (section civile), du 11 avril 1821, affaire de la Direction générale des Contributions indirectes contre le sieur Monchaux.* — Sixième cahier, page 331, du Journal des Audiences de 1821.

58. Les débitants de boissons sont définitivement assujettis aux visites et exercices des employés de l'administration des contributions indirectes, en telle sorte qu'ils sont obligés, non seulement de procurer aux employés, à la première réquisition, un libre accès dans toutes les parties de leur maison, et de leur ouvrir les portes des chambres, caves, etc., mais encore de leur ouvrir sur-le-champ tous coffres, armoires et autres meubles, et d'être à cet effet munis, en tout temps, des clefs nécessaires. — Ainsi, un cabaretier, après avoir ouvert deux armoires à la réquisition des employés des contributions indirectes, ne peut refuser, sans commettre une contravention à la loi, d'en ouvrir deux autres situées dans la même chambre, sous le prétexte que ces armoires appartiennent à un tiers, et qu'il n'en a pas les clefs. Il ne peut d'ailleurs exiger que l'ouverture ne soit faite qu'en présence du maire. *Arrêt de la Cour de Cassation (sections réunies sous la présidence du garde des sceaux), du 20 novembre 1824, affaire de l'Administration des Contributions indirectes contre les époux Lamothe.* — Onzième cahier, pages 314 et 316, du Journal des Audiences de 1824.

59. Le droit de détail, dont l'article 57 de la loi du 28 avril 1816 frappe les boissons vendues en gros, et livrées sans démarque, n'étant point dû sur la vente, mais uniquement à titre de peine de l'enlèvement sans démarque, rentre dans la catégorie des amendes, doubles droits, confiscations, et, en un mot, des condamnations encourues; sur lesquelles la régie des contributions indirectes a le droit de transiger. *Arrêt de la Cour de Cassation (section civile), du 30 juillet 1823, affaire de la Direction générale des Contributions indirectes contre le sieur Bourgueil.* — Neuvième cahier, page 397, du Journal des Audiences de 1823.

60. Un débitant est en contravention, s'il s'est trouvé dans un local faisant partie de sa maison de débit, dans lequel il peut communiquer à volonté, des boissons qu'il n'a pas dé-

clarées ; il ne peut être exempté de la peine, soit sous le prétexte que le local était loué à un tiers qui ne représente point de bail authentique, soit sur le motif que les préposés avaient la faculté d'exiger que la porte de communication fût fermée. *Arrêt de la Cour de Cassation (section criminelle), du 30 janvier 1824, affaire de la Direction des Contributions indirectes contre les sieurs Mallet et Marchand.* — Troisième cahier, page 133, du Journal des Audiences de 1824 ; et sixième cahier, page 227, de la Jurisprudence de la Cour de Cassation, de 1824, par Sirey.

61. Le débitant de boissons qui a déclaré cesser son débit, demeure néanmoins soumis, pendant les trois mois qui suivent sa déclaration, non seulement aux visites des employés, mais encore à l'obligation de prendre des congés, acquits-à-caution ou passavants pour toutes les boissons qui entreront chez lui pendant les trois mois, sous les peines portées par l'article 96 de la loi. *Arrêt de la Cour de Cassation (section criminelle), du 20 octobre 1819, affaire du sieur Saulnier contre la Direction générale des Contributions indirectes.* — Onzième cahier, page 622, du Journal des Audiences de 1819.

En soumettant aux visites et exercices des employés les anciens débitants pendant trois mois à partir de leur déclaration de cessation de débit, l'article 67 de la loi du 28 avril 1816, a entendu nécessairement les assujettir, sous les peines portées par l'article 96, aux dispositions de l'article 53, et spécialement à l'obligation de représenter aux employés les expéditions des boissons qui ont été introduites chez eux. *Arrêt de la Cour de Cassation (section criminelle) du 15 avril 1825, affaire de la Direction des Contributions indirectes contre Gastambide.* — Huitième cahier, page 305, du Journal des Audiences de 1825.

62. Un procès-verbal des préposés des contributions indirectes, constatant un refus d'exercice, n'est pas nul pour défaut du visa du maire, et à plus forte raison pour irrégularité du visa, notamment pour défaut de date. *Arrêt de la Cour de Cassation (section criminelle), du 1er mars 1822, affaire de la veuve Braine contre la Régie des Contributions indirectes.* — Septième cahier, page 275, du Recueil de 1822, par Sirey.

TEXTE DE LA LOI DU 28 AVRIL 1816.

§ III. DES ABONNEMENTS POUR LE DROIT DE VENTE EN DÉTAIL.

70. Toutes les fois qu'un débitant se soumettra à payer par abonnement l'équivalent du droit de détail dont il sera estimé passible, il devra y être admis par la régie. Lorsque la régie ne sera pas d'accord avec ledit débitant pour fixer l'équivalent du droit, le préfet, en conseil de préfecture, prononcera, sauf le recours au conseil d'état, en prenant en considération les consommations des années précédentes et les circonstances particulières qui peuvent influer sur le débit de l'année pour laquelle l'abonnement est requis. Les abonnements seront faits par écrit, et ne seront définitifs qu'après l'approbation de la régie. Leur durée ne pourra excéder un an. Ils ne pourront avoir pour effet d'attribuer à l'abonné le privilége de vendre à l'exclusion de tous autres débitants qui voudraient s'établir dans la même commune.

71. Il pourra encore être consenti par la régie, de gré à gré avec les débitants, des abonnements à l'hectolitre pour les différentes espèces de boissons qu'ils auront déclaré vouloir vendre. Ces abonnements auront pour effet d'affranchir les débitants des obligations qui leur seront imposées relativement aux déclarations de prix de vente. Ils seront faits par écrit et approuvés par les directeurs, et ne pourront avoir plus de durée que deux trimestres.

72. Les abonnements consentis en vertu des deux articles précédents, seront révoqués de plein droit, en cas de fraude ou contravention dûment constatée.

73. La régie devra également consentir, dans les villes, avec les conseils municipaux, lorsqu'ils en feront la demande, un abonnement général pour le montant des droits de détail et de circulation dans l'intérieur, moyennant que la commune s'engage à verser dans les caisses de la régie, par vingt-quatrième, de quinzaine en quinzaine, la somme convenue pour l'abonnement, sauf à elle à s'imposer sur elle-même pour le recouvrement de cette somme, comme elle est autorisée à le faire pour les dépenses communales.

74. Ces abonnements, discutés entre les directeurs de la

régie ou leurs délégués et les conseils municipaux, n'auront d'exécution qu'après qu'ils auront été approuvés par le ministre des finances, sur l'avis du préfet et le rapport du directeur général des contributions indirectes. Ils ne seront conclus que pour une année; et seront révocables de plein droit, en cas de non paiement d'un des termes à l'époque fixée.

75. La régie poursuivra le recouvrement des sommes dues au trésor en raison desdits abonnements, par voie de contrainte sur le receveur municipal, et par la saisie des deniers et revenus de la commune.

76. Dans les villes où ces abonnements seront accordés, tout exercice chez les débitants sera supprimé, et la circulation des boissons dans l'intérieur affranchie de toute formalité.

77. Sur la demande des deux tiers au moins des débitants d'une commune, approuvée en conseil municipal, et notifiée par le maire, la régie devra consentir pour une année, et sauf renouvellement, à remplacer la perception du droit de détail par exercices, au moyen d'une répartition, sur la totalité des redevables, de l'équivalent dudit droit.

78. Ce mode de remplacement ne pourra être admis qu'autant qu'il offrira un produit égal à celui d'une année moyenne, calculée d'après trois années consécutives d'exercices. Il sera discuté entre les débitants ou leurs délégués et l'employé supérieur de la régie, en présence du maire ou d'un membre du conseil municipal, et pourra être exécuté provisoirement en vertu de l'autorisation du préfet, donnée sur la proposition du directeur de la régie. Il devra néanmoins être approuvé par le ministre des finances, sur le rapport du directeur général des contributions indirectes.

Lorsque la régie ne sera pas d'accord avec lesdits débitants pour fixer l'équivalent du droit, le préfet, en conseil de préfecture, prononcera, sauf le recours au conseil d'état, en prenant en considération les consommations des années précédentes, et les circonstances particulières qui peuvent influer sur le débit de l'année pour laquelle l'abonnement est requis.

79. Lorsque ce remplacement sera adopté, les syndics nommés par les débitants, sous la présidence du maire ou de son délégué, procéderont, en présence de ce magistrat, à la répartition de la somme à imposer entre tous les débitants alors existants dans la commune. Les rôles arrêtés par les syn-

dics, et rendus exécutoires par le maire, seront remis au receveur de la régie, pour en poursuivre le recouvrement.

80. Les débitants ainsi abonnés seront solidaires pour le paiement des sommes portées aux rôles. En conséquence, aucun nouveau débitant ne pourra s'établir dans la commune pendant la durée de l'abonnement, s'il ne remplace un autre débitant compris dans la répartition.

81. Les sommes portées aux rôles seront exigibles par douzième, de mois en mois, d'avance et par voie de contrainte. A défaut de paiement d'un terme échu, les redevables dûment mis en demeure, le directeur de la régie sera autorisé à faire prononcer, par le préfet, la révocation de l'abonnement, et à faire rétablir immédiatement la perception par exercices, sans préjudice des poursuites à exercer pour raison des sommes exigibles.

82. Les employés de la régie constateront par procès-verbal, à la requête des débitants ou de leurs syndics, toute vente en détail des boissons opérée dans la commune abonnée par des personnes non comprises dans la répartition. Les poursuites seront exercées par les syndics, et les condamnations prononcées au profit de la masse des débitants.

83. Les débitants ainsi abonnés, ou leurs syndics, pourront concéder à des personnes non comprises aux rôles de répartition, le droit de vendre en détail des boissons lors des foires et assemblées.

84. Les sommes à recouvrer en exécution des deux articles précédents, seront perçues par le receveur de la régie, et imputées à tous les débitants de la commune, au marc le franc de leur cote.

COMMENTAIRE.

1. *Des divers abonnements.*
2. *Abonnements particuliers.* — *Pour quelle vente de boissons il peut être demandé et consenti.*
3. *Paiement.*
4. *L'abonnement ne peut être consenti à des débitants forains.*
5. *Durée de l'abonnement.*
6. *L'exercice est-il totalement supprimé par l'abonnement?*
7. *Résiliation.*

8. *Abonnement général.*
9. *Abonnement par corporation.*
10. *L'abonnement a un effet immédiat.*
11. *Il entraîne la résiliation des abonnements individuels.*
12. *Durée de l'abonnement.*
13. *Ses effets.*
14. *Solidarité résultant de l'abonnement.*
15. *Nouveau débit.*
16. *L'administration doit compte au syndicat des recouvrements qu'elle opère.*
17. *Des contraventions. — Leurs recherches. — Recouvrement des amendes.*

1. Nous sommes déjà, dans tout ce qui précède, entré dans des détails qui ont fait comprendre non-seulement la nature de l'abonnement, mais encore les droits et obligations qui en résultent pour le débitant. Nous nous bornerons donc sous cette section à résumer ce que nous avons déjà exposé, en le complétant par le commentaire sommaire des textes.

La loi reconnaît trois natures d'abonnements : l'abonnement individuel, l'abonnement général par commune, l'abonnement collectif par corporation. Ces trois modes d'abonnement qui diffèrent dans leur établissement, ont un effet semblable : supprimer l'exercice. La loi semble désirer les abonnements, elle cherche tous les moyens de les faciliter aux redevables. La régie ne semble pas partager la pensée du législateur, elle est toujours en crainte que les abonnements ne compromettent les droits du trésor.

Avant de solliciter un abonnement, les débitants doivent en bien peser les conséquences, il n'aura pas pour effet de les dégrever des droits qu'ils sont contraints de payer, la régie prenant une moyenne au moins égale à ce que produirait l'exercice. Le seul résultat utile, est la suppression de l'exercice, et encore la régie a la prétention de faire continuer ses visites, nonobstant l'abonnement. L'abonnement offre cependant les avantages que nous allons chercher à faire ressortir.

2. Le premier abonnement dont s'occupe la loi, est l'abonnement particulier, elle en détermine le mode d'établissement d'une manière suffisamment précise pour que nous n'ayons pas besoin d'y insister davantage.

L'abonnement ne peut comprendre que la vente au détail des vins, cidres, poirés et hydromels, il ne peut s'appliquer aux eaux-de-vie et liqueurs qui sont frappés d'un droit de consommation; nous avons vu que les débitants qui veulent se soustraire à l'exercice pour la vente de ces boissons, sont autorisés à payer le droit de consommation à l'arrivée. (Loi du 21 avril 1832, art. 41.)

3. Le montant des abonnements individuels des débitants de boisson est payable par mois et d'avance. (Loi du 21 juin 1841, art. 21.)

4. L'abonnement est dû par l'administration à tout débitant qui le demande; cependant on comprend qu'une exception doit exister pour le marchand forain dont la vente est indéterminée, subordonnée aux foires, marchés et réunions dans lesquelles il exerce son industrie; l'abonnement n'aurait même pas pour lui l'avantage de le soustraire aux inconvénients de l'exercice, car les commis devraient, pour les droits de circulation, constater toujours les quantités transportées. Le débitant forain ne peut donc avoir qu'un seul abonnement, celui à l'hectolitre. La loi a pris soin elle-même de signaler l'avantage de cet abonnement. (Art. 71.)

5. L'abonnement ne peut être de plus longue durée qu'une année, mais il peut être plus court, et ce terme est laissé à l'appréciation du débitant, qui le choisira de trois mois, six mois, un mois même s'il le juge convenable. D'après la pensée de la loi du 21 juin 1841, je crois qu'il serait impossible de demander à l'administration un abonnement pour un plus court délai. Le débitant pourra demander l'abonnement à tous les moments de l'année, sans qu'il lui soit nécessaire d'attendre un point de départ, par exemple, le commencement d'un trimestre. L'administration ne peut refuser l'abonnement, quelle que soit la durée pour laquelle on le lui demande (si toutefois cette durée n'excède pas une année).

Suivant l'usage, les abonnements annuels courent du 1er janvier de chaque année, et les abonnements trimestriels de chacun des mois commençant ordinairement les trimestres.

6. L'exercice n'est pas totalement supprimé par l'abonnement, au moins est-ce là le sens que l'administration donne aux dispositions de la loi: les employés ont toujours, suivant

elle, le droit de se présenter chez le débitant pour faire les vérifications énoncées dans l'article 53. En outre, les commis doivent être prévenus afin d'assister, si bon leur semble, à toutes les manutentions, transvasements et fabrications auxquels le débitant peut se livrer.

Nous ne croyons pas que cette interprétation de la loi soit conforme à son esprit. C'est détruire les avantages de l'abonnement et continuer, nonobstant son désir, l'état fâcheux de l'exercice sans un profit certain pour le trésor.

7. L'abonnement une fois établi entre l'Etat et le débitant, il n'y a plus lieu pour celui-ci de se soustraire à l'exécution du contrat intervenu et qui lie les parties comme toute convention.

Cependant l'équité et la loi ont introduit des cas forcés de résolution.

Le premier est celui où le débitant cesse sérieusement l'exercice de son industrie, ici le contrat se résilie, grâce au bon vouloir de l'administration, mais aussi un peu, il faut le dire, par force majeure, car comment ferait-elle pour forcer un débitant à continuer l'exercice de son industrie.

Le second, est celui où un mode d'abonnement collectif est substitué à l'abonnement particulier, quelle que soit la nature de l'abonnement collectif, qu'il soit général ou simplement de la corporation.

Le troisième, est celui où une contravention est constatée à la charge du débitant; la loi s'étant servie de l'expression *de plein droit*, il suffit de l'existence d'un procès-verbal régulier pour que l'administration puisse prononcer la résiliation, qui est facultative de sa part.

8. Les abonnements généraux par communes sont discutés dans les formes légales par les conseils municipaux et l'administration. Ces natures de discussion sortent du cadre de notre ouvrage, elles sont du domaine de l'administration communale, qui ne doit se déterminer qu'en présence d'un grand intérêt général et après avoir très-exactement calculé ses ressources.

Immédiatement après la conclusion d'un abonnement général, l'exercice est supprimé dans la commune, et le transport des boissons y est rendu libre.

9. L'abonnement par corporation est déterminé par un

vote de majorité des débitants de la commune : tout individu muni d'une licence a le droit de prendre part au vote. Les débitants doivent parfaitement chercher à se rendre compte de la position nouvelle que leur fera l'abonnement, et il est bon avant d'adresser la résolution à l'autorité, que chacun soit fixé sur la quote-part qu'il aura à fournir dans la contribution commune.

10. La soumission d'abonnement produit deux effets immédiats.

Le premier, est d'engager les débitants sans qu'ils puissent revenir sur leur soumission ; en effet, l'administration étant obligée d'accorder à leur demande, il suffit qu'elle soit formée pour que le contrat soit parfait.

Le second, est de contraindre l'administration à cesser de suite l'exercice, quelles que soient les contestations sur la valeur de l'abonnement, pendant le cours desquelles l'arrêté préfectoral auquel on a recours est en vigueur.

On comprend au surplus que pour que la soumission produise les effets que nous venons d'énumérer, il faut qu'elle soit régulière, c'est-à-dire conforme aux articles 70, 77 et 78 de la loi.

11. Comme nous l'avons dit (n° 7), l'abonnement général entraîne la résiliation des abonnements individuels.

12. La durée des abonnements généraux ne peut être moindre d'une année, et ils commencent du 1er janvier. Ainsi l'exige la régie, à tort suivant nous, mais ceci a si peu d'importance, qu'il est inutile d'y insister. L'abonnement expiré se renouvelle et amène des nouveaux tarifs, s'il y a lieu, après de nouvelles discussions.

13. L'effet de l'abonnement général, à la différence de l'abonnement individuel, est de faire cesser tout exercice ; par abonnement général nous entendons ici l'abonnement de la commune.

Il n'en est pas de même de l'abonnement de corporation qui laisse tous les débitants dans la position que nous signalons sous le n° 6, auquel nous renvoyons pour qu'on se rende compte de l'effet de l'abonnement de corporation.

14. Il y a solidarité entre tous les débitants pour le paiement de l'abonnement. D'après le vœu de la loi les répar-

titions entre les débitants ont lieu par l'office du syndicat, et le recouvrement des droits est opéré par l'administration, mais ce syndicat est aussi chargé du recouvrement des quotes-parts partielles, en cas de non paiement par les assujettis; c'est contre le syndic que la régie exerce son action solidaire. Le syndic est obligé de satisfaire à la contrainte, il ne peut demander préalablement la discussion des biens du débiteur principal, cette demande étant formellement rejetée par les principes de la loi civile. Le syndic, muni de la quittance des deniers qu'il a versés, exerce à son tour des poursuites contre le récalcitrant, et en cas d'insolvabilité il y a lieu à répartition de la perte entre tous les débitants, chacun contribuant au marc le franc de sa quote-part.

15. De ce que l'article 80 édicte que pendant la durée de l'abonnement aucun nouveau débitant ne peut s'établir dans le lieu soumis à l'abonnement, il ne résulte en aucune façon que les débitants déjà abonnés ne puissent permettre l'établissement d'un nouveau débit à un nouveau venu ; cette disposition est introduite en leur faveur, et ils peuvent renoncer au droit qu'elle leur assure, sans que la régie ait rien à y voir ni à y prétendre.

Mais la question serait plus délicate si par exemple un débitant ayant cessé son commerce, un nouveau venu demandait à le reprendre, les débitants établis ne seraient-ils pas fondés à dire : Nous avons contracté solidairement une obligation vis-à-vis de la régie, en échange de laquelle elle nous a confié un privilége ; si l'un de nous manque à son obligation, c'est sur nous tous que tombe la nécessité de le remplir; il est juste que nous profitions des avantages, puisque nous supportons les charges ; en vain prétendrait-on que le nouveau venu paiera la quote-part de l'ancien, qui nous répond de sa solvabilité, et s'il ne satisfait pas vis-à-vis de l'administration, il faudra que nous payions pour lui, et il aura enlevé une partie de nos recettes sans subir les droits que nous paierons pour lui. Offre-t-il de consigner le montant de la taxe à laquelle était assujetti son prédécesseur, et ce pour le temps de l'abonnement. Cette offre peut être sans équité, car, le débitant qui a cessé son commerce pouvait l'exercer d'une manière fort restreinte, et le nouveau venu peut être un commerçant plus entreprenant qui cherchera à dominer la position. Si donc on fait payer à ce nouveau venu, grand négociant, ce qui a été évalué pour un petit débitant, les débitants installés seront victimes d'une taxe injuste. On ne peut rien contre la force de cette argumentation.

L'article 80 semble donc ne conférer aux débitants installés que le droit de vendre leur fonds, sans permettre, même en cas de cessation d'un débit, à un individu nouveau venu de s'établir dans la commune, quelques droits qu'il s'offre à supporter.

16. L'administration étant chargée de la perception des droits d'après les rôles fixés par le syndicat, est responsable vis-à-vis de lui de ces recouvrements, en ce sens que, chaque trimestre, le receveur doit lui donner connaissance de son état de situation.

Les sommes perçues en dehors de celles provenant du recouvrement de la répartition sont portées à l'actif pour venir en déduction des droits d'abonnements.

17. Les contraventions commises dans les lieux sujets à l'abonnement, doivent être recherchées et constatées par les agents de la régie, qui seuls ont le pouvoir de dresser des procès-verbaux. Mais le zèle des employés pouvant être fort ralenti par le sentiment qu'ils n'agissent plus dans l'intérêt de leur administration, mais dans celui de particuliers, il est indispensable que le syndicat ait des agents à lui qui recherchent les contraventions. Les employés ne peuvent se refuser à la constatation de tous les faits qui leur sont signalés au nom du syndicat, quand bien même ils prétendraient que ces faits ne constituent pas une contravention ; le tribunal est seul juge de la qualification à donner aux actes qui sont considérés par le syndicat comme une contravention.

La régie reste complètement étrangère à la poursuite des contraventions, puisqu'elle ne profite pas des amendes, c'est au syndicat à agir judiciairement dans l'intérêt de la corporation qu'il représente. Tout comme la régie, le syndicat peut transiger avec les contrevenants sur la quotité de l'amende qu'ils ont encourue.

TEXTE DE LA LOI DU 28 AVRIL 1816.

CHAPITRE III.

§ IV. DES PROPRIÉTAIRES VENDANT EN DÉTAIL LES BOISSONS DE LEUR CRU.

85. Les propriétaires qui voudront vendre les boissons de leur crû en détail, jouiront d'une remise de vingt-cinq pour cent sur les droits qu'ils auront à payer. Ils devront, dans la déclaration préalable à laquelle ils seront tenus comme tous les autres débitants, indiquer la quantité de boissons de leur crû qu'ils auront en leur possession, et celle dont ils entendront faire la vente en détail, et se soumettre, en outre, à ne vendre aucune boisson autre que celles de leur crû. Ils devront faire cette vente par eux-mêmes, ou par des domestiques à leurs gages, dans des maisons à eux appartenant, ou qu'ils auront louées par bail authentique (1).

86. Ils ne pourront fournir aux buveurs que les boissons déclarées, avec des bancs et tables, et seront libres d'établir leur vente en détail sur des vaisseaux d'une contenance supérieure à cinq hectolitres. Ils seront, d'ailleurs, assujettis à toutes les obligations imposées aux débitants de profession; néanmoins, les visites et exercices des commis n'auront pas lieu dans l'intérieur de leur domicile, pourvu que le local où leurs boissons seront vendues en détail en soit séparé.

COMMENTAIRE.

1. *Suppression de la remise exceptionnelle de 25 pour cent au profit des propriétaires vendant en détail les boissons de leur crû.*

2. *Que doit-on entendre par ces mots : domestiques à leurs gages ?*

1. L'article 24 de la loi du 25 juin 1841 a abrogé la dis-

---

(1) Le propriétaire d'une habitation rurale, entièrement détachée d'un lieu sujet à l'exercice du droit d'entrée sur les boissons, n'est pas assujetti au droit d'entrée pour le vin provenant de son crû, qu'il vend chez lui en détail. *Arrêt de la Cour de Cassation (chambre civile), du 15 mars 1826, affaire de la Direction des Contributions indirectes contre le sieur Feydel.* — Cinquième Cahier, page 189, du Journal des Audiences de 1826.

position de l'article 85 de notre loi, en ce qu'il accorde aux propriétaires vendant en détail les boissons de leur crû, une remise exceptionnelle de 25 pour cent sur les droits de détail.

En conséquence, les droits à percevoir sur les propriétaires vendant les produits de leur crû, sont les mêmes que ceux auxquels sont assujettis tous les débitants. Le privilége que leur conférait la loi du 28 avril 1816 se borne actuellement à ces deux conditions : la première, pouvoir établir leur vente sur des vaisseaux d'une contenance supérieure à 5 hectolitres ; la seconde, ne pas être assujettis aux exercices dans l'intérieur de leur domicile, pourvu que le local où leurs boissons sont vendues en détail soit séparé.

2. Qu'est-ce que la loi entend par ces mots : *domestiques à leurs gages* (art. 85)? On s'est demandé si l'on pouvait considérer comme domestique à gages, l'individu auquel le propriétaire récoltant donnait une certaine quantité de vins en ne lui donnant d'autre salaire qu'une somme déterminée par quantité vendue. La réponse à cette question dépend tout entière des circonstances : le maître peut employer vis-à-vis de ses domestiques tout mode de salaire qui lui convient, et c'en est un très-heureux et très-moral que d'intéresser le serviteur à bien remplir ses devoirs. D'un autre côté, il ne faut pas que le propriétaire récoltant fasse considérer un associé comme son domestique à gages.

Nous répétons que les circonstances peuvent seules fournir un élément de décision à cette question.

TEXTE DE LA LOI DU 28 AVRIL 1816.

CHAPITRE III.

§ V. DU DROIT GÉNÉRAL DE CONSOMMATION SUR L'EAU-DE-VIE.

87. Un droit général de consommation, égal à celui fixé pour la vente en détail par l'art. 47, sera perçu sur toute quantité d'eau-de-vie, d'esprit, ou de liqueur composée d'eau-de-vie ou d'esprit, qui sera adressée à une personne autre que celles assujetties aux exercices des employés de la régie.

Ce droit ne sera pas dû sur les eaux-de-vie, esprits et liqueurs qui seront exportés à l'étranger.

88. Le droit général de consommation sera perçu d'après le prix courant de la vente en détail au lieu de destination. Il sera payé à l'arrivée des boissons, et avant la décharge de l'acquit-à-caution; il pourra néanmoins être acquitté au lieu de l'enlèvement par les expéditeurs, lesquels, dans ce cas, seront tenus seulement, pour opérer le transport, de se munir d'un congé au lieu d'un acquit-à-caution.

89. Tout marchand en gros d'eau-de-vie, esprit et liqueur, acquittera le droit de consommation sur les quantités de ces boissons qui manqueront à ses charges, après la déduction fixée par l'article 105. La même obligation est imposée à tout débitant qui cessera son commerce, pour les quantités d'eaux-de-vie, esprits et liqueurs qu'il conservera.

90. Le droit de consommation ne sera point exigé des personnes non soumises aux exercices, en cas de transport d'eaux-de-vie, d'esprits ou de liqueurs de l'une de leurs maisons dans une autre, ou dans un nouveau domicile, en justifiant toutefois aux employés appelés à décharger les acquits-à-caution, de leur droit à cette exemption.

Les bouilleurs de crû qui feront transporter les produits de leur distillation dans des caves ou magasins séparés de la brûlerie, n'auront droit à la même exemption qu'en soumettant ces caves ou magasins aux exercices des préposés de la régie.

91. Les eaux-de-vie versées sur les vins seront également affranchies du droit de consommation, pourvu que la quan-

tité employée n'excède pas un vingtième de la quantité de vin soumise à cette opération, qui ne pourra se faire qu'en présence des employés de la régie.

COMMENTAIRE.

1. *Du droit général de consommation tel qu'il résulte de la loi de 1824.*
2. *Modification apportée par la loi du 12 décembre 1830.*
3. *Droits généraux.*
4. *Du paiement de ces droits.*
5. *Des alcools employés dans la fabrication. — Renvoi.*
6. *Des eaux-de-vie versées sur les vins.*
7. — *les cidres.*
8. *Fraudes. — Pénalité.*

1. Nous avons déjà signalé plusieurs fois les dispositions législatives de la loi du 24 juin 1824, qui ont substitué un droit général de consommation aux droits de circulation, de consommation ou de détail frappant les eaux-de-vie.

Le droit général de consommation est perçu en raison de l'alcool pur contenu dans les eaux-de-vie et autres liquides.

Il était originairement de cinquante francs.

2. La loi du 22 décembre 1830 a laissé subsister le principe de celle de 1824, mais a modifié le chiffre de l'impôt, le réduisant à 34 francs.

« Les droits à payer par hectolitre d'alcool pur contenu
» dans les eaux-de-vie et esprits en cercles, par hectolitre
» d'eaux-de-vie et d'esprits en bouteilles, de liqueurs en cer-
» cles et en bouteilles, et de fruits à l'eau-de-vie, sont fixés
» ainsi qu'il suit :
» Droit général de consommation en remplacement du
» droit de circulation et de consommation, ou de détail.....
» 34 francs. »

3. Le droit de consommation est, ainsi que l'indique la loi, un droit général, il s'applique à tous les produits, à toutes les boissons contenant une quantité quelconque d'alcool. Tout produit obtenu par la distillation est considéré comme esprit

et soumis au droit de consommation dans la proportion de la quantité d'alcool pur qu'il contient.

4. Le paiement du droit général de consommation s'opère au choix des négociants et consommateurs, soit à l'enlèvement, soit à l'arrivée au lieu de destination des boissons.

Si le droit est payé à l'enlèvement, les boissons circulent avec un congé mentionnant l'acquit du droit.

Si le droit est payé par le destinataire, il doit, dans le délai fixé pour le transport, se présenter au bureau de la régie dans l'arrondissement duquel il se trouve, et acquitter immédiatement le droit sur la présentation de son acquit-à-caution. L'acquit libéré doit être remis par le buraliste aux débitants, afin qu'ils puissent justifier aux employés de l'origine des boissons.

5. Comme nous l'avons dit, le droit général de consommation pèse sur tous les liquides contenant de l'alcool sans distinction; qu'ils soient une boisson ou un agent industriel, la loi ne considère qu'une chose : le liquide contient-il de l'alcool et quelle quantité ?

On a essayé de décharger l'industrie de cet impôt considérable, en exemptant des droits les eaux-de-vie dénaturées de manière à en changer la nature, la saveur et l'odeur, de telle sorte qu'elles ne puissent plus être consommées comme boisson.

Nous renvoyons au texte de l'ordonnance du 14 juin 1844 qui termine ce titre, et à la loi du 24 juillet 1843 qui la précède, lesquelles ont définitivement réglé la condition des esprits dénaturés.

Une décision ministérielle du 18 octobre 1833 a autorisé les fabricants de produits dans lesquels on peut reconnaître la présence de l'alcool, à recevoir en entrepôt les esprits nécessaires à leur fabrication et à jouir de l'exemption du droit général de consommation pour les quantités de liquide employées dans la fabrication de produits qu'ils justifieront avoir expédiés soit à l'étranger, soit à l'intérieur, avec acquit-à-caution sur lequel les droits seront payés par le destinataire.

Il faut bien remarquer que cette faculté d'entrepôt et d'exportation en franchise de droits, qui en est la conséquence, ne peut avoir lieu que pour les produits dans lesquels *on peut reconnaître la présence de l'alcool*. Ainsi, dans la fabrication des chapeaux, on fait grand usage d'alcool, mais le chapeau fabriqué, il est impossible de reconnaître la présence de ce liquide. Il n'y a donc pas lieu d'accorder une franchise de droits au fabricant qui exporte des chapeaux, pour la quantité d'alcool qui a servi à la fabrication de ces chapeaux. Il existe là une lacune dans l'application de la loi : elle devrait déterminer la quantité moyenne d'esprit servant à la fabrication des chapeaux (ou de tout autre produit), et accorder au fabricant exportateur une décharge du droit général de consommation sur la quantité d'esprit jugée nécessaire pour arriver à la fabrication des produits exportés.

6. L'article 91 a été modifié dans ses chiffres seulement, par l'article 7 de la loi du 24 juin 1824.

Loi du 24 juin 1824. — Art. 7. — « Les eaux-de-vie ver-
» sées sur les vins seront affranchies de tous droits, pourvu
» que la quantité employée n'excède pas la proportion de
» cinq litres d'alcool pur par hectolitre de vin, et que les
» vins soumis à cette opération, qui ne pourra se faire qu'en
» présence des préposés de la régie, ne contiennent pas plus
» de vingt-un centièmes d'alcool pur. »

Le marchand qui fait ce mélange dans les proportions et conditions que nous venons d'indiquer, est immédiatement déchargé de tous droits pour la quantité d'esprit versée, et la régie prend en charge une pareille quantité de vin.

7. La régie ne veut pas étendre aux cidres la faculté de mélanger des eaux-de-vie en franchise de droits, elle s'appuie sur ce que l'article 91 de la loi de 1816 et l'article 7 de celle du 24 juin 1824 ne parlent que d'eaux-de-vie versées sur *du vin*, et qu'elle ne peut étendre les dispositions légales. Il y a évidemment là une lacune dans la loi, mais la régie est dans le droit de s'opposer à ce mélange, à moins que le droit sur les esprits mélangés ne soit acquitté.

8. L'article 4 de la loi du 24 juin 1824 a édicté une pénalité particulière pour les fraudes commises par une manipulation des eaux-de-vie.

Les eaux-de-vie ou esprits dont la densité aurait été altérée par un mélange opéré dans le but de frauder les droits, seront saisis et confisqués, et les contrevenants passibles d'une amende de cent francs à six cents francs, suivant la gravité des cas.

TEXTE DE LA LOI DU 28 AVRIL 1816.

CHAPITRE III.

§ VI. REMPLACEMENT DU DROIT DE DÉTAIL A PARIS.

92. Il n'y aura pas, dans l'intérieur de la ville de Paris, d'exercices sur les boissons autres que les bières ; le droit de détail et celui d'entrée y seront remplacés au moyen d'une taxe unique aux entrées, fixée ainsi qu'il suit :

Par hectolitre de vin en cercles.	10	50
Par hectolitre de vin en bouteilles.	15	«
Par hectolitre de cidre ou poiré.	5	»
Par hectolitre d'eau-de-vie simple au dessous de vingt-deux degrés.	18	»
Par hectolitre d'eau-de-vie de vingt-deux degrés jusqu'à vingt-huit exclusivement..	36	»
Par hectolitre d'esprit, à vingt-huit degrés et au-dessus, d'eau-de-vie de toute espèce en bouteilles, et de liqueurs composées d'eau-de-vie ou d'esprit, tant en cercles qu'en bouteilles.	60	»

93. Les dispositions du chapitre II, et les peines y prononcées en cas de contravention, sont applicables à la taxe établie par l'article précédent.

COMMENTAIRE.

1. *Modification de la taxe.*
2. *Prohibition de fabrication et de distillation à Paris.*
3. *Fabrication des cidres et poirés.*

1. La taxe unique établie par l'article 92 de la loi du 28 avril 1816 a été modifiée par la loi du 12 décembre 1830, qui a été appliquée à partir du 1er janvier 1831. Voici cette taxe actuellement en vigueur.

TAXE PAR HECTOLITRE EN PRINCIPAL.

Vins en cercle et en bouteilles.	8	»
Cidres, poirés et hydromels	4	»

Alcool pur contenu dans les eaux-de-vie et esprits en cercles, eaux-de-vie et esprits en bouteilles, liqueurs et fruits à l'eau-de-vie. . . . . 50 "

On remarquera que cette taxe ne représente que les droits du trésor en remplacement du droit de détail, et est complètement indépendante des droits d'octroi, lesquels sont de 10 fr. 50 c. par hectolitre de vins en cercles; de 18 fr. par hectolitre de vins en bouteilles ; de 10 fr. 50 c. par hectolitre de vinaigres et produits analogues; de 25 fr. par hectolitre d'alcool pur contenu dans les eaux-de-vie, liqueurs et autres produits semblables ; de 4 fr. pour les cidres, poirés, hydromels et bière.

Ces deux droits cumulés augmentés d'un dixième forment le total des droits à percevoir sur les boissons à leur entrée dans la ville de Paris.

2. La loi du 10 mai 1822 (art. 10) a prohibé la fabrication et la distillation des eaux-de-vie et esprits dans la ville de Paris, sous peine d'une amende de mille à trois mille francs, indépendamment des autres peines portées par l'art. 129 de la loi du 28 avril 1816.

3. Mais la fabrication des cidres, des poirés est permise; elle est soumise à l'exercice pour l'application et la perception des deux droits du trésor et d'octroi. La conséquence de l'exercice, est de supprimer les droits sur les fruits verts à l'entrée.

Nous donnons à la fin de ce titre l'ordonnance du 18 juillet 1847 qui règle les conditions de cette fabrication dans l'intérieur de Paris.

TEXTE DE LA LOI DU 28 AVRIL 1816.

CHAPITRE III.

§ VII. DISPOSITIONS GÉNÉRALES APPLICABLES AU PRÉSENT CHAPITRE.

94. Les boissons trouvées en la possession de personnes vendant en détail sans déclaration, ainsi que celles à l'égard desquelles des contraventions seront constatées chez les débitants, seront saisies par les employés de la régie.

95. Les personnes convaincues de faire le commerce des boissons en détail, sans déclaration préalable ou après déclaration de cesser, seront punies d'une amende de trois cents francs à mille francs, et de la confiscation des boissons saisies. Les contrevenants pourront néanmoins obtenir la restitution desdites boissons, en payant une somme de mille francs, indépendamment de l'amende prononcée par le tribunal (1).

96. Les autres contraventions aux dispositions du présent chapitre seront punies de la confiscation des objets saisis, et d'une amende qui, pour la première fois, ne pourra être moindre de cinquante francs, ni supérieure à trois cents francs, et qui sera toujours de cinq cents francs en cas de récidive.

---

(1) Le seul fait de recevoir et de loger habituellement des voituriers et leurs chevaux, constitue un *aubergiste*, et impose l'obligation de faire une *déclaration* à la régie des contributions indirectes, et de prendre une *licence*. — Peu importe qu'on ne débite point de boissons et qu'on ne donne point à manger. *Arrêt de la Cour de Cassation* (section criminelle), du 19 novembre 1819, *affaire des sieurs Ressuffat, Nant et consorts*, rendu vu les articles 50, 51 et 141 de la loi du 28 avril 1816 — Sixième Cahier, page 217 du Recueil général des Lois et Arrêts de 1820, de Sirey. — Voyez l'*Appendice* à la fin de l'ouvrage.

Il n'est pas nécessaire qu'il y ait habitude de débiter des boissons pour constituer la contravention : un seul fait de vente en détail, sans déclaration préalable, suffit, alors même qu'il ne serait trouvé dans le domicile du débitant aucun autre vin que celui servi aux buveurs surpris par les employés de la régie. *Arrêt de la Cour de Cassation* (section criminelle), du 27 février 1823, *affaire du sieur André Bactrique contre la Direction générale des Contributions indirectes.*— Deuxième Cahier, page 72 du Journal des Audiences de 1823.

COMMENTAIRE.

1. *De la récidive en matière de contravention aux dispositions qui concernent la régie.*

1. L'article 96 de la loi du 28 avril 1816 punit d'une amende fixe de 500 francs les cas de récidive de contravention aux dispositions de son chapitre III.

Qu'est-ce que la récidive? est-ce seulement une seconde contravention commise par un individu coupable d'une première pour laquelle il a déjà été condamné, sans distinction de lieu, ni de laps de temps écoulé entre la première et la seconde contravention ; ou bien existe-t-elle dans le cas de l'article 483 du code pénal, qui porte qu'il y a récidive lorsqu'il a été rendu contre le contrevenant, dans les douze mois précédents, un premier jugement pour contravention de police commise dans le ressort du même tribunal.

On dit que tout manquement à la loi de 1816 est jugé par les tribunaux correctionnels, donc ces manquements constituent un délit, car les tribunaux correctionnels sont juges de délits et non de contraventions. Or, l'article 483 s'appliquant seulement aux contraventions, il suffit que le prévenu ait déjà été condamné pour un manquement à la loi de 1816 pour qu'il soit dans un cas de récidive.

Je ne puis admettre cette doctrine. Qu'importe d'abord le tribunal auquel une *loi spéciale* défère la connaissance d'un fait, le juge ne fait pas la gravité du délit, et si les tribunaux correctionnels sont juges des manquements aux lois fiscales, est-ce qu'on ne voit pas que les intérêts du trésor sont mis en jeu par la sévère observation de la loi, et qu'il en a fallu confier l'application à un tribunal supérieur qui, par ses lumières, sa puissance judiciaire, soit capable de la faire respecter. Est-ce que la loi ne s'est pas toujours servie du mot de *contravention*. Est-ce que toutes ces contraventions ne sont pas punies par de simples amendes. Ce qui exclue toute pensée de délit.

Enfin ne confondons pas ce qui est de l'ordre moral avec ce qui est purement fiscal. La fraude aux lois fiscales est une faute dans l'ordre moral, je le veux, puisque tout pouvoir régulier tient de Dieu sa puissance, et peut disposer valablement des biens temporels des citoyens ; mais quelle différence entre ce manquement à une convention qui existe aujourd'hui et peut disparaître demain, et cette révolte contre les lois générales de la conscience, qui amène l'escroquerie, le vol, la violence.

Enfin la loi donne à l'administration le pouvoir de transiger sur le manquement à la loi de 1816 ; concevrait-on le législateur autorisant le pouvoir à transiger sur un délit qui intéresse l'ordre moral.

La récidive, suivant moi, n'a donc lieu que dans les termes de l'article 483 du code pénal.

En tous cas il n'y a une précédente contravention qu'autant qu'il y a eu condamnation prononcée par jugement contre le contrevenant.

TEXTE DE LA LOI DU 28 AVRIL 1816.

CHAPITRE IV.
DES MARCHANDS EN GROS.

97. Les négociants, les marchands en gros, courtiers, facteurs, commissionnaires, commissionnaires de roulage, dépositaires, distillateurs, bouilleurs de profession et autres, qui voudront faire le commerce des boissons en gros (qu'ils soient ou non entrepositaires, s'ils habitent un lieu sujet aux entrées), seront tenus de déclarer les quantités, espèces et qualités des boissons qu'ils possèdent, tant dans le lieu de leur domicile qu'ailleurs.

98. Sera considéré comme marchand en gros tout particulier qui recevra ou expédiera, soit pour son compte, soit pour le compte d'autrui, des boissons, soit en futailles d'un hectolitre au moins, ou en plusieurs futailles qui, réunies, contiendraient plus d'un hectolitre, soit en caisses et paniers de vingt-cinq bouteilles et au-dessus.

99. Ne seront pas considérés comme marchands en gros, les particuliers recevant accidentellement une pièce, une caisse ou un panier de vin pour le partager avec d'autres personnes, pourvu que, dans sa déclaration, l'expéditeur ait énoncé, outre le nom et le domicile du destinataire, ceux des copartageants, et la quantité destinée à chacun d'eux.

La même exception sera applicable aux personnes qui, dans le cas de changement de domicile, vendront les boissons qu'elles auront reçues pour leur consommation.

Elle le sera également aux personnes qui vendraient, immédiatement après le décès de celle à qui elles auraient succédé, les boissons dépendant de sa succession et provenant de sa récolte ou de ses provisions, pourvu qu'elle ne fût ni marchand en gros, ni débitant, ni fabricant de boissons.

100. Les dénommés en l'article 97 pourront transvaser, mélanger et couper leurs boissons hors la présence des employés; les pièces ne seront pas marquées à l'arrivée : seulement il sera tenu, pour les boissons en leur possession, un compte d'entrée et de sortie, dont les charges seront établies d'après les congés, acquits-à-caution ou passavants qu'ils se-

ront tenus de représenter, sous peine de saisie, et les décharges d'après les quittances du droit de circulation.

Les eaux-de-vie et esprits seront suivis par degrés. Les charges seront accrues, lors du règlement de compte, en proportion de l'affaiblissement du degré des quantités expédiées ou restant en magasin.

101. Les employés pourront faire, à la fin de chaque trimestre, les vérifications nécessaires, à l'effet de constater les quantités de boissons restant en magasin, et le degré des eaux-de-vie et esprits.

Indépendamment de ces vérifications, ils pourront également faire, dans le cours du trimestre, toutes celles qui seront nécessaires pour connaître si les boissons reçues ou expédiées ont été soumises au droit à la circulation ou aux droits dont elles pourraient être passibles.

Ces vérifications n'auront lieu que dans les magasins, caves et celliers, et seulement depuis le lever jusqu'au coucher du soleil.

102. Les dénommés en l'article 97 pourront faire accidentellement des ventes de boissons en quantités inférieures à celle fixée par l'article 98. Ils seront tenus de payer le droit de détail pour ces ventes, lorsque la quantité expédiée ne formera pas un hectolitre, si elle est en une ou plusieurs futailles, ou vingt-cinq litres, si elle est en bouteilles. Les vins, eaux-de-vie et liqueurs en bouteilles, expédiés en quantité de vingt-cinq litres et au-dessus, devront être contenus dans des caisses ou paniers fermés et emballés suivant les usages du commerce.

103. Il sera accordé aux marchands en gros, pour ouillage, coulage et affaiblissement de degrés, une déduction de cinq pour cent par an sur les eaux-de-vie au-dessous de vingt-huit degrés, et de six pour cent sur les eaux-de-vie rectifiées et esprits de vingt-huit degrés et au-dessus, et de six pour cent sur les cidres et poirés.

Le décompte de cette déduction sera fait à la fin de chaque trimestre, en raison de la durée du séjour des eaux-de-vie, cidres et poirés en magasin.

La déduction sur les vins sera de six pour cent divisés par portions égales sur les trimestres d'octobre et de janvier, pour les vins nouveaux entrés pendant ces deux trimestres; et d'un pour cent, pour chacun de ceux d'avril et de juillet, sur les vins existant lors de ces deux exercices.

La régie pourra accorder une plus forte déduction pour les vins qui éprouvent un déchet supérieur à la remise ci-dessus fixée (1).

104. Les marchands en gros seront tenus de payer un droit égal à celui de détail, d'après le prix courant du lieu de leur résidence, sur les quantités de boissons qui seront reconnues manquer à leurs charges, après la déduction accordée pour coulage et ouillage.

105. Nul ne pourra faire une déclaration de cesser le commerce en gros des boissons, tant qu'il conservera en sa possession des boissons qu'il aura reçues en raison de ce commerce, excepté toutefois lorsque la quantité n'excédera pas celle reconnue nécessaire pour sa propre consommation.

106. Toute personne qui fera le commerce des boissons en gros sans déclaration préalable, ou après une déclaration de cesser, ou qui, ayant fait une déclaration de marchand en gros, exercera réellement le commerce des boissons en détail, sera punie d'une amende de cinq cents francs à deux mille francs, sans préjudice de la saisie et de la confiscation des boissons en sa possession. Elle pourra en obtenir la main-levée en payant une somme de deux mille francs, indépendamment de l'amende prononcée par le tribunal.

Toute autre contravention aux dispositions du présent chapitre sera punie de la confiscation des objets saisis, et d'une amende qui ne pourra être moindre de cinquante francs, ni supérieure à trois cents francs. En cas de récidive, cette amende sera toujours de cinq cents francs.

COMMENTAIRE.

1. *Qu'entend-on par marchand en gros et spécialement par marchand ?*
2. *Vente en gros. — Vente en détail. — Cette dernière interdite au marchand en gros.*
3. *Comment on doit entendre cette interdiction.*
4. *Obligations du marchand en gros.*
5. *Les alcools sont-ils compris dans l'obligation d'expédier par cent litres en cercles et vingt-cinq litres en bouteilles.*

---

(1) Les lies qui sont prouvées provenir de vins pris en charge, sont exemptes du droit de détail. *Arrêt de la Cour de Cassation (section civile), du 30 décembre 1818, affaire de l'Administration des Contributions indirectes contre le sieur Lorlon-Pavis*, rendu vu l'article 103 de la loi. — Premier Cahier, page 45, du Journal des Audiences de 1819.

6. *Comment le marchand en gros peut-il expédier au détaillant?*
7. *Mélange et coupage.*
8. *Tromperie sur la nature de la marchandise vendue.*
9. *Fabrication du vinaigre. — Formalités.*
10. *De l'exercice chez les marchands en gros. — Son étendue.*
11. *Ce qu'on entend par obstacle à l'exercice.*
12. *Limite de l'exercice.*
13. *Déductions pour ouillage, coulage, soutirage et affaiblissement de degrés. — Tableau.*
14. *Cette déduction comprend les quantités consommées par le marchand.*
15. *Mode de paiement des droits sur les manquants.*
16. *Les manquants reconnus ne constituent pas une contravention.*
17. *De la main-levée des saisies.*

1. Le marchand en gros est celui qui habituellement achète en grande partie pour revendre par portions encore importantes. La loi estime que le marchand de vins en gros est celui qui vend en cercles des quantités de cent hectolitres au moins, et en bouteilles par paniers d'au moins vingt-cinq.

Il faut bien se fixer sur ce que la loi entend par marchand; c'est l'individu qui achète pour revendre. Si donc un propriétaire récoltant vend sa récolte et achète pour la consommation de sa maison d'autres boissons, il n'est pas marchand, et les dispositions spéciales qui les concernent ne lui sont pas applicables.

2. Le marchand en gros ne peut pas vendre en détail sans s'exposer à la pénalité portée par l'article 106 de la loi de 1816, pénalité considérable; pour l'éviter, il faut donc bien se fixer sur la distinction entre le commerce en gros et celui en détail.

Il y a vente au détail lorsque le marchand vend à *pot renversé*, c'est-à-dire une quantité de boisson qui est immédiatement consommée chez lui par l'acheteur, et encore lorsqu'il vend par petites quantités à tout consommateur qui se présente, apportant le vase dans lequel il emporte sa boisson acquise.

Mais il y a vente en gros lorsque le marchand vend, n'importe quelle quantité, à tout acheteur auquel il livre à domicile, au moyen de vases lui appartenant.

3. Une seule contravention de vente au détail ne suffit pas pour faire encourir au marchand en gros la pénalité de l'article 106. Au moins, dans notre pensée, la loi veut qu'il y ait *exercice réel du commerce en détail*, c'est-à-dire habitude. L'administration doit donc établir l'habitude de la contravention qu'elle dénonce.

4. Les marchands en gros sont assujettis à des obligations à peu près semblables à celles des marchands en détail; ils sont tenus à une déclaration préalable, et subissent les visites des employés. Ils ne sont pas tenus de justifier d'un bail authentique pour la location des biens dans lesquels ils exercent leur industrie, condition que nous avons vue imposée au marchand en détail.

5. La substitution du droit général de consommation sur les eaux-de-vie, aux divers droits imposés par la loi de 1816, apporte en cette matière, comme dans les précédentes, d'importantes modifications dans la situation des marchands. Les marchands en gros peuvent réduire leurs envois d'eaux-de-vie et liqueurs au-dessous de 200 litres en cercles et vingt-cinq litres en bouteilles. Cette faculté résulte encore plus de la force de la loi du 24 juin 1824 que de la tolérance de l'administration. Cependant la loi de 1816 n'étant pas abrogée en ce point, la régie pourrait tenir de nouveau la main à son exécution; mais ce serait une mesure vexatoire pour le marchand et sans intérêt pour le trésor.

L'obligation d'expédier par cent litres en cercles et 25 litres en bouteilles n'existe donc plus aujourd'hui en pratique que pour les vins, cidres, poirés et hydromels.

6. Les deux articles 58 et 98 de la loi de 1816 peuvent-ils s'accorder? On se rappelle que l'article 58 défend aux marchands en détail d'avoir chez eux des boissons en vaisseaux d'une contenance moindre d'un hectolitre, et l'article 98 autorise le marchand en gros à expédier par quantité de vingt-cinq bouteilles. S'ensuit-il que le marchand en gros ne pourra expédier au détaillant?

Évidemment non, l'article 58 n'a eu en vue que les boissons s'expédiant et se conservant en cercle, et n'a jamais pu, dans l'esprit du législateur, s'appliquer aux boissons expédiées et conservées en bouteilles, notamment aux liqueurs. Le marchand en gros peut donc expédier, dans les termes de l'article 98, des boissons aux détaillants.

7. L'article 100 autorise les marchands en gros à faire (hors la présence des employés) les mélanges et coupages. Que faut-il entendre par chacun de ces mots ?

Mélange. C'est la réunion dans le même vaisseau de deux boissons prises en charge par la régie.

Coupage. C'est l'addition d'une certaine quantité d'eau-de-vie dans les vins, cidres, poirés et hydromels.

Le mélange, tel que nous l'avons défini, peut avoir lieu hors la présence des employés, qui constateront seulement la réunion, trouvant toujours la même quantité de liquide réunie au lieu d'être distincte.

Mais le coupage ne peut avoir lieu qu'en présence des employés, afin qu'ils puissent décharger le débitant de la quantité d'eau-de-vie versée, et prendre en charge une pareille quantité de vin. Il n'y aurait possibilité d'opérer le coupage hors la présence des employés que pour l'addition d'eau aux eaux-de-vie et liqueurs, ces boissons étant prises en charge eu égard au degré alcoolique, et non à la quantité.

La régie ne peut se refuser à constater le mélange d'eau et de vin ; les marchands sont libres d'opérer cette addition.

8. Mais cette addition constitue un délit d'un autre ordre, celui de tromperie sur la nature de la marchandise vendue, prévu et puni par l'article 423 du Code pénal, ainsi conçu :

« Quiconque aura trompé l'acheteur....... sur la nature de
« toute marchandise...., sera puni de l'emprisonnement pen-
« dant trois mois au moins, un an au plus, et d'une amende
« qui ne pourra excéder le quart des restitutions et dommages-
« intérêts, ni être au-dessous de cinquante francs. »

La jurisprudence a établi que la vente du vin avec addition d'eau constitue le délit de tromperie sur la nature de la marchandise vendue, l'acquéreur entendant acheter du vin et non un mélange.

9. Les marchands en gros qui se livrent à la fabrication des vinaigres obtiennent de l'administration la décharge des boissons qui servent à leur fabrication.

Il faut que la fabrication ait lieu en présence des commis.

Si les vinaigres sont soumis, dans le lieu où ils sont faits, à un droit d'octroi, un compte est ouvert au débit du fabricant pour l'acquit de ce droit.

L'administration suit les vinaigres par compte séparé, tant qu'ils sont dans les magasins du fabricant.

10. L'article 101 fixe les limites dans lesquelles doit se renfermer l'exercice que les commis sont autorisés à faire chez les marchands en gros. Cet article a été complété par la loi spéciale du 23 avril 1836, ainsi conçu:

« Les vérifications que les employés des contributions in-
» directes, sont autorisés, par l'article 101 de la loi du
» 28 avril 1816, à faire dans les caves, celliers et maga-
» sins des marchands de boissons en gros, pour connaître si les
» boissons reçues ou expédiées ont été soumises aux droits,
» ne peuvent être empêchées par aucun obstacle du fait de
» ces marchands, et ceux-ci doivent toujours être en mesure,
» soit par eux-mêmes, soit par leurs préposés, s'ils sont
» absents, de déférer immédiatement aux réquisitions des
» employés. »

11. La loi veut donc qu'à toute réquisition des employés, les magasins, caves et celliers des marchands en gros leur soient ouverts. Tout obstacle provenant d'un fait, *même passif*, du marchand ou d'un de ses employés, constitue un refus d'exercice, par exemple l'absence des chefs.

12. Mais l'exercice des commis chez les marchands en gros a été limité par le texte même de la loi, d'une manière précise, aux caves, magasins et celliers, c'est-à-dire aux lieux où sont d'ordinaire déposées les boissons. L'entrée des logements, appartements et lieux divers d'habitation du marchand en gros et de sa famille est donc interdite aux employés.

13. Les déductions accordées aux marchands en gros pour ouillage, coulage, soutirage et affaiblissement de degrés, ont subi depuis la loi de 1816 diverses modifications.

Par la loi du 25 mars 1817 — sept pour cent.

Par la loi du 24 juin 1824 — huit pour cent.

La loi actuellement en vigueur est celle du 20 juillet 1837, qui a abandonné le système de déduction uniforme pour un système de déduction basé sur la nature du liquide, la position de l'assujetti et le département qu'il habite. Voici le texte :

« La déduction accordée par la loi du 24 juin 1824 pour ouillage, coulage, soutirage et affaiblissement de degrés sur les vins et l'alcool, sera fixée suivant les lieux et la nature des boissons, par une ordonnance royale rendue sous forme de règlement d'administration publique, sans toutefois que cette déduction puisse être inférieure à 4 p. 0/0. »

Une ordonnance du 21 décembre 1838 a été rendue en conformité de cette loi et présente deux tableaux.

Le premier range les départements en trois classes pour les vins, et en deux classes pour les alcools et liqueurs.

Le second présente les déductions à allouer annuellement sur les vins, cidres, poirés, hydromels et alcools, tant en cercles qu'en bouteilles, pour ouillage, coulage, soutirage, affaiblissement de degrés et autres déchets.

Voici ce tableau :

CLASSE des DÉPARTEMENTS.	QUOTITÉ POUR CENT des déductions annuelles.					
	Vins.		Alcools et liqueurs.	Cidres et poirés.		Hydromels.
	Propriétaires récoltants qui n'entreposent que le produit de leur récolte.	Marchands en gros et autres entrepositaires.	Alcools et liqueurs.	Propriétaires récoltants qui n'entreposent que le produit de leur récolte.	Marchands en gros et autres entrepositaires.	Marchands en gros et autres entrepositaires.
Pour les vins { 1re classe.	9	8	»	»	»	»
2e classe..	8	7	»	»	»	»
3e classe..	7	6	»	»	»	»
Pour les alcools { 1re classe.	»	»	7	»	»	»
2e classe..	»	»	6	»	»	»
Pour les cidres, poirés et hydromels. } Cl. unique	»	»	»	10	7	7

Quant au classement des départements, il a été fait ainsi :

pour les vins, les départements du midi forment la première classe, ceux du centre la seconde, et ceux du nord la troisième ; pour les alcools et liqueurs, les départements au-dessous de la Loire forment la première classe ; ceux au-dessus, la seconde.

14. Les déductions ainsi consenties comprennent les boissons consommées par le marchand en gros et sa maison, il n'y a donc pas lieu d'ajouter une déduction à celle ci-dessus fixée pour consommation personnelle.

15. Sous l'empire de la loi du 24 juin 1824, les droits sur les manquants n'étaient acquis à la régie qu'à l'expiration de chaque année ; elle pouvait seulement exiger un cautionnement si l'exercice d'un trimestre faisait connaître une quantité de manquant excédant la déduction proportionnelle allouée pour trois mois.

La loi du 20 juillet 1837 a modifié cet état de chose.

« Tout manquant extraordinaire qui sera reconnu chez les » marchands en gros ou entrepositaires de boissons, en sus du » déchet légal accordé pour l'année entière sur les quantités » emmagasinées, sera immédiatement soumis au droit. »

Il y a lieu, à la fin de chaque année, à un décompte final dans lequel on fait figurer les comptes partiels pour établir un solde définitif.

16. Les manquants constatés chez un marchand en gros ne le constituent pas en contravention, il est seulement soumis au paiement immédiat des droits sur les quantités manquantes. (Art. 104.)

17. Les marchands en gros peuvent obtenir la main-levée des saisies pratiquées sur les boissons en payant 2,000 fr. — Ce paiement peut avoir lieu à la volonté du saisi, avant comme après le jugement. — L'administration ne peut se refuser à la main-levée.

Le paiement ne fait pas obstacle à une transaction avec la régie.

TEXTE DE LA LOI DU 28 AVRIL 1816.

CHAPITRE V.

DES BRASSERIES.

107. Il sera perçu, à la fabrication des bières, un droit de deux francs par hectolitre de bière forte, et de cinquante centimes par hectolitre de petite bière.

Ce dernier droit sera de 75 centimes lorsqu'il sera constaté par un arrêté du préfet pour chaque arrondissement, et sur l'avis du sous-préfet, qui prendra celui des maires, que l'hectolitre se vend cinq francs et au-dessus (1).

108. Il n'y aura lieu à faire l'application de la taxe sur la petite bière, que lorsqu'il aura été fabriqué plusieurs brassins avec la même drêche ; et cette exception ne sera appliquée qu'au dernier brassin, pourvu d'ailleurs qu'il ne soit entré dans sa fabrication aucune portion des matières résultant des trempes données pour les premiers, qu'il n'ait été fait aucune addition ni remplacement de drêche, et que la chaudière où il aura été fabriqué n'excède, en contenance, aucune de celles qui auront servi pour ces brassins ; faute de quoi, tous les brassins seront réputés de bière forte et imposés comme tels. (2)

109. Le produit des trempes données pour un brassin ne pourra excéder de plus du vingtième la contenance de la chaudière déclarée pour sa fabrication ; la régie des contributions indirectes est autorisée à régler, suivant les circonstances, l'emploi de cet excédant, de manière qu'il ne puisse en résulter aucun abus.

110. La quantité de bière passible du droit sera évaluée, quelles qu'en soient l'espèce et la qualité, en comptant pour chaque brassin la contenance de la chaudière, lors même qu'elle ne serait pas entièrement pleine. Il sera seulement dé-

---

(1) Voyez l'article 8 de la loi du 1er mai 1822, rapporté ci-après.
(2) Même avant la loi du 1er mai 1822, la régie ne pouvait percevoir que la taxe de la petite bière sur la bière provenue de second brassin, lorsque l'on s'était borné à la fabrication de deux brassins seulement avec la même drêche. *Arrêt de la Cour de Cassation (section civile)*, du 14 janvier 1824, *affaire de la Direction des contributions indirectes contre le sieur Queulain de Linuale*, rendu vu l'article 108 de la loi du 28 avril 1816, et la loi du 1er mai 1822. — Troisième Cahier, page 132, du Journal des Audiences de 1824.

duit, sur cette contenance, vingt pour cent pour tenir lieu de tous déchets de fabrication, d'ouillage, de coulage et autres accidents.

111. Les employés de la régie sont autorisés à vérifier, dans les bacs et cuves ou à l'entonnement, le produit de la fabrication de chaque brassin.

Tout excédant à la contenance brute de la chaudière sera saisi. Un excédant de plus du dixième supposera, en outre, la fabrication d'un brassin non déclaré, et le droit sera perçu en conséquence, indépendamment de l'amende encourue.

Tout excédant à la quantité déclarée imposable par l'article 110 sera soumis au droit, quand il sera de plus du dixième de cette quantité, soit qu'on le constate sur les bacs ou à l'entonnement.

112. L'entonnement de la bière ne pourra avoir lieu que de jour.

113. Il ne pourra être fait d'un même brassin qu'une seule espèce de bière; elle sera retirée de la chaudière et mise aux bacs refroidissoirs sans interruption : les décharges partielles sont, par conséquent, défendues.

114. La petite bière fabriquée sans ébullition sur des marcs qui auront déjà servi à la fabrication de tous les brassins déclarés, sera exempte de tout droit, pourvu qu'elle ne soit que le produit d'eau froide versée dans la cuve-matière sur ces marcs, qu'elle ne soit fabriquée que de jour, qu'elle n'excède pas en quantité le huitième des bières assujetties au droit pour un des brassins précédents, et qu'en sortant de la cuve-matière elle soit livrée de suite à la consommation, sans être mélangée d'aucune autre espèce de bière.

A défaut d'une de ces conditions, toute la petite bière fabriquée sera soumise au droit, indépendamment des peines encourues pour fausse déclaration, s'il y a lieu.

115. Les bières destinées à être converties en vinaigre sont assujetties aux mêmes droits de fabrication que les autres bières.

Les quantités passibles du droit seront évaluées, lorsque ces bières auront été fabriquées par infusion, en comptant pour chaque brassin, la contenance de la cuve dans laquelle le produit des trempes aura dû être réuni pour fermenter, lors même qu'elle ne serait pas entièrement pleine.

Il sera déduit sur la contenance de la chaudière ou de la cuve, quelles que soient les quantités fabriquées, pourvu qu'elles n'excèdent point la contenance des vaisseaux, vingt pour cent pour tous déchets de fabrication, d'ouillage, de coulage, d'évaporation, et d'autres accidents.

En cas d'excédant à la contenance de la chaudière ou de la cuve, il sera fait application des peines établies par l'article 111 pour les autres bières.

116. Il ne pourra être fait usage, pour la fabrication de la bière, que de chaudières de six hectolitres et au-dessus.

Il est défendu de se servir de chaudières qui ne seraient pas fixées à demeure et maçonnées.

Les brasseries ambulantes sont interdites, et néanmoins la régie pourra les permettre suivant les localités.

117. Les brasseurs seront tenus de faire au bureau de la régie la declaration de leur profession et du lieu où seront situés leurs établissements; ils seront, en outre, obligés à déclarer par écrit la contenance de leurs chaudières, cuves et bacs, avant de s'en servir; ils fourniront l'eau et les ouvriers nécessaires pour vérifier par l'empotement de ces vaisseaux avec les contenances déclarées : cette opération sera dirigée en leur présence par des employés de la régie, et il en sera dressé procès-verbal.

Chaque vaisseau portera un numéro et l'indication de sa contenance en hectolitres.

118. Il est défendu de changer, modifier ou altérer la contenance des chaudières, cuves et bacs, ou d'en établir de nouveaux, sans en avoir fait la déclaration par écrit vingt-quatre heures d'avance. Cette déclaration contiendra la soumission du brasseur, de ne faire usage desdits ustensiles qu'après que leur contenance aura été vérifiée, conformément à l'article précédent.

119. Le feu ne pourra être allumé sous les chaudières, dans les brasseries, que pour la fabrication de la bière.

120. Tout brasseur sera tenu, chaque fois qu'il voudra mettre le feu sous ses chaudières, de declarer, au moins quatre heures d'avance dans les villes, et douze heures dans les campagnes,

1° Le numéro et la contenance des chaudières qu'il voudra employer, et l'heure de la mise de feu sous chacune;

2° Le nombre et la qualité des brassins qu'il devra fabriquer avec la même drèche;

3° L'heure de l'entonnement de chaque brassin;

4° Le moment où l'eau sera versée sur les marcs, pour fabriquer la petite bière sans ébullition, exempte du droit, et celui où elle devra sortir de la brasserie.

Les brasseurs qui voudront faire pour la fabrication du vinaigre, un ou plusieurs brassins par infusion, déclareront, en outre, la contenance de la cuve dans laquelle toutes les trempes devront être réunies pour fermenter.

Le préposé qui aura reçu une déclaration, en remettra une ampliation signée de lui au brasseur, lequel sera tenu de la représenter à toute réquisition des employés, pendant la durée de la fabrication (1).

121. La mise de feu sous une chaudière supplémentaire pourra être autorisée, sans donner ouverture au paiement du droit de fabrication, pourvu qu'elle ne serve qu'à chauffer les eaux nécessaires à la confection de la bière et au lavage des ustensiles de la brasserie. Le feu sera éteint sous la chaudière supplémentaire, et elle sera vidée aussitôt que l'eau destinée à la dernière trempe en aura été retirée.

122. Les brasseurs sont autorisés à se servir de hausses mobiles, qui ne seront point comprises dans l'épalement, pourvu qu'elles n'aient pas plus d'un décimètre (environ quatre pouces) de hauteur, qu'elles ne soient placées sur les chaudières qu'au moment de l'ébullition de la bière, et qu'on ne se serve point de mastic ou autres matières pour les soutenir ou pour les élever.

123. Toutes constructions en charpente, maçonnerie ou autrement, qui seront fixées à demeure sur les chaudières, et qui s'étendront sur plus de moitié de leur contour, seront comprises dans l'épalement; les brasseurs devront en conséquence les détruire, ou faire les dispositions convenables pour qu'elles puissent être épalées.

124. Toute brasserie en activité portera une enseigne, sur laquelle sera inscrit le mot *Brasserie*.

Les brasseurs de profession apposeront sur leurs tonneaux une marque particulière, dont une empreinte sera par eux déposée au bureau de la régie, au moment où ils feront la déclaration prescrite par l'art. 117.

125. Les brasseurs seront soumis aux visites et vérifications des employés, et tenus de leur ouvrir, à toute réquisition, leurs maisons, brasseries, ateliers, magasins, caves et celliers, ainsi que de leur représenter les bières qu'ils auront en leur

---

(1) Voyez l'article 8 de la loi du 1er mai 1822, rapporté ci-après.

possession. Ces visites ne pourront avoir lieu dans les maisons non contiguës aux brasseries ou non enclavées dans la même enceinte.

Ils seront également tenus de faire sceller toute communication des brasseries avec les maisons voisines autres que leur maison d'habitation.

126. Les brasseurs pourront avoir un registre coté et paraphé par le juge de paix, sur lequel les employés consigneront le résultat des actes inscrits à leurs portatifs.

127. Les brasseurs auront, avec la régie des contributions indirectes, pour les droits constatés à leur charge, un compte ouvert qui sera réglé et soldé à la fin de chaque mois.

Les sommes dues pourront être payées en obligations dûment cautionnées, à trois, six ou neuf mois de terme, pourvu que chaque obligation soit au moins de trois cents francs.

128. Les particuliers qui ne brassent que pour leur consommation, les collèges, maisons d'instruction et autres établissements publics, sont assujettis aux mêmes taxes que les brasseurs de profession, et tenus aux mêmes obligations, excepté au paiement du prix de la licence.

Néanmoins les hôpitaux ne seront assujettis qu'à un droit proportionnel à la qualité de la bière qu'ils font fabriquer pour leur consommation intérieure : ce droit sera réglé par deux experts, dont l'un sera nommé par la régie, et l'autre par les administrateurs des hôpitaux ; en cas de discord, le tiers-arbitre sera nommé par le préfet.

129. Toute contravention aux dispositions du présent chapitre sera punie d'une amende de deux cents à six cents francs.

Les bières trouvées en fraude, et les chaudières qui ne seraient pas fixées à demeure et maçonnées, seront, en outre, saisies et confisquées (1).

(1) La Cour de Cassation, chambre criminelle, par arrêt du 15 juillet 1826, rendu entre la régie des contributions indirectes et le sieur Freudenthaller, brasseur, a jugé que, dans le cas où il est reconnu, par un procès-verbal des employés de la régie, non attaqué de faux, qu'un brasseur a dans sa maison une chaudière de la contenance de 214 litres cachée dans le mur et non déclarée à la régie, chaudière servant, de son aveu même, à faire quelquefois du levain de bière, ce brasseur doit être déclaré en contravention, et puni de l'amende portée par l'article 129 de la loi du 28 avril 1816, et que dès-lors doit être cassé l'arrêt qui, au lieu d'appliquer cet article, ordonne une expertise à l'effet d'établir si la chaudière est propre à la fabrication de la bière, ou si elle n'est propre qu'à des usages domestiques étrangers à cette fabrication, une telle expertise étant illégale et frustratoire. — Cet arrêt est rapporté au onzième Cahier, page 416 du Journal des Audiences de 1826.

130. La régie pourra consentir, de gré à gré, avec les brasseurs de la ville de Paris et des villes au-dessus de trente mille âmes, un abonnement général pour le montant du droit de fabrication dont ils seront présumés passibles ; cet abonnement sera discuté entre le directeur de la régie et les syndics qui seront nommés par les brasseurs : il ne pourra être accordé pour 1816 qu'autant qu'il offrira un produit égal à celui d'une année moyenne, calculée d'après la quantité de bière fabriquée dans Paris durant dix années consécutives. Il ne sera définitif qu'après qu'il aura été approuvé par le ministre des finances, sur le rapport du directeur général des contributions indirectes.

131. Dans le cas de l'abonnement autorisé par l'article précédent, les syndics des brasseurs procéderont chaque trimestre, en présence du préfet, ou d'un membre du conseil municipal délégué par lui, à la répartition entre les brasseurs, en proportion de l'importance du commerce de chacun, de la somme à imposer sur tous. Les rôles arrêtés par les syndics, et rendus exécutoires par le préfet ou son délégué, seront remis au directeur de la régie, pour qu'il en fasse poursuivre le recouvrement.

132. Les brasseurs de Paris et des villes au-dessus de trente mille âmes seront solidaires pour le paiement des sommes portées aux rôles ; en conséquence, aucun nouveau brasseur ne pourra s'établir, s'il ne remplace un autre brasseur compris dans la répartition.

133. Pendant toute la durée de l'abonnement, nul brasseur ne pourra accroître les moyens de fabrication, soit en augmentant le nombre et la capacité des chaudières, soit de toute autre manière.

134. Les sommes portées aux rôles de répartition seront exigibles par douzième, de mois en mois, d'avance et par voie de contrainte. À défaut de paiement d'un terme échu, les redevables dûment mis en demeure, ou en cas de contravention à l'article précédent, le ministre des finances, sur le rapport du directeur général des contributions indirectes, sera autorisé à prononcer la révocation de l'abonnement, et à faire remettre immédiatement en vigueur le mode de perception établi par la présente loi, sans préjudice des poursuites à exercer pour raison des sommes exigibles.

135. Au moyen de l'abonnement autorisé par l'article 130, les brasseurs seront dispensés de la déclaration qu'ils sont

tenus, par l'article 120 de la présente loi, de faire au bureau de la régie, avant chaque mise de feu; mais afin de fournir aux syndics les éléments de la répartition, et à la régie les moyens de discuter l'abonnement pour l'année suivante, les brasseurs inscriront, sur leur registre coté et paraphé, chaque mise de feu, au moment même où elle aura lieu. Les commis, lors de leurs visites, établiront sur leur registre portatif les produits de la fabrication, d'après la contenance des chaudières et sous la déduction réglée par l'article 110, et s'assureront seulement par la vérification des quantités de bière existant dans les brasseries, qu'il n'a point été fait de brassin qui n'ait été inscrit sur le registre des fabricants.

136. L'abonnement ne pourra être consenti que pour une année. En cas de renouvellement, les brasseurs procéderont, au préalable, à la nomination d'un tiers des membres du syndicat. Les syndics qui devront être remplacés la première et la deuxième année, seront désignés par le sort. Ils ne pourront, dans aucun cas, être réélus qu'après une année au moins d'intervalle.

137. Les bières fabriquées dans Paris, qui seraient expédiées hors du département de la Seine, seront soumises, à la sortie dudit département, au droit de fabrication établi par l'article 107 de la présente loi, et auquel sont assujettis les brasseurs des départements circonvoisins. Il en sera de même des bières fabriquées dans des villes où l'abonnement avec les brasseurs aura été consenti, lorsqu'elles seront expédiés hors desdites villes.

COMMENTAIRE.

1. *Impôt sur les bières.* — *A la fabrication.*
2. *Sa nature.*
3. *Obligations du fabricant.*
4. *Quotité du droit.*
5. *Bière forte et petite bière.* — *Distinction.*
6. *L'emploi des sirops de fécule et de mélasse peut avoir lieu dans la confection de la petite bière.*
7. *Liberté de manipulation après l'entonnement.*
8. *Perte de bière.* — *Ne donne pas lieu à une restitution de droits payés.*
9. *Exercice.* — *Son but.* — *Son étendue.* — *Ses limites.* — *Visites de nuit.*

10. *Changements aux chaudières.*
11. *Marque des tonneaux.*
12. *Exportation. — Formalités.*
13. *Des contraventions.*

1. Les bières sont soumises à un droit unique de fabrication. Ce droit payé, elles peuvent circuler sans être soumises à l'accomplissement des formalités que nous avons vu imposées aux autres boissons. Nous laissons de côté les droits d'octroi et le droit résultant de l'article 187 de la loi du 28 avril 1816, les droits d'octroi sont communs à un si grand nombre de produits, qu'on ne peut les considérer comme spéciaux aux boissons, et le droit résultant de l'article 137 prend sa source dans une nécessité d'égalité de charge, qui ne constitue pas à proprement parler un impôt.

2. L'impôt est donc payé par le fabricant à la fabrication, suivant la quantité fabriquée et selon la qualité de la bière fabriquée.

3. De là les diverses obligations du fabricant :
Prendre une licence.
Déclarer le lieu où il exerce son industrie, y placer une enseigne. Faire jauger légalement ses chaudières, en déclarer la contenance par écrit, ainsi que celle des cuves et bacs, et n'apporter aucun changement à la contenance de ces vaisseaux sans une déclaration préalable.
Déclarer à l'administration, au moins quatre heures à l'avance dans les villes et douze heures dans les campagnes, l'heure à laquelle il entend mettre le feu sous ses chaudières, et accompagner cette déclaration de diverses autres accessoires, conformément aux dispositions de l'article 120 de la loi de 1816.
N'entonner que de jour.
Marquer ses tonneaux.
Payer les droits dans les formes et délais voulus.
Enfin subir les visites des employés.

4. Les droits sur les bières résultent de la loi du 12 décembre 1830, laquelle a abrogé celle du 1ᵉʳ mai 1822.

« A partir du 1ᵉʳ janvier 1831 les droits de fabrication des » bières seront réduits conformément au tarif annexé à la pré» sente loi. »

Marchands de vins: 34

» *Fabrication des bières dans toute la France.*

» Bière forte. . 2 fr. 40 c. par hectolitre au principal.
» Petite bière. . „ 60 — — »

5. En égard à l'énorme différence qui existe entre l'impôt sur la fabrication de la bière forte et celui qui pèse sur les petites bières, on comprend combien il est important de les distinguer.

La loi du 1er mai 1822 a nettement posé cette distinction : son article 8 abroge l'article 108 de la loi de 1816. Le voici :

« ..... Il ne pourra être fait application de la taxe sur la
» petite bière, que lorsqu'il aura été préalablement fabriqué
» un brassin de bière forte avec la même drèche, et pourvu
» d'ailleurs que cette drèche ait subi pour le premier bassin,
» au moins deux trempes, qu'il ne soit entré dans le second
» brassin aucune portion des métiers résultant des trempes
» données pour le premier; qu'il n'ait été fait aucune addition
» ni aucun remplacement de drèche, et que le second brassin
» n'excède point en contenance le brassin de bière forte.

» S'il était fabriqué plus de deux brassins avec la même
» drèche, le dernier seulement serait considéré comme petite
» bière.

« Indépendamment des obligations imposées par l'art. 120
» de la loi du 28 avril 1816, les brasseurs indiqueront dans
» leur déclaration l'heure à laquelle les trempes de chaque
» brassin devront être données.

» A défaut d'accomplissement des conditions ci-dessus,
» tout brassin sera réputé de bière forte et imposé comme tel. »

6. Ceci posé, nous n'avons plus qu'à faire connaître quelques considérations et décisions qui complètent le texte de la loi de 1816, fort complet en cette matière.

Il a été jugé que l'emploi de sirop de fécule ou de mélasse dans la fabrication de la petite bière est permis, encore bien que les termes de la loi du 1er mai 1822 semblent proscrire l'adjonction dans la chaudière d'aucun ingrédient nouveau à ceux qui ont servi à la confection de la bière forte. Les tribunaux ont avec raison suivi l'esprit et non les termes de la loi de 1822.

7. Aucun coupage ne peut avoir lieu, hors la présence des

employés avant l'entonnement, mais après le brasseur est parfaitement libre de manipuler ses boissons comme bon lui semble. Nous avons fait remarquer en commençant que l'impôt sur la bière ne pesait qu'à sa fabrication, donc une fois la fabrication faite et l'impôt payé, le brasseur peut user de son produit comme bon lui semble et au mieux de ses intérêts.

8. Le principe précédent a aussi ses conséquences fâcheuses : si la bière vient à se perdre après l'entonnement, la perte ne donne pas au fabricant non-seulement le droit mais la possibilité de demander la décharge des droits. La boisson est à ses risques et périls, il profite des manipulations, il supporte les pertes.

9. L'étendue du droit d'exercice posé par les articles 117 et 125 de la loi de 1816 a été interprétée par la loi du 23 avril 1836.

« L'exercice du droit attribué par l'article 117 de la loi
» du 28 avril 1816 aux employés de la régie des contributions
» indirectes, de vérifier par l'empotement la contenance de
» chaudières, cuves et bacs déclarés par les brasseurs, ne peut
» être empêché par aucun obstacle du fait de ces brasseurs ;
» ceux-ci doivent toujours être prêts, par eux-mêmes ou par
» leurs préposés, à fournir l'eau et les ouvriers nécessaires et
» à déférer aux réquisitions des employés. »

Les visites des employés doivent, en principe général, avoir lieu pendant le jour, mais l'article 235 de la loi de 1816 apporte une exception pour les brasseries et les distilleries, *lorsqu'il résultera des déclarations que ces établissements sont en activité*. Si donc la régie n'a pas reçu de déclaration, les commis ne peuvent se présenter pendant la nuit pour exercer, et leur présence forcée constituerait une violation de domicile.

10. La surveillance de l'administration s'applique surtout aux chaudières : vérifier leur contenance et constater si elles n'ont pas un conduit secret qui puisse faire passer la bière dans un lieu où elle échapperait à la vérification. Tel est son but. La loi interdit donc aux brasseurs de faire opérer aucun changement à leurs chaudières sans une déclaration préalable. Mais il faut bien se fixer sur le mot changement, il ne

s'applique légalement qu'à ceux qui auraient pour résultat de modifier la capacité de la chaudière. Le brasseur peut donc, sans être obligé à aucune déclaration, faire tous travaux à ses chaudières autres que ceux qui peuvent en changer la capacité, par exemple, les faire réparer.

11. Les brasseurs sont tenus de faire marquer leurs tonneaux, le défaut de marque constitue une simple contravention qui ne donne pas lieu à une saisie.

12. Le droit de fabrication est restitué au brasseur sur les bières qui sont exportées à l'étranger ou pour les colonies françaises. (Loi du 23 juillet 1820.)
Pour obtenir cette restitution, diverses formalités sont à remplir :
Se munir d'acquit-à-caution ;
Faire sortir les bières de la brasserie en présence des employés et obtenir le visa ;
Obtenir au lieu de sortie le double visa des employés de la régie et des douanes ;
Faire une demande de restitution des droits payés, en joignant à cette demande l'acquit-à-caution muni de tous ses visas, avec mention de sa décharge, la quittance du paiement des droits ou la preuve de ce paiement.

13. Les contraventions que peuvent commettre les brasseurs sont de deux sortes et peuvent entraîner deux pénalités différentes.
Les contraventions à l'article 8 de la loi du 1er mai 1822 (Voyez n° 5). Celles-ci n'ont d'autre effet que de faire considérer tout le brassin comme de bière forte et de le faire imposer comme tel.
Dans ce cas, il n'y a point lieu à faire un procès-verbal de saisie, mais seulement à constater le non accomplissement d'une disposition de la loi du 1er mai 1822.
Toutes les autres contraventions au texte de la loi du 28 avril 1816, chap. V, sont punies d'une amende de deux cents francs à six cents (art. 129).

TEXTE DE LA LOI DU 28 AVRIL 1816.

CHAPITRE VI.

DES DISTILLERIES.

138. Les distillateurs et bouilleurs de profession seront tenus de faire, par écrit, avant de commencer à distiller, toutes les déclarations nécessaires pour que les employés puissent surveiller leur fabrication, en constater les résultats, et les prendre en charge sur leurs portatifs.

Il leur sera délivré des ampliations de leurs déclarations, qu'ils devront représenter, à toute réquisition des employés, pendant la durée de la fabrication (1).

§ Ier. DES DISTILLERIES DE GRAINS, POMMES DE TERRE ET AUTRES SUBSTANCES FARINEUSES.

139. La déclaration à faire par les distillateurs de profession, en conformité de l'article précédent, aura lieu au moins quatre heures d'avance dans les villes, et douze heures dans les campagnes ; elle énoncera :

1° Le numéro et la contenance des chaudières et cuves de macération qui devront être mises en activité ;

2° Le nombre des jours de travail ;

3° Le moment où le feu sera allumé et éteint, chaque jour, sous les chaudières ;

4° L'heure du chargement des cuves de macération ;

5° La quantité de farine qui sera employée ;

6° Enfin, et par approximation, la quantité et le degré de l'eau-de-vie qui devra être fabriquée.

140. Les dispositions des articles 117, 118 et 125, relatives à la déclaration des vaisseaux en usage dans les brasseries, et aux vérifications que les brasseurs sont obligés de souffrir dans leurs ateliers et dépendances, sont applicables aux distillateurs de profession.

---

(1) Les simples bouilleurs de cru ne sont point soumis à la déclaration préalable et à la licence, comme les distillateurs de profession. *Arrêt de la Cour de Cassation (section criminelle), du 20 novembre 1818, affaire du sieur Dornsteller contre l'Administration des Contributions indirectes.* — Troisième Cahier, page 178, du Journal des Audiences de 1819.

§ II. DES DISTILLERIES DE VINS, CIDRES, POIRÉS, MARCS, LIES ET FRUITS.

141. La déclaration à faire par les bouilleurs de profession, en conformité de l'art. 138, aura lieu au moins quatre heures d'avance dans les villes, et douze heures dans les campagnes ; elle énoncera :

1° Le nombre des jours de travail ;

2° La quantité des vins, cidres, poirés, marcs, lies, fruits, mélasse, qui seront mis en distillation ;

3° Par approximation, la quantité et le degré de l'eau-de-vie qui devra être fabriquée.

142. Les directeurs de la régie sont autorisés à convenir de gré à gré, avec les bouilleurs de profession, d'une base d'évaluation pour la conversion des vins, cidres, poirés, lies, marcs ou fruits, en eaux-de-vie ou esprits.

143. Toute contravention aux dispositions du présent chapitre, sera punie conformément à ce qui est prescrit par l'article 129 ci-dessus.

COMMENTAIRE.

1. *La situation des bouilleurs a été déjà examinée.*
2. *Lieux où la fabrication est interdite.*
3. *Obligations des bouilleurs de profession.*
4. *Droits des bouilleurs de profession.*
5. *Explication du texte de l'article 140.*
6. *Déclaration. — Ce qu'elle doit contenir.*
7. *Des bouilleurs de crû.*
8. *Complément du présent chapitre. — Loi du 24 juin 1824, concernant l'exercice des fabriques de liqueurs.*

1. Les obligations imposées par la loi, aux bouilleurs de profession et distillateurs, se trouvent comprises dans la réunion des deux chapitre que nous venons d'examiner, qui concernent : les marchands en gros et les brasseurs. Aussi examinons-nous sommairement ce chapitre.

2. Nous avons dit que la loi du 1er mai 1822 a interdit la fabrication et la distillation des eaux-de-vie dans la ville de Paris.

Celle du 24 mai 1834 a autorisé une semblable interdiction

dans les villes sujettes à octroi, sur la demande des conseils municipaux.

3. Les distillateurs et bouilleurs de profession sont tenus de faire la déclaration de leur industrie, et de se munir d'une licence ;

De souffrir l'exercice des employés (Voir ce que nous venons de dire des brasseurs) ;

De faire les déclarations spéciales de fabrications prescrites par les articles 139 et 141 de la loi du 28 avril 1816 ;

De ne pouvoir faire la vente en détail des boissons, pendant le temps que dure leur fabrication, à moins que le débit ne soit totalement séparé du lieu de fabrication et encore en se munissant d'une permission.

4. Les bouilleurs et distillateurs ont droit aux déductions accordées aux marchands en gros.

Ils peuvent exercer dans le même local ces deux professions de bouilleurs et marchands en gros.

Ils ont la faculté de réclamer l'entrepôt, ils jouissent alors de tous les avantages que cette situation assure, ils en supportent les charges.

Dans les villes sujettes, ils ne jouissent de cette faculté que sous les conditions imposées par l'art. 38 de la loi du 21 avril 1832, c'est-à-dire aux conditions prescrites par les articles 32, 35, 36 et 37 de la loi du 28 avril 1816 (Voir ces articles).

« Ils devront en outre présenter une caution solvable, qui
» s'engagera solidairement avec eux au paiement des droits
» sur les boissons qu'ils ne justifieront pas avoir fait sortir du
» lieu.

« L'entrepositeur sera tenu de déclarer le magasin dans
» lequel il entendra placer les boissons, pour lesquelles il ré-
» clamera l'entrepôt ; il ne pourra jouir de la même faculté
» dans d'autres magasins, s'il n'y est autorisé par la régie. »

5. Les dispositions de l'article 140 s'appliquent à tous les distillateurs, sans distinction des matières qu'ils distillent (loi du 20 juillet 1837).

6. La déclaration à faire conformément à l'article 141 a été rendue plus précise par la loi du 20 juillet 1837, article 10 :

« La déclaration à laquelle sont tenus les bouilleurs de

» profession, en vertu de l'article 141 de la loi du 28 avril
» 1816, énoncera la force alcoolique du liquide mis en distil-
» lation, laquelle sera vérifiée par les employés de la régie, et
» déterminera le minimum de la prise en charge des pro-
» duits de la fabrication.

« En cas de contestation, la force alcoolique sera constatée
» par des expériences faites contradictoirement.

« Les dispositions du présent article sont également appli-
» cables à la distillation des sirops de fécule, des mélasses et
» des autres résidus des fabriques ou raffineries de sucre »

7. La loi du 20 juillet 1827 distingue des bouilleurs de profession les bouilleurs de crû : ces derniers sont les propriétaires ou fermiers qui distillent exclusivement les vins, cidres ou poirés, marcs ou lies, cerises ou prunes, provenant de leur récolte.

Les bouilleurs de crû sont exemptés de la licence.

Ceux qui sont établis hors des lieux sujets n'ont à supporter aucune des obligations imposées aux bouilleurs de profession.

Ceux qui habitent les lieux sujets sont astreints à faire aux employés, la déclaration qui les met à même de suivre les boissons pour la perception des droits.

Enfin, le bouilleur de crû ne jouit des avantages de sa position, qu'autant que la fabrication et le séjour des boissons se passent au même lieu.

8. Nous complétons ce chapitre de la loi de 1816, en y ajoutant le texte commenté de la loi du 24 juin 1824, concernant les fabriques de liqueurs.

LOI DU 24 JUIN 1824

SUR L'EXERCICE DES FABRIQUES DE LIQUEURS.

ART. 1er. Nul ne peut exercer la profession de fabricant de liqueurs, sans en avoir fait préalablement la déclaration au bureau de la régie.

Les liquoristes prendront la licence de débitant ou celle de marchand en gros, suivant qu'ils préféreront se soumettre aux obligations imposées à l'une ou à l'autre de ces professions.

2. Les liquoristes débitants resteront assujettis aux disposi-

tions du chapitre III du Titre Ier de la loi du 28 avril 1816, sous les modifications prononcées par la loi relative à la perception des droits sur l'eau-de-vie.

3. Les dispositions du chapitre IV du Titre Ier de la loi du 28 avril 1816 seront appliquées aux liquoristes marchands en gros, sauf les modifications ci-après.

4. Les liquoristes marchands en gros, domiciliés dans les lieux sujets aux droits d'entrée ou d'octroi, seront toujours cnosidérés comme entrepositaires.

5. Ils ne pourront vendre de liqueurs en détail, ni exercer le commerce en gros des vins, cidres et poirés, que dans des magasins séparés de leurs ateliers de fabrication, et qui n'auront avec ceux-ci et avec les habitations voisines aucune communication que par la voie publique; mais ils pourront faire des envois de liqueurs en toute quantité et à toute destination, au moyen d'expéditions prises au bureau de la régie.

Il leur est interdit de placer dans les ateliers de leurs fabriques, des vins, cidres et poirés, et de s'y livrer à la fabrication des eaux-de-vie; ils pourront seulement rectifier les eaux-de-vie prises en charge à leur compte.

Les magasins destinés à la vente des liqueurs en détail et au commerce en gros des vins, cidres et poirés, seront séparés des ateliers de fabrication dans les six mois de la promulgation de la présente loi.

6. La contenance des vaisseaux servant à la fabrication des liqueurs sera reconnue par l'empotement, et marquée sur chacun d'eux, en présence des employés de la régie : les fabricants fourniront l'eau et les ouvriers nécessaires pour cette opération.

Dans tous les cas, il sera tenu compte des vidanges pour le règlement des droits.

7. Les manquants en eaux-de-vie et esprits seront considérés comme ayant été employés à la fabrication des liqueurs, en la proportion moyenne de quarante litres d'alcool pur pour un hectolitre de liqueur, sous la déduction de huit pour cent, accordée par l'article 5 de la loi relative à la perception des droits sur l'eau-de-vie.

8. Les quantités de liqueurs non représentées, et pour les-

quelles il ne sera point produit d'expéditions légales, seront passibles du droit général de consommation, indépendamment des droits d'entrée et d'octroi dans les lieux sujets.

Les excédants en liqueurs, provenant de la différence entre le résultat éventuel de la fabrication et les bases de conversion, seront simplement pris en charge.

9. Les liquoristes marchands en gros ne pourront faire sortir de leurs fabriques des eaux-de-vie ou esprits en nature, qu'en futailles contenant au moins un hectolitre.

10. Les contraventions aux dispositions de la présente loi, autres que celles prévues par les lois antérieures, seront punies d'une amende de cinq cents à deux mille francs.

COMMENTAIRE.

1. *Fabricant et débitant. — Licences.*
2. *Base de conversion des esprits en liqueurs.*
3. *Comment doivent être comptées les bouteilles, leur prise en charge.*
4. *Distinction entre les liqueurs et les vins.*
5. *Simples infusions.*
6. *Corrélation du texte. — Avis.*

1. Le négociant qui exerce la double profession de fabricant de liqueur et de débitant, peut-il être astreint à prendre deux licences? Un arrêt de cassation a jugé que ce négociant était tenu à faire à la régie une double déclaration pour sa double qualité, cela est parfaitement juste. Mais, doit-il deux fois l'impôt, évidemment non. Il n'exerce en définitive qu'une profession unique : il vend ses produits ; mais, dit-on, ces deux industries doivent être forcément exercées dans des habitations séparées? Qu'importe ; ceci est une précaution que la loi a dû prendre dans l'intérêt du trésor ; mais de cette précaution on ne peut, sans dépasser le but, conclure à un principe. Le fabricant ne pourra avoir son débit dans le même lieu que sa fabrique ; mais ce ne sera qu'un seul négociant payant une seule licence, comme une seule patente ; autant vaudrait dire, dans le système contraire, qu'un marchand doit avoir autant de patentes que de boutiques.

2. La base de conversion des esprits et eaux-de-vie en li-

queurs a éprouvé des changements depuis la loi de 1824; elle est fixée actuellement, par la loi du 25 juin 1841, à trente litres d'alcool pour un hectolitre de liqueur, et cette base peut être élevée à 35 litres par ordonnance. Une ordonnance du 21 août 1841 a uniformément adopté 35 litres d'alcool pour un hectolitre de liqueur. Cette évaluation remplace l'article 7 de la loi du 24 juin 1824.

3. On sait que les bouteilles sont comptées pour litres et les demi-bouteilles pour demi-litres, quant à la perception des droits, conformément à l'article 145 de la loi de 1816; mais relativement aux prises en charge, il n'y a lieu de ne les compter que pour leur contenance réelle, sans cela, lors des transvasions ou expéditions, on trouverait des excédants considérables qui, suivant les cas, pèseraient sur l'assujetti ou sur le trésor, et qui rendraient toute comptabilité impossible.

4. La distinction entre les vins et liqueurs s'opère facilement par la simple dégustation; toutes les boissons à base alcooliques sont des liqueurs, celles à base de vin mélangées d'alcool, dans des proportions inférieures à la tolérance légale, ne doivent pas être rangées dans cette catégorie.

En cas de difficultés entre le négociant et la régie, il y a lieu à une expertise, dont la partie qui succombe supporte les frais.

5. Les négociants qui se bornent à faire infuser des aromates dans des eaux-de-vie pour produire une liqueur aromatisée ne doivent pas être considérés comme fabricants de liqueurs; ce sont seulement des marchands en gros qui doivent être assujettis aux obligations spéciales qui régissent cette profession.

6. En résumé, tous ces textes se tiennent et se complètent les uns par les autres; nous ne pouvons, sous chaque chapitre, répéter ce qui est commun à tous; que ceux qui chercheront les règles de leur profession ne se bornent pas au chapitre spécial qui les concerne; qu'ils lisent l'ensemble des dispositions de la loi de 1816; c'est le seul moyen de comprendre son esprit et de se pénétrer des règles générales; c'est le seul moyen de s'éclairer sur les questions multipliées de détail que le texte, non plus que le commentaire, ne peuvent prévoir.

TEXTE DE LA LOI DU 28 AVRIL 1816.

CHAPITRE VII.

DISPOSITIONS GÉNÉRALES APPLICABLES AU PRÉSENT TITRE.

144. Toute personne assujettie par le présent titre à une déclaration préalable, en raison d'un commerce quelconque de boissons, sera tenue, en faisant ladite déclaration, et sous les mêmes peines, de se munir d'une licence, dont le prix annuel est fixé par le tarif ci-annexé (1).

145. Dans toutes les opérations relatives aux taxes établies par le présent titre, les bouteilles seront comptées chacune pour un litre; les demi-bouteilles, chacune pour un demi-litre, et les droits perçus en raison de ces contenances.

146. Toute personne qui contestera le résultat d'un jaugeage fait par les employés de la régie, pourra requérir qu'il soit fait un nouveau jaugeage en présence d'un officier public, par un expert que nommera le juge de paix, et dont il recevra le serment. La régie pourra faire vérifier l'opération par un contre-expert qui sera nommé par le président du tribunal d'arrondissement. Les frais de l'une et de l'autre vérification seront à la charge de la partie qui aura élevé mal à propos la contestation.

TITRE II.

DES OCTROIS.

147. Lorsque les revenus d'une commune seront insuffisants pour ses dépenses, il pourra y être établi, sur la demande du conseil municipal, un droit d'octroi sur les consommations. La désignation des objets imposés, le tarif, le mode et les limites de la perception, seront délibérés par le conseil municipal et réglés de la même manière que les dépenses et les revenus communaux. Le conseil municipal décidera si le mode de perception sera la régie simple, la régie intéressée, le bail

---

(1) Le bouilleur d'eau-de-vie, qui vend en même temps du cidre de sa récolte, mais dans un magasin séparé de sa distillerie, d'environ 200 mètres, n'est pas tenu de prendre une licence de marchand de boissons en gros. *Arrêt de la Cour de Cassation (section civile), du 26 juillet* 1825, *affaire du sieur Gaillard contre la Direction des Contributions indirectes.* — Treizième Cahier, page 380, du Journal des Audiences de 1825.

à ferme ou l'abonnement avec la régie des contributions indirectes : dans tous les cas, la perception du droit se fera sous la surveillance du maire, du sous-préfet et du préfet (1).

148. Les droits d'octroi continueront à n'être imposés que sur les objets destinés à la consommation locale. Il ne pourra être fait d'exception à cette règle que dans les cas extraordinaires et en vertu d'une loi spéciale.

149. Les droits d'octroi qui seront établis à l'avenir sur les boissons, ne pourront excéder ceux qui seront perçus aux entrées des villes au profit du trésor. Si une exception à cette règle devenait nécessaire, elle ne pourrait avoir lieu qu'en vertu d'une ordonnance spéciale du roi.

150. Les règlements d'octroi ne pourront contenir aucune disposition contraire à celles des lois et règlements relatifs aux différents droits imposés au profit du trésor.

151. En cas de quelque infraction de la part des conseils municipaux aux règles posées par les articles précédents, le ministre des finances, sur le rapport du directeur général des contributions indirectes, en référera au conseil du roi, lequel statuera ce qu'il appartiendra.

152. Des perceptions pourront être établies dans les banlieues autour des grandes villes, afin de restreindre la fraude : mais les recettes faites dans ces banlieues appartiendront toujours aux communes dont elles seront composées (2).

153. Le produit net des octrois, dans toutes les communes où il en est perçu, sera soumis, au profit du trésor, à un prélèvement de dix pour cent, à titre de subvention, pendant la durée de la présente loi.

Il sera fait déduction, sur les produits passibles de cette retenue, du montant de la contribution mobilière, dans les villes où elle est remplacée par une addition à l'octroi

Il en sera de même du montant de l'abonnement que la régie pourrait consentir avec les villes, en remplacement du droit en détail, en exécution de l'article 73 de la présente loi.

---

(1) L'avis du Conseil d'Etat du 20 août 1818 interprète l'article 147 de la loi du 28 avril 1816, en ce sens que toute latitude est réservée au Roi pour statuer, selon les circonstances et les localités, en matière d'octroi, sur les délibérations des conseils municipaux. — Ainsi les articles 147 et 152 de la loi du 28 avril 1816 ont modifié l'article 26 de l'ordonnance du 9 décembre 1814 (ou l'art. 21 de la loi du 8 décembre 1814), qui affranchit des droits d'octroi les dépendances rurales entièrement détachées du lieu principal. — *Ordonnance du Roi, rendue le 1er septembre 1819*, sur l'avis du comité contentieux du 11 août précédent, *affaire des Propriétaires ruraux d'Angoulême contre l'Administration de l'Octroi*. — Cinquième Cahier, page 129, des *Décisions diverses* du Recueil général de 1820, de Sirey.

(2) Voyez ci-après l'article 3 de la loi du 23 juillet 1820.

Marchands de vins.

A compter du 1er juillet 1816, il ne pourra être fait aucun autre prélèvement, soit sur le produit net des octrois, soit sur les autres revenus des communes, sous quelque prétexte que ce soit, et en vertu de quelques lois et ordonnances que ce puisse être. Elles sont expressément rapportées en ce qu'elles pourraient avoir de contraire à la présente loi.

154. Les préposés des octrois seront tenus, sous peine de destitution, d'opérer la perception des droits établis aux entrés des villes, au profit du trésor, lorsque la régie le jugera convenable ; elle fera exercer, relativement à ces perceptions, tel genre de contrôle ou de surveillance qu'elle croira nécessaire d'établir.

Lorsque la régie chargera de la perception des droits d'entrée des préposés commissionnés par elle, les communes seront tenues de les placer avec leurs propres receveurs dans les bureaux établis aux portes des villes.

155. Dans toutes les communes où les produits annuels du droit d'octroi s'élèveront à vingt mille francs et au-dessus, il pourra être établi un préposé en chef de l'octroi. Ce préposé sera nommé par le ministre des finances, sur la présentation du maire, approuvée par le préfet, et sur le rapport du directeur-général des contributions indirectes.

Le traitement du préposé surveillant sera fixé par le ministre des finances, sur la proposition du conseil municipal, et fera partie des frais de perception de l'octroi.

Les dispositions de cet article ne sont point applicables à l'octroi de Paris, dont l'administration reste soumise à des règlements particuliers.

156. Les préposés de tout grade des octrois seront nommés par les préfets, sur la proposition des maires. Le directeur-général des contributions indirectes pourra, dans l'intérêt du trésor, faire révoquer ceux de ces préposés qui ne rempliraient pas convenablement leurs fonctions.

157. Les dix pour cent du produit net des octrois seront versés dans la caisse de la régie, aux époques qu'elle aura déterminées; le montant de ce prélèvement sera arrêté tous les mois par des bordereaux de recettes et dépenses, visés et vérifiés par le préposé surveillant de l'octroi; le recouvrement s'en poursuivra par la saisie des deniers de l'octroi, et même par voie de contrainte, à l'égard du receveur municipal.

158. La régie des contributions indirectes sera autorisée à traiter de gré à gré avec les communes pour la perception de

leurs octrois; les traités ne seront définitifs qu'après avoir été approuvés par le ministre des finances.

159. Tous les préposés comptables des octrois sont tenus de fournir un cautionnement en numéraire, qui sera fixé par le ministre secrétaire d'état des finances, à raison du vingt-cinquième brut de la recette présumée.

Le *minimum* ne pourra être au-dessous de deux cents francs.

Pour les octrois des grandes villes, il sera présenté des fixations particulières.

Ces cautionnements seront versés au trésor, qui en paiera l'intérêt au taux fixé pour ceux des employés des contributions indirectes.

COMMENTAIRE.

1. *Renvoi.*

1. Voir le chapitre III.

TEXTE DE LA LOI DU 28 AVRIL 1816.

Le titre III comprend le DROIT SUR LES CARTES.
Le titre IV traite du DROIT DE LICENCE.

Nous l'avons examiné dans le chapitre Ier.

Le titre V, DES TABACS.
Le titre VI, DES ACQUITS-A-CAUTION.

Il se trouve compris dans le commentaire des deux premiers titres.

TITRE VII.

DISPOSITIONS GÉNÉRALES.

231. Les dispositions des lois, décrets et règlements, auxquelles il n'est pas dérogé par la présente, et qui autorisent et régissent actuellement la perception des droits sur la navigation, les bacs, les bateaux, les péages, les passages de ponts et écluses, les canaux, la pêche, les francs-bords, les matières d'or et d'argent; les voitures publiques, la régie des poudres et salpêtres, sont et demeurent maintenues.

232. Le décime par franc pour contribution de guerre est maintenu sur ceux des droits désignés, établis ou conservés par la présente loi, qui en sont passibles; il sera également perçu en sus des droits établis par les titres Ier, III et IV de la présente loi.

233. La régie des contributions indirectes établira un bureau dans toutes les communes où il sera présenté un habitant solvable qui puisse remplir les fonctions de buraliste.

234. Les buralistes tiendront leur bureau ouvert au public depuis le lever jusqu'au coucher du soleil, les jours ouvrables seulement.

235. Les visites et exercices que les employés sont autorisés à faire chez les redevables, ne pourront avoir lieu que pendant le jour : cependant ils pourront aussi être faits la nuit dans les brasseries, distilleries, lorsqu'il résultera des déclarations que ces établissements sont en activité; et chez les débitants de boissons, pendant tout le temps que les lieux de débit seront ouverts au public.

236. Les visites et vérifications que les employés sont autorisés à faire pendant le jour seulement, ne pourront avoir lieu que dans les intervalles de temps déterminés par l'article 26 de la présente loi (1).

237. En cas de soupçon de fraude à l'égard des particuliers non sujets à l'exercice, les employés pourront faire des visites dans l'intérieur de leurs habitations, en se faisant assister du juge de paix, du maire, de son adjoint, ou du commissaire de police, lesquels seront tenus de déférer à la réquisition qui leur en sera faite, et qui sera transcrite en tête du procès-verbal. Ces visites ne pourront avoir lieu que d'après l'ordre d'un employé supérieur, du grade de contrôleur au moins, qui rendra compte des motifs au directeur du département.

Les marchandises transportées en fraude qui, au moment d'être saisies, seraient introduites dans une habitation pour les soustraire aux employés, pourront y être suivies par eux sans qu'ils soient tenus, dans ce cas, d'observer les formalités ci-dessus prescrites (2).

(1) Depuis sept heures du matin jusqu'à six du soir, dans les mois de janvier, février, novembre et décembre; depuis six heures du matin jusqu'à sept du soir, dans les mois de mars, avril, septembre et octobre; et depuis cinq heures du matin jusqu'à huit heures du soir, dans les mois de mai, juin, juillet et août. (*Dicto articulo* 26.)

(2) Lorsque les employés de la régie des contributions indirectes se sont introduits dans le domicile d'un citoyen non soumis à leurs exercices, sans être munis de l'ordre

238. Les rébellions ou voies de fait contre les employés seront poursuivies devant les tribunaux, qui ordonneront l'application des peines prononcées par le Code Pénal, indépendamment des amendes et confiscations qui pourraient être encourues par les contrevenants. Quand les rébellions ou voies de fait auront été commises par un débitant de boissons, le tribunal ordonnera, en outre, la clôture du débit pendant un délai de trois mois au moins et de six mois au plus.

239. A défaut de paiement des droits, il sera décerné, contre les redevables, des contraintes qui seront exécutoires nonobstant opposition et sans y préjudicier.

240. Les employés n'auront aucun droit au partage du produit net des amendes et confiscations; un tiers de ce produit appartiendra à la caisse des retraites, les deux autres tiers feront partie des recettes ordinaires de la régie: le tout conformément aux dispositions de l'article 137 de la loi du 8 décembre 1814 sur les boissons.

Néanmoins, les employés saisissants auront droit au partage du produit net des amendes et confiscations prononcées par suite des fraudes et contraventions relatives aux octrois, aux tabacs et aux cartes.

A Paris, et dans les villes où l'abonnement général, autorisé par l'art. 72, sera consenti, les communes disposeront, relativement aux saisies, faites aux entrées par les préposés de l'octroi, du tiers affecté ci-dessus à la caisse des retraites de la régie.

exigé par l'article 237, le procès-verbal dressé par eux est nul, encore que le contrevenant ne se soit point opposé à cette violation de son domicile. *Arrêt de la Cour de Cassation (section criminelle), du* 13 *février* 1819, *affaire de la Régie des Contributions indirectes contre le sieur Caubet.* — Troisième Cahier, page 143, du Journal des Audiences de 1819.

Mêmes dispositions en l'*arrêt antérieur du 4 décembre* 1818, rendu entre la même régie et le sieur Arribert, rapporté au premier Cahier, page 27, du même Journal des Audiences de 1819.

Les préposés des contributions indirectes ne peuvent, à peine de nullité de leurs procès-verbaux, faire des visites chez des particuliers non sujets à l'exercice, qu'en exhibant l'ordre d'un employé supérieur, dont l'article 237 de la loi du 28 avril 1816 leur impose l'obligation d'être pourvu à cet effet. — Le défaut d'assistance du juge de paix ou du maire, que l'article 237 exige dans le même cas, se couvre par le silence du particulier chez lequel les employés font la visite sans cette assistance, mais il faut qu'il soit présent. S'il était absent au moment où les employés se sont introduits dans son domicile, ou s'il n'est survenu qu'après la visite commencée, le procès-verbal est nul, quoiqu'il n'ait pas réclamé. — La transcription voulue par ce même article 237, en tête du procès-verbal, de la réquisition d'assistance faite au juge de paix ou au maire, n'est pas prescrite, à peine de nullité. *Arrêt de la Cour de Cassation (section criminelle), du* 10 *avril* 1823, *affaire de la Direction générale des Contributions indirectes contre le sieur Lebarbier.* — Quatrième Cahier, page 176, du Journal des Audiences de 1823, et septième Cahier, page 276, de la Jurisprudence de la Cour de Cassation, de 1823, par Sirey.

241. Les registres portatifs tenus par les employés de la régie seront cotés et paraphés par les juges de paix : les registres de perception ou de déclaration, et tous autres pouvant servir à établir les droits du trésor et ceux des redevables, seront cotés et paraphés, dans chaque arrondissement de sous-préfecture, par un des fonctionnaires publics que les sous-préfets désigneront à cet effet.

242. Les actes inscrits par les employés, dans le cours de leurs exercices, sur leurs registres portatifs, auront foi en justice jusqu'à inscription de faux (1).

243. Les expéditions et quittances délivrées par les employés seront marquées d'un timbre spécial, dont le prix est fixé à dix centimes.

244. Les préposés ou employés de la régie prévenus de crimes ou délits commis dans l'exercice de leurs fonctions, seront poursuivis et traduits, dans les formes communes à tous les citoyens, devant les tribunaux compétents, sans autorisation préalable de la régie : seulement le juge-instructeur, lorsqu'il aura décerné un mandat d'arrêt, sera tenu d'en informer le directeur des impositions indirectes du département de l'employé poursuivi ; le tout conformément aux dispositions de la loi du 8 décembre 1814, art. 144.

245. Les autorités civiles et militaires, et la force publique, prêteront aide et assistance aux employés pour l'exercice de leurs fonctions, toutes les fois qu'elles en seront requises.

246. Une loi spéciale déterminera le mode de procéder, relativement aux instances qui concernent la perception des contributions indirectes (2).

247. Aucunes instructions, soit du ministre, soit du directeur général, ou de la régie des impositions indirectes, soit d'aucuns des préposés, ne pourront, sous quelque prétexte

---

(1) En cas de nullité du procès-verbal, la contravention peut être prouvée par les registres portatifs des employés. *Arrêt de la Cour de Cassation (section criminelle)*, du 20 août 1818, rendu vu particulièrement l'article 34 du décret réglementaire du 1er germinal an 13, et les articles 241 et 242 de la loi du 28 avril 1816, *affaire de l'Administration des Contributions indirectes contre le sieur Desnunes-Bataille*. — Premier Cahier, page 64, du Journal des Audiences de 1819.

(2) Dans les instances relatives à la perception des contributions indirectes, l'instruction doit se faire par écrit, et le jugement doit être rendu sur le rapport d'un juge (loi du 5 ventôse an 12, article 88). — L'article 246 de la loi du 8 avril 1816, portant qu'une loi déterminera le mode de procéder dans ces instances, n'a point replacé cette matière sous l'empire du droit commun. — Il y a lieu de compenser les dépens entre le demandeur et le défendeur en cassation, quand ils ont concouru l'un et l'autre à la violation des formes, donnant ouverture à cassation. *Arrêt de la Cour de Cassation (section civile)*, du 5 mars 1823, *affaire de la Direction générale des Contributions indirectes contre le sieur Pellerin*. — Septième Cahier, page 279, de la Jurisprudence de la Cour de Cassation, de 1823, de Sirey.

que ce soit, annuler, étendre, modifier ou forcer le vrai sens des dispositions de la présente loi.

Les tribunaux ne pourront prononcer de condamnations qui seraient fondées sur lesdites instructions, et qui ne résulteraient pas formellement de la présente loi.

Les contribuables de qui il aurait été exigé ou perçu quelques sommes au-delà du tarif, ou d'après les seules dispositions d'instructions ministérielles, pourront en réclamer la restitution.

Leur demande devra être formée dans les six mois ; elle sera instruite et jugée dans les formes qui sont observées en matière de domaine.

COMMENTAIRE.

1. *Renvoi.*

1. Ces dispositions générales, précises par elles-mêmes, ont été présentées au fur et à mesure que leur application s'offrait dans le cours du commentaire précédent.

CHAPITRE III.

DES OCTROIS. — LOIS SPÉCIALES.

Ce chapitre forme pour ainsi dire une fraction du précédent, fraction importante qui nécessite un traité à part.

On a vu par l'examen de la loi de 1816 que l'octroi n'est qu'une forme particulière comprise dans la généralité des droits frappant les boissons.

DES OCTROIS.

1. *Législation des octrois.*
2. *Division de la matière.*
3. *Renvoi à la loi du 28 avril 1816. Art. 147 et suivants.*

1. Les droits d'octroi destinés à subvenir aux dépenses communales et générales sont prélevés en France depuis le roi Jean.

Les octrois, établis d'abord d'une manière accidentelle ont été ensuite permanents.

Un décret du mois de mars 1791 les a supprimés, ils ont été rétablis en l'an VII et l'an VIII.

La législation des octrois, indispensable à connaître de toutes les personnes qui s'occupent du commerce ou transport des boissons, a pour base une ordonnance du 9 décembre 1814, à laquelle la loi de 1816 sur les boissons et quelques autres dispositions législatives postérieures ont apporté des modifications.

Nous allons mettre sous les yeux le texte de l'ordonnance du 9 décembre 1814, indiquant sous chaque article les dispositions législatives ou judiciaires qui pourraient les avoir modifiés.

2. L'ordonnance du 9 décembre 1814 se compose de treize titres que nous allons énumérer, afin qu'avec la connaissance de la division de la matière on puisse rechercher de suite celle qui occupe.

Titre 1. Dispositions transitoires.
Titre 2. Etablissement des Octrois.

Titre 3. Des matières qui peuvent être soumises au droit d'octroi.
Titre 4. De la perception.
Titre 5. Du passe-debout et du transit.
Titre 6. De l'entrepôt.
Titre 7. Du personnel.
Titre 8. De l'écriture et de la comptabilité des octrois.
Titre 9. Du contentieux.
Titre 10. Des demandes en remplacement ou en suppression d'octroi.
Titre 11. De la surveillance attribuée à la régie des impositions indirectes et des obligations des employés de l'octroi, relativement aux droits du trésor.
Titre 12. De la perception des octrois pour lesquels les communes auront à traiter avec la régie des impositions indirectes.
Titre 13. Dispositions générales.

3. Le titre deuxième du chapitre 7 de la loi du 28 *avril* 1816 traite spécialement des octrois. Nous renvoyons au commentaire de cette loi pour compléter l'exposé de la législation sur cette matière. On comprendra que nous n'ayons pas voulu scinder le texte de la loi de 1816. Au surplus, les dispositions contenues dans ce titre sont spéciales au rapport de l'administration avec les communes et aux proportions dans lesquelles chacune doit profiter des deniers perçus. Elles sont donc d'un intérêt moins journalier que celles particulières aux communes.

Enfin, un décret de 1809 (17 mai) se trouve avoir quelques-unes de ses dispositions encore en vigueur. Nous les rapporterons suivant l'ordre des matières.

TITRE PREMIER.

DISPOSITIONS TRANSITOIRES.

Ce titre qui contient 4 articles est aujourd'hui sans objet, ses dispositions ayant pris fin au 1er janvier 1815.

TITRE II.

DE L'ÉTABLISSEMENT DES OCTROIS.

4. *But des octrois.*

5. *Formalités administratives relativement aux changements et établissements des octrois.*

6. *Frais de premier établissement des octrois.*

4. 5. Les octrois sont établis pour subvenir aux dépenses qui sont à la charge des communes : ils doivent être délibérés d'office par les conseils municipaux. Cette délibération peut aussi être provoquée par le préfet, lorsqu'à l'examen du budget d'une commune, il reconnaît l'insuffisance de ses revenus ordinaires, soit pour couvrir les dépenses annuelles, soit pour acquitter les dettes arriérées, ou pourvoir aux besoins extraordinaires de la commune (1).

5. 6. Les délibérations portant établissement d'un octroi sont adressées par le maire au sous-préfet, et renvoyées par celui-ci, avec ses observations, au préfet, qui les transmet également, avec son avis, à notre ministre de l'intérieur, lequel permet, s'il y a lieu, l'établissement de l'octroi demandé, et autorise le conseil municipal à délibérer les tarifs et règlements.

7. Les projets de règlement et de tarif délibérés par les conseils municipaux, en vertu de l'autorisation de notre ministre de l'intérieur, parviennent de même aux préfets avec l'avis des maires et sous préfets. Les préfets les transmettent à notre directeur général des impositions indirectes, pour être soumis à notre ministre des finances, sur le rapport duquel nous accordons notre approbation, s'il y a lieu.

8. Les changements proposés par les maires ou les conseils municipaux, aux tarifs ou règlements en vigueur, et ceux jugés nécessaires par l'autorité supérieure, ne peuvent être exécutés qu'ils n'aient été délibérés et approuvés de la manière prescrite par les articles précédents.

9. Si les conseils municipaux refusent ou négligent de délibérer sur l'établissement d'un octroi reconnu nécessaire, ou sur les changements à apporter aux tarifs et règlements, il

_____
(1) Le Décret du 17 mai 1809 (Bulletin, n° 239), portant *Règlement sur les Octrois* contient, entre autres dispositions, celles qui suivent.

ART. 1er. Les octrois sont établis pour subvenir aux dépenses qui sont à la charge des communes.

2. Ils continueront d'être délibérés par les conseils municipaux.

3. La surveillance immédiate de la perception des octrois appartient aux m^{res} sous l'autorité de l'administration supérieure.

4. Les préfets qui, à l'examen du budget d'une commune, reconnaîtront l'insuff de ses revenus ordinaires, pourront provoquer le conseil municipal à délibérer l'é ment d'un octroi, après avoir reçu l'autorisation du ministre de l'intérieur, p communes dont les revenus sont au-dessus de vingt mille francs.

nous en sera rendu compte, dans le premier cas, par notre ministre de l'intérieur, et, dans le deuxième par notre ministre des finances; sur les rapports desquels nous statuerons ce qu'il appartiendra.

6. 10. Les frais de premier établissement, de régie et de perception des octrois des villes sujettes au droit d'entrée, seront proposés par le conseil municipal, et soumis, par la régie des impositions indirectes, à l'approbation de notre ministre des finances : dans les autres communes, ces frais seront réglés par les préfets. Dans aucun cas, et sous aucun prétexte, les maires ne pourront excéder les frais alloués, sous peine d'en répondre personnellement.

TITRE III.

DES MATIÈRES QUI PEUVENT ÊTRE SOUMISES AU DROIT D'OCTROI.

7. *Division des matières soumises à l'octroi.*
8. *Liquide. Vins. Vinaigres. Spiritueux.*
9. *Division des eaux-de-vie. Liquide à base d'alcool.*
10. *Bière.*
11. *Huiles.*
12. *Autres objets soumis aux droits d'octroi.*
13. *Imposition par hectolitre.*
14. *Les objets récoltés ou fabriqués dans un lieu soumis à l'octroi y sont sujets.*

7. 11. Aucun tarif d'octroi ne pourra porter que sur des objets destinés à la consommation des habitants du lieu sujet. Ces objets seront toujours compris dans les cinq divisions suivantes;

    Savoir : 1° Boissons et liquides;
              2° Comestibles;
              3° Combustibles;
              4° Fourrages;
              5° Matériaux (1).

8. 12. Sont compris dans la première division : les vins, vinaigres, cidres, poirés, bières, hydromels, eaux-de-vie, esprits, liqueurs et eaux spiritueuses.

---

(1) Aux termes de l'article 16 du décret du 17 mai 1809, aucun tarif ne peut peser que sur les boissons et les comestibles, les combustibles, les fourrages et les matériaux,

Les droits d'octroi sur les vins, cidres, poirés, eaux-de-vie et liqueurs, ne pourront excéder ceux perçus aux entrées des villes sur les mêmes boissons pour le compte du trésor public (Paris excepté).

Les vendanges ou fruits à cidre ou à poiré seront assujettis aux droits, à raison de trois hectolitres de vendange pour deux hectolitres de vin, et de cinq hectolitres de pommes ou de poires pour deux hectolitres de cidre ou de poiré.

9. 13. Les eaux-de-vie et esprits doivent être divisés, pour la perception, d'après les degrés, conformément au tarif des droits d'entrée.

Les eaux dites de Cologne, de la reine de Hongrie, de mélisse et autres dont la base est l'alcool, doivent être tarifées comme les liqueurs.

Cet article a été abrogé par la loi du 24 juin 1824.
Art. 9.

Les droits d'octroi sur les eaux-de-vie et esprits seront perçus par hectolitres d'alcool pur.

10. 14. Dans les pays où la bière est la boisson habituelle et générale, celle importée, quelle que soit la qualité, ne pourra être, au plus, taxée qu'au quart en sus du droit sur la bière fabriquée dans l'intérieur.

11. 15. Les huiles peuvent aussi, suivant les localités, être imposées : la taxe en est déterminée suivant leur qualité ou leur emploi.

12. 16. Sont compris dans la deuxième division les objets servant habituellement à la nourriture des hommes, à l'exception toutefois des grains et farines, fruits, beurre, lait, légumes et autres menues denrées.

17. Ne sont point compris dans ces exceptions, les fruits secs et confits, les pâtes, les oranges, les limons et citrons, lorsque ces objets sont introduits dans les villes en caisses, tonneaux, barils, paniers ou sacs ; ni le beurre et les fromages venant de l'étranger.

18. Les bêtes vivantes doivent être taxées par tête. Les bestiaux abattus au dehors et introduits par quartiers paieront au *prorata* de la taxe par tête. A l'égard des viandes dépecées, fraîches ou salées, elles sont imposées au poids.

19. Les coquillages, le poisson de mer frais, sec ou salé de

toute espèce, et celui d'eau douce, peuvent être assujettis aux droits d'octroi, suivant les usages locaux, soit à raison de leur valeur vénale, soit à raison du nombre ou du poids, soit par paniers, barils, ou tonneaux.

20. Sont compris dans la troisième division, 1° toute espèce de bois à brûler, les charbons de bois et de terre, la houille, la tourbe, et généralement toutes les matières propres au chauffage ; 2° les suifs, cires et huiles à brûler.

21. La quatrième division comprend les pailles, foins et tous les fourrages verts ou secs, de quelque nature, espèce ou qualité qu'ils soient. Le droit doit être réglé par botte ou au poids.

13. 23. Pour toutes les matières désignées au présent titre, les droits doivent être imposés par hectolitre, kilogramme, mètre cube ou carré, ou stère, ou par fractions de ces mesures. Cependant, lorsque les localités ou la nature des objets l'exigent, le droit peut être fixé au cent ou au millier, ou par voiture, charge ou bateau.

14. 24. Les objets récoltés, préparés ou fabriqués dans l'intérieur d'un lieu soumis à l'octroi, ainsi que les bestiaux qui y sont abattus, seront toujours assujettis par le tarif au même droit que ceux introduits de l'extérieur.

TITRE IV.

DE LA PERCEPTION.

15. *Des limites et de l'indication des octrois.*
16. *Obligation des voituriers.*
17. *Obligation des personnes voyageant à pied et en voitures. — Diligences.*
18. *Des courriers et employés des postes.*
19. *Etablissement d'un bureau central d'octroi.*
20. *De l'usage des sondes.*
21. *Obligation des personnes récoltants ou fabricants dans des lieux soumis à l'octroi.*

15. 25. Les règlements d'octroi doivent déterminer les limites de la perception, les bureaux où elle doit être opérée, et les obligations et formalités particulières à remplir par les redevables ou les employés en raison des localités ; sans tou-

Marchands de vins.

tefois que ces règles particulières puissent déroger aux dispositions de la présente ordonnance.

26. Les droits des octrois seront toujours perçus dans les faubourgs des lieux sujets ; mais les dépendances rurales, entièrement détachées du lieu principal, en seront affranchies. Les limites du territoire auquel la perception s'étendra, seront indiquées par des poteaux, sur lesquels seront inscrits ces mots, *Octroi de.....*

> Cet article a été modifié par les dispositions des articles 147 et 152 de la loi de 1816, lesquels autorisent les conseils municipaux à établir des octrois dans les banlieues, conséquemment le conseil municipal peut déterminer comme étant soumis à l'octroi le territoire entier de la commune.

27. Il ne pourra être introduit d'objets assujettis à l'octroi que par les barrières ou bureaux désignés à cet effet. Les tarifs et règlements seront affichés dans l'intérieur et à l'extérieur de chaque bureau, lequel sera indiqué par un tableau portant ces mots, *Bureau de l'octroi*.

16. 28. Tout porteur ou conducteur d'objets assujettis à l'octroi sera tenu, avant de les introduire, d'en faire la déclaration au bureau, d'exhiber aux préposés de l'octroi les lettres de voiture, connaissements, chartes-parties, acquits-à caution, congés, passavants et toutes autres expéditions délivrées par la régie des impositions indirectes, et d'acquitter les droits, sous peine d'une amende égale à la valeur de l'objet soumis au droit. A cet effet, les préposés pourront, après interpellation, faire sur les bateaux, voitures et autres moyens de transports, toutes les visites, recherches et perquisitions nécessaires, soit pour s'assurer qu'il n'y reste rien qui soit sujet aux droits, soit pour reconnaître l'exactitude des déclarations.

Les conducteurs seront tenus de faciliter toutes les opérations nécessaires auxdites vérifications.

La déclaration relative aux objets arrivant par eau contiendra la désignation du lieu de déchargement, lequel ne pourra s'effectuer que les droits n'aient été acquittés, ou au moins valablement soumissionnés.

29. Tout objet sujet à l'octroi, qui, nonobstant l'interpellation faite par les préposés, serait introduit sans avoir été déclaré, ou sur une déclaration fausse ou inexacte, sera saisi,

DE LA PERCEPTION.

17. 30. Les personnes voyageant à pied, à cheval ou en voiture particulière suspendue, ne pourront être arrêtées, questionnées ou visitées sur leurs personnes ou en raison de leurs malles ou effets. Tout acte contraire à la présente disposition sera réputé acte de violence ; et les préposés qui s'en rendront coupables, seront poursuivis correctionnellement, et punis des peines prononcées par les lois.

Une loi du 24 mai 1834 soumet à la vérification de l'octroi, les voitures particulières suspendues.
Cette loi a donc modifié cet article et l'article 32 ci-après.

31. Tout individu soupçonné de faire la fraude à la faveur de l'exception ordonnée par l'article précédent, pourra être conduit devant un officier de police, ou devant le maire, pour y être interrogé ; et la visite de ses effets autorisée s'il y a lieu.

32. Les diligences, fourgons, fiacres, cabriolets et autres voitures de louage sont soumis aux visites des préposés de l'octroi.

18. 33. Les courriers ne pourront être arrêtés à leur passage, sous prétexte de la perception ; mais ils seront obligés d'acquitter les droits sur les objets soumis à l'octroi qu'ils introduiront dans un lieu sujet. A cet effet, des préposés de l'octroi seront autorisés à assister au déchargement des malles.

Tout courrier, tout employé des postes, ou de toute autre administration publique, qui serait convaincu d'avoir fait ou favorisé la fraude, outre les peines résultant de la contravention, sera destitué par l'autorité compétente.

19. 34. Dans les communes où la perception ne pourra être opérée à l'entrée, il sera établi au centre, suivant les localités, un ou plusieurs bureaux. Dans ce cas, les conducteurs ne pourront décharger les voitures ni introduire au domicile des destinataires les objets soumis à l'octroi, avant d'avoir acquitté les droits auxdits bureaux.

20. 35. Il est défendu aux employés, sous peine de destitution et de tous dommages et intérêts, de faire usage de la sonde dans la visite des caisses, malles et ballots annoncés contenir des effets susceptibles d'être endommagés : dans ce cas, comme dans tous ceux où le contenu des caisses ou ballots sera inconnu ou ne pourrait être vérifié immédiatement, la vérification en sera faite, soit à domicile, soit dans les emplacements à ce destinés.

21. 36. Toute personne qui récolte, prépare ou fabrique, dans l'intérieur d'un lieu sujet, des objets compris au tarif, est tenue, sous peine de l'amende prononcée par l'article 28, d'en faire la déclaration et d'acquitter immédiatement le droit, si elle ne réclame la faculté de l'entrepôt.

Les préposés de l'octroi peuvent reconnaître à domicile les quantités récoltées, préparées ou fabriquées, et faire toutes les vérifications nécessaires pour prévenir la fraude. A défaut de paiement du droit, il est décerné contre les redevables, des contraintes qui sont exécutoires, nonobstant oppositions et sans y préjudicier.

TITRE V.

DU PASSE-DEBOUT ET DU TRANSIT.

22. *Du Passe-debout.*
23. *Du Transit.*
24. *Du dépôt des objets en Passe-debout et Transit.*
25. *Transports militaires.*
26. *Pénalité en cas de contravention.*

22. 37. Le conducteur d'objets soumis à l'octroi qui voudra traverser seulement un lieu sujet, ou y séjourner moins de vingt-quatre heures, sera tenu d'en faire la déclaration au bureau d'entrée, conformément à ce qui est prescrit par l'article 28, et de se munir d'un permis de passe-debout, qui sera délivré sur le cautionnement ou la consignation des droits. La restitution des sommes consignées, ainsi que la libération de la caution, s'opéreront au bureau de la sortie.

Lorsqu'il sera possible de faire escorter les chargements, le conducteur sera dispensé de consigner ou de faire cautionner les droits.

23. 38. En cas de séjour au-delà de vingt-quatre heures, dans un lieu sujet à l'octroi, d'objets introduits sur une déclaration de passe-debout, le conducteur sera tenu de faire, dans ce délai et avant le déchargement, une déclaration de transit, avec indication du lieu où lesdits objets seront dépo-

sés, lesquels devront être représentés aux employés à toute réquisition. La consignation ou le cautionnement du droit subsisteront pendant toute la durée du séjour.

24. 39. Les réglements locaux d'octroi pourront désigner des lieux où les conducteurs d'objets en passe-debout ou en transit seront tenus de les déposer pendant la durée du séjour, ainsi que des ports ou quais où les navires, bateaux, coches, barques et diligences devront stationner.

25. 40. Les voitures et transports militaires chargés d'objets assujettis aux droits, sont soumis aux règles prescrites par les articles précédents, relativement au transit et au passe-debout.

26. Aux termes de l'article 65 du décret du 17 mai 1809, les contraventions aux règles du présent titre sont ainsi punies.

Toute soustraction ou décharge frauduleuse, pendant la durée du passe-debout, fera encourir la saisie des objets déchargés, ou la confiscation de la valeur des objets soustraits.

TITRE VI.

DE L'ENTREPOT.

26. *Ce que c'est que la faculté d'entreposer.*
27. *Formalités pour entreposer et retirer les marchandises. — Remises pour perte.*
28. *De l'entrepôt général.*
29. *De l'entrepôt réel. — Formalités.*
30. *De la vente des marchandises en entrepôt.*
31. *De la conservation des objets déposés et des frais de magasinage.*
32. *Pénalité.*

26. 41. L'entrepôt est la faculté donnée à un propriétaire ou à un commerçant, de recevoir et d'emmagasiner dans un lieu sujet à l'octroi, sans acquittement du droit, des marchandises qui y sont assujetties et auxquelles il réserve une destination extérieure.

L'entrepôt peut être réel, ou fictif, c'est-à-dire à domicile : il est toujours illimité. Les réglements locaux doivent déterminer les objets pour lesquels l'entrepôt est accordé, ainsi que les quantités au-dessous desquelles on ne peut l'obtenir.

27. 42. Toute personne qui fait conduire dans un lieu sujet à l'octroi, des marchandises comprises au tarif, pour y être entreposées, soit réellement, soit fictivement, est tenue, sous peine de l'amende prononcée par l'article 28, d'en faire la déclaration préalable au bureau de l'octroi, de s'engager à acquitter le droit sur les quantités qu'elle ne justifierait pas avoir fait sortir de la commune, de se munir d'un bulletin d'entrepôt, et en outre, si l'entrepôt est fictif, de désigner les magasins, chantiers, caves, celliers ou autres emplacements où elle veut déposer lesdites marchandises.

43. L'entrepositaire sera tenu de faire une déclaration au bureau de l'octroi, des objets entreposés qu'il veut expédier au dehors, et de les représenter aux préposés des portes ou barrières, lesquels, après vérification des quantités et espèces, délivrent un certificat de sortie.

44. Les préposés de l'octroi tiennent un compte d'entrée et de sortie des marchandises entreposées : à cet effet, ils peuvent faire à domicile, dans les magasins, chantiers, caves, celliers des entrepositaires, toutes les vérifications nécessaires pour reconnaître les objets entreposés, constater les quantités restantes, et établir le décompte des droits dus sur celles pour lesquelles il n'est pas représenté de certificat de sortie. Ces droits doivent être acquittés immédiatement par les entrepositaires ; et, à défaut, il est décerné contre eux des contraintes, qui sont exécutoires nonobstant exécution et sans y préjudicier.

45. Lors du règlement de compte des entrepositaires, il leur est accordé une déduction sur les marchandises entreposées dont le poids ou la quantité est susceptible de diminuer. Cette déduction, pour les boissons, est la même que celle fixée par l'article 38 de la loi du 8 décembre 1814, relativement aux droits d'entrée. La quotité doit en être déterminée, pour les autres objets, par les règlements locaux.

Il y a longtemps que la loi du 8 décembre 1814, à laquelle se réfère cet article, est abrogée.

La législation en vigueur est celle qui résulte de l'ordonnance du 21 décembre 1838.

Les départements sont divisés en trois classes.

Pour la première classe, il est fait remise, pour ouillage, coulage, soutirage de vins, 9 pour cent de déduction annuelle aux propriétaires récoltants, 8 pour cent aux marchands en gros et entrepositaires.

Pour la deuxième classe, 8 et 7 pour cent, suivant la même distinction.

Pour la troisième classe, 7 et 6 pour cent, suivant toujours la même distinction.

En ce qui concerne les remises pour perte sur les eaux-de-vie et alcools, les départements sont divisés en deux classes : la première jouit de 7 pour cent, la seconde de 6.

Enfin, il est fait remise aux propriétaires récoltants, pour cidres et poirés, 10 pour cent, et aux marchands et entrepositaires, 7 pour cent.

Propriétaires et marchands jouissent de la même remise pour les hydromels ; elle est de 7 pour cent.

28. 46. Dans les communes où la perception des droits sur les vendanges, pommes ou poires, ne peut être opérée au moment de l'introduction, l'administration de l'octroi accordera l'entrepôt à tous les récoltants, et sera autorisée à faire faire un recensement général pour constater les quantités de vin, de cidre ou de poiré fabriquées. Les préposés de l'octroi se borneront, dans ce cas, à faire chaque année deux vérifications à domicile chez les propriétaires qui n'entreposent que les seuls produits de leur crû, l'une avant, l'autre après la récolte.

29. 47. Dans les cas d'entrepôt réel, les marchandises pour lesquelles il est réclamé, sont placées dans un magasin public, sous la garde d'un conservateur ou sous la garantie de l'administration de l'octroi, laquelle est responsable des altérations ou avaries qui proviennent du fait de ses préposés.

48. Les objets reçus dans un entrepôt réel sont, après vérification, marqués ou rouannés, et inscrits par le conservateur, sur un registre à souche, et avec indication de l'espèce, qualité et quantité de l'objet entreposé, des marques et numéros des futailles ou colis, et des noms et demeures du propriétaire : un récépissé détaché de la souche, contenant les mêmes indications, et signé par le conservateur, est remis à l'entrepositaire.

49. Pour retirer de l'entrepôt les marchandises qui y ont été admises, l'entrepositaire est tenu de représenter le récépissé d'admission, de déclarer les objets qu'il veut enlever,

et de signer sa déclaration pour opérer la décharge du conservateur : il est tenu, en outre, d'acquitter les droits pour les objets qu'il fait entrer dans la consommation de la commune, de se munir d'une expédition pour ceux destinés à l'extérieur, et de rapporter au dos un certificat de sortie délivré par les préposés aux portes.

30. 50. Les cessions de marchandises pourront avoir lieu dans l'entrepôt, moyennant une déclaration de la part du vendeur et la remise du récépissé d'admission : il en sera délivré un autre à l'acheteur, dans la forme prescrite par l'article 48.

51. L'entrepôt réel sera ouvert en tout temps aux entrepositaires, tant pour y soigner leurs marchandises que pour y conduire les acheteurs.

52. Les rouliers ou conducteurs qui déposeront à l'entrepôt réel, des marchandises refusées par les destinataires, pourront obtenir de l'administration de l'octroi le paiement des frais de transport et des déboursés dûment justifiés.

31. 53. A défaut, par le propriétaire d'objets entreposés, de veiller à leur conservation, le conservateur se fera autoriser par le maire à y pourvoir. Les frais d'entretien et de conservation seront remboursés à l'administration de l'octroi, sur les mémoires et états réglés par le maire.

54. Les propriétaires d'objets entreposés sont tenus d'acquitter, tous les mois, les frais de magasinage, lesquels doivent être déterminés par le règlement général de l'octroi, ou par un règlement particulier, approuvé de notre ministre des finances.

55. Si, par suite de dépérissement d'objets entreposés, ou par toute autre cause, leur valeur, au dire d'experts appelés d'office par l'administration de l'octroi, n'excède pas moitié en sus des sommes qui peuvent être dues pour frais d'entretien, frais de transport, ou magasinage, il sera fait sommation au propriétaire ou à son représentant, de retirer lesdits objets : et à défaut, ils seront vendus publiquement par ministère d'huissier. Le produit net de la vente, déduction des sommes dues, avec intérêt à raison de cinq pour cent par an, sera déposé dans la caisse municipale, et tenu à la disposition du propriétaire.

32. — Toute déclaration exigée par la présente loi, et qui serait reconnue infidèle par les employés, ferait

encourir au contrevenant une pénalité sévère : — Privation du bénéfice d'entrepôt. — Exigibilité immédiate des droits sur les quantités en magasin. — Sans préjudice des amendes encourues.

TITRE VII.

DU PERSONNEL.

33. *Nominations et révocations.*
34. *Conditions d'âge. — Serment.*
35. *Commission et port d'armes.*
86. *Saisies-arrêts sur les appointements.*
37. *Cautionnements.*
38. *Obligations spéciales. — Droits particuliers.*

33. 56. Conformément à l'article 4 de la loi du 27 frimaire an VIII, la nomination des préposés d'octroi sera faite de la manière suivante :

Notre directeur général des impositions indirectes est autorisé à établir et à commissionner, lorsqu'il le jugera nécessaire, un préposé en chef auprès de chaque octroi.

Notre ministre des finances est également autorisé à nommer et commissionner, sur la proposition du directeur général des impositions indirectes, un directeur et deux régisseurs pour l'octroi et l'entrepôt de Paris.

Les autres préposés d'octroi sont nommés par les préfets, sur une liste triple présentée par le maire.

57. Les préfets sont tenus de révoquer immédiatement, sur la demande de notre directeur général des impositions indirectes, tout préposé d'octroi signalé comme prévaricateur dans l'exercice de ses fonctions, ou comme ne les remplissant pas convenablement.

34. 58. Les préposés de l'octroi doivent être âgés au moins de vingt et un ans accomplis. Ils sont tenus de prêter serment devant le tribunal civil de la ville dans laquelle ils exerceront, et, dans les lieux où il n'y a pas de tribunal, devant le juge de paix. Ce serment est enregistré au greffe, sans qu'il soit nécessaire d'employer le ministère d'avoué.

Il est dû seulement un droit fixe d'enregistrement de trois francs.

59. Le cas de changement de résidence d'un préposé arrivant, il n'y a pas lieu à une nouvelle prestation de serment

il lui suffit de faire viser sa commission, sans frais, par le juge de paix ou le président du tribunal civil du lieu où il doit exercer.

35. 60. Les préposés d'octroi doivent toujours être porteurs de leur commission, et sont tenus de la représenter lorsqu'ils en sont requis.

Le port d'armes est accordé aux préposés d'octroi dans l'exercice de leurs fonctions, comme aux employés des impositions indirectes.

36. 61. Les créanciers des préposés d'octroi ne pourront saisir, sur les appointements et remises de ces derniers, que les sommes fixes déterminées par la loi du 21 ventôse an IX.

> Le cinquième seulement des appointements.
> Cette faveur a été accordée aux employés du gouvernement, sans distinction de l'administration spéciale à laquelle ils appartiennent. Cette faveur, qui se comprenait à une époque où le gouvernement avait peine à trouver des employés et était obligé de leur accorder de grands priviléges, ne s'explique plus aujourd'hui d'une manière suffisante; elle est sans intérêt pour l'État et immorale pour ses employés.

37. 62. Tous les préposés comptables des octrois sont tenus de fournir un cautionnement en numéraire ou en cinq pour cent consolidés, dont la quotité est déterminée par le règlement, et qui ne peut être au-dessous de mille francs. Lorsque ces préposés font en même temps des perceptions pour le compte du trésor public, leur cautionnement est fixé par notre ministre des finances. Ces cautionnements sont versés à la caisse d'amortissement, qui en paie l'intérêt au taux fixé pour les employés des impositions indirectes.

38. 63. Il est défendu à tous les préposés d'octroi, indistinctement, de faire le commerce des objets compris au tarif.

Tout préposé qui favorisera la fraude, soit en recevant des présents, soit de toute autre manière, sera mis en jugement, et condamné aux peines portées par le Code pénal contre les fonctionnaires publics prévaricateurs.

> En principe général, les employés du gouvernement ne peuvent être poursuivis en justice sans l'autorisation de l'administration.

Aux termes de la loi du 9 thermidor an XI, les préfets peuvent autoriser la mise en jugement des employés de l'octroi municipal.

64. Tout préposé destitué ou démissionnaire sera tenu, sous peine d'y être contraint par corps, de remettre immédiatement sa commission, ainsi que les registres et autres effets dont il aura été chargé, et, s'il est receveur, de rendre ses comptes.

65. Les préposés de l'octroi sont placés sous la protection de l'autorité publique. Il est défendu de les injurier, maltraiter, et même de les troubler dans l'exercice de leurs fonctions, sous les peines de droit. La force armée est tenue de leur prêter secours et assistance, toutes les fois qu'elle en est requise.

TITRE VIII.

DES ÉCRITURES ET DE LA COMPTABILITÉ DES OCTROIS.

39. *Des registres, de leur tenue.*
40. *Des comptes, leurs apurements.*

39. 66. Tous les registres employés à la perception ou au service de l'octroi seront à souche. Les perceptions ou déclarations y seront inscrites sans interruption ni lacunes. Les quittances ou expéditions qui en seront détachées, continueront à n'être marquées que du timbre de la régie des impositions indirectes, dont le prix, fixé par la loi à cinq centimes, sera acquitté par les redevables, et son produit versé dans les caisses de la régie.

Le timbre a été porté à 10 centimes par l'article 243 de la loi du 28 avril 1816.

67. Les recettes de l'octroi seront versées à la caisse municipale tous les cinq jours au moins, et plus souvent même dans les villes où les perceptions seront importantes.

68. La régie des impositions indirectes déterminera le mode de comptabilité des octrois, ainsi que la forme et le modèle des registres, expéditions, bordereaux, comptes et autres écritures relatives au service des octrois : elle fera faire la fourniture de toutes les impressions nécessaires, sur la demande des maires.

69. Tous les registres servant à la perception des droits d'entrée sur les vins, cidres, poirés, esprits et liqueurs, aux

déclarations de passe-debout, de transit, d'entrepôt et de sortie pour les mêmes boissons ; ceux employés pour recevoir les déclarations de mise de feu de la part des brasseurs et distillateurs, enfin les registres portatifs tenus pour l'exercice des redevables soumis en même temps aux droits d'octroi et à ceux dus au trésor, seront communs aux deux services. La moitié des dépenses relatives à ces registres sera supportée par l'octroi, et payée sur les mémoires dressés par la régie des impositions indirectes, approuvés par notre ministre des finances.

70. Les registres autres que ceux dont l'usage est commun aux octrois et aux droits d'entrée, seront cotés et paraphés par le maire : ils seront arrêtés par lui le dernier jour de chaque année, déposés à l'administration municipale, et renouvelés tous les ans. A l'égard des autres registres, les maires pourront en prendre communication sans déplacement, et en faire faire des extraits pour ce qui concerne les recettes des octrois.

40. 71. Les états et bordereaux de recettes et de dépenses des octrois seront dressés aux époques qui auront été déterminées par la régie des impositions indirectes. Un double de ces états et bordereaux, signé du maire, sera adressé au préposé supérieur de cette régie, pour être transmis au directeur du département, et par celui-ci à son administration.

72. Les comptes des octrois seront rendus par les receveurs aux maires, et arrêtés par ces derniers dans les trois mois qui suivront l'expiration de chaque année.

72... 73...
L'article 72 a été abrogé par une ordonnance du 23 juillet 1826, qui fixe une nouvelle comptabilité entre les communes et l'administration. Ses dispositions particulières à l'administration sortent de notre cadre. Nous nous bornons à indiquer la date de l'ordonnance.

L'article 73 a été remplacé par l'article 153 de la loi du 28 avril 1816.

L'article 74 par celui 157 de la même loi. (Voir ces deux articles rapportés à leur ordre dans le Commentaire de la loi de 1816.)

TITRE IX.

DU CONTENTIEUX.

41. *Des procès-verbaux.*
42. *Compétence.*
43. *Des saisies.*
44. *Contestations.*
45. *Transactions.*
46. *Produit des amendes.*

41. 75. Toutes contraventions aux droits d'octroi seront constatées par des procès-verbaux, lesquels pourront être rédigés par un seul préposé et auront foi en justice. Ils énonceront la date du jour où ils sont rédigés, la nature de la contravention, et, en cas de saisie, la déclaration qui en aura été faite au prévenu ; les noms, qualités et résidence de l'employé verbalisant et de la personne chargée des poursuites ; l'espèce, poids ou mesure des objets saisis ; leur évaluation approximative, la présence de la partie à la description, ou la sommation qui lui aura été faite d'y assister ; le nom, la qualité et l'acceptation du gardien ; le lieu de la rédaction du procès-verbal et l'heure de la clôture.

Il est à remarquer qu'un procès-verbal en matière de contravention d'octroi peut être rédigé par *un seul* employé, tandis qu'une contravention à la loi sur la circulation et débit de boissons, doit, à peine de nullité être constatée par *deux* employés.

Les employés seuls, munis de commission et ayant prêté serment, peuvent rédiger les procès-verbaux.

Toutes les formalités prescrites doivent être observées à peine de nullité.

76. Dans le cas où le motif de la saisie portera sur le faux ou l'altération des expéditions, le procès-verbal énoncera le genre de faux, les altérations ou surcharges : lesdites expéditions, signées et paraphées du saisissant, *ne varietur*, seront annexées au procès-verbal, qui contiendra la sommation faite à la partie de les parapher, et sa réponse.

77. Si le prévenu est présent à la rédaction du procès-verbal, cet acte énoncera qu'il lui en a été donné lecture et copie : en cas d'absence du prévenu, si celui-ci a domicile ou

résidence connue dans le lieu de la saisie, le procès-verbal lui sera signifié dans les vingt-quatre heures de la clôture.

Dans le cas contraire, le procès-verbal sera affiché, dans le même délai, à la porte de la maison commune.

Ces procès-verbaux, significations et affiches, pourront être faits tous les jours indistinctement.

42. 78. L'action résultant des procès-verbaux en matière d'octroi, et les questions qui pourront naître de la défense du prévenu, seront de la compétence exclusive, soit du tribunal de simple police, soit du tribunal correctionnel du lieu de la rédaction du procès-verbal, suivant la quotité de l'amende encourue.

> Le tribunal de police correctionnelle est exclusivement compétent. (Loi du 24 mai 1834.)

43. 79. Les objets saisis par suite des contraventions aux règlements d'octroi seront déposés au bureau le plus voisin; et si la partie saisie ne s'est pas présentée dans les dix jours, à l'effet de payer la quotité de l'amende par elle encourue, ou si elle n'a pas formé, dans le même délai, opposition à la vente, la vente desdits objets sera faite par le receveur, cinq jours après l'apposition à la porte de la maison commune et autres lieux accoutumés, d'une affiche signée de lui, et sans aucune autre formalité.

80. Néanmoins, si la vente des objets saisis est retardée, l'opposition pourra être formée jusqu'au jour indiqué pour ladite vente. L'opposition sera motivée, et contiendra assignation à jour fixe devant le tribunal désigné en l'article 78, suivant la quotité de l'amende encourue, avec élection de domicile dans le lieu où siége le tribunal. Le délai de l'échéance de l'assignation ne pourra excéder trois jours.

44. 81. S'il s'élève une contestation sur l'application du tarif ou sur la quotité du droit réclamé, le porteur ou conducteur sera tenu de consigner, avant tout, le droit exigé, entre les mains du receveur; faute de quoi, il ne pourra passer outre, ni introduire dans le lieu sujet l'objet qui aura donné lieu à la contestation, sauf à lui à se pourvoir devant le juge de paix du canton. Il ne pourra être entendu qu'en représentant la quittance de ladite consignation au juge de paix, lequel prononcera sommairement et sans frais, soit en dernier ressort, soit à la charge d'appel, suivant la quotité du droit réclamé.

Les tribunaux de police correctionnelle sont seuls compétents. (Loi du 24 mai 1834.)

82. Dans le cas où les objets saisis seraient sujets à dépérissement, la vente pourra en être autorisée avant l'échéance des délais ci-dessus fixés, par une simple ordonnance du juge de paix sur requête.

45. 83. Les maires seront autorisés, sauf l'approbation des préfets, à faire remise, par voie de transaction, de la totalité ou de partie des condamnations encourues, même après le jugement rendu. Ce droit appartient exclusivement à la régie des impositions indirectes, et d'après les règles qui lui sont propres, toutes les fois que la saisie a été opérée dans l'intérêt commun des droits d'octroi et des droits imposés au profit du trésor.

Nous signalons à l'attention cette faculté de l'administration de pouvoir transiger en tout état de cause, même après une condamnation.

Cette faculté appartient à l'administration et au maire. Il ne doit être fait qu'une seule transaction tant pour la régie que pour la commune.

46. 84. Le produit des amendes et confiscations pour contraventions aux règlements de l'octroi, déduction faite des frais et prélèvements autorisés, sera attribué, moitié aux employés de l'octroi pour être réparti d'après le mode qui sera arrêté, et moitié à la commune.

TITRE X.

DES DEMANDES EN SUPPRESSION OU EN REMPLACEMENT D'OCTROI.

47. *Formalités.*

47. 85. Les communes qui voudront supprimer leur octroi, ou le remplacer par une autre perception, en feront parvenir la demande, par le maire, au préfet, qui, après en avoir reçu l'autorisation de notre ministre de l'intérieur, autorisera, s'il y a lieu, le conseil municipal, à délibérer sur cette demande.

86. La délibération du conseil municipal, accompagnée de

l'avis du sous-préfet et du maire, sera adressée par le préfet, avec ses observations et l'état des recettes et des besoins des communes, à notre ministre de l'intérieur, qui statuera provisoirement sur lesdites propositions. Il fera connaître immédiatement sa décision à notre ministre des finances, pour que celui-ci, après avoir soumis le tout à notre approbation, prescrive, tant dans l'intérêt des communes que dans celui du trésor, les mesures convenables d'exécution.

87. Les droits d'octroi continueront à être perçus jusqu'à ce que la suppression de l'octroi ait été autorisée, ou jusqu'à la mise à exécution du mode de remplacement.

TITRE XI.

DE LA SURVEILLANCE ATTRIBUÉE A LA RÉGIE DES IMPOSITIONS INDIRECTES, ET DES OBLIGATIONS DES EMPLOYÉS DE L'OCTROI, RELATIVEMENT AUX DROITS DU TRÉSOR.

48. *Surveillance générale et fonctions des employés.*

48. 88. La surveillance générale de la perception et de l'administration de tous les octrois du royaume est formellement attribuée à la régie des impositions indirectes : elle l'exercera sous l'autorité du ministre des finances, qui donnera les instructions nécessaires pour assurer l'uniformité et la régularité du service, et régler l'ordre de la comptabilité particulière à ces établissements.

89. Les traitements et les frais de bureau des préposés en chef nommés par le directeur général des impositions indirectes, seront à la charge des communes : ils seront proposés par les conseils municipaux, et approuvés par notre ministre des finances, qui pourra les réduire ou les augmenter, s'il y a lieu.

90. Les receveurs d'octroi, dans les communes sujettes au droit d'entrée, seront tenus de faire en même temps la recette de ce droit. Le produit des remises qui seront accordées par la régie des impositions indirectes pour cette perception, sera réparti entre tous les préposés d'octroi d'une même commune, dans la proportion qui sera déterminée par le maire.

91. Les employés des impositions indirectes suivront, dans l'intérêt des communes, comme dans celui du trésor, les exercices, dans l'intérieur du lieu sujet, chez les entrepositaires de boissons, et chez les brasseurs et distillateurs. Il sera tenu

compte par l'octroi à la régie des impositions indirectes, de partie des dépenses occasionées par ces exercices.

92. Les préposés des octrois sont tenus, sous peine de destitution, d'exiger de tout conducteur d'objets soumis aux impôts indirects, comme boissons, tabacs, sels et cartes, la représentation des congés, passavants, acquits-à-caution, lettres de voiture et autres expéditions ; de vérifier les chargements ; de rapporter procès-verbal des fraudes ou contraventions qu'ils découvriront ; de concourir au service des impositions indirectes, toutes les fois qu'ils en seront requis, sans toutefois pouvoir être déplacés de leur poste ordinaire ; enfin, de remettre chaque jour à l'employé en chef des impositions indirectes un relevé des objets frappés du droit au profit du trésor, qui auront été introduits.

Les employés des impositions indirectes concourront également au service des octrois, et rapporteront procès-verbal pour les fraudes et contraventions relatives aux droits d'octroi, qu'ils découvriront.

93. Les préposés des octrois se serviront, pour l'exercice de leurs fonctions, des jauges, sondes, rouannes et autres ustensiles dont les employés des impositions indirectes font usage.

La régie leur fera fournir ces ustensiles, dont le prix sera payé par les communes.

TITRE XII.

DE LA PERCEPTION DES OCTROIS POUR LESQUELS LES COMMUNES AURONT A TRAITER AVEC LA RÉGIE DES IMPOSITIONS INDIRECTES.

49. 94. Les maires qui jugeront de l'intérêt de leur commune de traiter avec la régie des impositions indirectes, pour la perception et la surveillance particulière de leur octroi, adresseront, par l'intermédiaire du sous-préfet, leurs propositions au préfet : celui-ci les communiquera au directeur des impositions indirectes pour donner ses observations, et les soumettre ensuite, avec son avis, à notre directeur général des impositions indirectes, qui proposera, s'il y a lieu, à notre ministre des finances d'y donner son approbation.

95. Les conventions à faire entre la régie et les communes ne porteront que sur les traitements fixes ou éventuels des préposés : tous les autres frais généralement quelconques seront intégralement acquittés par les communes sur les produits bruts des octrois.

La conséquence de ces conventions sera de remettre la perception et le service de l'octroi entre les mains des employés ordinaires des impositions indirectes. Cependant, dans les villes où il sera nécessaire de conserver des préposés affectés spécialement au service de l'octroi, ces préposés continueront à être nommés par les préfets, sur la proposition des maires et après avoir pris l'avis des directeurs des impositions indirectes. Leur nombre et leur traitement seront fixés par cette régie : ils seront révocables, soit sur la demande du maire, soit sur celle du directeur. Lorsque le préfet ne jugera pas convenable de déférer à la demande de ce dernier, il fera connaître ses motifs à notre directeur général desdites impositions, qui prononcera définitivement.

Les maires conserveront le droit de surveillance sur les préposés, et celui de transiger sur les contraventions, dans les cas déterminés par la présente ordonnance.

96. Les traités conclus avec les communes subsisteront de plein de droit, jusqu'à ce que la commune ou la régie en ait notifié la cessation : cette notification aura toujours lieu de part ou d'autre, six mois au moins à l'avance.

97. Les receveurs verseront le montant de leurs recettes, pour le compte de l'octroi, dans la caisse municipale, aux époques déterminées par l'article 67, sous la déduction des frais de perception convenus par le traité, et dont ils compteront comme de leurs autres recettes pour le trésor.

98. La remise du service des octrois pour la perception desquels il aura été conclu un traité avec la régie des impositions indirectes, lui sera faite de la manière prescrite par l'article 1er.

TITRE XIII.

DISPOSITIONS GÉNÉRALES.

50. *Uniformités dans les taxes.*
51. *Exemption des objets pour le service de la marine.*
52. *Exemption des objets pour la fabrication de la poudre.*
53. *Obligation universelle.*

50. 99. Les réglements et tarifs d'octroi, en ce qui concerne les boissons, ne pourront contenir aucune disposition contraire à celles prescrites par les lois et ordonnances pour la perception des impositions indirectes.

100. Les préfets veilleront à ce que les objets portés aux

tarifs des octrois de leur département, soient, autant que possible, taxés au même droit dans les communes d'une même population.

101... 102...

51. 103. Les approvisionnements en vivres, destinés pour le service de la marine, ne sont soumis dans les ports à aucun droit d'octroi.

52. 104. Les matières servant à la confection des poudres, ne seront également frappées d'aucuns droits d'octroi.

53. 105. Nulle personne, quelles que soient ses fonctions, ses dignités ou son emploi, ne pourra prétendre, sous aucun prétexte, à la franchise des droits d'octroi.

LOIS

ET DISPOSITIONS LÉGISLATIVES EN MATIÈRE D'OCTROI SUR LES BOISSONS.

11 juin 1817.

Ordonnance royale portant Création d'un Octroi de banlieue autour de la ville de Paris.

Vu l'article 152 de la loi des finances du 28 avril 1816; — Vu la délibération prise, le 20 septembre 1816, par le conseil général du département de la Seine, faisant fonctions de conseil municipal à Paris; ensemble les observations et l'arrêté de notre conseiller d'État, préfet dudit département, en date du 30 du même mois;

Art. 1er. Il sera établi autour de notre bonne ville de Paris une perception de banlieue sur les eaux-de-vie, esprits et liqueurs;

Elle s'étendra à toutes les communes des arrondissements de Sceaux et de Saint-Denis.

2. Dans le rayon assigné à la perception de banlieue, les eaux-de-vie, esprits et liqueurs seront soumis aux droits de consommation réglés par le tarif ci-après, et autres dispositions de la présente ordonnance.

DÉSIGNATION des EAUX-DE-VIE, ESPRITS et liqueurs.	Montant DU DROIT par hectolitre.	OBSERVATIONS.
Eaux-de-vie en cercles au-dessous de 22 degrés...	15 f. »	Il sera perçu, à la distillation des eaux-de-vie de grains, mélasse, vins, marcs, cidres ou autres substances, un droit égal à celui imposé à l'entrée de la banlieue. Les eaux-de-vie ou esprits altérés par quelque mélange que ce soit sont assujettis aux mêmes droits que les eaux-de-vie ou esprits purs.
Eaux-de-vie en cercles de 22 degrés jusqu'à 28 exclusivement.........	20 »	
Eaux-de-vie rectifiées à 28 degrés et au-dessus, esprits, eaux-de-vie de toute espèce en bouteilles, eaux de senteur et liqueurs composées d'eaux-de-vie ou esprits, tant en cercles qu'en bouteilles......	50 »	

3. La direction de l'octroi de Paris sera chargée de la recette et des autres mesures d'exécution, avec le concours et sous la surveillance des maires, des sous-préfets, et sous l'autorité de notre préfet du département de la Seine et de notre directeur général des contributions indirectes, chacun dans l'ordre de ses attributions.

4. Ladite perception de banlieue ayant pour but de prévenir la fraude aux entrées de Paris et de procurer aux communes rurales du département de la Seine des revenus dont elles ont besoin, les frais de perception seront supportés par lesdites communes et par l'octroi de Paris.

Le prélèvement sur les recettes à la charge des communes rurales ne pourra excéder 10 p. 100 des produits bruts.

La quotité de ce prélèvement sera réglée par le préfet de notre département de la Seine et soumise par notre directeur général des contributions indirectes à l'approbation de notre ministre des finances.

5. La moitié des produits de la perception sera répartie, à la fin de chaque mois, entre les communes situées dans la banlieue, en proportion de leur population respective.

Il sera fait de l'autre moitié un fonds de réserve et de prévoyance, tant pour subvenir au paiement des parts et portions qui, à raison de leur intérêt à des dépenses reconnues communes à plusieurs municipalités, pourront leur être assignées pour la répartition à faire de ces dépenses, dans les formes prescrites par l'article 46 de la loi du 25 mars dernier, que pour accorder des secours à celles qui éprouveraient des besoins impérieux et qui auraient à pourvoir à des dépenses extraordinaires.

7. Le produit net de la perception sera passible du prélèvement des 10 p. 100 ordonné au profit du trésor par l'article 152 de la loi du 28 avril 1816.

8. Le directeur de l'octroi de Paris fera verser dans les caisses des contributions indirectes le montant des 10 p. 100 revenant au trésor, et dans celle du receveur général du département le surplus du produit net.

Ce receveur versera sans retard, et en proportion de ses rentrées, dans les caisses des communes les sommes qui leur seront allouées, soit comme fonds ordinaires, soit comme fonds de supplément.

Les sommes allouées aux communes en vertu des articles précédents feront partie de leur comptabilité, qui continuera à être réglée dans la forme ordinaire.

10. Les limites de la perception, objet de la présente ordonnance, seront déterminées par des poteaux portant ces mots : *Perception de la banlieue de Paris sur les eaux-de-vie, esprits et liqueurs.*

Le placement des bureaux sera déterminé par un arrêté du préfet de la Seine.

11. Tout porteur ou conducteur de boissons spécifiées en l'art. 2 sera tenu, avant d'entrer dans la banlieue, de les déclarer à l'un des bureaux qui seront établis, à cet effet, sur les limites, et d'exhiber aux préposés les lettres de voiture, passavants, congés, acquits-à-caution ou toutes autres expéditions délivrées pour lesdites boissons par la régie des contributions indirectes.

12. Lorsque les boissons seront destinées pour la banlieue, le porteur ou conducteur sera tenu d'acquitter le droit au moment même de la déclaration et avant l'introduction, à moins qu'étant porteur d'un acquit-à-caution, il ne déclare vouloir l'acquitter au moment de la décharge de cette expédition.

13. Les porteurs ou conducteurs de boisson arrivant à destination de Paris ou de l'entrepôt général de cette ville, seront tenus de se munir d'acquits-à-caution au bureau

d'entrée, de la banlieue, si déjà ces boissons ne sont accompagnées d'une semblable expédition délivrée par l'administration des contributions indirectes.

Il en sera de même à l'égard des eaux-de-vie, esprits et liqueurs qui, ayant pour destination un lieu situé hors de la banlieue, en traverseront le territoire pour y arriver.

14. Les eaux-de-vie, esprits et liqueurs qui sortiront de l'entrepôt général ne pourront être enlevés qu'avec un acquit-à-caution.

15. Les acquits-à-caution délivrés en exécution des articles précédents seront déchargés par les employés de l'octroi de Paris ou des contributions indirectes, soit après l'acquittement des droits aux entrées de Paris, soit après la prise en charge à l'entrepôt général, soit enfin après la vérification au bureau de sortie de la banlieue des eaux-de-vie, esprits et liqueurs qui seront expédiés pour le dehors.

16. Il ne pourra être établi de distilleries dans la banlieue qu'en vertu d'une autorisation donnée par le préfet de la Seine.

17. Il sera fait mention sur les congés ou acquits-à-caution délivrés par les préposés des contributions indirectes, pour les eaux-de-vie, esprits ou liqueurs qui seront enlevés de l'intérieur de la banlieue, que l'expéditeur a justifié de l'acquittement du droit de banlieue.

18. Les eaux-de-vie, esprits et liqueurs circulant dans la banlieue sans acquits-à-caution de l'octroi ou sans quittance du droit de banlieue, ou sans que les expéditions dont elles seront accompagnées pour les contributions indirectes présentent la mention voulue par l'article précédent, seront saisis par les préposés de l'octroi ou des contributions indirectes.

19. Conformément à l'art. 53 de la loi du 28 avril 1816, les débitants de boissons seront tenus de représenter aux employés des contributions indirectes les quittances du droit de banlieue pour les eaux-de-vie, esprits et liqueurs qu'ils auront introduits dans leur débit. Celles de ces boissons pour lesquelles il ne pourront justifier de l'acquit de ce droit seront saisies et confisquées.

TITRE IV. — *Dispositions générales.*

21. Les eaux-de-vie, esprits et liqueurs ne pourront être entreposés dans la banlieue. Celles desdites boissons qui au-

ront été déclarées, lors de l'introduction, comme ayant une destination extérieure, et dont le transport serait interrompu par une cause quelconque, devront être conduites à l'entrepôt général de la ville de Paris.

22. Toute contravention aux dispositions de la présente ordonnance sera punie de la confiscation des objets, conformément aux lois en matière d'octroi.

23. Le produit de ces confiscations sera réparti conformément aux règles prescrites pour l'octroi de Paris.

24. Dans tous les cas non prévus par les dispositions qui précèdent, on se conformera, en tout ce qui n'est pas abrogé par les lois en vigueur, aux dispositions de nos ordonnances des 9 et 23 décembre 1814, portant règlement d'octroi.

28 DÉCEMBRE 1825.

Ordonnance royale relative à l'établissement d'un bureau central de vérification de l'octroi de Paris.

Art. 1er. A dater du 1er janvier 1826, les objets non sujets aux droits d'octroi arrivant à Paris, que les propriétaires, destinataires ou conducteurs voudront être dispensés de décharger ou d'ouvrir aux barrières avant l'introduction, seront conduits sous escorte au bureau central de vérification.

Le bureau central sera ouvert depuis le lever jusqu'au coucher du soleil.

2. Ne pourront être admis à la faveur accordée par l'article précédent :

> 1° Les objets soumis aux droits d'octroi, si ce n'est lorsqu'ils se trouveront en petite quantité ou en petit volume, dans des chargements ou colis contenant des objets non soumis aux droits ;
> 2° Les acides nitriques et sulfuriques et tous autres produits chimiques ou substances quelconques pouvant occasioner des risques d'incendie.

3. Notre préfet de la Seine désignera les barrières par lesquelles les chargements pourront entrer à la destination du bureau central, ou être réexpédiés de ce bureau à l'extérieur.

4. Pour être admis à jouir de la faculté accordée par l'article 1er, les conducteurs représenteront aux employés de

l'octroi, avant l'introduction, les lettres de voitures ou bordereaux indicatifs des espèces, poids, quantités et marques des colis qu'ils voudront conduire au bureau central de vérification ; ils déclareront, en outre, que les chargements ne contiennent aucun objet soumis aux droits.

Lorsqu'il s'y trouvera, par exception, quelques objets soumis aux droits, ainsi qu'il est dit à l'article 2, ils en déclareront l'espèce et la quantité.

5. Les objets déclarés pour le bureau central y seront conduits sous escorte et sous plomb de capacité pour les voitures bâchées, ou sous un simple plomb pour les colis détachés.

6. Il y aura chaque jour deux convois gratuits des barrières autorisées au bureau central, et *vice versâ*.

Des convois extraordinaires pourront, en outre, être autorisés par la direction de l'octroi, lorsque les propriétaires, destinataires ou conducteurs se soumettront à payer les frais d'escorte, conformément au tarif en vigueur.

7. Les voitures allant au bureau central, et *vice versâ*, ne pourront stationner en aucun endroit; pendant le trajet, il ne pourra non plus être rien changé au chargement desdites voitures.

8. Au moment de leur arrivée au bureau central, les chargements seront inscrits sur le registre d'entrée, par nombre de colis, après que les plombs auront été reconnus sains et entiers.

9. Les colis qui ne seront pas enlevés du bureau central dans les vingt-quatre heures de leur arrivée seront pris en charge sur un registre à souche et placés dans les magasins après avoir été marqués d'un numéro d'ordre.

La prise en charge des colis aura lieu sans vérification du contenu, elle relatera seulement les noms et demeures des conducteurs et des propriétaires ou de leurs représentants à Paris, le poids brut de chaque colis et la nature des marchandises, d'après les indications fournies par les lettres de voitures ou bordereaux qui resteront déposés au bureau central, et par la déclaration du conducteur.

Un récépissé, signé par le conservateur du bureau central, sera délivré au conducteur ou à la personne qu'il indiquera, et les colis ne seront rendus que sur la remise de cette pièce.

10. Les colis destinés pour l'extérieur de Paris seront expé-

diés de l'entrepôt sans avoir été ouverts au bureau central, mais ils seront mis sous plomb et escortés jusqu'à la barrière de sortie, où l'état des plombs sera vérifié par les employés de l'octroi.

11. Les colis destinés pour l'intérieur de Paris seront vérifiés au moment de leur sortie du bureau central. Les propriétaires ou leurs représentants seront tenus de les faire ouvrir et de se conformer, pour la facilité des visites, aux dispositions prescrites par l'art. 28 de l'ordonnance du 9 décembre 1814 sur les octrois.

En cas de non déclaration ou de fausse déclaration de la nature, espèce et quantité des objets sujets aux droits, ces objets seront saisis conformément aux lois et règlements.

12. La durée du séjour des objets déposés dans le bureau central, quelle que soit leur destination, ne pourra excéder un an.

13. Lorsque, à l'expiration de ce délai, les propriétaires ou leurs représentants n'auront pas réclamé les objets déposés, sommation leur sera faite de les retirer; et, faute par eux d'obtempérer à cette sommation dans le délai d'un mois, les colis seront ouverts, et les marchandises y contenues seront vendues aux enchères reçues par un officier public.

Le produit de la vente, déduction faite des frais de toute nature et des droits, s'il y a lieu, sera versé à la caisse des dépôts et consignations pour le compte de qui il appartiendra.

14. L'administration de l'octroi ne sera point responsable de la nature ni de l'état des marchandises déclarées être contenues dans les colis, toutes les fois qu'elle représentera ces derniers intacts à l'extérieur.

15. Les droits de conduite et de magasinage au bureau central seront fixés ainsi qu'il suit :

Pour chaque plomb, y compris la ficelle. » fr. 15 c.
Pour chaque voiture, lorsqu'il aura été accordé une escorte extraordinaire... 1 »
Pour droit de magasinage, pour chaque colis et par mois............. » 50

Les droits de magasinage seront perçus à la sortie; ils seront les mêmes, quels que soient le poids, le volume et l'espèce des marchandises contenues dans les colis. Un mois commencé comptera comme mois entier.

16. Les ouvriers et les hommes de peine nécessaires au service du bureau central seront nommés, comme tous les préposés de l'octroi, par notre préfet de la Seine, sur la proposition du directeur de l'octroi de Paris, et ils seront porteurs d'une plaque particulière.

17. Les contraventions aux dispositions de la présente ordonnance seront punies de peines prononcées par les lois et règlements sur les contributions indirectes et les octrois.

Il sera déposé au greffe du tribunal de première instance de Paris une empreinte de plomb dont il sera fait usage par l'administration pour y avoir recours en cas d'application des peines prononcées par l'art. 142 du code pénal.

18. Il sera procédé, à l'expiration de chaque exercice, à la reddition du compte des recettes et dépenses du bureau central, conformément aux dispositions de l'art. 7 de notre ordonnance du 23 décembre 1814.

7 JANVIER 1833.

Ordonnance royale portant modification au régime de l'entrepôt général des boissons de la ville de Paris.

Vu les ordonnances des 17 octobre 1819 et 17 février 1830 (1), relatives au remplissage des liquides de la ville de Paris;

Nous avons ordonné et ordonnons ce qui suit :

Art. 1er. Le droit de 25 centimes par hectolitre, établi par l'ordonnance du 17 février 1830, sur les vins reçus au port annexe de l'entrepôt général des boissons de la ville de Paris, est supprimé.

2. Les eaux-de-vie et les vinaigres seront admis au marché dudit port annexe.

3. L'administration de l'octroi prendra en compte tous les liquides qui seront déchargés au port annexe, ou que l'on y conservera sur les bateaux.

Elle passera les écritures, et fera fournir les soumissions nécessaires pour assurer la perception des droits de l'octroi et de ceux d'entrée établis au profit du trésor. Sa surveillance aura seulement pour objet de prévenir la fraude; la garde et la conservation des boissons sont laissées au commerce.

4. Les droits d'octroi et d'entrée seront toujours perçus,

---

(1) V. ces ordonnances, ainsi que les dispositions du règlement du 22 mars 1833, qui s'appliquent à l'annexe de l'entrepôt.

avant l'enlèvement, sur tous les liquides destinés pour Paris. Toute contravention à ces dispositions sera punie des peines portées par les lois sur la fraude aux entrées de Paris.

5. Les liquides reçus au port annexe pourront être expédiés directement pour la ville, en remplissant les conditions du passe-debout.

6. Les transports des liquides de l'annexe à l'entrepôt s'effectueront avec les formalités prescrites par l'administration de l'octroi pour la garantie du droit.

7. Il sera perçu provisoirement sur les eaux-de-vie et esprits déposés à l'entrepôt les mêmes droits de magasinage et de location des caves et celliers qui sont perçus sur les vins.

22 MARS 1833.

Ordonnance royale portant règlement sur l'entrepôt général des boissons, huiles et vinaigres de la ville de Paris.

Vu le décret constitutif de l'entrepôt général des boissons de la ville de Paris, en date du 30 mars 1808 (1), et les différents règlements qui ont déterminé le régime intérieur de cet établissement, ainsi que le tarif des droits à percevoir;

Vu, etc., etc., etc.;

Nous avons ordonné et ordonnons ce qui suit :

De l'admission des liquides dans l'entrepôt.

Art. 1er. L'entrepôt général de l'octroi de Paris, et le marché ouvert dans l'intérieur de cet établissement par le décret constitutif du 30 mars 1808, sont affectés aux vins, eaux-de-vie, esprits, liqueurs, huiles et vinaigres.

Les quantités présentées à l'entrée seront d'un hectolitre au moins.

2. Les liquides destinés pour l'entrepôt ou le port annexe seront déclarés à l'entrée de Paris. Ceux arrivant par terre seront soumis à une première vérification à la barrière d'introduction. Les liquides arrivant par eau ne seront reconnus qu'à l'entrepôt, ou au port annexe.

3. Les chargements seront escortés sans frais lorsqu'ils arriveront aux heures fixées pour les convois gratuits.

Aucun stationnement ne sera permis pendant le trajet. Les droits d'octroi et d'entrée seront exigibles s'il n'est pas justifié

(1) V. les arrêtés des 8 septembre 1836 et 22 mars 1837.

de l'arrivée à l'entrepôt ou au port annexe dans le délai fixé par la déclaration.

4. A leur arrivée à l'entrepôt, les liquides seront vérifiés, et les expéditions qui devront les accompagner, déchargées s'il y a lieu. Les quantités reconnues seront inscrites sur un registre général d'entrée où sera mentionné *pour ordre* le nom du destinataire. Les liquides seront ensuite conduits immédiatement et par ses soins aux caves, celliers et emplacements qui leur appartiendront.

5. Les eaux-de-vie, esprits et liqueurs seront entièrement séparés des vins ; il n'en peut-être placé et vendu que dans les locaux qui leur sont affectés par l'administration de l'octroi. Lorsqu'il devra en être transporté dans les autres caves et magasins pour être versés sur les vins, déclaration préalable sera faite aux employés, qui veilleront à ce que les proportions fixées par l'art. 7 de la loi du 24 juin 1824 ne soient pas dépassées (1).

De la garde et de la conservation des liquides.

6. La garde et la conservation des liquides entreposés et tous les soins qu'ils peuvent exiger sont à la charge des entrepositaires.

7. L'administration de l'octroi ne prend aucune part à la manutention des marchandises ; sa mission est seulement de maintenir le bon ordre dans l'entrepôt, de prendre toutes les précautions convenables pour la sûreté de l'établissement, et de veiller, dans l'intérêt *des acheteurs*, à ce que les boissons ne soient pas altérées par des mixtions nuisibles à la santé.

Envers *les entrepreneurs*, elle n'est responsable que des altérations ou avaries qui seraient prouvées provenir du fait des préposés de l'octroi.

Toutefois, les magasins particuliers pourront être affectés aux eaux-de-vie et esprits que des négociants voudraient placer sous la garantie de la ville.

La nature de cette garantie et le régime de ces magasins seront déterminés par le préfet de la Seine, qui prendra l'avis du conseil municipal.

---

(1) Cet article porte :
« Les eaux-de-vie versées sur les vins seront affranchies de tous droits, pourvu que la quantité employée n'excède pas la proportion de cinq litres d'alcool pur par hectolitre de vin, et que les vins soumis à cette opération, qui ne pourra se faire qu'en présence des préposés de la régie, ne contiennent pas plus de vingt-et-un centièmes d'alcool pur. »

Les arrêtés pris à cet égard par le préfet ne seront exécutoires qu'après l'approbation du ministre du commerce et des travaux publics.

8. Dans l'intérêt des tiers et pour la conservation des loyers, l'administration pourvoira d'office à l'entretien des marchandises abandonnées, et fera procéder à leur vente dans le cas prévu et en remplissant les formalités prescrites par l'art. 55 de l'ordonnance du 9 décembre 1814. Le produit net de la vente, déduction faite des sommes dues, sera versé à la caisse des dépôts et consignations, et tenu à la disposition du propriétaire.

Des mutations dans l'intérieur et de la sortie des liquides.

9. Les cessions de marchandises et toutes autres opérations commerciales s'effectueront dans l'intérieur de l'entrepôt sans aucune déclaration à l'administration de l'octroi.

10. Les sorties de l'entrepôt auront lieu sur une déclaration écrite, signée du vendeur ou de ses agents, mais sans que l'administration réponde en aucune façon de la validité de ces signatures. Elle passera écriture, *pour ordre*, de toutes les sorties sur un registre général.

Les quantités enlevées de l'entrepôt ne pourront être inférieures à l'hectolitre en cercle, ou à vingt-cinq litres en bouteilles, sauf les exceptions pour les restants de cave.

11. Les liquides seront vérifiés à la sortie de l'entrepôt. Les droits d'octroi et ceux d'entrée dus au trésor seront perçus, avant l'enlèvement, sur toutes les parties destinées pour Paris.

12. Les expéditions faites hors de la ville seront soumises aux conditions du passe-debout, comme si les chargements traversaient Paris d'une barrière à l'autre. Des escortes gratuites seront accordées à des heures déterminées, tant pour ces envois que pour ceux du port annexe.

De la distribution intérieure et des locations.

13. L'intérieur de l'entrepôt se divise en caves, celliers, magasins généraux et emplacements à découvert.

Le prix des locations est réglé conformément au tarif ci-annexé.

14. Les caves et celliers sont loués d'après leur *superficie* intérieure. Les locataires en ont la clé.

Les employés de l'octroi, sauf le cas d'incendie, de circonstances fortuites exigeant des secours immédiats, n'y ont accès que pendant le jour, en présence de l'entrepositaire ou de ses agents, et seulement pour exercer la surveillance attribuée à l'administration par l'art. 7 du présent réglement et vérifier l'état des lieux.

La jouissance des trottoirs au-devant des caves et celliers appartient aux locataires (1).

La durée, les autres conditions et la forme des baux sont déterminées par le préfet de la Seine.

Tous les cas non prévus rentrent dans le droit commun.

15. Les emplacements dans les magasins généraux seront loués par chantier au mètre courant et par mois; ils pourront être également loués soit par mètre carré de la superficie occupée, soit par hectolitre de liquide entreposé, suivant ce qui sera jugé préférable.

Les locations seront inscrites sur un registre à souche.

Mesures d'ordre et dispositions générales.

16. Un règlement arrêté par le préfet de la Seine sur la proposition de l'administration de l'octroi, concertée avec le commerce, déterminera :

> 1° Les barrières d'entrée et de sortie des liquides pour l'entrepôt et le port annexe, ou qui seront expédiés de ces établissements;
>
> 2° Les heures d'ouverture et de fermeture de ces marchés;
>
> 3° Celles des convois gratuits, tant pour l'arrivée que pour la sortie des marchandises.

Les escortes qui seront demandées hors des heures fixées pour les convois par terre donneront lieu au paiement de l'indemnité, fixée antérieurement, d'un franc par voiture. L'indemnité sera de deux francs par bateau pour le transport par eau (2).

17. Conformément à l'article 7 de la présente ordonnance, l'administration de l'octroi prescrira dans l'entrepôt et sur le port annexe toutes les mesures nécessaires pour que les passages, rues, cours et terrains non réservés au stationnement des liquides soient entièrement libres et débarrassés de fûts vides ou pleins et de tous objets qui pourraient gêner la circu-

---

(1) Cette jouissance n'est accordée que pour le mouvement des marchandises. V. l'art. 10 de l'ordonnance royale du 22 mars 1837.

(2) V. l'arrêté de M. le préfet de la Seine du 10 mars 1819, portant fixation de ces droits.

lation et nuire à la sûreté, à l'ordre et à la surveillance de ces établissements. Au besoin, et après avertissement préalable, l'administration pourra faire enlever les fûts et autres objets aux frais de qui de droit.

18. Les entrepositaires pourront confier la manutention de leurs marchandises et faire exécuter leurs travaux par telles personnes qu'ils jugeront convenables, sauf les règlements de police; mais l'administration de l'octroi, après avoir prévenu les entrepositaires, pourra interdire l'entrée de l'entrepôt et du port annexe à ceux des ouvriers qui troubleraient l'ordre et refuseraient de se soumettre aux règlements intérieurs.

La même mesure s'appliquera aux individus repris de fraude.

19. Le 1er septembre de chaque année, il sera fait un *recensement général* de tous les liquides existants dans l'entrepôt. Les entrepositaires devront faciliter cette opération, dont l'objet est de fournir les éléments du compte d'*ordre* à rendre annuellement par l'administration de l'octroi.

20. En cas d'altération ou de fabrication des boissons, les employés de l'octroi prononceront la saisie, et en rapporteront procès-verbal.

Ils constateront également dans la même forme qu'aux entrées de Paris les introductions frauduleuses qui seraient tentées avec les liquides entreposés, et les mêmes peines seront appliquées.

21. Tout le local situé hors de l'entrepôt et formant succursale de cet établissement sera soumis au même régime que l'intérieur de l'entrepôt.

22. Le préfet de la Seine pourvoira, sur la proposition de l'administration de l'octroi, par des arrêtés réglementaires, aux dispositions non prévues par la présente, tant pour l'entrepôt général que pour le port annexe.

22 MARS 1837.

Arrêté du préfet de la Seine portant règlement pour l'entrepôt général des boissons de la ville de Paris, et pour toutes les localités déclarées annexes de l'entrepôt.

Vu l'ordonnance du roi, en date du 22 mars 1833, portant règlement sur l'entrepôt général des boissons, huiles et vinaigres; ensemble notre arrêté du 8 septembre 1836 portant règlement du service de conservation dudit établissement;

Vu les observations du conservateur de l'entrepôt ;
Sur l'avis de la commission spéciale à cet effet ;
Arrêtons :

DISPOSITIONS GÉNÉRALES.

Forme des baux.

Art. 1er. Les caves et celliers de l'entrepôt et de ses annexes seront loués sur une simple soumission contenant les dispositions du bail.

Il sera délivré au locataire, par le conservateur, une ampliation de cette soumission acceptée par celui-ci au nom de la ville de Paris.

Un état de lieux devra être dressé contradictoirement avant l'entrée en jouissance du locataire. Un double, signé par celui-ci, restera déposé entre les mains du conservateur.

La soumission et l'état des lieux seront sur papier timbré, aux frais du preneur.

Durée des baux, faculté et droit de résiliation.

2. La jouissance, consentie par l'administration, aura une durée de neuf années consécutives si le locataire l'exige.

Les locataires auront la faculté de faire cesser la location à l'expiration de chaque terme d'usage, en donnant congé six mois d'avance s'il s'agit d'un loyer de cinq cents francs et au-dessus, et trois mois d'avance si le loyer est au-dessous de cinq cents francs. La jouissance devra cesser le dernier jour du terme final, sans addition, pour l'évacuation et la remise des lieux, d'aucun des délais d'usage.

3. L'administration municipale se réserve expressément le droit de résilier la location, après un semblable avertissement d'avance, dans le cas où elle jugerait utile de changer la destination ou la distribution du local loué.

La résiliation aura lieu de plein droit contre les locataires dans le cas d'inexécution de l'une des conditions de la jouissance, ou à défaut par eux de se conformer aux dispositions de l'ordonnance royale du 22 mars 1833 et des règlements de l'entrepôt.

Dans ce dernier cas, les locataires seront tenus, sur simple sommation administrative, d'évacuer immédiatement les lieux.

Prix du loyer ; époque du paiement.

4. Le prix de location fixé par le tarif annexé à l'ordon-

nance royale du 22 mars 1833 continuera à être payé par semestre.

L'époque de paiement sera la même pour les locations qui auraient commencé dans le cours d'un semestre.

Garantie des loyers.

5. Les locataires seront tenus de garnir immédiatement les locaux par eux loués et de les tenir constamment garnis de marchandises en quantité suffisante pour répondre des loyers.

A défaut de cette garantie, le paiement du loyer du semestre courant et du semestre suivant sera exigible, et les locataires devront l'effectuer dans les huit jours de l'avertissement qui leur sera donné par le conservateur.

Cession des baux.

6. La jouissance des caves, celliers et magasins pourra être cédée par les locataires, à condition d'en prévenir le conservateur.

Le nouveau locataire ne pourra entrer en jouissance qu'après avoir signé une nouvelle soumission et reconnu l'état des lieux.

Réparations.

7. Les locataires ne sont point tenus de faire les réparations qui ne résultent que de l'usage des lieux en bon père de famille; mais les réparations occasionées par les dégradations provenant du fait des locataires ou de leurs agents sont à leur charge, et elles pourront être exigées immédiatement par le conservateur, qui, en cas de refus, les fera exécuter d'office à leurs frais, risques et périls.

Exclusion du commerce des futailles.

8. Les caves, celliers et magasins, étant destinés exclusivement à recevoir des boissons, ne pourront être loués pour emmagasiner des futailles vides; et les locataires n'y pourront déposer que celles nécessaires aux besoins de leur commerce.

Travaux à l'intérieur des celliers.

9. Les locataires ne pourront faire, dans l'intérieur des caves, celliers et magasins qui leur seront loués, aucune construction ni aucun travail tendant à changer la disposition des lieux, sans l'autorisation préalable de l'administration; cette autorisation ne sera accordée qu'à la condition par les loca-

taires de rétablir les lieux dans leur état primitif à l'expiration de la jouissance.

Interdiction du feu.

Les locataires ne pourront avoir du feu dans l'intérieur des caves, celliers et magasins, même pour le chauffage des bureaux qu'ils seront autorisés à y établir.

Jouissance des trottoirs.

10. La jouissance des trottoirs au-devant des caves et celliers, attribuée aux locataires par l'article 14 de l'ordonnance du 22 mars 1833, ne peut s'étendre qu'à l'usage concernant le mouvement des marchandises.

En conséquence, toute construction, toute plantation et tout dépôt de futailles y sont interdits.

Risques d'incendie.

11. La garde et la conservation des marchandises étant à la charge des locataires, d'après l'article 6 de l'ordonnance du 22 mars 1833, la ville ne peut, dans aucun cas, être responsable des faits d'incendie ou de tout autre accident.

Supplément de loyer pour les auvents.

12. Dans le cas où l'administration ferait établir des auvents pour couvrir les trottoirs au-devant des caves, les locataires seront tenus de payer un supplément de loyer représentant à la fois l'intérêt du capital employé à la dépense de construction de ces auvents et les frais d'entretien.

Ce supplément de loyer, réglé par l'administration, pour chaque locataire, sera exigible en même temps que le prix principal du loyer.

Bureaux.

13. Les emplacements sur lesquels il sera permis d'établir des bureaux sont indiqués au plan approuvé par l'administration et qui restera déposé entre les mains du conservateur de l'entrepôt.

Ces bureaux et les treillages qui les entoureraient devront être conformes à l'un des deux modèles arrêtés par l'administration, et qui resteront également déposés dans les mains du conservateur.

Ces bureaux, de forme carrée, auront trois mètres de côté, suivant le modèle n° 1, et deux mètres suivant le modèle n° 2.

Les bureaux et les treillages ne pourront occuper que la superficie indiquée au plan.

14. Les emplacements destinés à établir des bureaux ne seront accordés qu'à des entrepositaires payant un loyer annuel de cinq cents francs et au-dessus, et aux courtiers jurés.

Toutefois, deux entrepositaires payant ensemble un loyer annuel de six cents francs pourront aussi obtenir l'autorisation d'avoir un bureau en commun.

Nul ne pourra avoir deux bureaux.

Le propriétaire d'un bureau, qui cessera de payer une location de cinq cents francs ou qui sera rayé de la liste des courtiers de vins, sera tenu d'enlever ce bureau, s'il n'est cédé à quelqu'un remplissant l'une des conditions auxquelles les bureaux peuvent être possédés.

Interdiction de toute construction ou plantation particulière.

15. Toute construction particulière dans l'entrepôt autre que celles des bureaux et treillages, selon les modèles de l'administration, est formellement interdite, ainsi que toute plantation d'arbres et de plantes grimpantes, soit autour des bureaux, soit au pied des murs, soit partout ailleurs.

Enseignes.

Il est également défendu de clouer des enseignes contre les bâtiments de l'entrepôt ou en saillie des bureaux particuliers.

Des locataires pourront seulement faire inscrire leur nom, conformément au modèle uniforme approuvé par l'administration, au-dessus de la porte des caves et celliers par eux occupés.

Affiches.

16. Il ne pourra être placardé des affiches dans l'entrepôt qu'avec l'autorisation du conservateur et dans les endroits qu'il aura indiqués.

Le conservateur n'autorisera que les affiches des actes de l'autorité et celles relatives au commerce.

Marchands ambulants.

Aucun marchand ambulant ne pourra stationner ni circuler dans l'entrepôt sans l'autorisation du conservateur, qui ne l'accordera qu'à ceux qui seront connus et domiciliés.

L'entrée de l'établissement sera interdite à ces marchands les dimanches et jours fériés.

Voituriers et brouetteurs.

17. Un emplacement spécial sera désigné par le conserva-

teur pour le stationnement des baquets et pour le dépôt des coffres et des poulains des voituriers.

Il est enjoint aux voituriers et aux brouetteurs qui fréquentent l'entrepôt de se conformer, à cet égard et en tous points, aux ordres du conservateur, sous peine de se voir interdire l'entrée de cet établissement.

Le conservateur désignera, s'il y a lieu, un emplacement sur lequel il pourra être permis aux voituriers de se créer un abri dont la forme et la disposition seraient approuvées par l'architecte de l'administration.

Entrée des ouvriers les jours fériés.

18. Les ouvriers ne seront admis dans l'entrepôt les jours fériés pour y faire la visite des caves et celliers des entrepositaires qui les occupent, qu'autant qu'ils seront munis d'une autorisation spéciale de ces entrepositaires. Ils devront exhiber cette autorisation aux employés de service à la porte d'entrée.

Les ouvriers devront avoir quitté l'entrepôt à neuf heures du matin, à moins que des travaux urgents et autorisés par le conservateur n'exigent qu'ils y restent plus longtemps.

19. Tous les cas non prévus au présent règlement rentrent dans le droit commun, conformément au dernier paragraphe de l'art. 14 de l'ordonnance royale du 22 mars 1833.

Annexes de l'entrepôt.

20. Les dispositions qui précèdent sont applicables à toutes les localités déclarées annexes de l'entrepôt.

DISPOSITIONS TRANSITOIRES ET D'EXÉCUTION.

Constructions à l'intérieur.

21. Les locataires qui, sans avoir obtenu l'autorisation, ont fait exécuter des constructions, des changements de distribution, ou qui ont altéré, en quoi que ce soit, l'état des lieux, dans l'intérieur des caves et celliers qu'ils occupent, seront tenus de rétablir immédiatement lesdits lieux dans leur état primitif, si ces constructions et ouvrages sont jugés, par le conservateur et l'architecte de l'entrepôt, présenter quelques dangers ou quelques inconvénients.

Mais si ces ouvrages paraissent utiles, si même ils ne sont pas jugés nuisibles, les locataires pourront être autorisés à les conserver jusqu'à la fin de leur jouissance et à ne rétablir qu'à cette époque les lieux dans leur état primitif.

Auvents.

22. Dans le cas prévu par l'art. 12 du présent règlement, où la ville ferait construire des auvents au-dessus des portes des caves, ceux établis par les locataires seront enlevés. Dans le cas contraire, ils seront soumis à une régularisation, d'après le modèle approuvé par l'administration, qui sera déposé dans le bureau de la conservation.

Bureaux.

23. Le placement régulier des bureaux actuellement existants dans l'entrepôt devra avoir lieu immédiatement, sauf l'exception faite par l'art. 27, aux frais des propriétaires de ces bureaux, sur l'ordre qui leur en sera donné par le conservateur et sous la direction de l'architecte de l'entrepôt.

En cas de refus de la part des propriétaires, ce placement sera effectué d'office à leurs frais, risques et périls.

24. Chaque place sera accordée au bureau qui s'en trouve actuellement le plus rapproché, à moins que le propriétaire ne préfère une place vacante plus à la proximité des caves et celliers dont il est locataire ; toutefois, il ne sera placé que des bureaux du *grand modèle* sur les deux lignes qui bordent immédiatement le préau ; ceux des bureaux actuellement établis sur les deux lignes du côté du quai, qui excèdent le nombre des places indiquées au plan, seront transportés aux places libres sur les lignes de l'autre côté du préau, à moins que les propriétaires ne préfèrent avoir ces bureaux dans la rue de Touraine, où ils pourront être établis.

Il en sera de même de ceux des bureaux actuellement placés au-devant des rampes du magasin de la Seine, qui excèdent le nombre voulu.

25. Les places restant vacantes, soit sur les lignes de la façade, soit dans la rue de Touraine, seront accordées aux propriétaires des bureaux adossés aux rampes dans la rue de la Côte-d'Or, aux marchands de vins qui ont les leurs sur les trottoirs de cette même rue et des rues de Languedoc, de Bordeaux et de Champagne.

26. Les seize places indiquées au plan sur les terrasses du bâtiment aux eaux-de-vie sont spécialement réservées aux bureaux des marchands d'eaux-de-vie actuellement établis sur les trottoirs de la rue de la Côte-d'Or.

Les deux bureaux symétriquement placés dans le renfoncement de l'escalier du bâtiment des eaux-de-vie, en face de la rue de Bordeaux, pourront y rester tant que cet emplacement n'aura pas reçu une autre destination.

27. Sont exceptés de l'obligation de faire porter immédiatement leurs bureaux sur les emplacements indiqués au plan, les propriétaires des bureaux placés sur les trottoirs des celliers dont ils jouissent. Ils pourront les conserver aux places qu'ils occupent pendant le délai de six mois, à l'expiration duquel ils seront tenus de les enlever.

A cette époque, ceux de ces bureaux qui sont conformes aux modèles adoptés par l'administration pourront être transportés sur les emplacements définitifs désignés au plan.

28. A défaut de places restant alors vacantes, ces bureaux devront être enlevés de l'entrepôt ou placés dans l'intérieur des celliers ou magasins.

Il en sera de même de tous les petits bureaux ayant une moindre dimension que celle du modèle n° 2, lesquels ne pourront, dans aucun cas, être placés, même provisoirement, sur la première ligne du préau, au-devant de la façade des bâtiments, ni sur les deux lignes du côté du quai.

Treillages et plantations.

29. Les treillages autres que ceux qui entourent les bureaux, qui sont conformes aux modèles adoptés par l'administration, ainsi que toute autre clôture ; les enseignes, les constructions particulières non autorisées, seront enlevés immédiatement.

Les arbres de plantations particulières et les plantes grimpantes, soit autour des bureaux, soit le long des murs des bâtiments, seront de même immédiatement arrachés.

En cas d'inexécution des dispositions de cet article dans le délai de quinze jours, il y sera pourvu d'office par le conservateur.

Bourse d'été.

30. L'emplacement primitivement destiné à la construction d'un pavillon symétrisant avec celui qui renferme les bureaux de l'octroi et de la conservation de l'entrepôt sera rendu entièrement libre.

Le sol de cet emplacement sera régalé, sablé et entouré d'arbres pour servir provisoirement de bourse ou de lieu de réunion, en été, pour le commerce.

24 JUILLET 1843.

Loi qui affranchit de tous droits les esprits et eaux-de-vie rendus impropres à la consommation.

ART. 1ᵉʳ. Sont affranchis de tous droits d'entrée, de consommation ou détail, les eaux-de-vie et esprits dénaturés de manière à ne pouvoir être consommés comme boissons.

2. Des règlements d'administration publique détermineront les conditions nécessaires pour opérer la dénaturation et les formalités qui devront la constater.

3. Les mêmes règlements pourront établir, au profit du trésor public, un droit qui sera perçu comme droit de dénaturation. Ils fixeront une quotité du même droit, que les villes auront la faculté de percevoir à titre d'octroi, sans que cette quotité puisse excéder le tiers du droit du trésor.

4. Les dispositions desdits règlements relatives aux droits énoncés dans l'article précédent seront présentées aux chambres pour être converties en lois dans le cours de la session prochaine.

5. Les alcools dénaturés suivant les procédés déterminés par les règlements, ainsi que ceux qui auront été soumis au droit de dénaturation, ne pourront, comme l'alcool pur, circuler qu'avec des expéditions de la régie.

Toute contravention aux dispositions des règlements dont il est question aux articles 2 et 3 de la présente loi sera punie de la peine prononcée par l'article 96 de la loi du 28 avril 1816.

Les dispositions de l'article 23 de la loi du 28 avril 1816 continueront à recevoir leur exécution en ce qui concerne les eaux-de-vie et esprits altérés par un mélange quelconque ou dont la dénaturation n'aura pas eu lieu conformément aux prescriptions des règlements d'administration publique.

14 JUIN 1844.

Ordonnance du roi concernant les eaux-de-vie et esprits rendus impropres à la consommation comme boisson.

Vu la loi du 24 juillet 1843, relative à l'affranchissement des droits sur les eaux-de-vie et esprits dénaturés, et à l'établissement, s'il y a lieu, d'un droit de dénaturation ;

Vu les lois des 28 avril 1816 et 12 décembre 1830, concernant la perception des droits sur les boissons ;

Nous avons ordonné et ordonnons :

Art. 1ᵉʳ Sont considérés comme dénaturés, et, à ce titre, affranchis de tous droits d'entrée, de consommation et de détail, les alcools tenant en dissolution, dans la proportion d'au moins deux dixièmes du volume du mélange, des essences de goudron de bois, de goudron de houille ou de térébenthine, des huiles de schiste, de naphte ou une huile essentielle quelconque.

L'affranchissement sera accordé quand même le liquide contiendrait en outre d'autres substances, et de quelque façon que la préparation ou dénaturation ait été effectuée, soit par simple mélange des huiles essentielles avec l'alcool rectifié ou absolu, ou avec des esprits du commerce, soit par distillation avant ou après le mélange, soit enfin par la combinaison des huiles et des matières premières destinées à produire l'alcool.

2. Les alcools dénaturés seront frappés d'un droit général de dénaturation. A cet effet, ils seront divisés en quatre classes, suivant la quantité d'essence qu'ils contiendront. Le droit par hectolitre et par classe sera perçu à *l'arrivée* pour les villes assujetties au droit d'entrée, et *au départ* pour toutes les autres communes, conformément au tarif ci-annexé sous le n° 1ᵉʳ indépendamment du décime par franc.

3. La quantité d'essence tenue en dissolution dans les alcools dénaturés sera déterminée au moyen d'un tube gradué et divisé en trente parties égales. Dix de ces divisions seront remplies du liquide à essayer ; il y sera ajouté le double d'eau ; ce mélange sera agité, et le nombre des divisions du tube qui, après cette opération, seront occupées par l'essence qui surnagera, indiquera en dixième la quantité d'essence contenue dans le liquide.

4. Les villes et communes ne pourront percevoir, à titre d'octroi sur les alcools dénaturés, une taxe supérieure à celle du tarif maximum ci-annexé sous le n° 2.

A partir de la publication de la présente ordonnance, ce tarif sera immédiatement appliqué dans les villes et communes qui perçoivent actuellement un droit d'octroi sur l'alcool, à moins que les tarifs actuels ou d'autres tarifs régulièrement autorisés n'établissent des droits moins élevés.

5. Nul ne pourra fabriquer ou préparer des alcools dénaturés sans en avoir fait la déclaration au bureau de la régie, et sans être pourvu d'une licence de distillateur, s'il opère par

distillation, ou d'une licence de marchand en gros, s'il ne fait que de simples mélanges.

6. Les fabricants ou préparateurs d'alcools dénaturés seront, suivant la nature de leurs opérations, assujettis à toutes les obligations imposées aux bouilleurs et distillateurs de profession ou aux marchands en gros; ils seront, en outre, soumis aux exercices des employés de la régie, quelles que soient l'espèce et l'origine des matières premières qu'ils emploieront.

7. L'entrepôt sera accordé aux fabricants et préparateurs d'alcool dénaturé, tant pour les eaux-de-vie et esprits purs qu'ils auront en magasin, que pour les alcools dénaturés provenant de leurs manipulations.

Toute fabrication, tout mélange ou préparation, devra être précédé d'une déclaration faite au bureau de la régie, quatre heures au moins à l'avance dans les villes, et huit heures dans les campagnes.

Il sera donné décharge, au compte de l'alcool pur, des quantités qui auront été dénaturées, et le volume du produit de ces opérations sera repris en charge au compte des alcools dénaturés.

8. Les alcools dénaturés ne pourront circuler qu'avec un acquit-à-caution, un passavant délivré au bureau de la régie des contributions indirectes, dans les mêmes cas et de la même manière que pour les eaux-de-vie et esprits.

9. Seront appliquées aux alcools dénaturés les dispositions des lois et règlements relatives à la fabrication des eaux-de-vie et esprits par les bouilleurs ou distillateurs de profession, à l'exercice des magasins des marchands en gros et entrepositaires de boissons, à la circulation des eaux-de-vie, esprits et liqueurs, et au payement des droits, soit à l'arrivée, soit au départ, soit sur les manquants.

10. Conformément à l'article 5 de la loi du 24 juillet 1843, toute contravention aux dispositions du présent règlement sera punie des peines portées par l'article 96 de la loi du 28 avril 1816.

18 juillet 1847.

Ordonnance royale concernant la fabrication des cidres et poirés dans l'intérieur de Paris.

Vu l'art. 11 de la loi des recettes du 3 juillet 1846, ainsi conçu:

« La fabrication des cidres et poirés sera soumise à l'exer-
» cice dans l'intérieur de Paris. Les droits dus pour le trésor
» et pour l'octroi seront perçus sur les quantités fabri-
» quées.

» A l'époque où la perception sera établie par exercice, les
» fruits verts cesseront d'être soumis au paiement des droits
» à l'introduction.

» Les obligations des fabricants de cidre et de poiré se-
» ront fixées par une ordonnance royale rendue, dans la
» forme des règlements d'administration publique.

» Toute contravention aux prescriptions de ladite ordon-
» nance sera punie conformément à l'art. 129 de la loi du
» 28 avril 1816 pour ce qui concerne les droits du trésor,
» et conformément à l'art. 8 de la loi du 29 mars 1832,
» pour ce qui concerne les droits d'octroi. »

Sur le rapport de notre ministre secrétaire d'Etat au département des finances;

Notre conseil d'Etat entendu,

Nous avons ordonné et ordonnons ce qui suit :

Art. 1er. A partir du 15 août prochain, les fabricants de cidre et de poiré établis dans l'intérieur de la ville de Paris seront tenus de faire, par écrit, au bureau de la régie des contributions indirectes, la déclaration de leur profession.

Cette déclaration contiendra la description des locaux, ateliers, magasins et autres dépendances de l'établissement, ainsi que le nombre des pressoirs et la capacité des cuves, des tonneaux et autres vaisseaux de toute espèce destinés à contenir des cidres et des poirés.

A l'extérieur du bâtiment principal seront inscrits les mots: *Fabrique de cidre et de poiré.*

2. Les contenances des vaisseaux déclarés seront vérifiées par le jaugeage métrique; s'il y a contestation, elles le seront par empotement, et les fabricants fourniront les ouvriers, l'eau et les vases nécessaires pour procéder à l'opération.

Chaque vaisseau portera un numéro d'ordre, et sa contenance sera indiquée à la rouanne.

3. Il est défendu de changer, modifier ou altérer la contenance des vaisseaux jaugés ou épalés, ou d'en établir de nouveaux sans en avoir fait la déclaration par écrit au bureau de la régie, vingt-quatre heures à l'avance.

Le fabricant ne pourra faire usage desdits vaisseaux qu'après que leur contenance aura été vérifiée, conformément à l'article précédent.

4. Tout fabricant de cidre ou de poiré sera tenu, dans les deux heures de l'introduction à domicile des fruits destinés à la fabrication, de faire au même bureau la déclaration des quantités et espèces reçues.

5. Chaque fabrication sera précédée d'une déclaration faite, au moins quatre heures d'avance, au bureau de la régie, et énonçant :

1° La nature et la quantité des fruits à employer;
2° Le numéro et la désignation des vaisseaux dont il sera fait usage;
3° L'heure à laquelle commencera le pressurage;
4° L'heure de l'entonnement du produit de la fabrication.

Jusqu'à ladite heure, cette partie de la déclaration pourra être modifiée.

Dans aucun cas l'entonnement ne pourra avoir lieu que de jour.

L'ampliation de la déclaration sera représentée à toute réquisition des employés pendant la durée de la fabrication.

6. Les fabricants seront soumis aux visites et vérifications des employés, et tenus de leur ouvrir, à toute réquisition, leurs fabriques, magasins, maisons, caves et celliers, et tous autres bâtiments enclavés dans la même enceinte que la fabrique, ainsi que de leur représenter les fruits, cidres et poirés qu'ils auront en leur possession.

7. Les fabricants seront tenus d'ouvrir leurs établissements aux employés, même la nuit, pendant toute la durée de la fabrication.

8. Deux comptes seront ouverts au registre portatif des employés, l'un pour les fruits, l'autre pour les cidres ou les poirés.

Le produit de chaque fabrication sera constaté et pris en charge à l'entonnement; mais, dans aucun cas, les quantités à soumettre aux droits ne pourront être inférieures à deux hectolitres de cidre ou de poiré, pour cinq hectolitres de fruits.

9. Le compte de la fabrication sera arrêté chaque mois, et les quantités fabriquées seront immédiatement soumises aux

droits d'entrée et d'octroi, dont le paiement sera poursuivi par voie d'avertissement et de contrainte, s'il y a lieu.

10. Tout manquant dans les quantités de fruits déclarées et prises en charge donnera ouverture au paiement des droits dans la proportion déterminée par l'article 8, sauf le cas de perte dûment constatée.

11. Conformément à l'article 11 de la loi du 3 juillet 1846, toute contravention aux dispositions du présent règlement sera punie d'une amende de 200 à 600 francs pour ce qui concerne les droits du trésor, et d'une amende de 100 à 200 francs pour ce qui concerne les droits d'octroi.

Seront saisis et confisqués les fruits, cidres et poirés trouvés en fraude, ainsi que les pressoirs et ustensiles non déclarés et servant à la fabrication.

12. Dans les trois jours qui précéderont la mise à exécution de la présente ordonnance, les fabricants déclareront les quantités de fruits, de cidre ou de poiré qu'ils auront en leur possession. L'inventaire en sera fait par les employés des contributions indirectes, et les quantités reconnues seront suivies en compte pour mémoire.

13. Tout individu qui ne fabrique du cidre ou du poiré que pour sa consommation particulière, ou tout chef de maison d'éducation ou d'un établissement public quelconque qui ne se livre à cette fabrication que pour la consommation de son établissement, est tenu, dans les deux heures de l'introduction des fruits destinés à la fabrication, de faire, au bureau de la régie, la déclaration par écrit des quantités et des espèces reçues.

La fabrication ne pourra commencer que six heures seulement après la déclaration, lorsque ladite déclaration aura été faite avant midi.

Si la déclaration n'est faite qu'après midi, la fabrication ne pourra commencer que le lendemain, au plus tôt à dix heures.

Le droit sera perçu à raison de deux hectolitres de cidre ou de poiré pour cinq hectolitres de fruits.

Il est interdit aux personnes désignées dans le présent article de vendre aucun des produits de leur fabrication.

Les contraventions à ces dispositions seront punies des peines portées en l'article 11.

TITRE TROISIÈME.

DE QUELQUES DISPOSITIONS LÉGISLATIVES SPÉCIALES AUX DÉBITANTS DE BOISSONS.

ORDONNANCE

Concernant le commerce des vins dans Paris (1)

Paris, le 4 août 1810.

Nous, Louis-Nicolas, Pierre-Joseph Dubois, commandant de la légion-d'honneur, comte de l'Empire, conseiller d'Etat, chargé du quatrième arrondissement de la police générale, préfet de police du département de la Seine et des communes de Saint-Cloud, Sèvres et Meudon du département de Seine-et-Oise, etc.;

Vu les articles 2, 26, 30, 31 et 32 de l'arrêté du gouvernement du 12 messidor an VIII;

Et l'article 1er de l'arrêté du 3 brumaire an IX;

Ordonnons ce qui suit :

1. Dans un mois, à compter de la publication de la présente ordonnance, les marchands de vins de Paris, actuellement patentés, seront tenus de se faire inscrire à la préfecture de police.

Ils déclareront où sont situés leurs magasins, boutiques et caves, et ils justifieront de leurs patentes.

2. Il est enjoint à tout marchand de vin qui, à l'avenir, voudra ouvrir une boutique ou cave en ville, ou achètera un fonds, d'en faire la déclaration à la préfecture de police.

3. Toute boutique fermée pendant six semaines, ne pourra être rouverte sans la déclaration prescrite par l'article précédent.

4. Les marchands de vins, soit en gros, soit en détail, seront tenus, dans les huit jours qui suivront la publication de la présente ordonnance, de faire inscrire en gros caractères, au-dessus de la principale entrée de leurs magasins, boutiques

---

(1) V. les ord. des 11 janv. 1814, 25 sept. 1815 et 23 sept. 1820.

ou caves, leurs noms, les lettres initiales de leurs prénoms, ou leur raison de commerce.

5. Il est défendu aux marchands de vins de prêter leurs noms.

6. Les marchands de vins seront tenus de vendre du vin franc, loyal et marchand, non mixtionné ni falsifié avec des substances étrangères ou nuisibles.

7. Il est défendu aux marchands de vins d'avoir dans leurs caves ou magasins, cidre, poiré, vins gâtés et aucune autre matière étrangère propre à faire des mixtions quelconques.

8. Tout marchand de vins qui cessera le commerce ou fermera une cave en ville sera tenu, dans la huitaine, d'en faire la déclaration à la préfecture de police.

9. Il est enjoint aux marchands de vins de ne se servir que de mesures autorisées par la loi et conformes aux étalons.

Il leur est également enjoint de tenir lesdites mesures dans le plus grand état de propreté, ainsi que tous les ustensiles de leur commerce.

10. Il leur est défendu de faire revêtir en plomb leurs comptoirs.

11. Il leur est défendu de se servir de garçons qui ne seraient pas pourvus de livrets, ou dont les livrets ne seraient pas revêtus du congé d'acquit de leurs précédents maîtres, sous les peines portées par la loi du 22 germinal an XI.

12. Il est défendu d'acheter des vins sur les ports de Paris, dans les halles, marchés ou entrepôts, pour les revendre sur place. (*Art.* 11, *chap.* 8 *de l'ord. de* 1672.)

13. Défenses sont faites à tous marchands, propriétaires, forains ou autres d'aller dans l'étendue du ressort de la préfecture de police au devant des vins et de les acheter pour les revendre sur les ports, dans les halles ou entrepôts. (*Art.* 6, *chap.* 8 *de l'ord. de* 1672.)

14. Tout vin vendu sera de suite marqué près la bonde, à la marque de l'acquéreur.

15. Les contraventions seront constatées par des procès-verbaux qui nous seront adressés.

16. Il sera pris envers les contrevenants telles mesures de police administrative qu'il appartiendra, sans préjudice des poursuites à exercer contre eux devant les tribunaux, conformément aux lois et règlements.

17. La présente ordonnance sera soumise à l'approbation de son excellence le ministre de l'intérieur.

Le conseiller d'Etat, préfet de police,
Comte DUBOIS.

Approuvé l'ordonnance ci-dessus.

Le ministre de l'Intérieur,
Comte MONTALIVET.

ORDONNANCE

Concernant le commerce des vins à Paris (1).

Paris, le 11 janvier 1814.

Nous, conseiller d'Etat, préfet de police,

Vu le décret impérial du 15 décembre 1813, portant règlement sur le commerce des vins à Paris;

Vu aussi les articles 2, 23, 26, 30, 31, 32 et 33 de l'arrêté du gouvernement du 12 messidor an VIII;

Et l'article 1er de l'arrêté du 3 brumaire an IX;

Ordonnons ce qui suit :

1. Le décret impérial du 15 décembre 1813, portant règlement sur le commerce des vins, à Paris, sera imprimé, publié et affiché avec la présente ordonnance.

2. Dans six mois, à compter de la publication du décret du 15 décembre dernier, les marchands de vin actuellement établis à Paris, et qui désireront continuer leur profession, seront tenus, conformément à l'article 3 dudit décret, de faire leur déclaration à la préfecture de police, d'indiquer la situation de leurs établissements et de justifier de la patente réglée par l'article 1.

Les déclarations seront inscrites sur un registre qui sera ouvert, à cet effet, à la préfecture de police.

3. Pour l'exécution de l'article 4 du décret du 15 décembre dernier, il sera pareillement ouvert, à la préfecture de

---

(1) V. les ord. des 25 sept. 1815 et 23 sept. 1820.

police, un registre pour y inscrire la déclaration des personnes qui voudront, à l'avenir, exercer la profession de marchand de vin, à Paris.

4. Tout marchand de vin qui cessera le commerce ou fermera une cave en ville, sera tenu d'en faire la déclaration à la préfecture de police.

5. Toute boutique ou cave, fermée pendant six semaines, ne pourra être ouverte sans notre autorisation.

6. Les marchands de vin seront tenus d'avoir des comptoirs couverts en étain au titre, et marqués du poinçon du fabricant. Il leur est défendu de les faire couvrir en plomb, à peine de confiscation et de trois cents francs d'amende. (*Déclar. du 13 juin 1777, art. 1.*)

7. Il est défendu aux marchands de vin de se servir de garçons qui ne seraient pas pourvus de livrets ou dont les livrets ne seraient pas revêtus du congé d'acquit de leurs précédents maîtres, sous les peines portées par la loi du 22 germinal an XI.

8. Les propriétaires qui voudront vendre le vin de leur crû, devront joindre à la déclaration prescrite par l'article 8 du décret du 15 décembre dernier, un certificat du maire de la commune où leurs vignes sont situées, constatant que les vins qu'ils expédient à Paris, proviennent de leur récolte. Ils en représenteront les lettres de voiture à toute réquisition.

9. Dans le cas où ces propriétaires voudraient débiter leurs vins, ils seront tenus, ainsi que les marchands de vin en détail, d'avoir au moins une série complète de mesures usuelles dûment vérifiées et étalonnées.

Il est enjoint aux uns et aux autres, de tenir ces mesures dans le plus grand état de propreté, ainsi que tous les ustensiles de leur commerce.

10. Il est défendu aux traiteurs, restaurateurs et aubergistes de vendre du vin à d'autres, qu'aux personnes auxquelles ils donnent à manger, et pour être consommé dans leurs établissements.

Ils ne peuvent avoir de comptoirs à l'usage des marchands de vins.

11. Il est défendu d'acheter des vins sur les ports de Paris ou dans les entrepôts pour les revendre sur place. (*Ord. de 1672, art. 11, chap. 8.*)

12. Il est aussi défendu d'aller, dans l'étendue du ressort de la préfecture de police, au-devant des vins et de les acheter

pour les revendre sur les ports ou dans les entrepôts. Ord. de 1672, art. 6, chap. 8.)

13. Les commissionnaires de vins seront tenus de se faire inscrire à la préfecture de police, et de justifier de leurs patentes.

14. Les dispositions de l'ordonnance du 7 floréal an XII, concernant la police des garçons marchands de vins, sont maintenues en ce qui n'est pas contraire aux dispositions de la présente ordonnance.

15. Les contraventions seront constatées par des procès-baux qui nous seront adressés.

16. Il sera pris envers les contrevenants; telles mesures de police administrative qu'il appartiendra, sans préjudice des poursuites à exercer contre eux devant les tribunaux, conformément aux lois et règlements.

Le conseiller d'Etat, préfet de police,
Baron PASQUIER.

ORDONNANCE DE POLICE.

Décret portant règlement sur le marché et entrepôt franc des vins et eaux-de-vie de Paris.

2 Janvier 1814.

N..., sur le rapport de notre ministre des manufactures et du commerce;

Vu notre décret du 30 mars 1808, relatif à la création d'un marché et entrepôt franc pour les vins et eaux-de-vie, dans notre bonne ville de Paris;

Vu également nos décrets des 11 avril et 5 décembre 1813, et les observations de notre conseiller d'Etat, directeur général des droits réunis et du préfet de la Seine, et celles de notre ministre de l'Intérieur;

Notre conseil d'Etat entendu;

Nous avons décrété et décrétons ce qui suit :

TITRE Ier.

DE L'ADMISSION DES VINS ET EAUX-DE-VIE DANS L'ENTREPÔT.

1. Les vins, eaux-de-vie et liqueurs de toutes espèces, tant en cercles qu'en bouteilles, seront reçus au marché et entrepôt franc, créé par décrets des 30 mars 1808 et 11 avril 1813.

Néanmoins, ils ne pourront être admis en quantités moindres d'un hectolitre, pour les eaux-de-vie, esprits ou liqueurs, et de cinq hectolitres pour les vins, à moins que le propriétaire n'ait déjà des vins en entrepôt.

2. La durée de l'entrepôt est illimitée.

3. Les boissons destinées pour l'entrepôt et arrivant par eau, seront déclarées au bureau de la patache d'arrivée, où elles subiront une première vérification. Les propriétaires ou conducteurs seront tenus de représenter en même temps les congés, acquits-à-caution ou passavants, aux termes de la loi, sans préjudice de la déclaration à faire au bureau des arrivages de la préfecture de police.

4. Le résultat de la vérification sera consigné sur une feuille extraite du registre des déclarations, et qui sera remise au propriétaire ou conducteur, avec les expéditions qu'il aura représentées.

5. Les boissons arrivant par terre, et destinées pour l'entrepôt seront accompagnées par des employés jusqu'à leur arrivée à l'entrepôt, où la feuille de déclaration sera déchargée.

6. Les boissons arrivant par terre, et destinées pour l'entrepôt, subiront également, à la barrière d'entrée, une première vérification. Elles devront être rendues à leur destination dans le délai fixé par la feuille de déclaration, qui sera délivrée au propriétaire ou conducteur, comme pour les boissons arrivant par eau.

Le propriétaire sera tenu, en outre, de consigner tous les droits dus à l'entrée, ou d'en donner caution valable.

La consignation sera rendue ou la caution libérée sur la représentation du certificat d'arrivée des boissons à l'entrepôt dans le délai fixé sur la feuille de déclaration.

6. Si, dans les trois jours, après l'expiration de ce délai, le propriétaire ou conducteur ne représente pas le certificat d'arrivée des boissons à l'entrepôt, ainsi qu'il est prescrit ci-dessus, la somme consignée ou cautionnée sera irrévocablement acquise à l'administration.

7. Les boissons arrivant soit par terre, soit par eau, ne pourront stationner en aucun endroit, depuis la barrière, pendant leur trajet, jusqu'à l'entrepôt. Il ne pourra non plus être fait, dans les pièces ou vases qui les contiendront, aucun remplissage ni changement quelconque, sauf les cas d'accidents ou force majeure légalement constatés ou prouvés.

8. A leur arrivée à l'entrepôt, et avant d'y être admises, les boissons seront vérifiées définitivement, d'après les expéditions qui devront les accompagner. Si ces expéditions sont reconnues régulières, les boissons seront reçues à l'entrepôt, où elles seront inscrites sur un registre à souche à ce destiné. Une expédition détachée de la souche de ce registre sera remise à l'entrepositaire, dont elle énoncera les nom, prénoms, qualité, profession et demeure, ainsi que la quantité et l'espèce des boissons. La souche du registre sera signée par l'entrepositaire ou son fondé de pouvoir.

9. Immédiatement après la vérification définitive et l'inscription des eaux-de-vie, esprits et liqueurs, sur le registre d'entrée, les pièces, caisses ou paniers seront numérotés. L'entrepositaire pourra aussi, s'il le juge convenable, apposer, sur chacune de ces pièces, caisses ou paniers, sa marque particulière, mais sans pouvoir faire usage de feu.

10. Quant aux pièces, caisses ou paniers de vin, l'administration assignera à chaque entrepositaire un numéro spécial et commun à toute la partie entrée, qu'il sera tenu de faire mettre sur toutes ses pièces, caisses ou paniers, à mesure de leur introduction dans l'entrepôt.

11. Les entrepositaires seront admis à transférer la propriété de tout ou partie des boissons qu'ils possèdent dans l'établissement, pourvu que la quantité ainsi transférée ne soit pas moindre d'un hectolitre pour les eaux-de-vie, esprits et liqueurs, et de cinq hectolitres pour les vins.

12. Ces transferts seront constatés sur un registre à souche dont l'expédition sera remise à l'acheteur devenu entrepositaire. Celui-ci, ainsi que le vendeur, devra signer la souche de ce registre.

13. Les boissons ainsi transférées seront inscrites sous le nom du cessionnaire, et les droits seront acquittés par le nouveau propriétaire, conformément à nos décrets des 11 avril et 5 décembre 1813.

TITRE II.

DE LA SURVEILLANCE ET DE LA CONSERVATION DES VINS ET EAUX-DE-VIE DANS L'ENTREPÔT.

14. Le soin de la conservation des boissons entreposées est à la charge des entrepositaires. Ils pourront faire les opérations du remplissage et celles usitées dans le commerce, pour en faciliter tant la conservation que la vente, en se confor-

mant, toutefois, aux règlements de police relatifs à la salubrité des boissons, et aux lois et règlements qui concernent l'administration des droits réunis.

15. Les employés attachés à l'entrepôt sont expressément tenus de veiller à ce que les boissons n'y soient point altérées par des mixtions interdites par les règlements de police.

Dans le cas où ils reconnaîtraient de semblables altérations, ils saisiront les boissons, et en dresseront leur procès-verbal, qui sera transmis au préfet de police, pour, sur l'avis de deux gourmets piqueurs de vins, nommés l'un par le propriétaire, l'autre par l'administration, et ensuite par tous autres vérificateurs, ou chimistes, s'il est jugé nécessaire d'en employer, être prononcé, envers les propriétaires, par les tribunaux, en cas de contestations, ce qu'il appartiendra, sans préjudice de la surveillance qu'exerceront, selon les lois et règlements, les employés de la préfecture de police.

L'administration sera responsable des altérations ou avaries qui seront prouvées provenir de la faute de ses préposés.

16. Toutes les mesures et précautions convenables seront prises par l'administration chargée de l'octroi de Paris, pour le maintien du bon ordre dans l'entrepôt, ainsi que pour la sûreté de cet établissement, sans qu'elle puisse néanmoins être responsable des pertes, coulages et avaries provenant soit de la durée du séjour ou de la nature des marchandises, soit du défaut des futailles, vases ou caisses, ou du fait des entrepositaires, soit enfin des accidents de force majeure dûment constatés.

17. La même administration prescrira dans l'entrepôt toutes les mesures relatives au service général, à la manutention des marchandises et à l'entretien et bonne tenue du local.

18. Le préfet de police exercera sa surveillance, conformément aux lois et règlements; à l'effet de quoi il déléguera le nombre d'agents nécessaires chargés d'intervenir soit d'office, soit sur la réquisition de l'administration ou des particuliers, pour le maintien de la police et la répression des délits.

19. Le 1er octobre de chaque année, il sera fait un inventaire de toutes les boissons existantes dans l'entrepôt. S'il s'en trouve d'avariées et hors de vente, il en sera dressé procès-verbal. En cas de contestation entre l'administration et les propriétaires sur l'usage à faire desdites boissons, il y sera statué comme il est dit article 15.

20. Le compte des entrepositaires sera arrêté et réglé à

l'époque déterminée ci-dessus. Il sera déchargé des quantités manquantes, sans préjudice, toutefois, des fraudes qui auraient été commises, que les employés de l'entrepôt auront le droit de constater et de poursuivre dans les formes établies.

TITRE III.

DE LA SORTIE DES VINS ET EAUX-DE-VIE DE L'ENTREPÔT.

21. Les propriétaires ou leurs fondés de pouvoir reconnus pourront seuls demander la sortie de l'entrepôt des boissons à eux appartenant, en représentant l'expédition d'admission. Les droits dus seront acquittés avant la sortie de l'entrepôt. A cet effet, le jaugeage sera fait par les employés de la régie; et, en cas de contestation, le propriétaire pourra demander la vérification du jaugeage par les employés du mesurage public.

22. Lorsque les boissons seront destinées pour l'extérieur de Paris, elles seront accompagnées de congés ou d'acquits-à-caution, selon qu'il y aura lieu. Indépendamment de ces expéditions, il sera remis à l'entrepositaire une feuille d'exportation qui énoncera le délai dans lequel les boissons devront sortir de Paris. Les employés de la barrière certifieront sur cette feuille la sortie des boissons, après en avoir constaté l'identité.

23. L'exportation des boissons sortant de l'entrepôt ne pourra avoir lieu que par la rivière, ou par l'une des barrières de Passy, du Roule, de La Villette, du Trône, d'Enfer, d'Italie et de La Chapelle.

24. Les boissons exportées par eau seront accompagnées par les employés jusqu'à la sortie.

25. Les entrepositaires des vins et eaux-de-vie, qui feront sortir par terre ces liquides pour les exporter, seront tenus de consigner ou cautionner le droit d'entrée et d'octroi.

26. La consignation sera restituée ou la caution déchargée, en justifiant de la sortie par la barrière et dans le délai désigné sur l'expédition. A défaut de cette justification, dans les trois jours, il y aura lieu d'appliquer aux droits consignés ou cautionnés les dispositions de l'article 6 du présent règlement.

27. Les boissons entreposées ne pourront sortir de l'entrepôt en futailles en quantité inférieure à un hectolitre, et en bouteilles dans une quantité au-dessous de vingt-cinq.

28. L'entrepositaire ou son fondé de pouvoir donnera décharge bonne et valable des boissons qu'il fera sortir, sur les registres de l'entrepôt dont il est parlé articles 8 et 12.

TITRE IV.

DES TONNELIERS ET OUVRIERS ATTACHÉS A L'ENTREPÔT.

29. Le service de l'entrepôt et du port Saint-Bernard sera fait par des ouvriers et hommes de peine attachés à l'entrepôt.

30. Ils seront divisés en trois classes ou compagnies :

1° Les tonneliers qui déchargent les bateaux, rangent les boissons dans l'entrepôt, remplissent les futailles, les réparent, et ont, en général, soin des boissons;

2° Les dérouleurs qui reçoivent les pièces à la sortie du bateau, et les mènent à l'entrepôt;

3° Les chargeurs et déchargeurs de boissons expédiées par terre.

31. Les tonneliers seront désignés par le préfet de police, sur une liste double qui sera présentée par les délégués du commerce des vins.

Ne pourront être portés sur cette liste que des individus ayant patente ou pourvus d'un livret du préfet de police.

Ils recevront une carte d'admission, qui sera soumise au visa de l'administration de l'entrepôt, où ils seront aussi enregistrés.

Ils seront porteurs d'une médaille de cuivre qui portera ces mots : *Entrepôt des vins*, et de l'autre côté les armes de la ville.

32. La compagnie actuelle des dérouleurs continuera de subsister et de procéder au déroulage sur le port et dans l'entrepôt.

Quand il y aura des nominations à faire, il y sera procédé comme il est dit article 31.

33. Le salaire des tonneliers ou ouvriers, ainsi que le prix des fournitures qu'ils pourront faire, seront fixés par un tarif que le préfet de police arrêtera, après avoir entendu les délégués du commerce des vins et eaux-de-vie. Ce tarif sera soumis à l'approbation de notre ministre des manufactures et du commerce.

34. Les compagnies des tonneliers et ouvriers seront responsables de tous dommages ou avaries provenant de la négligence ou du fait de l'un ou de plusieurs de leurs membres.

35. Si l'administration juge convenable de renvoyer un ouvrier, elle lui interdira l'entrée de l'entrepôt, et en préviendra le préfet de police qui retirera la médaille et la carte à l'ouvrier.

Il sera pourvu à son remplacement suivant le mode déterminé ci-dessus.

36. Les tonneliers seront formés en compagnies et brigades, selon les besoins du service, ainsi que le sont les dérouleurs.

37. Un règlement particulier déterminera le mode d'après lequel cette compagnie de tonneliers et ouvriers sera organisée.

38. Ce règlement sera fait par notre préfet de police, et présenté à l'approbation de notre ministre des manufactures et du commerce, après avoir pris l'avis de notre directeur général des droits réunis, et avoir entendu les délégués de vins entrepositaires.

TITRE V.

DISPOSITIONS POUR L'EXTÉRIEUR.

39. Les boissons expédiées à la destination de Paris ne pourront être conduites qu'à la destination, dans la ville ou à l'entrepôt, et ne pourront être déposées en aucun lieu hors des barrières, conformément au décret du 3 février 1810.

40. Il n'est pas dérogé par le présent à notre décret du 3 février 1810, qui prohibe la vente en gros des eaux-de-vie, esprits ou liqueurs, dans le rayon de trois myriamètres de Paris.

41. Les vins, eaux-de-vie, esprits ou liqueurs, en passe-debout, continueront à être soumis aux formalités prescrites par le règlement de l'octroi, et par notre décret du 21 décembre 1808.

42. Toute contravention aux dispositions du présent décret, sera punie de la confiscation des objets saisis, et d'une amende de cent francs au moins et de mille francs au plus. Les tribunaux pourront l'augmenter en cas de récidive.

ORDONNANCE

Concernant le placement des garçons marchands de vin et garçons marchands de vin traiteurs (1).

Paris, le 6 floréal an XII (26 avril 1804).

Le conseiller d'État, préfet de police;

Vu les articles 2 et 10 de l'arrêté des consuls du 12 messidor an VIII, et l'article 13 de l'ordonnance du 20 pluviôse dernier;

(1) V. l'ord. du 7 flor. an XII (27 avril 1804).

Ordonne ce qui suit :

1. Il sera établi à Paris un bureau de placement pour les garçons marchands de vin et garçons marchands de vin traiteurs.

2. Le citoyen Guydamour (Jean Nicolas), demeurant quai de la république, n° 23, île et division de la fraternité, est nommé préposé au placement desdits garçons.

3. A compter de la publication de la présente ordonnance, il est défendu à toutes autres personnes de s'immiscer dans le placement des garçons marchands de vin, à peine de cent francs d'amende. (*Arrêté du 18 janvier 1752, art. 2.*)

4. Il ne sera délivré de bulletin de placement à aucun garçon, s'il n'est pourvu d'un livret.

5. La rétribution pour le placement de chaque garçon marchand de vin est fixée à deux francs.

6. Il sera pris envers les contrevenants aux dispositions ci-dessus, telles mesures de police administrative qu'il appartiendra, sans préjudice des poursuites à exercer contre eux par-devant les tribunaux, conformément aux lois et aux règlements qui leurs sont applicables.

Le conseiller d'Etat, préfet de police,

Dubois.

ORDONNANCE

Concernant la police des garçons marchands de vin et garçons marchands de vin traiteurs (1).

Paris, le 7 floréal an XII (27 avril 1804).

Le conseiller d'Etat, préfet de police,

Vu les articles 2 et 10 de l'arrêté des consuls du 12 messidor an VIII, et l'art. 1er de celui du 3 brumaire an IX ;

Ordonne ce qui suit :

1. Aucun garçon marchand de vin ou garçon marchand de vin traiteur ne peut quitter le marchand chez lequel il est placé, sans l'avoir averti au moins huit jours d'avance, si ce n'est du consentement du marchand. Dans tous les cas, ce dernier devra lui en délivrer un certificat. (*Ord. du 15 mars 1779, art. 5.*)

(1) V. l'ord. du 6 flor. an XII (26 avril 1804).

2. Il ne peut sortir de chaque boutique, plus d'un garçon par semaine, si ce n'est du consentement du marchand. (*Ord. précitée, art.* 15.)

3. Tout garçon marchand de vin qui sortira de chez un marchand ne pourra, pendant l'espace d'une année, entrer chez un autre marchand, s'il n'existe un intervalle de quinze boutiques du même commerce entre le marchand qu'il aura quitté et celui chez lequel il entrera. (*Même ord., art.* 6.)

4. Tout garçon marchand de vin, ou fils de marchand de vin, qui désirera acquérir ou former un établissement, sera tenu de laisser entre sa boutique et celle du marchand qu'il aura quitté, un intervalle de trois cent quatre-vingt-dix mètres (200 toises environ) en tous sens. (*Lettres-patentes du* 7 *sept.* 1780, *art.* 14.)

5. Il sera pris envers les contrevenants aux dispositions ci-dessus, telles mesures de police administrative qu'il appartiendra, sans préjudice des poursuites à exercer contre eux par-devant les tribunaux, conformément aux lois et aux règlements qui leur sont applicables, et notamment à l'ordonnance du 15 mars 1779.

Le conseiller d'Etat, préfet de police,
Dubois.

ORDONNANCE

Concernant le service des dérouleurs des vins, sur les ports de Paris (1).

Paris, le 10 mai 1810.

Nous, conseiller d'Etat, préfet de police,

Considérant qu'il importe au maintien de l'ordre et à l'intérêt du commerce de régulariser le service des dérouleurs des vins, sur les ports de Paris;

Vu les articles 32 et 33 de l'arrêté du gouvernement du 12 messidor an VIII;

Ordonnons ce qui suit :

1. Le nombre des dérouleurs des vins, sur les ports de Paris, demeure fixé à soixante-quinze.

2. Les quatre-vingt-cinq dérouleurs actuellement en ac-

(1) V. l'ord. du 22 janvier 1840.

tivité continueront d'exercer leur profession ; mais il n'en sera admis aucun jusqu'à ce que leur réduction au nombre fixé par l'article précédent ait été effectuée.

3. Les dérouleurs porteront ostensiblement une médaille qui leur sera délivrée par l'administration.

4. Lorsqu'une place vaquera parmi les dérouleurs, il y sera pourvu par nous, sur la présentation qui nous en sera faite par le commerce des vins, d'un sujet valide et propre au service.

5. Les dérouleurs auront un chef.

Le chef des dérouleurs sera nommé par eux, et il nous en sera donné connaissance.

Il ne pourra être en même temps chef des tonneliers.

6. Le chef des dérouleurs reçoit le montant de leurs salaires et il leur en fait la distribution.

Il est comptable envers eux.

7. Le chef des dérouleurs dirige les travaux et distribue les équipes selon les besoins de chaque port.

8. Les dérouleurs sont tenus de se rendre tous les jours au bureau principal du déroulage avant l'ouverture des ports, pour être répartis par le chef, conformément à l'article précédent.

9. Le chef des dérouleurs inscrira, tous les jours, les dérouleurs présents, sur une feuille qui sera affichée aussitôt au bureau principal.

Cette feuille indiquera les dérouleurs répartis journellement sur chaque port.

Le chef en remettra, tous les jours, un double à l'inspecteur des ports de l'arrondissement du bureau principal du déroulage.

10. Lorsque le nombre des dérouleurs présent sera insuffisant pour le service, le chef des dérouleurs y pourvoira par l'appel d'une partie ou de la totalité des dérouleurs absents, lesquels seront tenus de se rendre à l'appel.

Lorsque l'appel sera partiel, il sera fait à tour de rôle.

11. Tout dérouleur qui, dans les cas prévus par l'article précédent, refusera de répondre à l'appel, pourra être privé de sa médaille et rayé de l'état des dérouleurs.

12. A compter du jour de la publication de la présente ordonnance, le déroulage et la mise en débord des vins seront faits par les dérouleurs pourvus de médailles, exclusivement à tous autres individus, quels qu'ils soient.

13. Le prix des déroulage et mise en débord des vins sera déterminé par un tarif réglé entre le commerce des vins et les dérouleurs, et soumis à notre approbation.

14. Provisoirement le tarif actuellement existant est maintenu.

15. Il est défendu d'exiger des prix plus élevés que ceux portés au tarif.

16. Le prix du rangeage et celui des travaux extraordinaires sera réglé de gré à gré entre le commerce et le chef des dérouleurs.

17. Tout bateau de vin mis à port sera déchargé sans délai.

Le déchargement ne pourra en être interrompu sous quelque prétexte que ce soit.

18. Les contraventions seront constatées par des procès-verbaux qui nous seront adressés.

19. Il sera pris envers les contrevenants aux dispositions ci-dessus, telles mesures de police administrative qu'il appartiendra.

Le conseiller d'Etat, préfet de police,
Baron PASQUIER.

ARRÊTÉ

Portant règlement pour le service des ouvriers tonneliers, dérouleurs, chargeurs et déchargeurs, employés dans l'entrepôt général des vins, et sur le port en dépendant.

Approuvé par M. le ministre du commerce le 20 mai 1840.

Paris, le 22 janvier 1840.

Nous conseiller d'Etat, préfet de police ;

Vu les dispositions du décret du 2 janvier 1814, relatives aux ouvriers tonneliers, dérouleurs, chargeurs et déchargeurs, employés dans l'entrepôt général des vins et eaux-de-vie et sur le port en dépendant ;

Considérant qu'en raison des modifications importantes qu'a subies le régime intérieur de l'entrepôt général, et des travaux récemment faits au port annexe de cet établissement, qui en changent les dispositions, il importe de réviser les anciens règlements et de réorganiser le service des ouvriers attachés à l'entrepôt, de manière à assurer à la fois le maintien de l'ordre et les intérêts du commerce ;

Arrêtons ce qui suit :

1. Le service de l'entrepôt général des vins et eaux-de-vie, et du port en dépendant, sera fait exclusivement par des ouvriers nommés par nous, et dont nous réglerons le nombre, suivant les besoins du service.

Ces ouvriers seront divisés en trois sections.

La première se composera de tonneliers, la deuxième de dérouleurs ; et la troisième de chargeurs et déchargeurs.

Les deux premières sections auront chacune un chef et un sous-chef, et la troisième aura seulement un chef.

Les trois sections seront sous l'autorité immédiate de l'inspecteur de la navigation du deuxième arrondissement.

Des Tonneliers.

2. Le nombre des tonneliers est, quant à présent, fixé à cinquante.

Leur travail sur le port consiste à prendre les pièces de liquide dans les bateaux et à les déposer sur le port, en dehors des débarcadères et de leurs rampes. Les transbordements et le rangeage dans les bâteaux seront faits exclusivement par les tonneliers.

Dans les cas où ces travaux nécessiteraient la mise à terre d'un certain nombre de pièces, soit dans les débarcadères, soit sur le bas du port, les dérouleurs ne pourront prétendre à aucun partage du prix desdits travaux.

3. Toutes les fois qu'une pièce sera dans un état de vidange extraordinaire, les tonneliers devront, sous leur responsabilité, en prévenir le propriétaire, avant de la déranger de la place qu'elle occupe dans le bateau.

Si le propriétaire n'est pas présent au déchargement, le chef des tonneliers devra prévenir l'inspecteur de la navigation, qui fera immédiatement et en sa présence constater par procès-verbal la vidange de la pièce, et ses causes apparentes.

Le chef et le sous-chef des tonneliers, le chef de l'équipe employé au débarquement, et l'inspecteur de la navigation, signeront le procès-verbal, qui devra rester entre les mains de ce dernier, pour être remis à qui de droit.

4. Les tonneliers devront être constamment pourvus d'ustensiles nécessaires à leurs travaux.

5. Il sera fait au premier juillet de chaque année, en présence de l'inspecteur général de la navigation, un inventaire estimatif de tous les ustensiles appartenant aux tonneliers.

Expédition de cet inventaire nous sera transmise.

6. Les ouvriers qui, à l'avenir seront admis parmi les tonneliers, paieront une somme de 5o francs pour leur portion contributive dans la valeur du mobilier en communauté.

7. Lorsque, par suite de décès ou de démission, une place de tonnelier sera vacante la somme de 5o francs devra être remboursée au dernier titulaire ou à ses ayant cause.

En cas de révocation, ladite somme restera acquise à la section.

8. Les tonneliers seront tenus d'aller prendre et de rapporter au magasin les cordages et autres ustensiles dont ils auront besoin pendant la journée.

Des Dérouleurs.

9. Le nombre des dérouleurs est, quant à présent, fixé à soixante.

Leur travail consiste à prendre les pièces de liquide sur les points où elles ont été déposées par les tonneliers, à les conduire aux endroits indiqués par les propriétaires de la marchandise, sur les parties du port désigné pour le débarquement par l'inspecteur de la navigation, et autant que possible au droit des bateaux en déchargement, puis à les remonter ultérieurement au bas du mur du quai, pour être chargées sur les voitures qui doivent les transporter.

Ils devront aussi prendre dans les bateaux et les transporter sur le port, les caisses de vin arrivées par eau, ce travail leur étant réservé à l'exclusion des tonneliers.

Tout travail à faire pendant la nuit, sur le port ou dans les bateaux, sera fait exclusivement par les dérouleurs ; et il en sera de même du travail à faire pendant le jour, pour retirer du port les pièces de liquide qui seraient atteintes par les eaux.

Des chargeurs et déchargeurs.

10. Le nombre des ouvriers chargeurs et déchargeurs est, quant à présent, fixé à douze.

Leur travail consiste à décharger les voitures de roulage amenant des vins et eaux-de-vie au port de l'entrepôt général ou dans un établissement, ou à charger les marchandises de même nature qui sortiraient de l'entrepôt général ou du port en dépendant, par la voie du roulage, quand d'ailleurs les négociants de l'entrepôt général ne jugeraient pas convenable d'employer leurs propres ouvriers à l'une ou à l'autre de ces opérations.

Dispositions générales.

11. Lorsqu'une place sera vacante, il y sera pourvu par nous, sur une liste double qui devra nous être présentée par les délégués du commerce des vins.

12. Les dérouleurs, les déchargeurs et les tonneliers devront porter une plaque en métal, sur laquelle seront gravées les armes de la ville de Paris, avec ces mots autour : *Entrepôt des vins.*

13. Les chefs de section des tonneliers, des dérouleurs et déchargeurs recevront le montant de leur salaire et leur en feront la distribution chaque semaine ; ils seront responsables envers eux du montant de la recette; en conséquence, ils tiendront chacun un registre sur lequel ils inscriront journellement les recettes et dépenses de leur section respective.

Ces registres seront constamment à la disposition des chefs de la navigation, qui veilleront à leur bonne tenue.

14. Les chefs de section remettront tous les lundis, à l'inspecteur de la navigation, un état certifié par eux des travaux qui auront été faits dans chaque section, pendant la semaine précédente, et des recettes et dépenses occasionées par ces travaux.

15. L'inspecteur de la navigation aura la direction de l'ensemble des travaux.

Les chefs de section composeront les équipes et les distribueront suivant les besoins du service.

Ils surveilleront, sous ses ordres, la bonne exécution des travaux.

16. Les tonneliers, les dérouleurs, les chargeurs et les déchargeurs se rendront tous les jours à leur bureau respectif pour être employés comme il est dit ci-dessus.

Ceux qui manqueront à l'appel, qui sera fait avant l'ouverture du port de l'entrepôt et de cet établissement, seront suspendus ou privés de travail pendant un temps qui sera déterminé par l'inspecteur de la navigation, lequel en rendra compte immédiatement à l'inspecteur général.

Les ouvriers ainsi suspendus ou privés de travail seront tenus d'assister tous les matins à l'appel.

17. Si le nombre des tonneliers, des dérouleurs, chargeurs et déchargeurs, venait à se trouver momentanément insuffi-

sant, ils pourront s'adjoindre, sous leur responsabilité, des ouvriers supplémentaires dont les noms seront donnés par les chefs de section à l'inspecteur de la navigation.

Dans le cas où le manque de travaux ne permettrait point d'occuper tous les tonneliers, dérouleurs, chargeurs et déchargeurs, un certain nombre d'entre eux pourra, sur l'avis des chefs de section, être autorisé par l'inspecteur de la navigation à s'absenter, mais à la charge de verser chaque semaine, à la caisse, les 20 centimes par jour de travail mentionnés dans l'article 28.

18. Le chef de chaque section inscrira tous les jours sur un registre à ce affecté, le nom des ouvriers présents ainsi que la distribution des équipes.

19. Le travail des équipes sera dirigé par des chefs que nommeront les chefs de section.

Chacun de ces chefs d'équipe devra être pourvu de l'état nominatif des ouvriers attachés à son équipe, et sera tenu de le représenter à toute réquisition de qui de droit.

20. Les tonneliers, les dérouleurs ne pourront, sans une autorisation du sous-chef de leur section respective, qui en rendra compte au chef, et les chargeurs et déchargeurs, sans une autorisation de leur chef, quitter l'équipe à laquelle ils auront été attachés lors de la distribution du travail, à peine de perdre le salaire de leur journée.

21. Le sous-chef des tonneliers devra prendre note du travail de manière à dresser, à la fin de chaque opération, un état de la quantité de pièces qui auront été déchargées, et des divers travaux qu'elles auront nécessités.

Il devra dresser aussi l'état des travaux exécutés isolément.

Le sous-chef des dérouleurs devra pareils états des travaux exécutés par les ouvriers de sa section. Ces divers états seront remis aux chefs de section, et leur serviront à établir le compte des travaux de la semaine.

Le chef de la section des chargeurs et des déchargeurs dressera des états semblables à ceux ci-dessus mentionnés.

22. Les sous-chefs rendront compte, à leur chef respectif de section, de la conduite des ouvriers pendant le travail.

23. L'ouvrier tonnelier, dérouleur ou chargeur et déchargeur qui sera blessé en travaillant pour le compte de la section dont il fera partie, recevra pendant tout le temps de son inactivité, totalité de la paye d'un ouvrier de même catégorie en activité.

Il ne pourra lui être accordé aucune indemnité s'il était dans un état d'ivresse.

Les blessures seront constatées par un chirurgien, sur le certificat duquel le secours accordé au blessé sera continué ou retiré.

24. L'inspecteur de la navigation pourra suspendre les tonneliers, les dérouleurs ou les chargeurs et déchargeurs, pour un temps déterminé, dans le cas où leur conduite donnerait lieu à des plaintes, et s'ils étaient trouvés en état d'ivresse dans le cours de leur travail.

En cas de récidive, il y aura lieu à révocation.

Si les plaintes portées contre les tonneliers, les dérouleurs ou les chargeurs et déchargeurs, avaient pour objet une infidélité commise par eux, ils seraient mis à la disposition du procureur du roi, et la valeur du vol devrait être remboursée à qui de droit, soit par les tonneliers, soit par les dérouleurs, soit par les chargeurs, et déchargeurs, suivant la catégorie à laquelle appartiendrait l'auteur du dommage.

L'inspecteur général de la navigation nous rendra compte, chaque semaine, des suspensions qui auront été prononcées et nous proposera les révocations auxquelles pourraient donner lieu les fautes commises par les ouvriers, et les cas de récidive.

25. Les tonneliers, les dérouleurs, les chargeurs et les déchargeurs sont tenus de se conformer strictement aux dispositions des lois et règlements concernant le régime de l'entrepôt général des vins et eaux-de-vie.

26. Les tonneliers sont collectivement et solidairement responsables des avaries qui proviendraient du fait ou de la négligence de l'un ou de plusieurs d'entre eux, ou qui seraient causées par les ouvriers supplémentaires qu'ils auraient employés.

Il en est de même des dérouleurs et des déchargeurs et des chargeurs.

Les uns et les autres sont aussi responsables de la vidange des pièces sur lesquelles un ou plusieurs d'entre eux seraient pris à boire.

27. Lorsque la perte aura été régulièrement constatée, le chef de la section à laquelle appartiendront les auteurs du dommage sera tenu d'en rembourser le montant à qui de droit.

28. Pour subvenir aux dépenses communes des sections des

Les sommes reçues seront distribuées chaque semaine entre les ayant-droit de la manière suivante :

Les chefs de section des tonneliers et dérouleurs recevront chacun double part.

Le chef de la section des chargeurs et déchargeurs recevra une part d'abord, plus une indemnité de 6 francs par semaine ; les sous-chefs de section recevront part et demie, et chacun des ouvriers une part seulement.

33. Les tonneliers et dérouleurs sont tenus, lorsqu'ils en sont requis, de faire sur les ports autres que celui de l'entrepôt général des vins et eaux-de-vie, et aux mêmes conditions, le déchargement, le déroulage et la mise en débord des marchandises à destination dudit entrepôt.

34. Ils devront déférer à toutes les réquisitions de l'inspecteur général de la navigation pour les travaux d'urgence nécessités par les besoins de son service, les cas d'avaries, de naufrages, d'inondations, de places et tous autres de force majeure ; enfin, pour le déblaiement du port et le maintien de sa propreté.

35. Le présent règlement et le tarif y annexé seront soumis à l'approbation de M. le ministre du commerce.

Le conseiller d'État, préfet de police,

G. DELESSERT.

Tarif des prix à payer aux tonneliers, aux dérouleurs, aux chargeurs et déchargeurs, pour le chargement, le déchargement, le dépôt sur le port, etc., des liquides de toute nature, à destination de l'entrepôt général des vins et eaux-de-vie, ou sortant de cet entrepôt par la voie du roulage.

Déchargement des liquides amenés par bateaux.

Par quart de 115 litres et au-dessus	7 c. 1/2
Par feuillette ou par deux quarts de Bourgogne	7 1/2
Par gros quart ou petite barrique de 140 à 199 litres	10
Par toutes pièces de 200 à 255 litres	15
Par pièce de Languedoc ou d'Auvergne, de 256 à 345 litres	25
Par demi-muid de 346 à 535 litres	45
Par pipe de 536 à 700 litres	80
Par foudre de 701 litres et au-dessus, par hectolitre	25

Le transbordement et l'embarquement seront payés les mêmes prix que ceux ci-dessus.

Déroulage des liquides.

Par quart de 136 litres et au-dessus.	7 c. 1/2
Par feuillette ou par deux quarts de Bourgogne.	7 1/2
Par gros quart ou petite barrique de 140 à 199 litres.	10
Par toute espèce de pièce de 200 à 255 litres. .	10
Par pièce de Languedoc ou d'Auvergne, de 256 à 345 litres.	20
Par demi-muid de 346 à 535 litres.	30
Par pipe de 536 à 700 litres.	35
Par foudre de 701 litres et au-dessus, par hectol.	10

Transport des caisses de vin du bateau sur le port.

Par caisse de 12 bouteilles.	10
— 25 —	20
— 50 —	40
— 100 —	80

Remontage des liquides.

Par quart de 136 litres et au-dessus.	05 c.
Par feuillette ou par deux quarts de Bourgogne.	05
Par gros quart ou petite barrique de 140 à 199 litres.	10
Par toute espèce de pièces de 200 à 255 litres. .	10
Par pièce de Languedoc ou d'Auvergne, de 256 à 345 litres.	20
Par demi-muid de 346 à 535 litres.	20
Par pipe de 536 à 700 litres.	30
Par foudre de 701 litres et au-dessus, par hectolitre.	5

Transport des caisses de vin au bord des rampes du port.

Par caisse de 12 bouteilles.	05 c.
— 25 —	10
— 50 —	20
— 100 —	40

Chargement des liquides sur voitures.

Pour tout quart indistinctement, de 115 litres et au-dessus.	20 c.
Par feuillette de Bourgogne	30

Pour toutes pièces de 140 à 255 litres 50
Par pièce de Languedoc ou d'Auvergne, de 256
à 345 litres. 75
Par demi-muid de 346 à 535 litres. . . . . 1 f.
Par pipe de 536 à 700 litres. . . . . . . 1 f. 50

Déchargement des liquides amenés par voitures.

Pour le déchargement des liquides amenés par voitures, il sera payé un tiers des prix ci-dessus fixés.

Nota. Les travaux extraordinaires mentionnés dans le dernier paragraphe de l'article 9 du règlement qui précède, seront payés le triple des prix portés au présent tarif.

ORDONNANCE

Concernant les courtiers, gourmets, piqueurs de vin (1).

Paris, le 25 septembre 1815.

Nous, conseiller d'Etat, préfet de police,

Vu, 1° Le décret du 15 décembre 1813, portant règlement sur le commerce des vins, à Paris, section 5;

2° Les arrêtés de S. Exc. le ministre secrétaire d'Etat de l'intérieur et le garde-des-sceaux, ministre secrétaire d'Etat au département de la justice, chargé par intérim du porte-feuille de l'intérieur, en date du 19 janvier et du 12 août dernier, contenant nomination de quarante-un courtiers, gourmets, piqueurs de vins, près la halle de Paris;

3° L'ordonnance de police du 14 octobre 1762, concernant la vente sur les ports et dans la halle aux vins, des vins qui y sont amenés par les marchands-forains;

Ordonnons ce qui suit :

1. Les dispositions de la section V du décret du 15 décembre 1813 concernant les courtiers, gourmets, piqueurs de vins, seront réimprimées et affichées avec la présente ordonnance.

2. Chaque courtier, gourmet, piqueur de vin, sera tenu d'avoir un registre coté et paraphé par le secrétaire général de la préfecture de police, sur lequel il inscrira, jour par jour, et sans aucun blanc ni interligne, les ventes auxquelles il aura concouru, les noms des vendeurs et acheteurs, la dé-

(1) V. l'ord. du 23 sept. 1823.

signation de la marchandise, les prix et conditions de la vente.

3. Il est défendu aux courtiers, gourmets, piqueurs de vins, d'aller au-devant des bateaux chargés de vins, de retenir ou d'arrher la totalité ou partie des marchandises qu'ils contiennent, pour en opérer le placement. (*Ord. du 14 oct. 1767.*)

4. Il est enjoint aux courtiers, gourmets, piqueurs de vins, de rechercher et faire connaître aux préposés de la police, les vins falsifiés ou mixtionnés, même ceux qui ne seraient altérés qu'avec de l'eau, qui pourraient être mis dans le commerce.

5. Les courtiers ne pourront piquer les pièces et prendre des essais, si ce n'est en présence du propriétaire, du commissionnaire ou d'après leur autorisation.

6. Il est défendu à toute personne sans qualité, de s'immiscer, sur les ports et à l'entrepôt, dans l'exercice des fonctions attribuées par le décret précité, tant aux courtiers, gourmets, piqueurs de vins, qu'aux courtiers de commerce près la Bourse de Paris.

Il sera pris envers les contrevenants telles mesures de police administrative qu'il appartiendra, sans préjudice des poursuites à diriger contre eux, conformément à l'article 24 du décret du 15 décembre 1813.

7. Les contraventions aux dispositions de la présente ordonnance, seront constatées par des procès-verbaux qui nous seront adressés.

8. Les commissaires de police, et notamment celui du quartier du Jardin-du-Roi, l'inspecteur général de la navigation et des ports, et les dégustateurs, sont chargés de tenir la main à la présente ordonnance.

Le conseiller d'Etat, préfet de police,

DECAZES.

ORDONNANCE

Concernant les courtiers, gourmets, piqueurs de vin.

Paris, le 23 septembre 1820.

Nous, ministre d'Etat, préfet de police,

Vu les dispositions du décret du 15 décembre 1813, relatives aux courtiers, gourmets, piqueurs de vin,

Et les nominations faites de ces courtiers, par S. Exc. le ministre secrétaire d'Etat au département de l'intérieur,

Ordonnons ce qui suit :

1. Les articles 13, 14, 15, 16, 17, 20, 24 et 25 du décret du 15 décembre 1813, concernant les courtiers, gourmets, piqueurs de vins, seront réimprimés et affichés avec la présente ordonnance.

2. Il est défendu à toute personne sans qualité de s'immiscer, sur les ports et à l'entrepôt, dans les fonctions attribuées par le décret précité, tant aux courtiers, gourmets, piqueurs de vin, qu'aux courtiers de commerce près la Bourse de Paris.

3. Il est défendu aux courtiers, gourmets, piqueurs de vin, d'aller au-devant des bateaux chargés de vin, de retenir ou d'arrher la totalité ou partie des marchandises qu'ils contiennent, pour en opérer le placement. (*Ord. du 14 oct. 1763.*)

4. Il est enjoint aux courtiers, gourmets, piqueurs de vin, de rechercher et faire connaître aux préposés de la police les vins falsifiés ou mixtionnés, même ceux qui ne seraient altérés qu'avec de l'eau, qui pourraient être mis dans le commerce.

5. Les courtiers ne pourront piquer les pièces et prendre des essais, si ce n'est en présence des propriétaires, du commissionnaire, ou d'après leur autorisation.

6. Les contraventions, tant aux dispositions du 15 décembre 1813 qu'à celles de la présente ordonnance, seront constatées par des procès-verbaux qui nous seront adressés pour être déférés, s'il y a lieu, aux tribunaux.

7. Les commissaires de police, et notamment celui du quartier du Jardin-du-Roi, l'inspecteur général de la navigation et des ports, et les préposés à la dégustation des boissons, sont chargés de tenir la main à l'exécution de la présente ordonnance.

Le ministre d'Etat, préfet de police,

Comte ANGLÈS.

ORDONNANCE

Concernant les cabarets, cafés et autres lieux publics situés dans la ville de Paris et dans les communes rurales du ressort de la préfecture de police (1).

Paris, le 3 avril 1819.

Nous, ministre d'Etat, préfet de police,

Considérant que les règlements d'après lesquels les cabarets, cafés et autres lieux publics doivent être fermés à certaines heures dans la ville de Paris, ne sont plus exactement observés, et qu'il importe d'en maintenir les dispositions;

Considérant que l'ouverture des guinguettes et autres lieux publics établis dans les communes rurales du ressort de la préfecture de police, se prolonge souvent jusqu'à des heures très-avancées dans la nuit, et qu'il en résulte du tumulte et des réunions nocturnes qui troublent le repos des citoyens;

Vu les règlements de police des 8 novembre 1780 et 21 mai 1784;

Les articles 2 et 10 de l'arrêté du gouvernement du 12 messidor an VIII (1er juillet 1800);

Et l'article 484 du Code pénal;

Ordonnons ce qui suit:

1. Les cabarets, cafés, estaminets et billards, guinguettes et autres lieux de réunion ouverts au public, seront fermés dans la ville de Paris, pendant toute l'année, à onze heures précises du soir, et dans les communes rurales du ressort de la préfecture de police, à onze heures du soir, depuis le 1er avril jusqu'au 1er octobre, et à dix heures, depuis le 1er octobre jusqu'au 1er avril.

2. Il est défendu aux maîtres desdits établissements, à leurs garçons ou gens de service, d'y recevoir ou conserver personne, et d'y donner à boire, à manger, danser ou jouer au-delà des heures prescrites par l'article précédent.

3. Les contraventions à la présente ordonnance seront constatées par des procès-verbaux qui seront transmis à la préfecture de police, pour être ensuite adressés aux tribu-

(1) V. l'ord. du 31 mai 1833.

naux compétents, afin d'exercer contre les délinquants les poursuites voulues par les règlements.

Le commissaire d'Etat, préfet de police,
Comte ANGLÈS.

ORDONNANCE

Concernant les cabarets, cafés, guinguettes et autres lieux publics établis hors les barrières (1).

Paris, le 3 octobre 1815.

Nous, ministre d'Etat, préfet de police;

Considérant que l'ouverture des guinguettes, cabarets, cafés et autres lieux semblables établis hors les barrières, se prolonge fort avant dans la nuit, et qu'il en résulte des désordres qu'il est important de prévenir et d'éviter;

Vu l'article 3 du titre 1er de la loi du 22 juillet 1791;

Ordonnons ce qui suit :

1. A compter du jour de la publication de la présente ordonnance, les guinguettes, cabarets, cafés, estaminets, billards et autres lieux de réunion ouverts au public, hors les barrières de Paris, seront fermés à dix heures précises du soir.

2. Il est défendu aux maîtres desdits établissements, leurs garçons et agents de service, d'y recevoir personne et d'y donner à boire, manger, danser ou jouer au-delà de l'heure prescrite par l'article précédent.

3. Les contraventions à la présente ordonnance, seront constatées par procès-verbaux et rapports des officiers civils et militaires.

4. Il sera pris envers les contrevenants telles mesures de police administrative qu'il appartiendra, sans préjudice des poursuites à exercer contre eux devant les tribunaux, conformément aux règlements.

5. Les maires et adjoints des communes rurales sont chargés de tenir la main à l'exécution de la présente ordonnance.

Le ministre d'Etat, préfet de police,
Comte ANGLÈS.

(1) V. les ord. des 31 avril 1819 et 31 mai 1833.

ORDONNANCE.

Concernant l'arrivage des vins à Paris et celui des vins et autres marchandises à Bercy (1).

Paris, le 9 février 1827.

Nous, conseiller d'Etat, préfet de police;

Vu l'ordonnance royale du 27 octobre 1819, qui déclare le port Saint-Bernard annexe de l'entrepôt général des vins et eaux-de-vie;

Et notre ordonnance du 11 février 1822, concernant la police du port de Bercy;

Considérant que, cette année, les arrivages de vins pourront être très-nombreux et qu'il importe de prendre des mesures, tant pour la sûreté des vins que pour garantir de toute entrave le service de la navigation et des ports;

Ordonnons ce qui suit:

1. Les mariniers chargés de descendre des vins soit à Bercy, soit à l'entrepôt général des vins ou partout ailleurs, sont tenus de garer leurs embarcations, savoir: celles venant par la haute Seine, au-dessus du pont de Choisy, rive droite, et celles venant par la Marne, au-dessus du pont de Saint-Maur, rive droite, au bord dehors de l'île dite du pont Saint-Maur, et de prendre leurs numéros d'arrivage au bureau des préposés de la navigation chargés de la surveillance de ces garages.

2. Aucuns bateaux, tonnes ou barquettes ne pourront être lâchés de ces garages sans un permis de l'inspecteur du port de Bercy, qui ne le délivrera, savoir: pour les bateaux destinés à Bercy, que lorsqu'il aura reconnu qu'il y a place suffisante pour les recevoir, et quant à ceux destinés pour les ports de Paris, que sur la représentation du consentement par écrit de l'inspecteur de l'arrondissement.

3. Dans le cas où des mariniers désireraient conduire leurs bateaux dans quelques gares particulières, ils seront tenus d'en faire la demande par écrit à l'inspecteur du port de Bercy, qui leur en accordera le permis, mais sous la condition expresse de ne pouvoir sortir leurs bateaux de ces gares ni les y décharger sans en avoir obtenu la permission.

(1) V. l'ord. du 30 juillet 1829 concernant la gare de Charenton, l'ord. du 15 avril 1834, l'arrêté du 8 janv. 1838 et l'ord. du 25 oct. 1840 (Art. 79 et suiv.).

4. Il ne pourra être placé à la fois, savoir : au port de déchargement à Bercy, plus de deux bateaux ou trois tonnes de front, et au port annexe de l'entrepôt, plus de vingt-sept bateaux ou tonnes chargés de vins, qui seront rangés de manière à ne pas former un dehors de plus de deux bateaux ou de trois tonnes.

5. Aucune embarcation ne pourra être déchargée sans un permis, qui devra être demandé dans les vingt-quatre heures de son entrée dans le port de déchargement, et déposé entre les mains du chef des tonneliers chargé de surveiller le travail.

6. Les mises à port et en déchargement à Bercy ne pourront s'effectuer qu'aux places indiquées sur les permis.

7. Le déchargement d'un bateau une fois commencé, ne pourra être interrompu et devra toujours être terminé dans trois jours, au plus tard, après la délivrance du permis.

Dans le cas où le déchargement ne serait pas effectué dans le délai ci-dessus prescrit, l'inspecteur du port fera décharger les vins immédiatement et sans interruption, aux frais et risques de qui il appartiendra, et le bateau sera remonté d'office au garage des bateaux vides, au Port-à-l'Anglais.

8. Les bateaux dont le déchargement aurait été fait soit à Bercy, soit au port annexe de l'entrepôt, ne pourront demeurer à ces ports plus de vingt-quatre heures après leur déchargement, et devront être remontés au Port-à-l'Anglais, sous peine d'y être conduits d'office aux frais de qui il appartiendra, et, dans ce dernier cas, les bateaux seront consignés jusqu'à l'acquittement des frais.

9. Le port de Bercy ne pouvant être considéré comme port de vente, mais seulement comme port de déchargement, aucuns vins ne pourront rester sur la berge plus de trois jours après le déchargement, ni être engerbés; passé ce délai, ils seront enlevés d'office aux frais de la marchandise, consignés en lieu de sûreté.

10. Pour faciliter le déchargement sur le port annexe de l'entrepôt, les pièces de vin qui ont été déposées à terre seront, lorsque le service du port l'exigera, engerbées jusqu'en troisième, en commençant toujours par celles de la plus petite jauge.

11. Il sera laissé, de cinq en cinq pièces, un espace libre de la largeur d'une pièce au moins pour faciliter la circulation sur le port.

12. Dans les temps de glaces et grosses eaux et encore lorsque l'encombrement du port annexe sera de nature à nuire aux déchargements, les propriétaires des vins déposés sur ce port pourront être contraints à les faire rentrer dans l'entrepôt.

13. Les déchargements, engerbages et rentrées dans l'entrepôt qui n'auraient pas été effectués dans le délai prescrit par l'injonction faite à qui de droit, par l'inspecteur du port, seront, à sa diligence, exécutés d'office aux frais et risques de la marchandise, qui sera consignée jusqu'à l'acquittement des frais.

14. Sauf le cas d'embarquement des vins sortant des magasins de Bercy, lequel ne pourra avoir lieu qu'aux places et dans les délais fixés dans le permis délivré à cet effet par l'inspecteur du port, aucuns vins entrés en magasin ou arrivant par terre, ne pourront être déposés sur le port.

15. La chaussée existante entre la limite du port de Bercy et la façade des maisons, et dont la largeur a été fixée à huit mètres, devra être constamment libre, et il ne pourra, sous quelque prétexte que ce soit, y être déposé aucuns vins, à peine d'enlèvement d'office.

16. Les dispositions de notre ordonnance du 11 février 1822, concernant la police du port de Bercy, continueront de recevoir leur exécution en ce qui n'est pas contraire à la présente ordonnance.

17. Les articles 1, 2, 3, 4, 5, 6 et 15 de la présente ordonnance sont applicables, pour le port de Bercy, à toutes espèces de marchandises, ainsi qu'aux tirages et déchargements de bois, tant à brûler qu'à œuvrer.

18. Aucun bateau chargé de vins ne pourra être amené aux ports d'Orsay et Saint-Nicolas, sans un permis de l'inspecteur des ports du bas.

19. Il ne pourra y être déchargé, sans un permis du même inspecteur, qui devra, comme pour les ports du haut, être demandé dans les vingt-quatre heures de son entrée au port de débarquement.

20. Le déchargement d'un bateau une fois commencé, ne pourra être interrompu et devra toujours être terminé dans trois jours au plus tard, après la délivrance du permis.

Dans le cas où le déchargement ne serait pas terminé dans le délai ci-dessus prescrit, l'inspecteur du port fera décharger les vins, les fera transporter à l'entrepôt, fera retirer le bateau et le consigner en lieu de sûreté, le tout d'office et aux frais de qui il appartiendra.

21. Les vins déchargés aux ports d'Orsay et Saint-Nicolas, ne pourront y rester plus de trois jours après leur débarquement; passé ce délai, ils seront transportés d'office à l'entrepôt général, et y seront consignés jusqu'à l'acquittement des frais.

22. Les bateaux, quelques ports qu'ils occupent, soit à Paris, soit à Bercy, devront être solidement amarrés, et, dans le cas où ils seraient mal fermés, l'inspecteur de l'arrondissement y fera porter des cordes de longueur et grosseur suffisantes pour les amarrer convenablement, aux frais et risques des propriétaires ou conducteurs des bateaux, et ces embarcations seront consignées jusqu'à remboursement des frais.

23. Les contraventions seront constatées par des procès-verbaux, qui nous seront adressés, pour y être déférés aux tribunaux compétents.

Le conseiller d'Etat, préfet de police,
G. DELAVAU.

Approuvé, le 7 juillet 1827.
Le ministre de l'Intérieur,
CORBIÈRE.

JURISPRUDENCE

Concernant les divers agents pour le transport des boissons.

Il s'est glissé parmi les voituriers, charretiers et bateliers, une idée aussi fausse qu'immorale; c'est qu'il leur est permis de prendre, pendant le cours du transport, le vin ou autres boissons nécessaires à leur consommation, sur le contenu de leurs chargements. Cette manière d'agir est d'autant plus préjudiciable au commerce, que les délinquants ne se contentent pas de percer les tonneaux pour soustraire une certaine quantité de liquide; ils cherchent à dissimuler leur fraude, et, pour y parvenir, ils remplacent le vide fait au tonneau, par de l'eau, du sable, etc., de telle sorte que non-seulement il résulte de ce fait une soustraction de quantité, mais, ce qui est pis, une altération dans la qualité.

Ceux qui fraudent ainsi invoquent pour excuse un usage

général; mais qu'ils sachent bien que c'est à tort qu'ils se retranchent derrière cette prétendue excuse. Les tribunaux, loin de l'admettre, condamnent sévèrement ceux qui commettent ce délit, et nous croyons rendre service de mettre sous les yeux les dispositions pénales dont il est fait application aux voituriers infidèles.

Art. 408 (du *Code pénal*.) Quiconque aura détourné ou dissipé au préjudice des propriétaires, possesseurs ou détenteurs.... des marchandises.... qui ne lui auraient été remises.... que pour un travail salarié ou non salarié, à la charge de les rendre ou représenter, ou d'en faire un usage ou un emploi déterminé, — sera puni d'un emprisonnement de *deux mois au moins*, de *deux ans au plus*, et d'une amende qui ne pourra excéder le quart des restitutions et des dommages-intérêts qui seront dus aux parties lésées, ni être moindre de vingt-cinq francs.

Si l'abus de confiance a été commis par un domestique, homme de service à gages.... commis, ouvrier, compagnon ou apprenti, au préjudice de son maître, la peine sera celle de la *réclusion*.

Que les fraudeurs méditent cette position, ils paieront peut-être ce vin, ces boissons qu'ils soustraient, de la perte de leur liberté pendant des années; ils auront peut-être à subir la peine infamante de la réclusion.

FIN,

TABLE DES MATIÈRES

CONTENUES

DANS LE MANUEL DU MARCHAND DE VIN.

PREMIÈRE PARTIE.

	Pages.
Chap. 1er. Idée générale de l'art du marchand de vin.	1
— 2. Des qualités des vins et de leurs défauts naturels.	6
— 3. Des défauts accidentels des vins.	10
— 4. De la dégustation des vins.	13
— 5. Des tonneaux et du logement des vins.	17
— 6. Du soutirage des vins.	22
— 7. Du remplissage des tonneaux.	25
— 8. Du collage des vins.	27
— 9. De la bonification ou du rétablissement des vins altérés ou malades	35
— 10. Du tirage des vins en bouteilles.	44
— 11. Du mélange des vins en tonneaux.	52
— 12. De l'action de frelater les vins.	55
— 13. De la proportion d'alcool renfermée dans les vins.	59
— 14. Du degré de spirituosité des alcools et des vins.	68
Moyens propres à reconnaître la quantité d'alcool qui est dans le vin et dans les eaux-de-vie.	70
Aréomètre ou pèse-esprit.	71

Aréomètre de Baumé. 71
Aréomètre de Cartier. 73
Table de pesanteurs spécifiques des eaux-de-vie. 76
Alcoomètre centésimal de Gay-Lussac. . . 79
Correction quand la température des spiritueux est au-dessus ou au-dessous de 15° cent. 80
Application des deux règles. 81
Tableau des densités des liqueurs alcooliques. 82
Procédé œnométrique pour déterminer la richesse alcoolique des liquides (*Tabarié*). 83
Œno-alcoomètre pour essayer la spirituosité des vins (*Dunal*). 88
Ebullioscope à cadran de M. *Brossard-Vidal* et ébullioscope de M. *Conaty*. . . . 94

DEUXIÈME PARTIE.

Introduction. 99
Préparation du ruban. 101
Chap. 1er. Instruction pour un nouveau tarif en système métrique appliqué au jaugeage des tonneaux et sur l'usage d'une nouvelle jauge à ruban. 103
    Tables. 125
— 2. Première table de comparaison. 174
    Seconde table de comparaison. 177
    Troisième table de comparaison. . . . 178
— 3. Jaugeage des vaisseaux vinaires en vidange. 182
    Capacité d'un broc. 184
    Problème. 185
    Autre problème. 185
    Table des tonneaux des différents pays avec leur contenance en veltes et en litres. . 187

Appareil portatif pour connaître en même temps, la mesure de pesanteur, de contenance et de solidité d'une futaille (*Laforge*) 189
Procédé pour améliorer les vins (*Baisset*). 193
Foret perceur et marqueur de pièces (*Nicolle*). 194
Instrument pour rincer les bouteilles (*Cordier*). 194
Machine pour boucher les bouteilles (*Montebello*).. 195
Procédé pour vieillir les vins. 196
Robinet régulateur (*Lebihan*).. 198
Procédé pour vieillir les vins (*Ozanne*).. . 199
Préparation des vins mousseux (*Gauthier*). 200
Méthode pour soigner les vins (*Lalat* et *Seurein*). 201
Tonneau propre à conserver les vins (*Laboute*). 202

TROISIÈME PARTIE.

Législation concernant les débitants de boissons, par M. *Ch. Vasserot*. 203
Préliminaire. 205
TITRE 1er. Des propriétaires de cafés, cabarets et autres débits de boissons (*Décret du 21 décembre 1851*) 211
CHAP. 1er. Des conditions administratives nécessaires pour obtenir la faculté de tenir un débit de boissons. 212
— 2. Des dispositions légales que doivent indispensablement connaître les marchands. . 218
— 3. De la patente des débitants de boissons... 222
— 4. De la législation en matière de poids et mesures. 239

TRE 2.	De la déclaration en matière de boissons. .	249
AP. 1er.	De l'impôt sur les boissons..	250
— 2.	Législation. Commentaire de la loi du 28 avril 1816, présentant l'ensemble de la législation actuellement en vigueur. . . .	296
— 3.	Des octrois. — Lois spéciales	416
	Ordonnance du 11 juin 1817.	439
	Ordonnance du 28 décembre 1825.	443
	Ordonnance du 7 janvier 1833	446
	Ordonnance du 22 mars 1833.	447
	Arrêté du préfet de la Seine du 22 mars 1837..	451
	Loi du 24 juillet 1843, qui affranchit de tous droits les esprits et eaux-de-vie rendus impropres à la consommation..	459
	Ordonnance du 14 juin 1844.	459
	Ordonnance du 18 juillet 1847.	461
TRE 3.	De quelques dispositions législatives spéciales aux débitants de boissons..	465
	Ordonnance de police. Décret portant réglement sur le marché et entrepôt franc des vins et eaux-de-vie de Paris.	469
	Ordonnance concernant le placement des garçons marchands de vin et garçons marchands de vins traiteurs.	475
	Ordonnance concernant la police des garçons marchands de vins et garçons marchands de vins traiteurs.	476
	Ordonnance concernant le service des dérouleurs des vins, sur les ports de Paris.	477
	Arrêté portant réglement pour le service des ouvriers tonneliers, dérouleurs, chargeurs et déchargeurs, employés dans l'entrepôt général des vins, et sur le port en dépendant.	479

Ordonnance concernant les courtiers, gourmets, piqueurs de vin............ 488

Ordonnance concernant les cabarets, cafés et autres lieux publics situés dans la ville de Paris et dans les communes rurales du ressort de la préfecture de police... 491

Ordonnance concernant les cabarets, cafés, guinguettes et autres lieux publics établis hors des barrières.............. 492

Ordonnance concernant l'arrivage des vins à Paris et celui des vins et autres marchandises à Bercy............. 493

Jurisprudence concernant les divers agents pour le transport des boissons...... 496

FIN DE LA TABLE DES MATIÈRES.

BAR-SUR-SEINE. — IMP. DE SAILLARD.

www.ingramcontent.com/pod-product-compliance
Lightning Source LLC
Chambersburg PA
CBHW051129230426
43670CB00007B/732